Academia Ethica

伦理学术

存在就是力量：急剧变化世界中的政治与伦理

邓安庆 主编

10

2021年春季号
总第010卷

上海教育出版社

本书获评

“复旦大学哲学学院源恺优秀著作奖”

由上海易顺公益基金会资助出版

《伦理学术》*Acadēmia Ethica*

克勒梅:德国哈勒大学教授

Klemme Heiner F.: Professor of Martin-Luther-Universität Halle-Wittenberg

理查德·伯克:剑桥大学历史系与政治系教授,英国国家学术院院士,剑桥大学政治思想史研究中心负责人

Richard Bourke: Professor of the History of Political Thought, Fellow of King's College

李文潮:德国柏林勃兰登堡科学院波茨坦《莱布尼茨全集》编辑部主任

Li Weichao: Chief Editor of *Leibnitz Edition Set* by Berlin-Brandenburgische Akademy by Potsdam

廖申白:北京师范大学哲学系教授

Liao Shenbai: Professor of Philosophy, Beijing Normal University

林远泽:台湾政治大学哲学系教授

Lin Yuanze: Professor of Philosophy, National Chengchi University

刘芳:上海教育出版社副社长

Liu Fang: Vice President of Shanghai Educational Publishing House

罗哲海:德国波鸿大学中国历史与哲学研究部主任、德国汉学协会主席

Heiner Roetz: Dean of Sektion Geschichte & Philosophie Chinas, Ruhr-Universität Bochum, President of The German Association of Chinese Studies

孙向晨:复旦大学哲学学院教授

Sun Xiangchen: Professor of Philosophy, Fudan University

孙小玲:复旦大学哲学学院教授

Sun Xiaoling: Professor of Philosophy, Fudan University

万俊人:清华大学哲学系教授

Wan Junren: Professor of Philosophy, Tsinghua University

王国豫:复旦大学哲学学院教授

Wang Guoyu: Professor of Philosophy, Fudan University

杨国荣:华东师范大学哲学系教授

Yang Guorong: Professor of Philosophy, East China Normal University

约耳·罗宾斯:剑桥大学社会人类学系特聘教授,剑桥马克斯·普朗克伦理、经济与社会变迁研究中心主任,三一学院院士

Joel Robbins: Sigrid Rausing Professor of Social Anthropology; Director of Max Planck Cambridge Centre for Ethics, Economy and Social Change; Fellow of Trinity College

【总序】

让中国伦理学术话语融入现代世界文明进程

邓安庆

当今世界最严重的危机是世界秩序的日渐瓦解。美国作为西方世界领头羊的地位岌岌可危,而之前把欧盟作为世界平衡力量之崛起的希冀也随着欧盟的自身难保而几近落空。中国作为新兴大国的崛起,却又因其缺乏可以引领世界精神的哲学,非但自身难以被世界接纳,反而世界感受着来自中国的不安和焦虑。因此,今日之世界,说其危机四伏似乎并非危言耸听,文明进步的步履日渐艰难,野蛮化的趋向却显而易见。

所以,当今世界最为迫切的事情莫过于伦理学术,因为伦理学担负的第一使命,是以其爱智的哲思寻求人类的共生之道。哲学曾经许诺其思想即是对存在家园的守护,然而,当它把存在的意义问题当作最高的形而上学问题来把握和理解的时候,却活生生地把存在论与伦理学分离开来了,伦理学作为道德哲学,变成了对道德词语的概念分析和道德行为规范性理由的论证,从而使得伦理学最终遗忘了其"存在之家"。哪怕像海德格尔那样致力于存在之思的哲人,却又因不想或不愿涉及作为人生指南意义上的伦理学,而放任了存在论与伦理学的分离。但是,当代世界的危机,却不仅是在呼唤存在论意义上的哲学,而且更为紧迫的是呼唤"存在如何为自己的正当性辩护",即呼唤着"关于存在之正义的伦理学"。"伦理学"于是真正成为被呼唤的"第一哲学"。

不仅欧美与伊斯兰世界的矛盾正在呼唤着对存在之正当性的辩护,中国在世界上作为新兴大国的崛起,中国民众对于现代政治伦理的合理诉求,都在呼唤着一种为其存在的正当性作出辩护的伦理学!

然而,当今的伦理学却无力回应这一强烈的世界性呼声。西方伦理学之无能,是因为在近一个世纪的反形而上学声浪中,伦理学早已遗忘和远离了存在本身,它或者变成了对道德词语的语义分析和逻辑论证,或者变成了对道德规范的价值奠基以明了该做什么的义务,或者变成了对该成为什么样的人的美德的阐明,总而言之,被分门别类地碎片化为语言、行为和品德的互不相关的分类说明,岂能担负得起为存在的正当性辩护的第一哲学之使命?!

中国伦理学之无力担负这一使命,不仅仅表现在我们的伦理学较为缺乏哲学的学术性,更表现在我们的伦理学背负过于强烈的教化功能,在一定程度上损伤了学术的批判品格和原创性动力。但是,为存在的正当性辩护而重构有意义的生活世界之伦理秩序,发自中国的呼声甚至比世界上任何地方都更为强烈地表达出来了。

如果当今的伦理学不能回应这一呼声,那么哲学就不仅只是甘于自身的“终结”,而且也只能听凭科学家对其“已经死亡”的嘲笑。

我们的《伦理学术》正是为了回应时代的这一呼声而诞生!我们期望通过搭建这一世界性的哲学平台,不仅为中国伦理学术融入世界而作准备,而且也为世上的“仁心仁闻”纳入中国伦理话语之中而不懈努力。

正如为了呼应这一呼声,德国法兰克福大学为来自不同学术领域的科学家联盟成立了国际性的“规范秩序研究中心”一样,我们也期待着《伦理学术》为世界各地的学者探究当今世界的伦理秩序之重建而提供一个自由对话和学术切磋的公共空间。中国古代先哲独立地创立了轴心时代的世界性伦理思想,随着我们一百多年来对西学的引进和吸纳,当今的中国伦理学也应该通过思想上的会通与创新,而为未来的“天下”贡献中国文明应有的智慧。

所以,现在有意义的哲学探讨,绝非要在意气上分出东西之高下,古今之文野,而是在于知己知彼,心意上相互理解,思想上相互激荡,以他山之石,攻乎异端,融通出“执两用中”的人类新型文明的伦理大道。唯如此,我们主张返本开新,通古今之巨变、融中西之道义,把适时性、特殊性的道德扎根于人类文明一以贯之的伦常大德之中,中国伦理学的学术话语才能真正融入世界历史潮流之中,生生不息。中国文化也只有超越其地方性的个殊特色,通过自身的世界化,方能“在—世界—中”实现其本有的“天下关怀”之大任。

【General Preface】

Let the Academic Expressions of Chinese Ethics Be Integrated into the On-Going Process of the World Civilizations

By the Chief-In-Editor Prof. Deng Anqing

To us the most serious crisis in the present world is the gradually collapse of the world order. The position of America as the leading sheep of the western world is in great peril, meanwhile the hope that the rising European Union can act as the balancing power of the world is almost foiled by the fact that EU is busy enough with its own affairs. It is true that China is a rising power, but due to the lack of a philosophy to lead the world spirit, it is not only difficult for the world to embrace her, but also makes the world feel uneasy and anxious instead.

Thus, the most urgent matter of the present world is nothing more than ethical academic (acadēmia ethica), since the prime mission taken on by ethics is to seek the way of coexistence of the human beings through wisdom-loving philosophication. Philosophy once promised that its thought was to guard the home of existence, but when it took the meaning of existence as the highest metaphysical issue to be grasped and comprehended, ontology and ethics were separated abruptly from each other, resulting in such a fact that ethics as moral philosophy has being becoming a conceptual analysis of moral terms and an argument for the normal rationale of moral acts, thus making ethics finally forget its "home of existence". Even in the case of the philosopher Martin Heidegger who devoted himself to the philosophical thinking of existence, because of his indisposition or unwillingness to touch on ethics in the sense as a life guide, he allowed for the separation of ontology from ethics. However, the crisis of the present world is not merely a call for a philosophy in the sense of ontology, but a more urgent call for "a self-justification of existence", that is, call for "an ethics concerning the justification of existence." Consequently "ethics" truly becomes the called-for "prime philosophy".

Not only does the conflict between Europe and America on one part and Islamic World on the other call for the justification of their existence, but also China as a new rising great power, whose people cherishing a rational appeal to a modern political ethic, calls for a kind of ethics which can justify her existence.

Alas! The present ethics is unable to respond to the groundswell of such a call voice of the world. The reason of western ethics' inability in this regard is because ethics has already forgotten and distanced itself from existence itself with the clamor of anti-metaphysics in the past nearly a century, thus having become a kind of semantic analysis and logic argumentation, or a kind of foundation-laying of moral norms in order to clarify the duty of what should be done, even or a kind of enunciation of virtues with which one should become a man; in a word, ethics is fragmented under categories with classification of language, act and character which are not connected with each other; as such, how can it successfully take on the mission of the prime philosophy to justify existence?!

The disability of Chinese ethics to take on this mission not only show in the lack of philosophical academic in a sense, but also in our ethics has on its shoulder comparatively too much stronger functions of cultivation, thus injuring the critical character of academic and the dynamics of originality. However, it is much stronger the call sounded by China than that sound by the world to justify existence in order to reconstruct the ethical order of the meaning world.

If the present ethics fails to respond to such a calling voice, then philosophy not only allows herself to be close to "the end" happily, but also let scientists to laugh at her "already-dead" willingly.

Our *Acadēmia Ethica* is just born in time to respond to such a call of the times. Through building such a worldwide platform, we are wishfully to prepare for the Chinese ethical academic to be integrated into that of the world, and try unremittingly to incorporate the "mercy mind and kind exemplar" in the world into Chinese ethical terminology and expression.

To responded to such a call, just as Frankfurt University of Germany has established an international Center for Studies of Norm and Order for the federation of scientists and scholars from all kinds of academic fields, we hope the brand new *Acadēmia Ethica* to facilitate a common room for those scholars who investigate the issue of reconstructing the ethical order of the present world to dialogue freely and exchange academically.

Ancient Chinese sages originated independently a kind of world ethical system in the Axial Age; with the introduction and absorption of the western academic in the past more than a hundred years, the present Chinese ethics should play a role in contributing the wisdom of Chinese civilization to the future "world under the heaven" by thoughtful accommodation and innovation.

Thus, at present time the meaningful philosophical investigations are definitely not to act on impulse to decide whether the west or the east is the winner, whether the ancient time or the present time is civilized or barbarous, but to know oneself and know each other, understand each other in mind, inspire each other in thought, with each other's advice to overcome heretic ideas, thus making an accommodation of a great ethical way of new human civilization, "impartially listening to both sides and following the middle course". Only out of this, we advocate that the root should be returned to and thus starting anew, the great changes of ancient and modern times should be comprehended, the moral principles of west and east should be integrated into each other, any temporary and particular moral should be based on great permanent ethical virtues of human civilizations, so and so making the academic expressions of Chinese ethics with an everlasting life integrated into historical trends of world history. Only through overcoming the provincial particulars of Chinese culture by her own universalization can she "in the world" undertake her great responsibility ——"concern for the world under heaven".

目　录

Contents

【主编导读】

美德规范性的存在论根基

邓安庆[1]

一

经历了2020年突如其来的新冠肺炎疫情，活下来的人到现在也只能借助于“春天”的到来长舒一口气，在死亡与病魔大流行的威胁尚未根本解除之前，依然不可见恶的尽头。对于夺去全球几百万个生命的这个血淋淋的数据，活着的人无不感叹活着不容易、活着真好，同时又无不怀着某种歉疚，哀叹一个个鲜活生命的凋零。霍布斯(Thomas Hobbes)在分析“自然状态”下的人类生存时，说在“死亡”的威胁下，人类发现了“理性”，通过理性寻找到了自然法，于是才能结成“人类社会”，从而有规约与法律来保障个体的自由生命权和安全权。但是，新冠肺炎疫情时期，人类在死亡的威胁下，恰恰没有迎来“理性”，相反倒是各种非理性的蔓延。2020年上半年在面对新冠病毒的来源、防治、药物有效性，以及能不能“出门”、“出门”要不要“戴口罩”等具体问题上，各种非理性在政治、经济和社交中让人类方寸大乱、恶语相向、挥拳舞剑、陷害中伤；结果我们看到，有人因此丢掉了“总统”大选，有人因此“人设坍塌”，而更多人因此丧失了宽容和底线，社会从此严重分化与分裂，国际政治秩序也处于风雨飘摇和土崩瓦解之中。但无论如何，人类如若不想毁灭，继续拥有未来，那么希望依然只能寄托于公共理性的提升，超越各种特殊性利益诉求，凝聚

---

① 主编简介：邓安庆，复旦大学哲学系教授，博士生导师，兼任教育部伦理学重点基地中国人民大学西方伦理学研究所所长。主要研究领域为德国哲学、西方伦理学通史和应用伦理学。

共同存在的力量。

克勒梅(Klemme)教授在给我们“首发”的文章中，并非针对“疫情”而是针对人类理性对于自我保存的“兴趣”感慨地说：“然而各种形式的理性概念在当下遭受到比以往任何时候都更猛烈的抨击，甚至连大学里的话语自由都受到了以身份认同、个体性和社群为名的质疑，因此，一种从启蒙精神出发对理性进行的批判性辩护似乎已经迫在眉睫了。”①确实如此，各种对理性本身的质疑与批判早已司空见惯，这足以表明现代“理性”确有其可恨之处，时显狰狞，面目可憎。但是，人类这种动物既然必须“共存”才能“实存”，那么除了公共理性之外，人类还能寻找出其他能保障共同存在的力量吗？人类存在本身就是力量的见证，这种力量有时就是冰冷的，丝毫不带浪漫主义温情，也是超越道德善恶的，但“理性”能够是“公共的”，它就必须将其中只考虑个人利害得失的“算计”从那令人生厌的“私人理性”中剥落出去，这样理性中就具有了“道义”的东西，具有了“伦理”力量。所以，“理性”本身只要变成了“公共的”，其中必然要有某种“伦理”的要素，而由“伦理”中生发出来的“力量”就是建构性的、有力的，它需要维系的绝不是单一的存在或存在者，而是整体的有机的共同存在。“伦理”也显然不仅仅是为了生存，而是追求更加美好的生活。所以，公共理性中的伦理力量，不仅需要正视生存斗争的残酷真相，而且要力图将充满残酷斗争的“自然丛林”转化为具有温情与美善的伦理生活世界，这才是真正的伦理理性的力量。

对此力量，传统伦理学凝结出了三个经典命题：苏格拉底(Socrates)的“德性即知识”、培根(Francis Bacon)的“知识就是力量”、康德(Immanuel Kant)的“德性就是力量”。客观地说，一方面这种伦理德性的力量无论在苏格拉底对话中，或在亚里士多德(Aristotle)伦理学中，还是在康德的道义论中，无不给人以理论或思辨上的完美与震撼，足以激发出成就美德的意志。但是，另一方面我们从伦理学史中却非常遗憾地发现，它在实际生活中的力量却是非常有限，有限得无法规范那发自实存根基中本能的、赤裸裸的非理性存在力量，这不禁让人产生这种感觉，即伦理理性似乎赋予了其本身不堪承受的使命，最终以贤德之人的无辜死亡，暴露出恶的强大和善的脆弱。

德性力量的脆弱从四位伟大哲人一个个被无辜地处死足以见证：苏格拉底(Socrates，公元前469年—前399年)被古希腊民主“文明地”处死；西塞罗(Cicero，公元前106年—前43年)在逃亡途中被政敌追杀身亡，头颅还被血淋淋地悬挂在他曾经豪情满怀演讲的

① ［德］克勒梅(Klemme)：《自我保存与义务的约束力》，中文版“前言”，参见本卷后文。

广场，罗马城头以示众；塞涅卡（Seneca，约公元前4年—65年）被他从小教导的学生、一生辅佐的暴君尼禄赐以自尽，割脉而亡；波爱修（Boëthius，约公元480—524年）被以背叛东哥特政权罪处死，在死牢中写下《哲学的慰藉》，从它的呐喊中我们显然听出了“慰藉”的苍凉。毫无疑问，仅从这四位美德化身的死就可以发现一个未曾被深思的、极其吊诡的现象：德性在理论上被思想为充满力量，足以教化社会，成就卓越的自我，活出人生的风华与繁盛，具有把自身的野性、俗性乃至兽性牢牢地关在自律的“笼子”里的无比强大的意志力与趋善力；但是，有德性者在实际的政治生态中却显然是个连自家性命也难自保的弱者，说他们温文尔雅、温润如玉、文质彬彬、中庸和善，确实堪称善人，垂范后世，他们一旦头顶德性模范之桂冠，他就注定成为“弱者”，只能“利他”不能“利己”，明明“吃亏”“牺牲”还无法开口为自己争取权利，我们传统中所形成的“人善被人欺”就是这种现象的反映。如果“德性”表现得如此无力，既无法维护自身的权利，也不能“自我保存”，更别说“以德报怨”“以德抗恶”了，那么德性的意义究竟在哪里？

这里无疑存在着世俗之见对于德性论的根本误解，我们用不着细说，但这里也存在着一般伦理学上德性论的根本缺陷：德性的力量仅仅被视为一个抽象的人格塑造自身的品格，而看不到每一个抽象的人格之品格，是在参与伦理生活，也即参与塑造一个政治—伦理共同体的行动中才塑造起来的。每一个具有美德者，作为抽象的个人，是无法塑造自身的优秀品质的，任何优秀品质的自我造就，需要存在的土壤和根基，这种土壤和根基就是实体性的伦理生活的现实实践。亚里士多德的德性论之所以有价值，其对美德的解释，绝不是许多人想象的那样是讨论“私人”德性的自然成长，有德者具有“是其所是”的自我实现能力，这自然不错，但这种“是其所是”的能力恰恰是“实体”本身造就自身的本源力量，这种本源力量在“伦理”上的表现，就是塑造一个共同追求美善生活的社会政治共同体，因为亚里士多德始终把人视为“政治的动物”，即人的本性是过社会政治生活的。因此，人的德性之成长，不是孤立的个人品性之修行，而是在参与政治共同体的建构中让自己成为一个具有正义德性的公民，才能使自身偶然获得的天赋潜能实现为最优的人格品性。这是亚里士多德关于德性的最为基本的理解。所以，亚里士多德并没有把人的德性解释为我们通常所理解的各种“私德”，作为个人德性，其最基本的能力是存在论上的“是其所是”的能力，因而是自由地成为最好的自己的能力。这种德性的自我塑造，本身就是目的论规范下的，在“守法的”正义规范下的自由成长，而不是完全脱离规范概念的“自然”德性。亚里士多德强调“正义”是“总德”，正义之德性对于人的德性而言“有之则有，无之则无”，因而个人的德性不在这一总的城邦德性范导之下，就不可能具有勇敢、节制、智慧诸如此类的美德。因此,人的德性既有自由造就的性质,同时也需政治正义的规范与塑成。于是,人本质上的"政治动物"的天命,德性的力量,显然不能在单个人的私德上体现,而要在如何结合为一个具有正义性的城邦中体现,一个具有美德的城邦,绝对就是一个有力量的城邦。后来,奥古斯丁(Saint Augustine)在分析不可一世的罗马帝国的衰亡时,也着重分析了世俗帝国美德的衰败与脱落是其被"蛮族"摧毁的根本原因。

所以,对于亚里士多德德性论的准确理解,我们应该有一个"实体论"的框架,才能真正理解德性之力量究竟何在。德性之善是属人的善,属人之善既是个体的、主观的善,同时也是实体的、城邦的善。善之性属人,正如恶之性也属人一样,但善之"力"属于"体","人"要成为"个体""实体",德性就必须具有力量。德性之善力作为"实体"的力量,远远大于"个体"的力量。"实体"对于亚里士多德而言,当然也是"个体",但不属于"主观的""个体",而是把所有主观个体聚合为一体的"实体""个体"。个体的力量再大,在"实体"面前都无比渺小。实体之力量本身具有超善恶的本性,人们也是在此意义上才说"天地不仁""世界真好"之类的话,形而上学的善恶本质上都不是属人的善恶。只有属人的善恶才具有道德性意义。而属人的"实体"却是有善有恶的,因为其实体的力量最终会有利于或有害于人的相生。因而,像城邦这样的实体,我们一方面要考察其"实体"力量的构成与展现,另一方面必须考察其力量的善与恶。有利于人之成人的力量,就是实体的善的力量,有害于人之成人的力量相反则属于恶。所以,真正实体的力量,在于能够向恶而生,从而在一定意义上超越恶、战胜恶。恶作为实体根基中的黑暗力量,正如人本能中的兽性是不可能被根除的,只能在实体之善性的强大威力之下,让其保持在"潜伏"状态,而不善的实体却总是会激发出这种恶,让其从"潜伏"中爆发。

所以,在康德从伦理学角度提出"德性就是力量"之后,两个不做一般伦理学而回到"本原存在"的哲学家,却大大深化了对德性力量的理解。首先,谢林(Friedrich Wilhelm Joseph Schelling)提出了"存在就是力量"(Sein ist Macht)①,之后黑格尔(G. W. F. Hegel)又提出了"实体就是威力"(Macht)②的命题。但这两人提出的角度是不一样的,谢林的命题为扭转培根的"知识就是力量"这个传统知识论哲学命题而促使哲学回归本原存在,并向实存转型突围,他认识到人的自由本质要在存在中实存而不是在思辨中"理论",这种自由本质恰恰是在可善可恶的自由选择中实现的,以此发掘出存在根性中向恶而生的力量。一个意志选择善的人,必将遭受到恶的挑战,这种恶是来自存在之根基的强

① [德]谢林:《布鲁诺:论事物的神性原理和本性原理》,邓安庆译,北京:商务印书馆,2008 年,第 156 页。
② [德]黑格尔:《逻辑学:下卷》,杨一之译,北京:商务印书馆,1997 年,第 215 页。

大力量,善人如果不以善的实体为根据,那么势必遭到恶的侵害而被毁之。黑格尔恰恰因此看到了实体善恶对抗的存在论根源,找到了超越柏拉图意义上的古希腊城邦实体正义之缺陷的道路,它之所以不能保护,反而处死了苏格拉底式的德性自由个体,原因就在于城邦实体的伦理原则——正义——根本不是建立在自由个体的德性基础上,所以苏格拉底式的无限的个体自由人格就是一种"腐败的因素",他被处死就具有了必然性。个体的自由德性要能够不"被损害得最深"①,就得具有一种自由伦理精神,将自由个体"有机地"凝聚成为一个伦理实体,才是自由德性力量之保障与见证,但这只有到现代才是可能的。

二

我们一直强调"德性伦理"是伦理学最为重要的部分之一,但它不是"美德伦理学"。我们承认,美德伦理学的复兴确实把美德的重要性凸显出来了,有其重要意义,但是,"美德伦理学"正如笔者之前一直批评的那样,却是建立在对"美德"在伦理学上的不正当定位基础上的,在当代英美的所谓美德伦理学家那里,各种"美德伦理"的解释的相互冲突与矛盾多于它们之间的一致性,而能够构成它们之间一致性的东西,却又是传统伦理学无一不具备的;因此,"美德伦理学"根本不可能构成一种对抗或取代规范伦理学的范式。许多人不愿接受笔者的看法,认为笔者是带着康德规范伦理学的偏见来评价美德伦理;因此,本期《伦理学术》花重金购得努斯鲍姆(Martha C. Nussbaum)《美德伦理学:一个令人误入歧途的范畴?》的版权,这篇重头文章尤其值得大家认真阅读。

凡是了解"美德伦理学"的都知道,努斯鲍姆被视为当代最为重要的美德伦理学家之一。但是,她在这篇文章中一开始就旗帜鲜明地重申了她在 1992 年所写文章中的观点,说"美德伦理学"这个概念是"混乱的并令人混乱的"②(confused and confusing)。这则"混乱的故事"是"明显的范畴错误"(category mistake),她像任何一个重视伦理学历史的学者一样,实事求是地承认,有亚里士多德式的德性伦理,有康德式的德性伦理,也有功利主义的德性伦理,几乎每一个重要的伦理学家都有自己独特的德性伦理,而这个被称之为"美德伦理学"的东西却根本无法取代它们。因此,她比笔者更为彻底地以这段令人惊讶的话作为结语:"我建议我们在教学和写作中取消'美德伦理学'范畴。如果我们需要有一些范畴,让我们谈谈新休谟主义者与新亚里士多德主义者,反功利主义者与反康德主义者吧——然后,最重要的是,让我们继续认真地把握每位思想家关于美德、理性、欲望和情感

① [德]黑格尔:《法哲学原理》,邓安庆译,北京:人民出版社,2017 年,第 11 页。

② 参见 Martha C. Nussbaum :"Virtue Revived," *Times Literary Supplement*, July 3,1992,p.9。

的实质性观点之特色——并决定我们自己想说什么。"

可以取消"美德伦理学"范畴,"德性论"却谁也取消不了,因为它们在伦理学史上客观实存着。因此,关于它的最为合理的定位,依然是笔者之前一直主张的,回到施莱尔马赫(Friedrich Daniel Ernst Schleiermacher)关于伦理学的分类,每一个完整的伦理学体系都有如下三个部分:"诸善论"(相当于现代的"价值论")、"义务论"和"德性论",它们各自有其不同的理论指向,但仅具有相对的独立性,而不可构成一个凌驾于其他部分之上或取代它们的地位。①

为了配合探讨美德伦理的规范本性,我们在这一期邀请谢惠媛教授主持了"美德伦理研究"之"文艺复兴时期的政治与德性"专栏,有三篇论文:第一篇为郭琳翻译的《彼特拉克的治国之道》(节选),第二篇为谢惠媛的《共和主义的歧路:剑桥学派对马基雅维利政治德性的解读》,第三篇为陈浩宇的《派系、庇护与共和政治:马基雅维利〈佛罗伦萨史〉中的美第奇家族》,这些论文都能让人们理解美德与规范之间的内在关系,而非对立关系。

在"学术现场"栏目下,我们发表的是一篇"经典读书班"的最终总结,它概括了 2020 年一个最有标志性的学术事件,即李秋零教授领头,尤西林教授、谢文郁教授、王庆节教授、杨煦生教授、傅永军教授、黄裕生教授、舒远招教授等积极参加,同各位海外留学归国的青年才俊以及国内对康德哲学伦理学有深入研究的学者和才俊们:刘凤娟、胡好、尚文华、瞿旭彤、李金恒、王大封、胡艾忻、韩广平、陈计吉、罗喜、郝金花、熊馥译等,就康德《单纯理性限度内的宗教》进行了为期四个多月的深入研读,虽然他们身在中国北京、西安、澳门、长沙、广州、济南和美国等地,虽然他们是老中青三代学人,却在"网络上"如同亲临现场一样,就该书中的核心观念、核心思想、核心命题展开了热烈讨论,大大深化了对康德宗教哲学、道德哲学和伦理学思想的理解,对许多康德伦理学研究中不受重视的如"伦理维度"、伦理自然状态和伦理共同体状态、人性中的根本恶与心灵颠倒与转向、良心,等等,都作出了准确的定位和把握。因此,《伦理学术》这一期的"学术现场",比较完整地留下了这些学者最精彩的思考,以最真实的面貌反映出新冠肺炎疫情肆虐下,中国学界另辟蹊径,开展"网上读书会和研讨会"的火爆盛况,这一长文非常值得研读。

在我们特别重视的"规范秩序研究"专栏,刊登了马天俊教授关于黑格尔为什么在哲学史上把波墨(Jakob Böhme)作为近代哲学开端之一的思考,李涛的论文思考了施特劳斯

① 参见邓安庆:《启蒙伦理与现代社会的公序良俗——德国古典哲学的"道德事业"之重审》,"施莱尔马赫"部分,北京:人民出版社,2018 年。同时,参见邓安庆主编:《美德伦理学:历史及其问题》,《美德伦理新探》,上海:上海教育出版社,2019 年;邓安庆:《美德伦理学能成为一种独立的伦理学类型吗》,《社会科学报》,2020 年 1 月 3 日。

(Johann Baptist Strauß)关于现代政治与古代政治之关系问题;王志宏的论文则是关于贾谊与孟子礼学与政治的思考,有助于我们反思中国伦理学究竟是“规范伦理学”还是“美德伦理学”。

“疫情中的人性与伦理”是我们为了面向现实、反思现实而设置的一个“流动性”栏目,龚群教授直接进行了《疫情下的伦理思考》,长期研究慈善伦理的周中之教授则在直接目睹了疫情中的“慈善机制之乱”后,反思慈善之“善”;谢一玭博士则反思了新冠肺炎疫情下“主体性”问题并翻译了美国教授关于转基因食物与伦理的关系。非常令人感兴趣的是留学德国的彭洋博士对于疫情中出现的中西“口罩之争”和关于“要不要戴口罩”问题的哲学思考。

与疫情中每天面对死亡与爱情相关,叶晓璐馆员为我们解读了《魔戒》中关于爱情的伦理叙事。而在我们的书评栏目,这一期刊登了厦门大学李仙飞教授评论威尔·达德利教授(Will Dudley)《黑格尔、尼采与哲学:论自由》的新书,把黑格尔与尼采放在一起思考,在国内还是非常少见的。

歌德(Johann Wolfgang von Goethe)曾在《浮士德》中说,精神既不瞻前,也不顾后,唯有现在才是我们的幸福。这是一个有绝对力量把握了“现在”的人才说得出的话,在疫情灾难还不知何时能结束的情况下,我们需要把哲学引向一个一直未能引起我们重视的命题上:存在就是力量。让我们每个人都懂得如何增强自身的存在力量,把握“现在”,无论生活如何艰难,都勇敢地活下去,活出自我,活出自我的卓越与精彩,这也是美德伦理学复兴的根本意义。

【原典首发】

美德伦理学：一个令人误入歧途的范畴？

[美]玛莎·C. 努斯鲍姆[①](著)

陈晓曦[②](译)

【摘要】美德伦理学作为一种通达伦理学主要问题的独特路向，得到了普遍的教授与讨论，并与功利主义伦理学和康德伦理学一起成为第三种主要立场。笔者认为，这种分类法是一种混乱。功利主义和康德主义都包含了对美德的处理，因此美德伦理学不可能与这两种伦理学比肩而构成一个单独的路向。可以肯定的是，关于美德的当代哲学论者中有相当多的人既非功利主义者，也非康德主义者；其中不少人在古希腊的美德理论中找到了灵感。但即便在这一点上，他们也并非一致。虽然某些关注确实把这个不同的群体联合在一起(关注在择善中动机和激情的作用，关注品格，关注行为人一生的整个过程)，但也同样有着深刻的分歧，特别是关于理性在伦理学中应该发挥的作用。笔者认为，有一群现代美德理论家在关心价值多元以及激情对社会培育的影响方面，基本上是反功利主义的。这些理论家希望扩大理性在伦理学中的地位。他们认为，理性可以权衡目的与手段，而且理性可以缓和激情本身。另一群美德理论家主要是反康德主义者。他们认为，理性在大多数关于伦理的哲学描述中扮演着太多支配的角色，因而应该给予情感和激情更大的空间，他们通常不像上一群理论家那样基于理性来解释情感和激情。本文通过考察这些差异得出结论，谈论“美德伦理学”是没有帮助的，我们最好是凸显出每个思想家实质性观点之特色，然后弄清楚我们自己想说什么。

【关键词】亚里士多德，休谟，康德主义，功利主义，美德

---

① 作者简介：[美]玛莎·C. 努斯鲍姆(Martha C. Nussbaum)，1969年毕业于纽约大学，1972年和1975年在哈佛大学分别获得硕士和博士学位。芝加哥大学法律与伦理系杰出专业教授，前后出版专著23部，编著21部。

② 译者简介：陈晓曦，常熟理工学院马克思主义学院讲师，主要研究领域为伦理学理论与思政教育。

一、习俗

这是一则关于当代道德哲学现状的令人误解的故事[①]:我们正在从一种基于普遍的启蒙理想的伦理学,转变为一种基于传统和特殊性的伦理学;从一种基于原则的伦理学,转变为一种基于美德的伦理学;从一种致力于阐述系统理论的伦理学,转变为一种怀疑理论与尊重具体实践所体现的智慧的伦理学;从一种基于个体的伦理学,转变为一种基于接纳与关怀的伦理学;从一种非历史的超然的伦理学,转变为一种植根于历史共同体之特殊性的伦理学。

这个故事(从现在开始,我将称之为"混乱的故事")是由一些人满意地说出的,这些人拒绝将富有雄心的抽象启蒙理论看成一种现实的、基于历史的、高明的、世俗的伦理学之最佳希望。另一些人则说得危言耸听,他们认为特殊性和地方知识的过盛会严重威胁启蒙对社会正义和人类平等的崇高志向。但即便是从表面上看,故事也是混乱的。它将道德生活的要素联系在一起,而这些要素根本不必相互联系,甚至可能是彼此紧张的(例如,如果一个人原则上以正义和平等之名拒绝批评地方传统,他还能是个好父母吗)。通过接受这个混乱的故事,我们可能会相信:为了照顾友谊,我们必须放弃普遍正义;为了充分关注历史,我们必须放弃一般性的理论;为了关照品格的心理特点,我们必须放弃理性反思。这样的结论在实践上是有害的,因为它们在智识上是不明智的。

这则混乱的故事在很大程度上源于存在一种叫"美德伦理学"(virtue ethics)之事物的想法,它具有明确的可描述特征和一定程度的统一性,而且它对功利主义和康德传统都构成了重大改变。因为正是"美德伦理学"被看成实现了为混乱理论所刻画的从启蒙到新希腊(neo-Greek)理论的过渡。而"美德伦理学"现在经常被认为是一种主要的伦理路向(我不说"伦理的理论",因为混乱的故事通常将"美德伦理学"视为根本上反理论的)。例如,在美国典型的医学伦理学课堂上,年轻的医生了解到有三种路向来定夺一个伦理问题:康德路向、功利主义路向和"美德伦理学"路向。类似的三分法越来越多地出现在道德哲学高级别学术文献中:只有一个典型的例子是詹姆斯·格里芬(James Griffin)的近作

---

① 我曾经提出过类似的特征描述,继而称之为"混乱的并令人混乱的"(confused and confusing)。参见玛莎·C. 努斯鲍姆的《美德复苏》一文("Virtue Revived," *Times Literary Supplement*, July 3, 1992, p.9)。这是一个错误,因为自从笔者描述混乱观点的特征起,就好像这是其本人观点似的:显然,人们断章取义,例如,参见 Susan Hekman, *Moral Voices, Moral Selves: Carol Gilligan and Moral Theory*, University Park, PA: Penn State University Press, 1995, pp. 37-38。因此,我开门见山就给出特征描述,以明示意见。还以勿将此论归诸本人为盼。

《价值判断》(*Value Judgements*),该书就考察了这三个主要备选路向①。从事古希腊伦理理论工作者经常以美德伦理学专家(或是做客座讲座,或为医院提供咨询,或在广播上座谈)的身份被邀请,犹如为了反对其他主导的伦理路向,仿佛存在一件我们都一致同意的独特之事。

在某种程度上,这种日益流行的言说方式是明显的范畴错误(category mistake)。伊曼纽尔·康德有一种德性理论,并对德性的阐明给予了极大关注。虽然德性学说曾经是康德道德哲学中相对被忽视的一部分,仅供康德研究专家阅读,但现在它受到广泛讨论,同时被广泛地认为是核心概念②。任何人都不能再认为康德的观点全然是对义务和原则的执着,排除了品格养成与激情训练。我们很清楚,康德对德性作了总体说明。从意志的力量看,德性克服了任性和自私的倾向;他详析了德与恶的标准,如勇气和自制德性,以及贪婪、虚伪、奴性和骄傲等恶;虽然他一般地把偏好(inclination)描绘为不利于德性,但他也认可同情的偏好对德性提供了关键支持,并能促进审慎德性的培养。简而言之,他对德性的描绘涵盖了与大多数古希腊叙述的相同主题。虽然他的美德理论的实质不同于希腊理论,特别是在它对激情的非认知性说明上,但它还是关于相同事物的理论,它与那些理论经得起持续对比。不宁唯是,重新发现康德美德理论也导致了对他的其他伦理著作的真实立场之严肃的再评估,因为学者们描绘了一位不那么严格、更灵活、更少关心抽象原则、更多关心道德判断运用的康德,而非前几代人认识的康德。

至于英国功利主义者,他们也没有忽视美德。亨利·西格威克(Henry Sidgwick)就是最明显的例子。哪怕只是对《伦理学方法》(*The Methods of Ethics*,1907)目录的一瞥,也会明白美德是其主要论题之一——不仅在关于直觉主义和常识性道德的讨论中,而且在功利主义本身的讨论中亦复如是。西格威克的主要关注之一是论证美德有功利主义的基础,而对功利主义的思考最终是理解共通的美德概念之最佳方式。

在实际地确定终极善(或好生活)概念——它们至少初看起来容有一种快乐主义的解释——的那些特殊因素时,常识也无意识地采取了功利主义的观点。我们现在可以指

---

① James Griffin, *Value Judgements*, Oxford: Clarendon Press, 1997.

② 比如, Nancy Sherman, *Making a Necessity of Virtue: Aristotle and Kant on Virtue*, Cambridge: Cambridge University Press, 1997; 也可以参见 Barbara Herman, *The Practice of Moral Judgment*, Cambridge, MA: Harvard University Press, 1993; Onora O'Neill, *Constructions of Reason: Explorations of Kant's Practical Philosophy*, Cambridge: Cambridge University Press, 1989; Christine Korsgaard, *Creating the Kingdom of Ends*, Cambridge: Cambridge University Press, 1996。人们可能还会想到约翰·罗尔斯的《正义论》(*A Theory of Justice*. Cambridge, MA: Harvard University Press, 1971)中美德和道德情操思想的殊胜地位。

出，这一"无意识的功利主义"假说解释了不同阶级的人赋予各种具体德性的不同的相对意义，也解释了一般地赋予同一种德性——当其受到反复灌输时——相对于不同阶级的不同意义。这些差异通常与这些德性在不同场合中的不同功利意义相吻合。例如，我们已经指出过，人们更强调女性而非男性的贞洁(chastity)。此外，勇敢对男人则更为重要，因为人们更多地要求男人去有力地应付急重的危险。类似地，人们期待一个士兵比(例如)一个牧师表现出更多的勇敢。又如，虽然我们在大多数人中推崇坦率和诚实，我们却不希望在一个必须隐藏秘密的外交家身上看到它们，也不指望一个商人在介绍商品时会向他的顾客坦率地指出商品的缺点①。

不管我们如何看待这种关于美德的社会教诲之基础的说法②，这显然都是一种关于柏拉图、亚里士多德和康德所讨论的相同主题的严肃理论③。在功利主义传统中，这引起了广泛的讨论，即功利主义者应该在多大程度上向年轻人传授功利主义原则，而非(密切相关的)常识美德的原则④。

早期的功利主义者也没有对德与恶的话题坚持一视同仁。杰米里·边沁的《道德与立法原理导论》(*An Introduction to the Principles of Morals and Legislation*，1780)与许多现代功利主义者的著作完全不同，该书深刻而广泛地关注道德心理学问题。对动机和意图的多样性以及人类性情类型的分析占据了这部著作的大半篇幅⑤。边沁对于"值得赞赏的"(meritorious)和"有害的"(mischievous)性情的区别，由于受到阅读休谟(我们期待它对幸福的影响，无论是行为人还是其他人)的启发，他的界定当然采用了一种功利主义的方式。边沁写道："在这两种理解中，或其中任何一种理解中，一方面可以被称为好的，另一方面可以被称为坏的，或者在公然作恶的情况下被称为邪恶的(depraved)。"⑥然后，他在脚注上作了补充说明，我也可以用"有德的"(virtuous)与"恶毒的"(vicious)来指称，但因为这

① Henry Sidgwick, *The Methods of Ethics*, Chapter Ⅲ, Book Ⅳ, 7th edition, New York: Dover, 1966, pp. 453 - 454. 中译文参见西季威克的《伦理学方法》(廖申白译，北京：中国社会科学出版社，1993 年，第 464 - 465 页)。此处译文有所改动。——译注

② 对此的卓越批评请参见 Bernard Williams, "The Point of View of the Universe: Sidgwick and the Ambitions of Ethics," in *Making Sense of Humanity and Other Philosophical Papers 1982—1993*, Cambridge: Cambridge University Press, 1995, pp. 153 - 171。

③ 人们还应该考虑西季威克在这些主题上的其他丰富论述，比如参考最近重印的相关材料，如 *Practical Ethics: A Collection of Addresses and Essays*, New York: Oxford University Press, 1998。许多作品较为详细地处理诸美德，尤其是"奢侈""牧师的诚实"和"冲突的道德"等。

④ 参见《伦理学方法》的第 489 - 490 页，此处他考虑了是否应让功利主义原则广为人知。

⑤ Jeremy Bentham, *An Introduction to the Principles of Morals and Legislation*, New York: Hafner Press, 1948.特别是第 8—11 章。

⑥ 同上书，第 11 章。

些词和"好与坏的声誉"如此密切相联系，所以当一个人的坏性情仅对他自己不好时，我们可能会拿不准是否要采用它们。"将软弱强调到与犯罪等同的地步，是减少应该归咎于犯罪之憎恶的一种方法。"但对"德"与"恶"这两个词的怀疑态度并不是对美德伦理学话题的回避，实际上它在边沁的著作中俯拾皆是。

至于约翰·斯图亚特·密尔，人们到目前为止已经清楚地认识到，他的伦理理论是古希腊幸福论(eudaimonism)和功利主义的一种复杂混合①。也许晦暗不明的是，他在《女性的屈从地位》(*The Subjection of Women*)一书中所接受的古典教育启发了他对道德发展的思考。在那部著作中，他提出了一个激进的命题，在某种程度上与西奇威克的观点相左，他认为长期以来由性别等级塑造的男女美德的理想，对个人幸福和社会效用都是有害的。他用一种准希腊(quasi-Greek)的方式说明激情不是自然的，而是由社会习惯和评价形式建构的。他认为，妇女和男子的"天性"都是人为造成的、扭曲的，在前者中灌输顺从的羞怯，在后者中灌输傲慢的自我关注，因此这对家庭和对共和政体的公民一样有害。这部书与诸如塞涅卡(Seneca)的《论愤怒》(*On Anger*)和穆索尼乌斯·鲁弗斯(Musonius Rufus)的《女性也应做哲学》(*That Women Too Should Do Philosophy*)等美德理论中激进的社会批评经典文本，值得我们仔细参阅。重申一下，鉴于功利主义三大思想家中的两位都将自己完全定位在古希腊美德理论的传统，并明确地沾惠于早期的美德分析，二者都就这些分析来提出改进那个时代社会思想的建议，因而若再把美德伦理学与功利主义相对立，那就太难以置信了。

不过显然的是，当"美德伦理学"是这两种伦理理论中的一个重要因素，犹如它也是内在于托马斯·阿奎那和亚里士多德等其他伦理理论中的一部分一样，那么"美德伦理学"如何能与康德主义和功利主义分庭抗礼，自成一家呢？

如果说真的存在，那么何谓美德伦理学？是否存在一整套统一性的关注，把所有与该名号有典型联系的思想家聚集在一起，而他们在智识和政治上显然是多样的，如麦金太尔与拜尔、威廉斯与麦克道尔、理查森与富特？② 抑或除了混乱，什么都不存在呢？

我将表明，所有这些思想家和其他许多人在美德范畴里发现了兴趣，并为了阐明这一

① 例如，我们可以参见 John Stuart Mill, *On Liberty*, Indianapolis: Hackett, 1978，尤其是第三章，此处他讨论了希腊人自我发展的理念。

② 在这篇论文中，我完全从英美(Anglo-American)的辩论中引作我的例子。我为此致歉。我相信法国目前几乎没有"美德伦理"，但我知道德国有很多有趣的进展，不过我所知甚少而无法详述。在其他哲学文化中，我也无从知晓是否存在"美德伦理"的研讨。

出于阅读顺畅之故，上述人名未在原文中注明英文，他们都是当代英美学界研究道德哲学的佼佼者：Alasdair Macintyre, Anette Baier, Bernard Williams, John McDowell, Henry Richardson, Philippa Foot。——译注

主题而转向希腊人,导致这一切的一整套关注还是存在着某些真正的统一性。这个一致的领域固然有哲学意义,但也并不厚重。它没有划定一种可以与康德和功利主义伦理进行有效比较的独特路向。追求这些兴趣是完全合理的,同时又全然保留在康德或功利主义阵营中。然而,许多回归美德的主要捍卫者确实与康德或功利主义伦理发生争论——在少数情况下,同时与两者争论。他们认为转向希腊的美德概念,是为了帮助解决他们在这些启蒙道德理论中所发现的问题。

然而,即使在这些批评中也几乎不存在统一性。我会证明,一些"美德理论家"最好被理解为出于对功利主义的不满。特别是,他们质疑功利主义时对善之多元性的忽视,质疑狭隘的技术性理性概念,认为理性只能审慎考虑行动的手段而无关乎目的;同时也质疑其非认知的情感和欲望概念,在哲学中经常被功利主义思想家认为是理所当然的(正如我所说,尽管这不是密尔的观点),这在经济学中尤为显著。这些"美德理论家"是理性之友。总之,他们希望在我们的道德和政治生活中,理性与审慎能发挥比功利主义者通常承认的更大的作用。他们对根深蒂固的满足感和习惯提出了尖锐的批评。他们喜欢这样的想法,即不仅我们的信仰,而且就连激情和欲望,都能受到实践理性批判工作的启发。这些"美德理论家"很可能转向亚里士多德,或通过对亚里士多德的某种解读来阐述他们对审慎的政治生活的看法。他们并不敌视康德,他们甚或渴望将亚氏和康德综合起来。他们把《女性的屈从地位》的作者密尔视为盟友。他们根本不敌视系统的伦理理论的理念。他们重视亚里士多德的理论抱负,认为这些抱负与哲学的批判工作是不可分割的。他们很可能是普遍主义者、反相对主义者。如果他们恰好是女权主义者,则很可能被亚氏美德概念所固有的批判和审慎之潜力所吸引。(就这类哲学家而言,我会把霍米娅、麦克道尔、默多克、理查森、谢尔曼、威金斯,包括我本人也算在内①。)

相比之下,其他"美德理论家"则始于对康德伦理学的不满。他们质疑康德提出的理性在人类事务中的主导作用,并质疑康德理性主义在当代伦理理论中占据主导类型的地位。他们还质疑康德的普遍性,以及康德关于实践判断应基于从行为人处境的特定局部特征中抽象出原则的观点。这些理论家希望在我们的建构中能更多地认可"非理性"因素,他们把情感和欲望算作这样的因素。总之,他们相信,如果我们的社会生活少一些审慎与批判,更多些积淀已久的欲望习惯和积淀已久的社会状态之特征的生长物,那么我们的社会生活就会更好。他们敌视伦理学中普遍的理论化做法,他们很可能对文化相对主

① 出于上一条注释后面所提出的相同理由,这里给出首次出现人名的英文表达:Marcia Homiak, Iris Murdoch, Nancy Sherman, David Wiggins。——译注

义有些同情,虽然也并不都赞同。这些理论家很可能与亚氏多有不合[或以还原的生物化(reductive biologizing)方式解读他],并对休谟颇有好感(或对休谟进行了独到的解读)。如果是女权主义者,他们很可能受到美德理论给予我们个性上情感、习惯和"动物"一面的慷慨功能所吸引,认为这一方面已被男性主导的启蒙哲学不公平地边缘化了[在这一范畴内,我将以不同的方式考虑拜尔、布莱克本(Simon Blackburn)、富特、麦金太尔和威廉斯——尽管麦金太尔当然不会以任何方式与令人讨厌的休谟为伍]。

这仍过于简单,反功利主义群体需要进一步划界。该群体包含一组专注于道德意识并对政治相对漠然的思想家,一群批判性的政治思想家。它还包含了关于完善我们的情感和欲望所涉及的道德努力的不同观点。反康德群体涵盖在伦理理论化可能性及其与政治理论化有关方面持不同立场的人。诸如麦金太尔和威廉斯等复杂人物,他们则不能整齐地放进任何一只构想出的箱子里。尽管如此,我将论证以这种方式把"运动"分别看待,有助于理解我们在何处以及为何取得了真正进展。

二、共通基础①

就"美德伦理学"的捍卫者之间存在任何共通的基础而言,我认为有如下三条主张:

A. 道德哲学应该关注行为人,及其选择和行动。

B. 因此,道德哲学应该关注其自身的动机和意图、情感和欲望:总之,关注与内在道德生活的品格,并关注动机、情感和致使我们把某人归为某种类型(勇敢、慷慨、温和、公正等)推理的固定模式。

C. 道德哲学不仅要关注孤立的选择行为,而且更重要的是,要关注行为人道德生活的全过程,承诺与行为的模式以及激情。

正如我已指出的,这三个主张并不违反康德伦理学,因为康德显然同意这三条,并在此基础上写了德性论(Tugendlehre)②。它们实际上也未牵涉与著名的功利主义思想家的

---

① 原文为"common ground",我们知道"common law"对应的中文是普通法,"common sense"对应的是常识或共通感。经过权衡,本文采用共通来处理。——译注

② 这里的德性论是指《伦理形而上学》(中文学术界都翻译成《道德形而上学》)的概念。"Tugend"在德语中是一个独立于"Moral"(道德)和"Sitte"(习俗、伦理)的词语,与希腊文"ἀρετή"(aretee)和拉丁文"virtue",即"美德伦理学"的"美德"具有一脉相承的词源联系,不能直接等同于"Moralität"(Moralty),因为这个一般被翻译为"道德性"或"道德"的概念是个完全的现代概念,是对作为行动原则之"道德"的"道德性"的评价性概念,当然也不同于另一个德文词"Sittlichkeit",这是一个来源于古希腊习俗、伦理(ethos)的概念。这些区别可参阅邓安庆相关的论文,如《再论康德关于伦理与道德的区分及其意义》(《北京大学学报》,2019 年 9 月第 56 卷第 5 期)和《论康德的两个伦理学概念》(《伦理学研究》,2019 年第 4 期,第 43 - 52 页)。——译注

分裂,如我所坚持的,那些思想家确实思考了品格问题。西季威克和密尔当然都会接受这三条主张——尽管许多最近的功利主义者,特别是在经济学方面,他们倾向于忽视这些问题,而只单独地关注理性选择的特定语境。

然而,说句公道话,英美道德哲学在20世纪50—70年代并没有高度重视这些问题(除了罗尔斯在《正义论》第三部分对道德发展给出了卓越说明的显著例子以外,该理论在批判性讨论中从未得到应有的重视)。因此,作为一个早该完成的补救,这完全是合理的假设,转向希腊将有助于我们作出所需的改变。

为何在转向亚里士多德之前,在某种程度上就已推动了康德本人的美德理论回归的原因就在于,那时几乎每一位优秀的英国道德哲学家和许多美国人都是古希腊伦理学的学生与教师。像威金斯、威廉斯、默多克、麦克道尔和富特这些人所受影响不大,因为他们在"伟大思想家"那里被授予学位并且(或者)在该项目中经常担任教席,花在古希腊伦理上的时间远超康德伦理。在美国方面,年轻的哲学家,如谢尔曼、霍米娅、理查森和我,都是亚氏研究那令人兴奋之复兴的受益者,该研究是由哈佛大学的欧文(Gwilym Owen)和普林斯顿的委拉斯托斯(Gregory Vlastos)领衔的。但这要先行于我的故事:在希腊复兴发挥影响力之前,我们首先需要描述一番现状。

在那些日子里教授道德问题时,一般都强调选择的背景。互竞的规范理论竞相给出一个人在复杂的情况下应该如何选择的最佳解释,而互竞的元伦理学理论则试图给出一个最好的解释,说明旨在选择的伦理话语和推理究竟是什么。现在为了聚焦规范分析,学生往往会遇到一个复杂的道德案例,然后老师会指出,一名康德主义者将以某种方式处理(通过思考他准则的普遍性),同时一名功利主义者会采取非常不同的处理方式(通过思考最大化的善)。然后,从这些理论的总体结构和充分性中得出结果。关于可能存在或不存在于行为人中的动机和选择的可靠模式,则鲜有提及或只字不提。也绝少提及行为人的情绪和欲望,无人谈论何谓情感和欲望的可替代分析。而且,即便关注了选择的语境,也很少有人涉及行为人的整体道德生活,表达并建立与整体道德和个人目标有复杂联系的品格之特征。在教导康德思想时,人们几乎不可避免地注意到行为人的主观准则,因此,内在状态对其行为的道德品质产生了巨大影响。但关注点通常不在这里,而是原则结构本身及其与可普遍化的关联。类似地,虽然理想的功利主义行为人当然有种非常特殊的品格,他是一位决定将所有仅是个人的关切隶属于普遍利益者,而这种行为人典型地被描述为一套孤立的选择时刻之集合。因此,威廉斯指责功利主义忽视了个人的正直,完全没有问他的主人吉姆是否有可能不存在功利主义的品格以及由该品格流露出的个人正直感①,这反倒不奇怪了。人们只是想当然地认为,品格是功利主义者很少谈论之物,并推测功利主义者未把自身代入品格的培育。虽然这个推测是假的,但当时大多数功利主义者做哲学的方式都强烈地鼓励了这一点。

缺乏理解的另一种方式可以考虑现在所谓的道德心理学问题。哲学上重大的领域,到目前为止也是核心领域,在 20 世纪 50—60 年代几乎还是未被听闻的空白。即使当人们书写哲学家对情感的性质和结构存在很多实质性争论时,也很少有人论及他们观点的那些方面。这不仅适用于笛卡尔、休谟、卢梭、斯密和斯宾诺莎,而且也适用于希腊哲学家本身,他们对激情、爱和友谊的看法实际上没有出现在这一时期的哲学文献中。与这种对激情的忽视密切相关的是,希腊化时期的哲学家几乎完全被忽视了,他们在哲学史上给予了激情最卓越和有影响力的一些描述。

对道德心理学保持缄默也是有害的:因为它掩盖了一种默认的一致性,即激情和欲望或多或少是没有思想与意向性的,在我们理论构造中,动物性要素促使人们采取行动,而不包含任何关于目标或对目标的想法(但有些人认为,行为主义心理学更激进的观点,即所有的精神内容都可以在科学解释中消除,而谈论情感和欲望很快就会被谈论刺激和行为反应所取代)。当乔治·彼彻尔(George Pitcher)在 1965 年发表他对情感的非认知总体情况的批评时,革命性的影响发生了②——这并不是说在其非常合理论证的意义上受到了注意,事实上直到大约 20 年后它们才受到注意,但却是在它确实看起来像与人们或多或少相信的正统理论相决裂的意义上。尽管彼彻尔本质上赞同一种在哲学史上非常熟悉的情感观点,但下述的也是事实,即我们可以把它们与亚里士多德、希腊和罗马时代的斯多亚学派、斯宾诺莎,甚至斯密联系在一起③。

对情感采取非认知看法是忽视道德心理学的结果,因为反对情感的论证是如此强大,以至于除非完全不考虑该问题,否则人们将无法继续坚持下去。它更精心捍卫的是非认

① 参见威廉斯的《功利主义:赞成还是反对》(*Utilitarianism: For and Against*, Cambridge: Cambridge University Press, 1993)。

② George Pitcher, "Emotion," *Mind* 74, 1965, pp. 326 - 346. 另一个对于非认知情绪观点有着重要的早期批评的是安东尼·肯尼,参见 Anthony Kenny, *Action, Emotion, and Will*, London: Routledge, 1963。他的劲敌是笛卡尔、休谟和现代行为主义。查尔斯·泰勒是对行为主义的一个早期重要批评家,参见 Charles Taylor, *The Explanation of Behaviour*, London: Routledge, 1964。

③ 因此,在 1988 年,人类学家凯瑟琳·卢兹(Catherine Lutz)发表了她对波利尼西亚人社区情感的非常有趣的研究,参见:*Unnatural Emotions: Everyday Sentiments on a Micronesian Atoll and Their Challenge to Western Theory*, Chicago: University of Chicago Press,1988。她至少具有表面的合理性,可以声称她所刻画的情感的认知说明确实对"西方理论"构成了挑战——尽管它极其接近许多主导的西方理论,包括亚里士多德、塞涅卡、斯宾诺莎和斯密的理论。

知的诸要素，行为主义把精神还原到外部刺激与反应，再也无法被任何专注于道德心理学的人支持①。但对情感的非认知主义解释也构成道德哲学中忽视道德心理学的一个原因。因为如果情感只是低级理性（subrational）的扰动或推动，与思想和意向性无关，那么它们与伦理学的关系就不值一提了。它们可以被满足或保持匮乏，但它们不能作为具有统一关注的一部分来培养。类似这样的东西是康德的观点，与在西方伦理传统中几乎所有此前观点不同，这一观点解释了为什么与西方伦理传统中几乎所有之前的理论存在不同，他（康德）认为不适合提供情感的定义或对情感的分析给予任何认真的关注②。

如此一来，就有了很多东西需要批评。尽管对动机、意图、品格和整个生活过程的关注，在原则上对康德和功利主义哲学并不陌生，但它对这一时期的大多数英美康德主义者和功利主义者来说显然是陌生的。毫不奇怪，希腊哲学的学者自身往往是杰出的道德哲学家，处于能作出宝贵贡献的地位。

这些美德思想家所做的是，坚持认为我们如果不充分地认识行为人的道德生活，无论是在选择的直接语境之内还是以外，都无法充分评估行为人的道德表现。在当下语境里，我们需要认识行为人选择和行动的动机和意图，审慎和反思的品质，以及反应性情绪。他行公正之举是出于公正自身之故，还是为了回报？他考虑着主动而为，还是仅仅按照父母和老师所教而为？他做这件事是否觉得很紧张，仿佛格格不入；还是觉得很容易，仿佛整个人格都在赞成这一行动？在当下语境之外，我们需要问一句，这个选择是如何适应他经养成（或没有）的选择和反应模式的？他的生活是否一般地表现出对正义的承诺，抑或是该行为孤立地属于偶然为之？如果他有某种一般性承诺，它是以一种成功与相对和谐的方式组建他的动机，抑或是与其他目的及其相关动机保持紧张关系？如果是后者，更准确地说，造成紧张的原因是什么？它是出于相对不受推理影响的偏好，还是出于易于受理性调整的情感，抑或是出于对一个单独不相容之目的的承诺？

在我所称的美德伦理学“共通根据”的第一个主张里，这些关于行为人的问题是重要的，也是在任何完整的伦理说明中所追求的关键。但为了很好地解决这些问题，人们必须着手对道德心理学和行动哲学进行探究。一个人必须尝试对情感和欲望进行充分的描述，询问它们包含了多少指向客体的（object-directed）意向性，及其对理性的影响有多敏

① 关于行为主义的实验失败，参见 Martin Seligman，*Helplessness*，New York：W. H. Freeman，1975，以及 Richard Lazarus，*Emotion and Adaptation*，New York：Oxford University Press，1991，p. 14。拉扎罗斯说，通过推翻行为主义的错误，心理学现在已经设法回到亚里士多德撰写《修辞学》时所达到的程度。

② 这一遗漏尤其引人注目，因为它显然忘记沾惠于斯密与卢梭，以及遗漏了关于西塞罗和塞涅卡等拉丁作家的详细知识。

感。一个人必须努力制定最好的概念框架来解释目的性行动。我们应该认可哪些实体(entities)?理性、信念、意志、意图、情感、偏好、欲望、食欲——所有这些都有其捍卫者,它们以各种不同的方式结合在一起。在能准确地看清一个有道德价值的行动有何种表现之前,我们必须更好地理解它的心理学基础。一旦做到了这一点,我们就可以开始提出关于道德发展的相关问题:品格的特征是如何形成的?理性和意向性在其形成中起何种作用?它们是否涉及对任性欲望的抑制,还是我们应该期待道德成熟的行为人改变其情感和动机,以期支持理性的选择?即使在最好和最成熟的行为人中,意志软弱(akrasia)永远是可能的,还是说应该把它算作道德发展不充分的标志?① 美德伦理学共通根据的第二个要素在于,所有这些问题都需要面对,回答它们会适当影响我们对道德价值的说明。

但是,如果伦理学仍然只集中在孤立的选择时刻,或只是关涉行为人的责任和义务的相关问题,伦理学就不能满足这些要求。我提出的问题表明,对行为人生活的整个轨迹有了更广泛的关注。拥有好生活对他意味着什么,他是如何追的?他看重什么,他对他看重的价值有多少反思?具体的道德目的和承诺在他追求的目的中如何体现?② 实践推理在多大程度上可以而且应该让人的生活成为整体,并协调各种目的,进而矫正其激情呢?美德伦理学共通根据的第三个要素是出于这样的一个理念,即这些问题(古希腊和罗马哲学家的中心问题)具有极大的内在哲学兴趣,它们对充分说明伦理价值而言是不可或缺的。

请注意,这三个承诺综合起来自然会导致美德理论家(无论她的道德理论标签是什么)对文学产生浓厚兴趣。因为文学叙事展示出长期的品格、行动和承诺模式,同时用敏锐的知觉来研究相关激情。它们以一种孤立的哲学例子所不能胜任的方式向我们展示,为了追求一个人的价值而组织一种生活意味着什么,以及何种冲突与障碍困扰着这样的探索。我们不能完全说,对文学的兴趣是我所谓的"共通根据"之一部分,因为相当多探究性格、动机和生活规划问题的人,仍然喜欢借助构造案例而非复杂的文学叙事。但对文学的兴趣自然伴随着对共通根据的认可,因此毫不奇怪,像麦金太尔和科拉·戴蒙德(Cora Diamond)这样的美德作家,竟会对作为道德哲学盟友的小说抱有非常浓厚的兴趣。同样不令人惊讶的是,在这一时期,美德理论的领衔思想家之一是杰出的哲学家、小说家默多克。

---

① 对于后一种立场,参见 Myles F. Burnyeat, "Aristotle on Learning to be Good," in Amélie O. Rorty (ed.), *Essays on Aristotle's Ethics*, Berkeley: University of California Press, 1980, pp. 69-92。

② 这个问题是以一种典型的现代方式提出的,预设由非希腊思想家所刻画的道德和非道德之间的区别。但是,如果有人反对这一特征,你可以重新表述:如出于关心自身之故而关心其他人本身在他的目的计划中扮演什么角色?政治正义又起着什么作用?等等。

现在该提及美德伦理学兴起的另一深层因素了。这就是女权主义的兴起,以及大量女性走进这一信念的时期。毫不奇怪的是,回顾过去,在美德伦理学的主要捍卫者中有相当多的人是女性:默多克、富特、安斯康姆①、戴蒙德、拜尔、安娜斯(Annas)、谢尔曼、霍米娅、我本人,以及其他女性②。其中大多数人都会自称为所描述的这种或那种的女权主义者③。那些为复兴康德美德理论做了最大努力的哲学家几乎全是女性:赫尔曼、科斯嘉、奥尼尔,还有谢尔曼,她们全都是女权主义者④。在美德伦理学的男性支持者中,也有直言不讳的女权主义捍卫者,如威廉斯和理查森;即便是麦金太尔,尽管他的伦理思想渐趋保守,也强烈拒斥他所钦佩的古代思想家的反女权主义观点。

我自己认为(尽管颇有争议),一种好的道德理论是完全普遍的,我们没有理由期望妇女本身有不同的角色或目标,也没有理由期望她们有一套独特的立场。显而易见,我所开列的名单上的人并无一套独特的立场;事实上,除了我所说的"共通根据"之外,她们对所有的事情几乎都抱有强烈的分歧。但我确实认为,女性的经历有时会提出一些问题和重点,而这些问题和重点在男性所主导的道德哲学传统中是缺乏的。因此,发现以前被排除在主导传统建构之外的一群人带来了新的行事方式,这不算很大的意外。

例如,毫不奇怪的是,把道德心理学以及情感与欲望的研究作为哲学工作的核心,女性一直是处于前沿的。强调这一点的原因之一是反应式的:她们据称具有更大的情感本性因而屡遭诋毁,这样应对诋毁的一种方式是更好地理解品格的这些要素——例如,去证明她们并非粗野,而是具有高度洞察力;不是缺乏思想,而是充满思想。需要强调的另一个原因是,出于平衡的考虑,社会更多地鼓励妇女关注、培养和示踪出她们的情绪。这意味着她们往往更适合从事这种研究。最后,女性往往比男性花更多的时间照顾年幼的孩子,这种职业每天都面临着一系列巨大的情感,无论是在孩子还是在自己身上,这些都需

---

① 我下面不讨论安斯康姆。原因是我认为她的突出贡献在于行动哲学,而不是这里所言的伦理学。她在伦理问题上捍卫天主教立场的论文,在很大程度上独立于她关于意图的重要工作。

② 如参见 Annette Baier,"The Need for More than Justice," in *Science, Morality and Feminist Theory*, Marsha Hanen and Kai Nielsen (eds.), Calgary: University of Calgary Press, 1987, 以及 Virginia Held (ed.), *Justice and Care*, Boulder, CO: Westview, 1995, pp. 47-58, 与"What Do Women Want in a Moral Theory?" *Nous* 19, 1985, pp. 53-63。还包括上下文所引述的谢尔曼和霍米娅的著作。

③ 我不确定安斯康姆、默多克和戴蒙德是不是女权主义者。

④ Barbara Herman, "Could It Be Worth Thinking About Kant on Sex and Marriage?" in Louise M.Antony and CharlotteWitt (eds.), *A Mind of One's Own: Feminist Essays on Reason and Objectivity*, Boulder, CO: Westview, 1993, pp. 49-67; Christine Korsgaard, "A Note on the Value of Gender-Identification," in M. Nussbaum and J. Glover (eds.), *Women, Culture, and Development*, Oxford: Clarendon Press, 1995, pp. 40-406; Onora O'Neill, "Justice, Gender, and International Boundaries," in M. Nussbaum and A. Sen (eds.), *The Quality of Life*, Oxford: Clarendon Press, 1993, pp. 303-335.

要她负责而敏锐地处理情感。所有这些原因加总起来,毫不奇怪的是,虽然主流的男性哲学已经把情感遮蔽起来,可以说,将其处理为一个稍微令人尴尬的“软”话题,但女性(以及女权主义的男性)应该决定面对该话题,令其成为道德哲学今后的一个主攻方向。

相比男性醉心于相互冲突的承诺,女性则往往必须在孩子和事业之间,在爱和自我表达之间更加专注。在 20 世纪 70 年代末,哈佛大学的女性群体[当时谢尔曼、让·汉普顿(Jean Hampton)、路易丝·安东尼(Louise Antony)和科斯嘉都在研究生院,赫尔曼和安娜斯刚毕业不久,在别处从事教学工作,苏珊·沃尔夫和我则是助理教授],我记得我们自问过:“女性本身对道德哲学必须有何贡献?”我们拒斥这种观点,即女性有种独特的认识方式仅仅是因为她们是女的;我们也拒斥这种观点,即女性会因此贬低理性和价值冲动。但我们的确认为①,不断面对价值观冲突的经验,会打消我们每个人说出一些传统早已谈及过的关于道德冲突的无头脑的话:例如,它们不存在,或者理性总能发现在冲突中某项义务不是真义务。简而言之,女性的典型生活导致她们想要探究理性在规划整个生活过程中的作用,因为当价值呈现多元而在世界上又难以组织起来时,理性就会遇到麻烦。

这就是共通根据。所以,请注意它并不意味的这些方面。首先,它不意味着拒斥道德理论。事实上,美德伦理学的各支派经常注意到,在希腊—罗马世界的所有主要支持者都强烈倾向于理论的(pro-theory)。同时,那些古代思想家通常捍卫哲学价值,以便与那种声称要培养美德,并强调反思和理论在规划德性生活中核心地位的方式相抗衡。

共通根据也不意味着反对伦理的普遍性,也并不是要求我们固守地方规范与传统。那将是共通根据之内的辩题,但同样地,所有主要的古希腊和罗马思想家都是强普遍主义者,力主(起码也是高度普遍地)一个放之四海而皆准的人类繁荣的概念②。古代思想家对地方性实践和他们所谓的智慧也无很大的耐心。每个人(甚至相对保守的亚里士多德)都是对现有社会规范和实践的激进批评者,特别是在金钱、荣誉和怒气方面。同样,他们在哲学中看到的优势之一是,(普遍性)激励和引导着这种批评,这与竞争对手的优势——宗教、魔法、占星术、父母的建议、习惯——构成对立。

共通根据也不意味着拒斥规则的指导。规则不同于理论:理论给出了总体的解释,显示了办法的要点和目的,而规则往往不够鲜明。大多数关于美德的古代思想家对规则持有严重的保留,因此,作为详尽无遗的实践指南:他们认为,一旦你看到了办法的要点和目的,你也会发现它有时并非完全正确。于是乎,理论与对特定生活情境的微调判断之间存

---

① 我记不清上面提到的人中有谁实际上出席了这次特定的会议。

② 对此的卓越讨论,参见 Julia Annas, *The Morality of Happiness*, New York: Oxford University Press, 1993。

在着天然的联盟;居中的规则既没有提供整体的理解,也未提供微调的判断①。但这并不意味着,规则在行为人的审慎中通常没有价值。因为行为人无论是出于时间或信息缺乏,不完整的道德发展或特殊的偏见之故,经常不能很好地评估特定的情境。如果要偏离一条普遍有效的规则,我们需要非常确定我们没有提出特别的诉求②。

最后,共通根据也不意味着我们应该更少地依赖理性,以及更多地依赖指导的非理性来源,诸如情感和欲望(如果我们应该将其解释为非理性的话)、习惯和传统。事实上,所有古希腊和罗马美德理论家都是坚定的理性派;这就是为什么他们认为哲学才是“生活的技艺”,而非传统或占星术。想想柏拉图的对话篇《拉克斯》(*Laches*)吧,其中杰出的将军拉克斯和尼西亚斯(Nicias)也不能对勇气给出合理的说明。我们的结论是,他们在理解美德中缺乏一些极其重要的东西——无怪乎柏拉图就认为他们在美德的把握中就有此不足。这些富有争议的结论并不是柏拉图所特有的:它们以斯多亚主义的形式而再现,并以更温和的形式出现在亚里士多德伦理学中,这当然捍卫了实践理性和审慎在美德中的必要作用。关于这些古代思想家,人们应该注意到的是,他们生活在一种洋溢着美德的文化话语中。作为哲学家,他们提供了追求德性生活以及在这一概念中的指导的特定概念。毫不奇怪,因为他们是哲学家,与传统的教育家、占星家、宗教领袖和魔术师相竞,他们所提供的概念对哲学的诸多要旨(即推理和思考)意义攸关③。

我不是说这些概念只是哲学家为自己的家务事提供了有利于己方的申辩。恰恰相反,我的意思是说这些哲学家不只是如我们有时那样地上门推销自己的观点。他们选择哲学作为一种生活方式,往往付出了相当大的代价,因为他们本可以干别的。他们选择哲学,坚信哲学所提供的推理和解释是追求美好人类生活的核心。因此,如果他们在其哲学工作中得出结论,认为未经反思的习惯和传统可以充分指导一种美好生活,那真的是太让人惊讶了④。或者,如果他们竟得出了那样的结论,我们就会期望他们放弃哲学,转向其他求善的方式了。

可以说,美德是好习惯的产物,柏拉图、亚里士多德和斯多亚派都有很多关于习惯养

---

① 我会另文深入地讨论这一区分,参见“Why Practice Needs Ethical Theory: Particularism, Perception, and Bad Behavior,”in S. Burton (ed.), *The Legacy of Oliver Wendell Holmes*: ‘*The Path of the Law*’ *and its Influence*, New York: Cambridge University Press, 2000。

② 在古希腊罗马伦理思想中对这个问题作出最佳讨论的是塞涅卡,参见他的 Moral Epistles(pp.94 - 95)。

③ 关于这一对比的卓越讨论,参见 David Wolfsdorf 的“*Aporia* in Plato's *Charmides*, *Laches*, and *Lysis*”,博士学位论文: Department of Classics, University of Chicago(1998)。

④ 关于伊壁鸠鲁主义和怀疑论还需要更多的论述,它们在不同程度上是哲学的反哲学运用(counter-philosophical uses),参考玛莎·C. 努斯鲍姆的 *The Therapy of Desire* (Princeton: Princeton University Press, 1994)。

成的教诲。这焉能不使我怀疑关于反思是他们美德概念的核心主张呢？一点也不。就柏拉图的《理想国》而言,早期习惯养成很大程度上是未经反思的,但对那些最终获得整全美德者而言,好生活必须辅之以年复一年的反思。对亚氏和斯多亚派来说,习惯需要实践,但这是一种高度智识和愈加洞明的实践类型。它远不是死记硬背或行为调适。最后,它必须辅之以一种理论哲学的教导,让学生掌握“那个为何”(the why)以及“那个精一”(the that)①。

三、反功利主义者:扩展理性的领域

美德伦理学的共通根据就说到这里。然而,在这一点上,美德伦理学不再是独家经营。一些对美德感兴趣的思想家仍满足于将其定位为主要的现代伦理理论之一,并在这一框架内追求他们对美德的兴趣。因此,康德的美德理论一直是当代康德主义者日益关注的话题;同样,密尔的幸福论也一直是当代密尔主义者日益关注的话题。在那些对占主导地位的替代理论仍然不满意的思想家中,由于这个原因,他们被描述为“美德伦理学”的支持者,因为他们想要一个更好的盒子来安放他们,我们发现了不同的基本关注和动机以及不同的建设方案。任何分类都有扭曲的危险。但分类法也可以把我们的注意力集中在思想家真正重要的思想要素上,阐明动机及其相互关系的问题。

在持不同观点的美德理论家中,人们可以识别出一个很大的群体,首先他们是对功利主义的不满,特别在社会科学和公共政策中对功利主义筹划方式感到不满。这些思想家一般都希望赋予理性在人类事务中更大的作用,而不是在新古典经济学版本中所认为的工具性和仅仅是技术性的作用,所谓偏好之于思考是外生的、不受影响的。他们倾向于分享如下四种主张:

1. 人类追求的善是多元的,质性上是异质的;将它们表示为同一事物的不同数量是扭曲的。

2. 因为善是复数多元的,又因为它们需要相互协调与进一步具体化,所以理性不仅在选择指向目的的手段,以及在审慎考虑人类生活的目的本身时都起着核心作用,包括(审慎)何者包含何者,以及对于一个给定目的而言何种具体化为最佳。

3. 情感和欲望不仅是无意识的推动力,还是充满了客体指向思维之意向性的复杂形

① 参见 Nancy Sherman, *The Fabric of Character*, Oxford: Clarendon, 1989, and *Making a Necessity of Virtue*; Annas, *The Morality of Happiness*; Richard Sorabji, “Aristotle on the Role of Intellect in Virtue,” in Rorty (ed.), *Essays on Aristotle's Ethics*, pp. 201-220。

式;它们可以通过思考善而被极大地塑造。

4. 现存的关于善的社会观念形成了有缺陷的激情和判断;我们应该批评这些缺陷,这种理性批判有望能了解激情本身。

康德传统与这些主张并不外在(尽管康德自己会否认3和4);值得注意的是,罗尔斯明确认可所有这四种主张。然而,让我们继续关注那些抗拒与康德主义或功利主义传统有密切联系的思想家。

这四种主张都得到了亚里士多德的认可,或者至少被广泛认为是这样的。因此,如果发现许多在这群美德理论家中自认为是新古典主义者(neo-Aristotelians),那是毫不奇怪的。如我所说,在这个群体中,我会把麦克道尔、威金斯、理查森、默多克、谢尔曼、霍米娅和我自己算进去①(还可以加上伊丽莎白·安德森②,尽管她并未把亚氏或美德伦理学作为一个明确主题,且就历史工作而言,她根据密尔幸福论的立场写下了雄辩的作品)。

我的分类或有斧凿之嫌,因为我的名单上没有哪位思想家(可能除了我自己)详述过所有四种主张,尽管我相信霍米娅、谢尔曼和理查森都会赞同这四种。例如,威金斯和理查森关注1和2;麦克道尔、默多克和谢尔曼关注3,而霍米娅则关注4。麦克道尔在2和4上的立场仍不清楚,犹如不清楚威金斯在3上的立场一样。也不是所有思想家都同样强调反功利主义方面。它在威金斯、理查森和我这里显得非常突出,在霍米娅和谢尔曼那里则较为含蓄,但麦克道尔和默多克对此却颇为缄默。事实上,默多克在《善的主权》(*The Sovereignty of Good*)中把斯图亚特·汉普夏(Stuart Hampshire)和让-保罗·萨特当成她的

---

① John McDowell, "The Role of *eudaimonia* in Aristotle's Ethics," in *Essays on Aristotle's Ethics*, pp. 359 – 376, 重印: McDowell, *Mind*, *Value*, *and Reality*, Cambridge, MA: Harvard University Press, 1998, pp. 3 – 22, and "Virtue and Reason," *The Monist* 62 (1979), pp. 331 – 350, 重印: *Mind*, *Value and Reality*, pp. 50 – 76; David Wiggins, "Deliberation and Practical Reason," in Rorty (ed.), *Essays on Aristotle*, pp. 221 – 240, 重印: David Wiggins, *Needs*, *Values*, *Truth*: *Essays in the Philosophy of Value*, Oxford: Basil Blackwell, 1987, pp. 215 – 238, 以及"Weakness of Will, Commensurability, and the Objects of Deliberation and Desire," in Rorty (ed.), *Essays on Aristotle*, pp. 241 – 266, 重印: Wiggins (ed.), *Needs*, *Values*, *Truth*, pp. 239 – 267; Henry Richardson, *Practical Reasoning About Final Ends*, Cambridge: Cambridge University Press, 1994; Murdoch, *The Sovereignty of Good*, London: Routledge, 1971; Sherman, *The Fabric of Character and Making a Necessity of Virtue*; Marcia Homiak, "Feminism and Aristotle's Rational Ideal," in Antony and Witt (eds.), *A Mind of One's Own* 与"Aristotle on the Soul's Conflicts: Toward an Understanding of Virtue Ethics," in Reath, Herman, and Korsgaard (eds.), *Reclaiming the History of Ethics*: *Essays for John Rawls*, Cambridge: Cambridge University Press, 1997, pp. 7 – 35; 关于玛莎 C. 努斯鲍姆的观点,参见 *The Fragility of Goodness*: *Luck and Ethics in Greek Tragedy and Philosophy*, Cambridge: Cambridge University Press, 1996, 第10章, "The Discernment of Perception: An Aristotelian Model of Public and Private Rationality," 载于 *Love's Knowledge*: *Essays on Philosophy and Literature*, New York: Oxford University Press, 1990, 第2章; *The Therapy of Desire*, 尤其是第2—3章, 以及"Kant and Stoic Cosmopolitanism," *Political Philosophy* 5, 1997, pp. 1 – 25, 以及 J. Bohmann and M. Lutz-Bachmann (eds.), *Perpetual Peace*, Cambridge, MA: MIT Press, 1997。

② Elizabeth Anderson, *Value in Ethics and Economics*, Cambridge, MA: Harvard University Press, 1993.

正式标靶,尽管她的观点当然会招致来自占主导的经济功利主义(economic-utilitarian)理性思想的许多批评。最后,与这种强调的差异相连的是,并不是所有这些思想家都同样地关心政治与社会批评。这是威金斯、理查森、霍米娅和我规划的核心部分;而谢尔曼对主导规范的女权主义批评是含蓄但也是明显的。然而,麦克道尔和默多克并无明显的政治观点,或者至少与批评贪婪、群体恨和厌女癖等领域之欲望形成的主导模式无涉。她们将道德哲学与政治哲学截然分开,并将产生美德的任务解释为一种纯粹的伦理和个人事务,而显然不需要更大的社会批判就能继续。因此,这一群体虽然肯定比整体的"美德伦理学"更统一,但本身并不构成真正的统一。然而,现在我们需要更详细地逐个考察这四种主张了。

第一个关于理性的朋友源于亚里士多德的说法是指,人类生命适当看重的善是多元的、不可公度的(incommensurable)(请注意,这是一个非常理论的主张,而且通常是普遍的,对所有人都如此)。友谊、社会正义、勇气、节制和其他美德——每一品德都对行为人提出了自己独特的要求,每个人都必须像亚里士多德明确敦促的那样,为其自身之故而追求之。为了自己的目的而追求目的,意味着认为它对自己独特的价值是有价值的,而不仅仅是达成更高价值,比如快乐或满足的手段。因此,这些理论家极力反对这样的观点,即我们可以适当地使人类生活之善,通过将其都视作快乐或满足的手段,而令其具有可公度性①。至于效用,那个模糊的占位符号(place-holder),他们并不强烈反对这样的想法,即我们可以给一个有序的集合进行命名,某行为人在人类生活中追求的所有目标都在该集合里。亚氏自己就这么做了,他称之为幸福。但"效用"一词的问题在于,它通常与最大化一枚有价硬币(a single coin of value)的想法相结合,该想法意味着,生活中不同善之每一种都会产生一种特定类型的价值,而不仅仅是某种其他类型的数量。效用也典型地与美德理论家会共同拒斥的(在其经济形式上)以自我利益至上的想法相联系。

正如理查森详细论证的那样,对不可公度性的承认并不会使理性选择失效;也不会阻止我们运用某种类型的成本收益分析②。然而,它确实让我们注意到,大多数重要的道德工作都需要在我们甚至达到成本收益加总阶段之前完成。因为我们需要知道,缺乏何种

① 请注意,西季威克将其把握为"常识道德"和功利主义之间的一个巨大分歧;他只是认为,在这一点上我们需要在科学方向上偏离常识。参见理查森对西季威克论点敏锐的讨论,以及激发他的关注可以在不公度所有善的情况下得到处理的方式。

② 也可参见玛莎・C. 努斯鲍姆的"'Whether From Reason or Prejudice': Taking Money for Bodily Services,"载于 Martha C. Nussbaum, *Sex and Social Justice*, New York: Oxford University Press, 1999, 反对安德森和其他人将货币价值附加到服务上的主张,因为这必然会使我们对其独特的价值失去眼光。

善,人类生活就不完整。我们还需要知道,如果可能的话,繁荣的人类生活不应该缺乏每种善的水平。我们放弃(或迫使他人放弃)一种独特善的必要水准的选择,必定比我们简单地要求人们在两种相同善的数量之间进行选择要悲剧得多,特别是当这两者的数量都高于人类幸福的阈值时①。简而言之,成本效益分析倘若做得很好,就会成为亚氏哲学的助力;但它本身无涉有趣的哲学工作②。

应该注意到,不可公度性涉及两种不同的思想:一种是质性的差别,另一种是分离性的差别。亚里士多德式的行为人把工作和爱理解为内在价值,而且存在质性上的差别。但他也考虑到了他的孩子——无论他们在质性上有多么相似(让我们假设他们是同卵双胞胎)。但每个人都在单独生活,需要单独照顾。在家庭成员或朋友,或家庭和朋友之间感到义务冲突是痛苦的,这不仅因为它们涉及在质性上彼此不同的人。鉴于它们都具有巨大的内在价值,正是两者的分离性可能会引起痛苦的冲突。我该把我的时间和资源分配给谁、给多久?亚里士多德主义者反对在人与人之间进行功利式加总,以便降低该问题的困难的方式。除此之外,他们看到康德伦理学确实面临着这个问题(尽管没有很好地描述道德困境);因此,他们很可能把康德对功利主义的批评引为同调③。

这里的美德伦理学从何而来呢?对亚里士多德来说,每种美德都是珍惜一个具有内在价值之特定目的组织化方式。综合观之,美德及其有序安排代表着一套承诺,要珍惜所有有价值之物,并尽可能将其组织在一起。我曾建议,人们可能会把这看作希腊多神教的伦理形式:认为众神是不可化约的多,一个人必须尊重该全体④。威金斯和理查森强调,这种组织并非容易;亚里士多德式的审慎充满了困难,他们认为这种困难是诸美德的优点之一,这表明狭隘的技术性的审慎概念对那些想要逃避生活之复杂性的人颇具吸引力。威金斯说:

> 我抱有一种不友好的怀疑,有些人认为他们必须寻求更多的东西(即亚里士多德

① 参见玛莎·C. 努斯鲍姆即将发表的"The Costs of Tragedy: Some Moral Limits of Cost-Benefit Analysis," *Journal of Legal Studies*。

② 相关思想的讨论,参见 Thomas Nagel,"The Fragmentation of Value,"载于 *Mortal Questions*, Cambridge: Cambridge University Press, 1979, pp. 131ff。在最近的一组探究不可共度性概念的论文中,我认为很少有人能企及理查德森的优秀著作那样的清晰。参见 Ruth Chang (ed.), *Incommensurability, Incomparability, and Practical Reason*, Cambridge, MA: Harvard University Press, 1997。

③ 再说一次,罗尔斯以一种特别有力的方式提出了这一反功利的观点。

④ 参见玛莎·C. 努斯鲍姆的 *The Fragility of Goodness: Luck and Ethics in Greek Tragedy and Philosophy*, Antonio Ballesteros 的西班牙语译本: *La Fragilidad del bien: fortuna y ética en la tragedia y la filosofía griega* (Madrid: Visor, 1995)。

> 的观点),他们想要一个科学的理性理论,与其说是出于对科学的热情,甚至在科学不存在之处,还不如说是因为他们希望并渴望通过一些概念炼金术,把这种理论变成一门调节性或规范性的学科,或者变成一套规则系统,借以免除自己的一些思考之苦,以及理性化的审慎中实际牵涉的情感和理解之苦。①

人们可能会想当然地认为,审慎涉及谅解以及各种变戏法般多元而不可公度的善,同时否认理性可以以任何方式审慎考虑出人类生活中的终极善。实际上,亚里士多德的一些解释者认为:作为幸福组成部分之终极目的,必须诉诸非理性的直觉②、权威或传统来把握。我欣慰地看到,威金斯和理查德森指出亚里士多德并不持有这一观点;实际上,《尼各马可伦理学》作为一个整体,它是关于终极目的理性审慎的一个扩展了的范例。当然,一个人在审慎考虑其他时必须坚守某物,他不可以四面出击,眉毛胡子一把抓。但是,通过以一种整体方式推进,寻找幸福的最佳整体综合图景③,人们可能希望以一种真正理性的方式审慎考虑将何种终极部分纳入该图景中——最重要的是如何构想这些部分。正如威金斯和理查德森所指出的,这种审慎的很大一部分包括产生高度模糊和一般终极目的的可替代说明(specifications),然后在其中加以选择——基于一个人的其他目的,因为它们在审慎中也以相似的方式吸引我们去追求。理查德森关于生命终极价值的此类审慎的两个扩展了的范例,在我看来是亚里士多德式合理性之最好的当代实现。我既不能在这里重述也不能有效地总结它们,但我为之点赞,以及理查德森关于目的说明的一章,作为表明这种关于多元目的的整体类型的审慎可以是真正理性的例子④。

因此,理性在审慎中的作用可以说是向上扩展的。终极目的,而非简单地由欲望和趣味设定,正如典型的功利主义模式所认为的,现在乃是理性的工作。但与此同时,理性以一种密切关联的方式在向下推进,就是显明了欲望和情感的结构。亚里士多德式的行为人的全部品格可以被理性所启发。美德是一种关于激情和行动的适度(中道、中庸,mean),因为亚氏期望激情和选择都可以通过理性的技艺来产生,直到它们本身体现了美德。自我控制不是高尚的亚氏行为人的理想状态,因为一个全然自控者不会因为没有充分致力于自身的不当激情中背叛自己。这种内在的道德工作——通常在很大程度上是在

① Wiggins,"Deliberation and Practical Reason,"in Rorty (ed.), *Essays on Aristotle*, p. 237.

② 比如,可参见:John Cooper's *Reason and Human Good in Aristotle*,Cambridge, MA: Harvard University Press, 1971。

③ 理查德森在一篇非常考究的段落中强调,这不应该被理解为将一致性作为一个组织所有其他价值统摄性价值。这确实是一种价值,但最终是理性的审慎行为人来决定追求多少以及何种一致性。

④ Richardson, *Practical Reasoning About Final Ends*, pp. 69 - 86, 209 - 227.

童年期间进行的,但也是一项终身事业——是亚氏道德生活中道德价值占比很大的一部分。

最多强调亚氏美德这一面向的三位作家是默多克、麦克道尔和谢尔曼。默多克以一则精彩的婆婆例子领衔了探究之路:婆婆对儿媳表现得体,但发现自己怀有怨恨和嫉妒的情绪。随着时间的推移,她批评了自己自私激情的根源,并运用于看待儿媳的方式上,直到她以新的和更准确的描述取代被利己主义幻想损毁的描述,她的激情也相应地改变了。通过假设她向来被完美控制的行为并未改变;尽管如此,默多克令人信服地认为,她已经做了道德上重要的工作①。如果用亚里士多德式的话说(而默多克本人没有这样),她现在是有德者,而不仅是自控者。在"美德和理性"中,麦克道尔对该思想提供了一个广受欢迎的理论阐述,展示了不同于行动和美德的替代描述所做的哲学工作。谢尔曼把这个想法根植于对儿童道德发展的更详细说明②,以及对亚氏本身情感概念的更详细分析③。

我自己的工作除了集中分析激情外,还把激情启发的观念带到了一个政治方向,与上面的第四种主张联系起来。我们知道我们的社会包含了很多不良情绪:过度的贪婪、种族仇恨等。在一些情感和欲望的描绘上——包括许多功利主义和康德的概念——我们永远不能比控制这些不良激情做得更好了。但是,如果我们是亚里士多德主义者,我们必须为自己设定一个更为紧迫的任务:我们可以而且应该通过教导年轻人适当地评估目的来消除不良激情。种族仇恨不是一种盲目的非理性力量。它是基于可以通过教导来改变的思想和评价。再者,过度的贪婪是基于对物质对象的不当高估;我们应该以产生既不贪婪也不嫉妒的人为旨归。我相信,在许多方面,这种激情启发的观念将是康德伦理理论颇受欢迎的补充;当然,它与康德的伦理和政治目标也并无深刻的冲突。但这将需要对人性与动物性关系的康德式理解进行重大修订;在此程度上,我相信亚氏为我们未来政治思想提供了更为牢靠的基础④。

新亚里士多德主义正规军(stripes)的女权主义美德理论家⑤,很可能在第四种主张中

---

① Iris Murdoch, "*The Sovereignty of Good*," in *The Sovereignty of Good*, London: Routledge, 1970.

② 参见 Sherman, *The Fabric of Character*。

③ 参见 Sherman, *Making a Necessity of Virtue*;以及我本人的 *Therapy of Desire*,第三章。

④ 实际上,正是那些斯多亚主义者,最详细地描述了良好的教导是如何消除仇恨和愤怒的;但就像斯密一样,应受关注的是对激情的分析,而非其关于我们应该清除所有的激情规范性主张,对此我表示同意。相关论述,请参见玛莎·C. 努斯鲍姆的文章"Kant and Stoic Cosmopolitanism"。我本人关于激情发展的说明,参见 *Upheavals of Thought: A Theory of the Emotions*, 1993 年的 Gifford Lectures 书稿(Cambridge: Cambridge University Press, 即将出版)。

⑤ 作者采用了修辞来指称相信亚里士多德主义的当代思想家,一批有意识的群体叫正规军,下文说的是各自独立信奉的叫游击队。——译注

发现了亚氏观点的一个特别有吸引力的面向。正如霍米娅所强调的,女权主义者通常需要包含激情角色在内的好生活的描绘。另外,他们有很好的理由去怀疑许多社会产生的诸多激情。因此,告诉我们激情本身如何被理性的批判性运用所修正的观点,对这些思想家颇有吸引力。我们可以对爱和关怀抱有留念,同时令其成为一种由实践理性控制的生活之一部分。谢尔曼的两本书为这种平衡了的关怀类型提供了许多雄辩的案例。这一新亚里士多德主义者群体所认可的女权主义形式因而是极具张力和高度批判性的。它绝不会遵从惯例,它期望人们不仅在行为上而且内在地改变自身。

在这一点上,新亚里士多德主义者将根据道德心理学的精确细节而有所不同。品格究竟若何,它包含了对美德的何种阻碍?这些阻碍在多大程度上来自社会的型塑,个人的改变在多大程度上需要社会和政治的批判?品格是否包含顽强地抵制理性塑造功能的无意识要素或深层的矛盾?我们在童年早期就形成了品格的事实,以及其与单个民族构成深层依附关联,这是否给亚氏关于对激情的理性塑造的设想带来了困难?所有这些问题,以及其他问题,都必须以一种充分当代的新亚里士多德主义心理学来回答。但目标是明确的:通过理性的批判性工作让激情彻底地有序化。

如此理解的亚里士多德的观点,会给理性一个极其进取的角色——在某些突出方面远比它在康德道德哲学中的角色更显进取。由于理性不仅设定了最终目的,决定了实践的选择,而且还对形成动机和激情的性格负责。如果我们勉强做正确之事,或者鲜有同情地履职,康德就不会认为我们有甚缺失,只要在我们能力范围内用尽一切手段正当地行动。因为康德认为有些事情是无力挽回的,他倾向仁慈地对待激情品格的缺陷。然而,亚氏却不那么宽容:他要求我们把每一个动机、愿望、激情都与理性对目的的承诺保持一致。这对人类需求是否陈义过高还是个复杂的问题,这里我不做讨论①。然而,显而易见的是这是个苛刻的要求。亚氏美德伦理学的游击队员们(partisans),远未把道德生活转向非理性或反理论,因而是高度理论化的理性主义者,他们希望理性在完善我们的道德和政治生活方面比目前做得更好。

把这一点说清楚的方式可以参考对亚氏的批评——以及对现代亚里士多德主义者的批评——由一位已故的心灵和语言哲学家保罗·格里斯(H. Paul Grice)给出的。1980年代初,格里斯在普林斯顿古代哲学学术讨论会上(Princeton Ancient Philosophy

① 我在 *The Therapy of Desire* 的第13章会谈及此事,力陈仁慈有时在于对待人己秩序中;以及在论乔伊斯的《尤利西斯》(Joyce, Ulysses)一书 Upheavals of Though 的末章中,作为"The Transfiguration of Everyday Life"而出版,参见 *Metaphilosophy* 25,1994, pp. 238-261。

Colloquium)发表的一次演讲中,声称亚氏对人类生活有“普鲁士式立场”(Prussian[①])。格里斯说:“不能仅仅因为我想享受日光浴,我就可以躺在阳光下。”他说,每件事都必须根据其在幸福中的地位来评判。这是一个令人震惊的说法:当然康德通常被认为是普鲁士式的,而无论字面上的还是比喻上的,亚氏都是阳光的希腊人。格里斯认为应该从另一个角度来看待:亚氏对生活的每一个方面都进行监督,而康德则任由激情,只要它们不干扰意志。

当然,现在对此回应——亚里士多德主义者已就绪——是亚氏立场可以作出的,正如亚氏所做的那样,为了给赏心的友谊交往之美德留足空间,我们可以很容易地支持据此观念之懿行的日光浴。有德的行为者会选择并欲求在适当的时间、以适当的方式和适当的理由进行日光浴等。但格里斯的观点仍然在那儿:纯粹希望而非出于某种理由地去做一些事情,在亚氏的概念中根本没有任何位置。康德在两个关键方面不及亚氏更具“普鲁士味”:(1)一旦履行了义务,我就能做我所愿的其他允许之事,并且(2)我的职责不包括在日光浴领域形成适当的欲望。正是爱比克泰德而非亚里士多德说道:“盯紧自己,犹如盯紧伺机弯腰而动的敌人。”正是斯多亚传统发展到了最极端处,乃是对欲望和情感进行狂热的批判性监视(包括在可能地对后者进行灭除)的观念[②]。但亚氏也有类似的一面,尽管表现得更乐观些。新亚里士多德主义的美德理论家群体必然会把亚氏愈加推向爱比克泰德的方向,以致他们更明显地认识到植根于品格深处的不良动机(无论是文化还是家庭出身方面的)。

四、反康德主义者:指责理性的自负

另一不同群体的美德理论家从一种非常不同的不满起步。事实上,他们希望我们的伦理生活不那么“普鲁士味”——尽管他们把这种品质与康德而非与亚氏联系在一起。他们认为,康德以理性主权主导我们的道德生活之规划走得太远,忽视了品格中具有重大意义的非理性要素。义务和理性是无情的主人;我们的道德生活最好被理解为由其他更多的舒适元素所支配:情感、直觉、传统、习惯。在某种程度上,这些思想家只是觉得康德

---

① 所谓普鲁士立场,普鲁士风格(味道),就是指“僵硬、机械、不灵活”。出于更生动地传达修辞效果之故,译文保留了“普鲁士式、普鲁士味”。——译注

② 犹如塞涅卡在《论婚姻》(*De Matrimonio*)中所言:“聪明的男人爱他的妻子是凭判断(iudicio),而非激情(adfectu):他控制着对快乐的欲望,不轻易导致性交。”康德则不那么严格。尽管性欲在他看来总是导致人的物化和利用,但试图改造它也是徒劳的。相反,我们只能用一种保证相互尊重和非虐待的机制(在他看来,婚姻就是)来保护它。参考谢尔曼的“Could It Be Worth Thinking about Kant on Sex and Marriage?”

的观点难以置信:他们无法相信理性会像康德希望的那样具有自主性,他们倾向于同意那些批评者,即认为康德的绝对命令概念内容太少,以致无法给出良好的实践指导。但即使这个规划在其自身条件内自洽,他们也不会将它接受为对道德生活的好描述。在很大程度上本着阿瑟·叔本华对康德的批判精神,他们认为行为的道德价值不应该在冰冷的推理中寻求,而应在道德情感中寻求。在不可避免地简短描述了小组中每位思想家的核心观点后,我可以回到新亚里士多德群体的四种主张,并显示该群体在多大程度上又偏离了它们。

德性理论家的第二小组往往在休谟的思想中发现丰富的资源,以揭穿康德式理性的自负。(这里我不对休谟的正确解释给出任何主张。我只谈及休谟的传统①。)威廉斯和富特——最近还有布莱克本——接受了休谟的主张,即理性是而且应该是激情的奴隶;当然也赞成做些调整②。对威廉斯来说,没有什么能给人行动的理由,除非在她的主观动机集合有某种动机或欲望,它们的满足要么通过行动来实现,要么通过信念由行动来实现③。从这个意义上说,理性是激情的奴隶,尽管威廉斯并不否认审慎可以改变动机的设置④。

在此前的一篇文章中,威廉斯赞同了我把新亚里士多德主义加以联系考察的一些观点:特别是,我们可以适当地通过检验行为人的情绪,把这些至少作为可以控制和培育的方面,来评估行为人的道德品质⑤。因此,目前还不完全清楚他所期望的休谟模型,距离打动我们还有多远:后一篇文章没有提出明确的道德心理学,也没有提出任何关于行为人应该在多大程度上培育其情绪的主张。然而很明显的是,"内在和外在理由"拒绝了外在主义者的主张,即有理由采取一项可完全不依赖行为人实际拥有的动机的行动。

---

① 在伯纳德·威廉斯的"Internal and External Reasons," *Moral Luck*(Cambridge: Cambridge University Press, 1981, pp. 101－113)里,威廉姆斯明确主张,他正在建立一个休谟立场的图式版本,该立场没有涵盖休谟自己立场的所有复杂性;他称之为"亚休谟"(sub-Humean)模型。

② 然而富特并不认为自己是休谟式的,而且实际上曾严厉地批评她所谓的主观主义,参见 Philippa Foot, "Hume on Moral Judgment," in *Virtues and Vices*, Berkeley and Los Angeles: University of California Press, 78, pp. 74－80。同样,这与她对休谟的特殊解读有关,也不会改变她赞同与休谟有共同关联的立场之事实。

③ 这是威廉斯在"Internal and External Reasons"中复杂论证的总结,就像威廉斯论证的任何总结一样,它不足以表达所发展的立场之复杂性。威廉斯强调,在行为人不知道行动与他的愿望的关系情况下,我们应该说,他有理由去行动,只有行动与欲望的联系是"相当接近和直接;否则,一个人只能说,如果 A 知道事实,A 就有理由(采取行动)"。

④ 在托马斯·斯坎伦(Thomas Scanlon) *What We Owe to Each Other* (Cambridge, MA: Harvard University Press, 1999)一书的附录部分,有过对威廉斯立场的精彩讨论。斯坎伦令人信服地论证,当他把这些修正引入到自己对威廉斯与斯坎伦区别的说明时,发现威廉斯自己关于休谟主义的微妙多样性和斯坎伦自己关于康德主义微妙多样性之间几无区别。

⑤ Bernard Williams, "Morality and the Emotions," in *Problems of the Self*, Cambridge: Cambridge University Press, 1973.

在这种程度上,威廉斯的立场偏离了亚里士多德和康德:因为亚氏认为,实践理性为所有人规定了一套我们都有理由去完成的目的,无论我们现在是否被如此推动着。如果接受了非常坏的道德教育,我们可能无法听到这些理由,尽管如此,它们又对我们适用,可用来批评我们。亚氏确实认为,我们每个人(大概在我们的一生中)都欲求幸福;在这个意义上,一个给定的行动是幸福的组成部分或手段的主张,对任何行为人的动机设置而言则完全是外在的。但这种联系可能过于脆弱,而无法满足威廉斯的内在理由。如果他因其太脆弱而拒绝这种联系,他就偏离了亚氏。他与麦克道尔关于内外在理由的长期争论表明,他希望不仅拒绝康德的两个世界①的观点,而且也拒绝这种具有亚里士多德式立场特征的温和世俗理性主义。

这表明,尽管威廉斯毕生对古希腊文化有浓厚的兴趣,但他实际上对亚氏鲜有钦佩或兴致。吸引他的思想家是悲剧诗人;他想把我们的注意力转移到希腊文化,而非哲学家,他完全正确地认为哲学家是反文化的理性主义者,以与周遭社会完全不同的激进方式理解美德。作为尼采许多方面的追随者,威廉斯似乎被吸引到一个时代里,在那里我们直面人类生活,而无雄心勃勃的理论试图指导我们,或者给我们行动可基于理性的错误希望。从这个意义上说,毫不奇怪的是,尽管他毕生专注于希腊文化,但他对相当理性的亚氏美德思想兴味索然。

与亚里士多德迥异的是,威廉斯拒斥伦理生活应受理论指导的观点。虽然他认为传统的伦理生活往往是腐败的,而这种经验本身出于受制于腐败之故,并不总是构成我们应该做什么的好指导,所以他认为我们所需的一切关键说服力都可以来自混杂着直觉的零碎批评。他宣布自己是方法论的直觉主义者②,坚持"为了批判性地看待我们的伦理信仰,我们必须以理论的方式将它们系统化,这是一个错误的想法。……对非批判的保守主义的有效反对可以在方法论的直觉主义本身中表现出来"③。同样,《伦理学与哲学的限度》(*Ethics and the Limits of Philosophy*)一书认为,对系统的合理化理论之要求乃是个错误;亚氏的理论比其他一些更有吸引力,但它也对系统和整体组织提出了令人误导的要求④。

---

① 本体界与现象界。——译注

② 参见 Bernard Williams,"What Does Intuitionism Imply?" in *Making Sense of Humanity*, Cambridge: Cambridge University Press, 1997, pp. 182-190。方法论的直觉主义被定义为一种观点,即"承认可能存在发生冲突的诸多第一原则,而且……不存在解决这种冲突的明确方法或优先规则"(Williams,"What Does Intuitionism Imply?" p. 182)。

③ 同上书,p. 183。

④ Bernard Williams, *Ethics and the Limits of Philosophy*, Cambridge, MA: Harvard University Press, 1985.

富特的观点就像威廉斯的观点一样,极其复杂,并随着时间的推移而有所演变。然而,一条突出的脉络是一种关于理性的强内在论类型。在论文《作为假言命令体系的道德》(*Morality as a System of Hypothetical Imperatives*)中①,她认为,不分享普遍欲望者可能没有理由选择大多数人认为的善。她的术语(假言命令)强烈地表明,她认为好的选择是满足行为人——某种欲望的手段,尽管她在后来的评论中指出,手段—目的模式可能不适用于所有这类情形,而且在这种程度上,她本人的术语是误导性的②。对于富特而言,道德植根于人类的欲望和激情——实际上在人类的本性之内。也许会发生这种事:我们并不欲求道德目的;彼时,道德将处于危险之中。但事实上,我们确实渴望正义和仁慈,人们准备为它们作出许多牺牲。因此,富特一再否认她的立场是对道德的颠覆:

> 如我所说,这个结论可能显得危险并颠覆道德。当我们想到我们自己或他人可能不再关心我们所关心之事时,我们往往会感到恐慌,感到绝对命令使我们对情势有某种控制……也许我们不应该因为害怕对道德事业的背叛而感到不安;也许我们甚至不应该有太多的理由害怕它,如果人们把自己看作是一群为自由和正义而斗争且反对不人道与压迫的志愿者。(1952)
>
> 我应该补充的是,虽然有些人认为我采取的立场与道德相抵牾,但我自己并不苟同。对正义、慈善等方面的考虑于人心有着奇怪而强大的吸引力,我们不需要错误的论证来表明无人能对无差错的道德无动于衷。如果我是对的,那就不能表明我在与道德相抵触,如果我们直面这个事实,道德可能会更强而非更弱。(1977)

于是,对于富特而言,美德伦理学意味着一种基于人类欲望和激情事实的伦理路向,它不以理性的名义对人性提出过分的要求。

因为富特从未宣布一种明确的道德心理学,她的立场与新亚里士多德主义者如默多克和麦克道尔等人的关系是非常不清楚的,她可能会认为自己比我的归类建议更接近麦克道尔吧。她清楚地认为,同情等激情是美德的一部分,具有道德价值,某些激情可以是“一个人的选择和价值观的结果”③。但她没有对情感和欲望进行分析,更准确地说,没有

---

① 参见 *Virtues and Vices*, 157 - 173; 该文最初发表在 1952 年的 The Philosophical Review 81;一个长“脚注”是 1977 年添加的。

② 在 *Virtues and Vices* 的“Introduction”的第xiv页中写道,“我现在希望我抨击了康德而未采取他的术语”。

③ “Virtues and Vices,” in *Virtues and Vices*, p. 12.

表明这如何可能是真实的；就此而言，她让我们不清楚这些动机在多大程度上确实是经由理性化的自我修养的结果。当然，她不会专注于自我修养的艰苦过程，而这却是默多克、麦克道尔和其他新亚里士多德主义者关注的焦点；我们有理由相信，她认为没有那么多的内在工作是可能的。当然，似乎像格里斯一样，她可能会抵制每种冲动和激情都服从于理性的批判性审查的“普鲁士味”生活图景。但我们对此尚未得出明确的结论。

在最近的文章中，富特明确地与亚氏共处同一战线——但那是被严重生物学化了的亚里士多德，认为道德是自然人类禀赋之一部分，因其促进了物种的生存和适应性而被评估为善①。我不会对这些新观点做进一步评论——除了注意到，他们认为她不是更接近，反倒是更远离具有新亚里士多德主义者特征的实践理性立场。

布莱克本，就像威廉斯和富特一样，把康德和当代康德主义作为他的攻击目标。在其《统治的激情》中②，犹如他的早些作品一样，提出一种休谟式内在主义的复杂形式，通过批评当前伦理理论中的理性霸权而明确地激发了该想法。足够有趣的是，他有时把理性霸权历史地与亚氏以及康德联系在一起③。我将在这里非常简短地讨论布莱克本的观点，我不打算在接下来的讨论中进一步深入，因为美德不是他工作的核心话题，他也不会把他的计划描绘成一种复兴美德伦理学的尝试④。但当他攻击理性应该率先控制情感和欲望的想法时，他在追求同一个议程。这里可给出一个代表性的例子：

> 这是一个非常有文化兴趣的问题，那么多包括斯坎伦在内的分析哲学家，都被阿波罗式的(Appollonian，日神的、理性的)愿景所迷惑。我怀疑许多人认为，作为规范的监护人地位需要理想。欲望和激情在灵魂统治中没有地位；它们只能在那里被统

---

① Philippa Foot, "Rationality and Virtue," in Herlinde Pauer-Studer (ed.), *Norms, Value, and Society*, Amsterdam: Kluwer, 1994.

② Simon Blackburn, *Ruling Passions*, New York: Oxford University Press, 1998.

③ 参见关于对马斯·斯坎伦的评论(*What We Owe to Each Other*, *The New York Times Book Review*, February 21, 1999)：“现在，当事情的某些特征在人们的审慎中受到权衡时，我们可以说，他们认为这是采取或反对行动的原因。但权衡方案的哪一边解释了另一边？权重先行，并解释视某物为理由意味着什么吗？在一边，是休谟和圣·奥古斯丁等哲学家……在另一边，有沾惠于柏拉图、亚里士多德，有时甚至康德的哲学家。他们认为我们的激情本性完全处于真理和理性的控制之下。日神阿波罗统治着酒神狄俄尼索斯。”对比之下，在《统治的激情》中，他遵循拜尔的路线，将自己的理论追溯到“一个包括亚里士多德、休谟和亚当·斯密的传统”，并将这一传统与“某些可替代的传统”进行对比，那些传统的英雄可能是康德或罗斯，甚至是柏拉图、莱布尼兹或笛卡尔(p. ⅵ)。

④ 参见 Blackburn, *Ruling Passions*, 第2章，他倾向于认同我一直在批评的三分法，即把美德伦理学作为一种独特的路向与义务论和后果论进行对比来处理伦理的中心主题；他认为，美德伦理可能在经验上不足以描述我们对行为进行分类的方式(第36页)；并且，美德概念在规范性上也非自足：美德的概念与幸福等其他价值观难解难分地相互交织；同样，它们也与美德密不可分(第35－36页)。

治。我发现这种信念令人悲伤同时也令人困惑……(斯坎伦对休谟的批判)无法加以解释,除非我们允许斯坎伦把该观点强加给理性,即只有在意志和爱的推动下才能看到的原因根本不是真正的原因。但当我们反映出人性的冷酷画面意味着什么时,我认为我们应该发现它相当悲伤①。

布莱克本的批评是有趣的,因为他明确承认,如果我们把理性在人类生活中的地位大为降低,道德哲学意义的显示可能会是个问题(尽管他最终否认,如果我们得出这个结论,我们必须放弃做道德哲学)。他显然低估了康德主义者和亚里士多德主义者(其中最突出的是斯坎伦)将情感和欲望融入他们的人类行为的图景的许多微妙方式。无论如何,我们可以看到,他与威廉斯和福特一样地关注着揭穿理性过度的自负,并以比他俩更积极的方式追求这种关切。

现在应该提到这个小组的另一成员安妮特·拜尔了。她是一位杰出的休谟学者,明确而不含糊地认为自己是其追随者。她深知对理性自负的激烈批评所牵涉到的意义,对任何权威来说,它都超过对情感以及对共享信念的习俗之批评。事实上,就像威廉斯一样,只是以一种更极端的方式,她拒绝了整个伦理学中系统理性理论化的企图②。虽然她对美德的提及不如富特与威廉斯那么突出,但这仍然是她思想中的一个重要主题③。她将美德伦理学把握为"道德哲学中理性主义者、法律修正的传统"之替代,她在分析中称之为"恶棍"(villain)。哲学家应该比理性主义哲学家通常所说的更尊重文化所体现的智慧:休谟向我们表明,我们应该"在打算向他们建议之前先向非哲学家学习"。她说任何社会都可能包含一些反思的批评人士,如"提出尴尬的问题"的苏格拉底或玛丽·沃斯通克拉夫特(Mary Wollstonecraft)。但拜尔对他们的存在是否"受欢迎"还不确定,她也不认为专业哲学家是我们所需的反思者,即使我们应该需要一些这样的反思者。

拜尔将她的反理性主义与女权主义联系起来。在一篇题为《不光需要正义》(*The*

① 对斯坎伦的评论,参见 *Compare Ruling Passions*, p. ⅵ, 其中写道:"我怀疑,人们得到的伦理理论是真实的,如果他们不能尊重人类的情感,包括作为仁慈的情感,或尊重惯例和合同,那么他们就不能接受将其作为伦理基础的理论。如果他们厌恶人性,他们就会希望保持与人性无关的善和正义。如果他们在自己身上发现,如果不是上帝、理性或其他独立权威的命令,人们就会表现得很糟糕,那么他们就不会相信,若无这种基石,伦理学就能得到牢靠的奠基。"

② 参见 Annette Baier, "Doing without Moral Theory?", in S. Clarke and E. Simpson (eds.), *Anti-Theory and Moral Conservatism*, Albany: SUNY Press, 1989, pp. 29–48;重印自她的 *Postures of the Mind: Essays on Mind and Morals* (London: Methuen, 1985, pp. 228–245)。

③ "Doing without Moral Theory?"首先将休谟工作的特征归结为一种基于对美德的共同判断的道德话语。

Need for More than Justice)的文章中①,她将道德哲学中占主导地位的男性传统作为其对正义关注的任务,并赞扬了心理学家卡罗·吉利根(Carol Gilligan)的实证工作,因为吉利根牢牢确立了道德推理中基于性别的差异②:男性通过诉求正义原则来推理,女人通过诉求关怀和接纳的理念来推理。哲学应该聚焦人们的情感需求及它们之间的联系;无论如何,如果哲学不这样做,哲学就不会给女权主义者提供他们想要的东西。在一篇结论不及她于1985年发表的那般激进的论文中,她声称最好的道德理论“必须是男性与女性共同合作的产物,必须协调正义和关怀”。拜尔对共享共同体的判断和未被理性批评的情感的尊重中产生了一种女权主义,这与第一批美德理论家的女权主义有着极大的不同,第一批人严厉批评了吉利根的主张,因为她声称正确地描述了女性的视角,认为在任何情况下,用从属群体的当前推理作为对该群体善的指引都是错误的③。新亚里士多德主义者倾向于认为拜尔所描述的女权主义根本不是女权主义,而是受存有弊病之现状误导的确证。

那么,对于我们所有的新休谟主义者来说,转向美德伦理学是一种减轻理性作为权威的过分要求和自负的方式;这是一种将道德植根于人性其他特征的方式④。这三位思想家关于复兴的美德伦理学将在多大程度上会对既定规范构成批评尚有分歧。威廉斯对社会和政治批评非常感兴趣,而且富特似乎也是如此,但他们认为,人类的动机设置就已包含了足够的材料来提供必要的批判,而无需任何雄心勃勃的理性主义理论来推动事情的发展⑤。拜尔似乎是最保守的,愿意依赖被广泛分享的判断。奇怪的是,她认为亚氏会同意她的观点。至于亚里士多德和休谟,她说:“这两位……都不期望他们的读者对他们在哲学中所赞同的实际道德判断抱有很大的分歧。”⑥——尽管亚氏说,人们唯一同意之物即是幸福(eudaimonia),除此之外分歧巨大。这很快就能表明,亚氏所赞同的判断在许多

---

① 参见第19页注释③。

② 我自己不持此见。对吉利根的实证工作有许多非常有效的批评,理由是她的样本的规模小且社会性狭隘,她自己对研究对象的影响不敏感,她对自己的问卷结果的阅读相当有偏见。如参见 John M. Broughton, “Women's Rationality and Men's Virtues: A Critique of Gender Dualismin Gilligan's Theory of Moral Development,” in Mary Jane Larrabee (ed.), *An Ethic of Care*, New York: Routledge, 1993, pp. 112-142。

③ 参见玛莎·C. 努斯鲍姆的 *Sex and Social Justice*(New York: Oxford University Press, 1999)的第2章和第5章的偏好扭曲的讨论;相关的观点由霍米娅表达了。其他女性主义者对吉利根的批评,参见 Held 的 *Justice and Care*, 尤其是 Claudia Card 与 Alison Jaggar 的论文。

④ 注意,布莱克本似乎完全否认理性是人性的一个特征,参见上文注释②引用的段落中,他把理性主义者指控为“对人性”的厌恶,并将理性看成“独立的权威”。

⑤ Foot, *Virtues and Vices*, “introduction”; Williams, “Reply to Critics” in J. E. G. Altham and Ross Harrison (eds.), *World, Mind, and Ethics: Essays on the Philosophy of Bernard Williams*, Cambridge: Cambridge University Press, 1995.

⑥ Baier, “Doing Without,” p. 29.

方面对传统雅典规范给予了根本的批判,而且亚氏自己也是如此认为的。无论如何,在我们的三位新休谟主义者中,拜尔赋予哲学最不重要和最卑微的地位:哲学就应该向文化学习,然后才可以以一种有限的非理论方式给出一些建议,就像医学伦理学家目前所做的那样。

这一组中最后被讨论的一位思想家与拜尔分享了关于健全的社会实践的关注,尽管与拜尔不同,他认为我们目前的实践处于灾难性的糟糕状态。因为麦金太尔虽诉诸理性,实际上从来没有解决伦理分歧①。可以期望这样的一个时代,那时我们对我们的自然目的有着可靠的超人性(extra-human)概念,理性和美德仅为此目的绘制了路线。然而,在现代世界中,我们遇到了这种理性观念的残余而无其头脑,可以说——没有对我们行动的来世目的(other-worldly telos)的可靠把握。这种未经思考的推理永远不能得出一个得到普遍同意的明确结论,因此,我们发现了无休止的分歧,其中人们与情绪主义者(emotivists)描述的行为一致:他们使用道德语言只是为了影响和说服。就像福特和威廉斯一样,麦金太尔强烈反对情绪主义;他认为在某种程度上回归美德伦理学是以合理方式重建道德话语的唯一希望。

但麦金太尔没有希望我们能通过以一种新的(或旧的)方式做道德哲学来进行必要的重建。他对西方哲学传统所谓失败的详析表明,我们在哲学上处于一种相当绝望的状态,陷入了理论的残余,其全部观点都被掏空。因此,我们需要政治变革使我们的行动具有秩序和连贯性。麦金太尔认为,良好的道德共同体将更像古希腊城邦(polis)——正如他想象的那样!也就是说,城邦是一个没有痛苦地审慎考虑该做什么的地方,因为每个人都有一个分配良好的角色或职能,并确切地理解这一职能所涉及的行动范围。因此,德行是一个权威和传统的问题:一个人必须被分配一个角色,一个人必须把这个角色内化得很好,以至于一个人只要反思地履职即可。他把秩序良好的行为人比作一个在比赛最后几秒钟内会接到传球的曲棍球运动员。这个人(他说)无需停下来思考该做什么,因为他已经彻底内化了他的角色。麦金太尔似乎认为,我们需要通过某种政治权威来实现这一功能秩序:他在《追寻美德》一书结语部分所隐含承诺的圣·本尼迪克特(St. Benedict)新规则,将成为《谁之正义? 何种合理性?》一书中制度化的权威。

就像威廉斯和富特一样,麦金太尔怀疑理性能像许多哲学家想象的那样担此大任。当然,理性不能建立第一原则:这些原则必须由其他一些非理性的能力才知道,并由权威

---

① Alasdair MacIntyre, *After Virtue*, Notre Dame: University of Notre Dame Press, 1981; *Whose Justice? Which Rationality?* Notre Dame: University of Notre Dame Press, 1987.

传递(在这里,他似乎遵循圣·奥古斯丁而非阿奎那——或者至少以比其他许多人更贴近奥古斯丁的方式解释阿奎那)。与威廉斯和富特不同的是,他似乎对作为美德工具的激情和欲望信心不足——除非权威根据这一角色来分配行为人的角色并约束其欲望。因此,他不仅正式地是休谟的强劲对手;从思想的实质来看,他也比其他人更少带有休谟式地转向权威,以获得休谟在情感中发现的指导。他还否认了理性在社会批评中的作用,然而至少有两位新休谟主义者显然想保留理性的这种作用。拜尔正确地看到,在她与麦金太尔都拒绝理性的指导,并在社会传统中寻找理性的意义上,他们的观点相距不远,正如她所看到的,他们之间的主要区别在于,她对现代世俗文化诸限制因素之内,遵循传统和情感来争端解决抱有希望,而麦金太尔并不如此①。麦金太尔认为,只有恢复某种形式的准宗教权威才能解决我们的问题。

麦金太尔经常诉求亚里士多德,似乎被亚氏的传统所吸引。但即使在解释亚氏本人的思想时,他也忽略了亚氏关于审慎和反思的重要强调,还忽略了亚氏相信审慎对幸福自身的观点及其第一原理的合理性证明。他的曲棍球运动员形象,低估了良好的运动活动中所牵涉的思想的全部含义;但更为明显的是,还低估了亚氏美德生活中批判性思维的成分②。当然,一个在亚里士多德意义上有德行为人不必在每次行动时都停下来并审慎考虑一番:一旦自己身上形成了一种有德的性情,行动往往是自动的。但这几乎不表明,大多数人在其生活中根本无需太多反思,或者分配给某人适当的社会功能会使反思成为多余。麦金太尔需要捍卫的正是这些结论,以便将自己的立场与亚氏的联系起来。因此,他是一个非常独特的新亚里士多德主义者,因为他不真正赞同亚氏思想的某些核心方面(他明确地说奥古斯丁已经取代了亚氏,尽管没有给出该判断的清晰理由)。

现在让我们回到第一组美德理论家所提出的四种主张。看看我们的第二组会对他们说些什么呢?

(1) 人类追求的善是多元的,质量异质的;径直将它们表示为同一事物的不同量乃是一种扭曲。

我们的四个反康德主义者可以支持这一主张,威廉斯提出了这样做的一个主要观点。作为功利主义和康德主义的主要批评者,他对功利主义经济学中目前使用的最大化策略

---

① 参见 MacIntyre,“Doing Without”。

② 参见玛莎·C. 努斯鲍姆关于 *Whose Justice*? In The *New York Review of Books* 的批判性评论,1987 年 12 月。

给出了一些最雄辩的批评①。然而,他从多元化的存在中得出的结论与新亚里士多德主义者得出的结论不同:因为他采取多元化来支持方法论的直觉主义,因此拒绝首要的哲学理论,而新亚里士多德主义者认为它只表明这一理论必须适应多元目的,并支持旨在将这些目的纳入人们所掌握的政治策略。

富特和拜尔对多元目的问题几无兴趣。麦金太尔的《追寻美德》雄辩地说明了索福克勒斯式的悲剧困境,其中一个核心要素是承认善源之多元性。但这本书对未来的预测却少有分析;奇怪的是,这一分析本身在《谁之正义? 何种合理性?》中毫无评论地被省略了,这意味着赞同阿奎那对道德困境的正确拒绝,而这又是前一本书所批评的立场。尽管如此,对《谁之正义? 何种合理性?》的反功利主义的关注表明他仍然坚持多元性与不可通约性。

(2) 由于善是多元的,而且由于它们需要相互协调和进一步具体化,所以理性不仅在选择手段以达到目的方面起着核心作用,而且在审慎考虑人类生活诸目的本身方面也起着核心作用,其中一些目的包含其他目的,以及对某一给定目的进行何种具体化为最佳。

我们的反康德主义者认为根本不会发生这类事。解决我们的实践问题的是我们的情感、传统以及(如威廉斯的例子)每天非理论使用的实践理性。没有一组人士能想象,哪怕是普通的实践理性竟证成了人类生活的最终目的。麦金太尔和威廉斯明确否认了这一点,其他人则含蓄地否认。布莱克本坚持认为,最终目的是由激情决定的,任何其他观点都是反酒神精神的,"相当悲伤的"。威廉斯令人印象深刻的《伦理学与哲学的限度》一书试图表明,任何对诸如伦理学基础的哲学说明都是不成功的②。理查森和努斯鲍姆富有雄心的新亚里士多德主义建设性计划,可能与哲学理论的其他富有雄心的运用一样,对反康德主义者而言也是招人反感的。布莱克本对亚氏和康德的批评使这一点变得明确。

(3) 情绪和欲望不仅仅是盲目的推动力,而且也是灌注了目标导向之思想的复杂意向性形式;它们可以通过对善的推理显著地被塑造。

威廉斯在论文《道德与情绪》(*Morality and the Emotions*)中显然赞同这一说法,但他后来似乎对此失去了兴趣。无论如何,他的内在主义并未因这种认可而深刻地塑造:不然的话,他和麦克道尔的观点之间的差异就会变得更细微,并可能完全消失。富特赞同一些

---

① 比如,可参见阿玛蒂亚·森(Amartya Sen)和威廉斯主编的 *Utilitarianism and Beyond* (Cambridge: Cambridge University Press, 1993)的序言。

② 我关于他对亚里士多德的批评,参见"Aristotle on Human Nature and the Foundations of Ethics," in Altham and Harrison (eds.), *World*, *Mind*, *and Ethics*.

类似新亚里士多德主义的主张，但她对此几乎只字未提，她似乎没有想到对霍米娅、默多克、麦克道尔和努斯鲍姆精心描绘的洞察力作任何富有雄心的批判性运用。在布莱克本关于欲望和情绪中承认认知要素的程度上，他不允许对他在欲望和理性之间继续给出的强烈对比加以挑战。麦金太尔对道德心理学未给予任何过多话语。拜尔明确否认休谟对情绪有认知上的说明，她认为这对休谟是件好事；她断言情绪与信念的逻辑判然有别①。

（4）现有的关于良好形式的社会观念形成了有缺陷的激情和判断；我们应该批评这些缺陷，可以指望这种理性的批评让激情本身产生自知之明。

如我所言，这一想法是亚里士多德的中心主题，甚至是伊壁鸠鲁主义者和斯多亚派更为核心的思想。他们的思想反过来又严重影响了像斯密和卢梭这样现代思想家关于激情的理论，他们不知疲倦地攻击了社会等级制对同情的败坏，贪婪和嫉妒的社会畸形，对荣誉、地位和财富的不当颂扬。威廉斯的思想空间容纳了该想法，但他没真正填补这个空白。否则，他的内部主义就一定变得更为复杂。其他三个都没有真正为该想法腾出空间。

反康德主义的美德理论家在他们的政治立场上相当不同。麦金太尔（目前）是宗教保守分子；所有其他人都是某种程度的自由主义者，威廉斯对激进的社会和政治批评颇感兴趣。就此而言，他们关于美德的哲学观点（对他们达成政治一致）几无裨益。拜尔和富特倾向于相信，即便没有理由充当富有雄心的角色，情况或多或少也是对的；拜尔甚至认为女性现有的情感（按照吉利根说的，被理解为一种与男性思维方式大异其趣）是一种可行的女权主义形式的充分基础。威廉斯认为现有的情绪并不如其所是地那样好，但哲学理性差不多肯定会使之更糟。他倾向于在政治和道德之间作出相当清晰的分隔：在政治中，批判理论发挥宝贵的作用，但该理论不会是一种道德理论，也不会为更一般地培养人提供什么指导。因此，他们中任何一个人都不指望第一组——也包括康德——通过哲学指导的推理之批判工作来实现人与社会的转变。

五、取消“美德伦理学”

这一阐明过于粗糙以至于无法捕捉每个思想家立场的诸多精微之处。（我觉得威廉斯比其他人更饱受这种折磨，因为他是一位如此微妙和复杂的思想家，他关于这些主题的所有观点都不适于总结。正如斯坎伦所强调的，他对其他立场的批评反应如此之快，以至

① 参见 Philippa Foot，“Hume's Analysis of Pride，”*The Journal of Philosophy* 75，1978，pp. 27 – 39，回应 Donald Davidson 的“Hume's Cognitive Theory of Pride”（*The Journal of Philosophy* 73，1976，pp. 744 – 756）。

于他的立场与某些精微的康德主义的立场在实质上差别并不太大①。)但即使是这种粗略的说明,至少也应该证明一件事:教导人们存在任何如“美德伦理学”这样统一路向的当前倾向乃是大错。首先,这是一种基本类型的范畴错误,鉴于很多人都是,而且一直是,在康德和功利主义传统中书写和思考美德。那么,美德伦理学不能替代这些传统。但是,即使我们把注意力集中在分类松散的思想家身上,他们出于某种理由而拒绝康德主义与功利主义,并将自己与古希腊和罗马思想家的洞见相联系,也不存在统一的群体(就像古希腊和罗马思想家不构成统一的群体一样,特别是如果我们把诗人也包括在内的话)。他们有不同的目标和不同的建设性观点。这些观点对职业哲学家在社会中的作用、对现有贪婪和愤怒习惯的批评、对我们寄希望于理性的筹划都有着广泛不同的后果。我所说的“共通根据”是意义攸关的:但它可以在康德主义、功利主义,以及诸多新亚里士多德主义和新休谟主义不同种类的筹划中加以探究。

我建议我们在教学和写作中取消“美德伦理学”范畴。如果我们需要有一些范畴,让我们谈谈新休谟主义者与新亚里士多德主义者,反功利主义者与反康德主义者吧——然后,最重要的是,让我们继续认真地把握每位思想家关于美德、理性、欲望和情感的实质性观点之特色——并决定我们自己想说什么。

芝加哥大学法学院

芝加哥,IL 60637,美国

Virtue Ethics: A Misleading Category?

Martha C. Nussbaum

【Abstract】 Virtue ethics is standardly taught and discussed as a distinctive approach to the major questions of ethics, a third major position alongside Utilitarian and Kantian ethics. I argue that this taxonomy is a confusion. Both Utilitarianism and Kantianism contain treatments of virtue, so virtue ethics cannot possibly be a separate approach contrasted with those approaches. There are, to be sure, quite a few contemporary philosophical writers about virtue who are neither Utilitarians nor Kantians; many of these find inspiration in

① Scanlon, Appendix,参见上文。

ancient Greek theories of virtue. But even here there is little unity. Although certain concerns do unite this disparate group (a concern for the role of motives and passions in good choice, a concern for character, and a concern for the whole course of an agent's life), there are equally profound disagreements, especially concerning the role that reason should play in ethics. One group of modern virtue-theorists, I argue, are primarily anti-Utilitarians, concerned with the plurality of value and the susceptibility of passions to social cultivation. These theorists want to enlarge the place of reason in ethics. They hold that reason can deliberate about ends as well as means, and that reason can modify the passions themselves. Another group of virtue theorists are primarily anti-Kantians. They believe that reason plays too dominant a role in most philosophical accounts of ethics, and that a larger place should be given to sentiments and passions——which they typically construe in a less reason-based way than does the first group. The paper investigates these differences, concluding that it is not helpful to speak of "virtue ethics," and that we would be better off characterizing the substantive views of each thinker — and then figuring out what we ourselves want to say.

【Keywords】 Aristotle, Hume, Kantianism, Utilitarianism, Virtue

作为理性存在者的自我保存

——康德实践哲学论文集(序言)

[德] H. F.克勒梅[①](著)

钱　康[②](译)

【摘要】 本文系克勒梅教授为其中文版论文集《作为理性存在者的自我保存》所做的序言。在文中,作者从晚近德国学界对康德伦理学的批判性态度切入,探讨以启蒙与理性为内核的康德实践哲学是否能够具有超出时代限制的意义与价值。

【关键词】 康德,启蒙,自我保存,实践哲学

汉娜·阿伦特在1960年的“莱辛演说”中曾说,康德的伦理学是“非人性”的。她给出的理由是,康德并不愿意“为了人性,为了人与人之间的友谊和对话的可能性而牺牲义务”,因为在康德看来,义务是某种绝对的、“超越人性”[③]的东西。阿伦特深信,康德的义务概念阻碍了“思考”。但从一切人际关系的相对性来看,没有“思考”,就不可能有“友谊”,不可能有“世界的开放性”,不可能有“真正的人类之爱”(2018, S.80)。阿伦特写道:“可以说,人类那活生生的人性被如此地削减,使他放弃了思考,而将自己托付给结果,托付给那些已知或未知的真理,人们仿佛是在通过硬币游戏来解决一切经验问题。”(2018, S.52)而阿伦特所推崇的这种“思考”的特点就在于,它是“一种无需支撑和辅助,也没有传统的桎梏,自由地进行的思考”(2018, S.52)。

如果阿伦特的批判是恰当的,那么我们就应该为了我们的人性而不再严肃地对待康德那些具体的伦理学规则以及他广义上的实践哲学。但是,阿伦特的批判真的是恰当的吗?如果我们尝试根据定言命令的“桎梏”来指导实践,我们就真的“放弃了思考”了吗?“唯一真理”的追随者们难道就无法摆脱这种“非人性”的标签吗?

---

① 作者简介:H. F.克勒梅(Heiner F. Klemme),德国马丁路德·哈勒维滕堡大学哲学系讲席教授,学界名刊《康德研究》(*Kant Studien*)的主编。

② 译者简介:钱康,德国哈勒大学哲学系博士生,主要研究领域为康德哲学和伦理学。翻译了《作为理性存在者的自我保存》的前言以及第一章到第五章。

③ Hannah Arendt, Freundschaft in finsteren Zeiten. Gedanken zu Lessing Hrsg. von eingeleitet von Matthias Bormuth, Berlin 2018, S. 80-81.

与汉娜·阿伦特的观点相反,我相信,康德哲学是彻彻底底的人性化的。对康德而言,拥有纯粹实践理性不仅仅意味着对于作为理性存在者的自身(它处于善良意志的层面上)有一种抽象的兴趣,它同时还意味着我们愿意去认识、保护或实现那些使我们在现实世界中也能够保持自己作为理性存在者的条件。纵观康德的一生,他始终感兴趣于我们能够实现自己的实践理性的那些情境和制度(在这里尤其值得一提的是他的人类学、政治学和时代诊断性的作品)。对他而言,毫无疑问,我们的理性本身就会使我们对它的保存产生兴趣。维护我们的理性在生活中的运用的前提条件,不仅仅是由法律所保障的外在的自由领域。自我保存同样还有赖于在社会生活中那些我们可以在其中运用和形成自己的理性的各种实践活动,从教授世界公民社会理念的学校和大学,甚至到餐桌上的社交。康德所提倡的餐桌社交正是一个自由交流、无拘束地交谈的场所,在其中,我们可以塑成自己的人性。康德绝不是像被批判的那样,想要用义务概念去阻碍思考,他的伦理学和实践哲学也不是为了非人性而服务的。

对康德哲学的研究是出于我们对于一种启蒙的思维方式的兴趣。作为至少在德国启蒙运动中或许是最重要的代表人物,康德能给今天的我们留下什么启示呢?康德哲学的意义是否仅止于对当时历史条件下的伪科学、形而上学或神学观点的对抗?难道康德的概念和方法在今天最多就只不过是适合成为一种去殖民化思潮的反面衬托?对于类似这样的问题的解答,我们只能借助于启蒙运动的指导性概念:理性。然而,各种形式的理性概念在当下遭受到比以往任何时候都猛烈的抨击,甚至连大学里的话语自由都受到了以身份认同、个体性和社群为名的质疑。因此,一种从启蒙精神出发对理性进行的批判性的辩护似乎已经是迫在眉睫了。

康德在纯粹理性批判的旗帜之下对理性的辩护,是以一种看似矛盾的方式被完成的:它通过规划理性的界限来保障我们理性的表达方式。康德不仅否定了近代哲学那种将理性的本性视为实体或单子的观点,他还明确地拒斥了一切试图详尽地认识理性本身的尝试。因为理性的特点就在于一种多元化的功能性,而这种功能性如果没有相对应的直观、感觉和偏好,就会变成空洞的。这种能够创造知识的、能够决定自由和自然的、能够塑造我们的审美感受的理性的功能,在一个"思考着的自我"的概念之下得到了统一。康德对笛卡尔的"我思"概念进行了一种以自我活动的概念为导向的彻底改造:从先验统觉到他在医学和实用人类学中对于疯癫和各种类型的自我丧失的症状的论述,这一改造贯彻于康德的整个哲学。正是在这些作品中,康德把我们的理性的功效带回到了我们永恒而普遍地关注的中心:如果我们热爱和珍惜我们的理性,那么它就必须能够给我们的思维定位。它必须使我们能够在一个复杂的、多维的、结构不清晰的世界中以这样一种方式来定位自己,使我们能够保持自己作为理性的存在者。因此,在我们通过使用自己的理性所能够达到的一切目的之中,正确地使用理性所达到的那种自我保存(Selbsterhaltung)就显得尤为突出。康德通过一种基于理性自身的兴趣来解释我们对于作为理性存在者的自我保存的兴趣。这种兴趣就是我们对于自身和对于他人的道德义务性的基础。在这种情况下,自我保存一方面是指对于我们那种旨在互相理解的理性表达的功效和能力的保存和保护(在拉丁语"conservare"的意义上)。另一方面,这一康德式的自我保存的观念也表现出一种完美主义的要素。因为在与他人、与事物以及与自身的交往中,我们通过对于理性的合理引导和运用,所想要达到的是一种可以被称之为理性的最大化的理想。在这里,同样的保存一词①应该被理解为一种"获得"的意思(在拉丁语"obtinere"的意义上)。或许,我们也可以将其称之为是斯多葛学派所说的那种"视为已有"(Oikeiosis-Lehre)或是"自我掌控"(Selbstaneignung)(参考:Maximilian Forschner),或者是胡塞尔所说的"自我占有"(Selbsthabe)。

康德的那种由理性自身施加于我们的自我保存的义务概念并没有在他的任何一部作品中得到充分的阐述。关于这一概念的讨论散见于他关于人类学和逻辑学的著作、手稿和学生的讲座笔记中。在这些讨论中出现了一些积极的关键概念:自我思考(Selbstdenken)、自我独立(Selbstständigkeit)、自我规定(Selbstbestimmung)、自我掌控(Selbstherrschaft)、自我占有(Selbstbesitz)、自我感受(Selbstgefühl)、自我立法(或自律)(Selbstgesetzgebung、Autonomie)、自我关照(Selbstsorge),以及成年状态(Mündigkeit)、启蒙(Aufklärung)和人性(Humanität)。与此相对的一些消极的关键概念则是:外在掌控(Fremdherrschaft)、外在规定(或他律)(Fremdbestimmung、Heteronomie)、模仿(Nachahmung)、自我丧失(Selbstverlust)、奴性(Sklaverei)、不成熟状态(Unmündigkeit)和偏见(Vorurteil)。康德对于自我的全方面的关照涵盖了对于从政治活动到餐桌聚会的全方面的研究。在其中,康德也继承了近代以来那种围绕着自我保存概念的实践哲学的鲜明的传统。但与笛卡尔、洛克和沃尔夫等人相比,康德为自己的研究定下了独特的基调。也正是因为这些特点,康德哲学也一直受到对于其时效性的怀疑:因为他一方面将一种有关我们先天的自由规定性的义务性理论(规范性的)问题与定位于现实世界的实用—实践问题联系在一起;而另一方面也将这种规范性理论与他的自我保存概念中典型的关于我们的知识和生活环境的原则上不确定与开放性的问题联系在一起。

① 即"erhalten",该词在德语中就同时有保存和获得两种意思。——译注

对康德哲学的研究需要耐心和高度的方法论意识。我深信,对康德哲学的任何讨论必须从研读他的著作开始——虽然这听起来似乎理所当然。但我们不能满足于对他本人文本的解读,也不能局限于对这些著作中的概念、论点和问题的分析[①]。康德是在与其他哲学观点的交互对话之中发展出自己的哲学的。他的哲学回应了亚里士多德和柏拉图,回应了莱布尼茨和洛克,回应了鲍姆加登与休谟,等等。如果我们想要理解康德的文本,我们就不能仅仅只理解他写下的文字,而是要同时掌握这些文本的历史语境,我们还必须了解康德在其哲学发展的不同阶段的发展、扩展、修订以及定位。只有这样,我们才能避免我们对康德的解读所揭示的实际上只是存在于我们自己的认知中,而与康德本人的思想没有什么关系的一些论断。不过理所当然的,对康德文本的解读并不是一种自在的目的。作为哲学爱好者,我们所感兴趣的是他的哲学内容。我们很想知道它的考虑是否正确,我们期望它能使我们自己的思想受益,即使我们有充分的理由批评或拒绝它,我们也希望它能在否定的意义上帮助我们指导自己的思想和行动。衡量一种哲学的时效性就在于我们能否靠它来讨论我们今天仍然会遇到的那些问题。作为一个人的康德已经在两百多年前就去世了。但是,他的著作能够给我们留下一些线索,让我们能够推测他在面对当代的问题时会持有怎样的观点。

本套中文版的论文集所收集的文章专门讨论了康德实践哲学的各个方面和问题,尤其是康德实践哲学的历史背景、系统评价和哲学意义。在《康德论医学与人的健康——关乎哲学、自我保存与人道》[②]一文中,我将首先讨论康德哲学的意义。康德终其一生都感兴趣于医学以及我们肉体与灵魂层面上的各种健康问题。尽管医学与哲学无论如何都不允许互相混淆,但它们之间总还是存在着通过肉体与灵魂(精神)相互作用而显明的紧密联系。不单在关于“实用人类学的讲座”中,而且在《实用人类学》和《学科之争》中,康德都按照一些核心概念(诸如哲学的治疗术、病感、思维上的节食、健康的理性)阐述了一种更加详尽和“广义”的健康概念。另外,康德指出,对于学者的健康而言,一种旨在提升我们人文性的餐桌社交,它始于叙事而止乎欢笑,具有特别重要的意义。不过需要强调的是,康德对自我保存的哲学意义以及与之相关的概念(自我决定、自我独立、自我关照等)的研究在这篇贡献中还没有得到结论性的处理。对于这一些问题的研究,将在我的两

① 关于哲学史对于某个具有独立系统性的哲学家而言的意义可以参见 H. F. Klemme,“Was nützt der Philosophie ihre Geschichte? Eine pragmatische Antwort”, in: Denkspuren. Festschrift für Heinrich Hüni, hrsg. von Oliver Cosmos und Frauke Kurbacher, Würzburg 2008, S. 157 - 165.

② 该文的原文和中译参见邓安庆主编:《道德哲学与人类学 · 伦理学术 8》,上海:上海教育出版社,2020 年,第 10 - 44 页。——译注

本正在编写的专著《康德的应用伦理学》和《保持自身:康德对当代理性的辩护》中得到进一步的深入。

在《道德的义务性如何可能?——历史语境下的康德“自律原则”》一文中,我将通过在普芬道夫、莱布尼茨、沃尔夫和克鲁修斯之间的争论,讨论康德伦理学的义务性(Verbindlichkeit)概念的历史语境。尤其是沃尔夫的一种关于“普遍的实践哲学”的观念被证明对于理解康德的义务性概念的问题意识而言是极为重要的。这说明了,康德的自律概念是作为对于解决以下这个问题的钥匙而被提出的,即“道德的义务性是如何可能的?”纵观康德一生,他赋予了义务性概念以最高的重要性。他深信,伦理学的任务就在于对这个概念的澄清。

在第三篇论文《约束性的根据——门德尔松与康德论道德哲学中的明证性》中,我将讨论门德尔松与康德在他们的获奖征文中约束性与道德明证性的概念。我将论证门德尔松以意义重大的方式离开了沃尔夫的立场,而康德则倾向于用牛顿主义的方法论克服沃尔夫哲学,但同时仍然在很大程度上依靠沃尔夫以及一种在形而上学之内发展伦理学的计划。尽管有些类似于哈奇森的哲学,康德仍然表现出了想要将他的伦理学奠基于一种革新性的义务性概念的明确倾向,而这与克鲁修斯对义务性的阐释共享了一些相似性。

我通过《自由与自然必然性的对立——克里斯蒂安·伽尔韦的问题与康德的解决》一文进一步地澄清了康德伦理学的立场,以《道德形而上学奠基》(以下简称《奠基》)的第三章为对象,将康德伦理学置于一场命定论与任意论的争论之中。伽尔韦尝试在一种怀疑论的不可知论立场上调和这两种观点,他认为由于我们能够确信德性的实在性,那么作为现实的自然必然性和作为道德之前提的自由这两种立场必定能够结合起来,在这里需要负责的并不是道德的现实性,而是我们思辨能力的不足。而康德却与此相对地认为,伽尔韦这种基于怀疑主义的自然与自由的相容论,事实上和命定论之间有着某种程度的联系,因而将道德哲学置于如此危险的境地之中。与此相对地,康德运用一种在诉讼中使用的“授权”和“演绎”方法,基于先验观念论对思辨理性的批判,使得道德哲学能够通过对于自由概念在道德领域中的实践运用得到保障。最终,自然与自由之间的冲突被归化于我们并非在理论上,而是在实践上对“真正的自我”的理解。我将康德这种实践的演绎称为一种“弱的、消极的、归谬的”论证,并且回击了学界所普遍认为的《奠基》第三章中先验论证的失败。

《“真正的自我”(康德)还是“原初的自我存在”(亨利希)?——论康德自我概念的一些特征》一文始于对于迪特·亨利希在 20 世纪 60 年代起一系列开创性的论文。在其中,亨利希讨论了现代自我意识概念的起源和康德对此的贡献。亨利希对于这个概念起源的哲学兴趣是基于这样一个假设,即自我意识是理解我们的“原初的自我存在”(ursprüngliches Selbstsein)的线索。亨利希试图通过“原初的自我存在”去回答海德格尔对于现代哲学的批判,尤其是对于自我意识的批判。在这篇文章中,我会论证亨利希对康德的批判归根结底并不能令人信服。倒是康德似乎有一些论证能够否定亨利希意义上的对自己“原初的自我存在”的意识的可能性。康德关于“真正的”或者“恰当的自我”(eigentliches Selbst)的概念并不是我们生命的诠释学对象,而是道德哲学的一个核心概念,它的含义体现在道德法则之中。

我以《法的概念:康德及其继承者》一文为这部论文集收尾。在该文中,我首先通过解读鲁道夫・斯塔姆勒(Rudolf Stammler)、汉斯・凯尔森(Hans Kelsen)和于尔根・哈贝马斯(Jürgen Habermas)的思想,进而从历史的视角考察了法权和法的有效性概念。其次,为了更好地理解康德法权学说中的法权、法和义务概念的特殊性,我将重点关注其自然状态下的私人法权、从私人法权向公共法权的过渡,以及在公共法权中抵制权的缺失的问题。最后,我尝试对于康德的自由和法权学说提供某种现代的、系统的视角。

本书的内容来自我近年来在中国、欧洲、南美和美国各大学的演讲和讲座。尤其是在2017年,我应邓安庆教授和朱会辉教授邀请,在复旦大学和北京师范大学举办的讲座中所做的一系列讨论使我特别受益。我尤其感谢邓安庆教授,没有他就没有这部论文集的诞生。此外,我还要感谢孙向晨教授在2020年访问哈勒大学期间对于出版这部中文版论文集所提出的友好邀请和建议。同样,我需要感谢的还有林晖教授以及上海东方出版中心的策划和出版,以及负责中文翻译的钱康同学和杨丽、李彬老师。

The Self-preservation as Rational Being: Essays on Immanuel Kant's Practical Philosophy (Preface)

Heiner F.Klemme

【Abstract】 This article is Professor Heiner Klemme's preface to the Chinese edition of his Collected Papers, *The Self-preservation as Rational Being*. In this paper, the author begins with the critical attitude of late German philosophy towards Kantian ethics and discusses the question of whether Kant's practical philosophy, with Enlightenment and reason at its core, can still have any significance and value beyond the limits of its time.

【Keywords】 Kant, Enlightenment, Self-preservation, Practical Philosophy

【规范秩序研究】

施特劳斯论现代政治对古代政治的颠覆[①]

李　涛[②]

【摘要】 施特劳斯是一位批判现代性并主张复兴古代政治的思想家，其《自然权利与历史》更被认为是描述从古代自然正义到现代自然权利演化的经典著作。然而，我们看到施特劳斯对现代政治的描述更加丰富也更加深入，其借霍布斯展示的现代政治对古代政治的颠覆更值得重视。笔者认为，这一现代政治对古代政治的颠覆可以分为五个方面：情感取代理性、权利取代义务、个人先于社会、同意先于智慧、能力取代成全。笔者在分析这五个方面之后，借助施特劳斯认定为现代政治的核心观点即"权利"的视角，对霍布斯与现代性关系做一辨析。

【关键词】 政治，现代，古代，权利，美德

施特劳斯（Leo Strauss）通常被认为是一个赞赏或主张复兴古代政治的理论家。然而，其在《自然权利与历史》一书中却将现代政治对古代政治的颠覆进行了深刻的描述，乃至于让人们觉得这个颠覆是很难逆转的。笔者认为，展示和分析这些颠覆，有助于我们理解古代政治与现代政治的差异，也有助于我们理解现代性的特点。

一、政治中的古今之变

施特劳斯描述现代政治对古代政治的颠覆是在论述现代自然权利论的章节中进行的，而霍布斯（Thomas Hobbes）被其认为是"明确的现代自然法学说（modern natural law

---

① 本文为教育部哲学社会科学研究后期资助项目"《尼各马可伦理学》的翻译与注疏研究"（编号：20JHQ026）的阶段性成果。

② 作者简介：李涛，中国社会科学院大学哲学院副教授，主要研究领域为古希腊哲学、现象学、伦理学与政治哲学。

doctrine)的经典作家和创立者"[①],故而这一描述又是在分析霍布斯的部分中进行的。在描述了霍布斯的自然哲学与政治哲学的关系后,施特劳斯将笔墨集中在了现代政治对古代政治的颠覆。而这些颠覆按照顺序可以归纳为五点:情感取代理性、权利取代义务、个人先于社会、同意先于智慧、能力取代成全。

1. **情感取代理性**

施特劳斯首先分析的是政治的人性论基础的变化,也即灵魂中对实践活动有支配作用的部分的变化。现代重情感取代了古代重理性。"占主导地位的传统是以把人的目的或完美的人视作理性的和社会的动物(a rational and social animal)的观点来定义自然法的。霍布斯基于马基雅维利对于传统的乌托邦学说的根本反对所要做的,是试图保持自然法的观念,但又要使它脱离人的完满性的观念。"(180)亚里士多德(Aristotle)代表的古典传统,对人的定义就是"人是理性的动物",也是这个定义支撑了"人在自然上是政治的动物"[②]的断言。因为只有理性才能导致正义才能组建政治共同体,"除了人之外没有别的动物有理性(ἔχει λόγον)……这是人独有的(ἴδιον),只有人拥有对好坏、正义与不正义以及其他类似东西的感觉"[③]。

霍布斯也主张实践政治要以灵魂理论为基础,"只有当自然法能够从人们实际生活的情况、从实际支配了所有人或多数时候多数人的最强大的力量(the most powerful force)中推演出来时,它才可能是有效的或者有实际价值的"(180)。自然法要在实践中有效力,就必须从人性中最强有力的因素出发,而这一灵魂部分不再是理性而是情感。"而对于多数时候多数人来说,最强有力的不是理性而是情感(not reason but passion)。倘若自然法的原则不为情感所信任或赞同,它们就不会有实际作用。自然法一定得从一切情感中最强烈者(the most powerful of all passions)推演出来。"(180)霍布斯之所以不把实践政治的基础放在理性身上,是因为其对理性的理解与古代相比发生了变化。霍布斯不再相信理性有推动实践行为的能力,而只能作为实践行为之前进行考虑的推理工具。"理性(reason)就是一种计算,也就是将公认为标示或表明思想的普通名词所构成的序列相加

---

① Leo Strauss, *Natural Right and History*, Chicago: The University of Chicago Press, 1953, p.182. 中译引自列奥·施特劳斯:《自然权利与历史》,彭刚译,北京:三联书店,2003 年。译文略有修改,以下引用只注明英文本页码。

② Aristotle, *Politica*, W.D.Ross ed., Oxford: Oxford University Press, 1957, 1253a2-3.中译参见亚里士多德:《政治学》,颜一,秦典华译,北京:中国人民大学出版社,2003 年。

③ Aristotle, *Politica*, W.D.Ross ed., Oxford: Oxford University Press, 1957, 1253a9-15.

和相减。"①霍布斯对理性的这种解释在休谟(David Hume)那里就明确表达为"理性,是且应该是情感的奴隶(slave of passions)"②。或者套用韦伯(Max Weber)的术语,霍布斯与休谟认为不存在价值理性而只有工具理性,理性是情感为实现某个目的的工具。情感不再接受理性的指导,从而也无所谓正确与错误的情感。而古代人则认为,存在着与理性相配合的正确的情感。

而在快乐、痛苦等所有情感中,霍布斯又认定恐惧才是最强有力的情感。"一切情感中最强烈的乃是对死亡的恐惧,更具体地说,是对暴死于他人之手的恐惧(fear of violent death at the hands of others);不是自然,而是'自然的可怕对头——死亡',提供了最终的指南……死亡取代了目的。"(180)在古代,恐惧乃至恐惧死亡也是需要慎重对待的情感,但理性教导公民用勇敢的美德来面对这种情感,乃至为了某种目的不惧怕死亡。这种目的确实是由"自然"规定的,在自然上人就是有理性的动物,故而人以追求美好与幸福为目的,以此来克服对死亡的恐惧。而在现代社会,理性和美德不再有激励作用,消除死亡的威胁或自我保存就成了最强大的欲求。"对于死于暴力的恐惧最深刻地表达了所有欲求中最强烈、最根本的欲求,亦即最初的自我保全的欲求(the desire for self-preservation)。"(181)情感与欲求通常被认为存在紧密而复杂的联系,施特劳斯未做过多论述,大致认为一种情感就意味一种相应的欲求,而恐惧死于暴力的情感就对应着自我保存的欲求。从对这种自我保存的欲求的讨论中又引申出向权利义务转换问题的讨论。

2. 权利取代义务

霍布斯直接把自我保全的欲求当作了自然权利,并且是人性中最有力量的因素,从而无论是自然状态还是政治社会的人事规范性,都必须建立在这个基础上。"如果自然法必须得从自我保全的欲求中推演出来,如果,换句话说,自我保全的欲求乃是一切正义和道德的唯一根源(the sole root of all justice and morality),那么,基本的道德事实就不是一桩义务而是一项权利(not a duty but a right);所有的义务都是从根本的和不可离弃的自我保全的权利(right of self-preservation)中派生出来的。"(181)在自然状态下,权利与义务的先后关系就被明确地规定为权利优先于义务,从而只有无条件的权利而非无条件的义务。"因此,就不存在什么绝对的或无条件的义务;义务只在其施行不致危及我们的自我保全

① Hobbes, Thomas, *Leviathan*, Edwin Curley ed., Indianapolis: Hackett Publishing Company, 1994, p.22. 中译参见霍布斯:《利维坦》,黎思复,黎廷弼译,北京:商务印书馆,1985 年。

② 休谟:《人性论》,关文运译,北京:商务印书馆,1980 年,第 453 页。

时,才具有约束力。唯有自我保全的权利才是无条件的或绝对的。”(181)义务只是从无条件的权利中派生出来的,从而也只是有条件的、从属性的东西。事实上,也是这种权利的绝对性和无限性导致了他将自然状态称为战争状态。

既然自然权利是绝对的,那么要走出自然状态进入公民社会,也只能从这种权利出发。“既然基本的、绝对的道德事实是一项权利而非一桩义务,公民社会的职能和界限就一定得以人的自然权利而不是其自然义务来界定。国家的职能并非创造或促进一种有德性的生活(a virtuous life),而是要保护每个人的自然权利(safeguarding the natural right of each)。”(181)国家建立的唯一目标也就只能是保护自然权利,国家的一切职能也只能从此而来,促进有德性的生活就不能纳入国家的职能。

基于此种政治理论,施特劳斯认为从自然义务转向自然权利是从古代到现代转变的一个标志。“霍布斯确实开启了一种崭新的政治学说(an entirely new type of political doctrine)。前现代的自然法学说(the premodern natural law doctrines)教导的是人的义务;倘若说它们多少还关注一下人的权利的话,它们也是把权利看作本质上是由义务派生出来的。就像人们常常观察到的一样,在17和18世纪的过程中出现了一种前所未有的对于权利的极大重视和强调。可以说重点由自然义务转向了自然权利。”(182)施特劳斯认为前现代(premodern)或古代政治的重心和基础是义务,而现代政治则舍弃了义务而诉诸权利。虽然古代政治里不存在“权利和义务”这些话语,但用这对术语去分析古今政治之变仍然是比较贴切的。义务是一种约束,来自规范,而古代的规范就是法律,从而古代政治的基本事实就是法律对公民的各种要求。亚里士多德用公民美德来描述公民对城邦的义务,具有公民美德的人就是能做到法律的各项要求。“守法意义上的正义,是整体意义上的美德”,而这包括了节制、勇敢、慷慨等各种美德的要求①。虽然古代人认为法律规定美德是对公民个人的一种完善和成全,但现代人把这种守法的义务当作一种约束,从而不再把政治的基础放在守法培养美德的义务之上。

在这个从自然义务到自然权利的转向中,施特劳斯认为霍布斯做了最经典的分析。“由以自然义务为取向到以自然权利为取向的根本性变化,在霍布斯的学说中得到了最为明晰有力的表达。他直截了当地使一项无条件的自然权利成了一切自然义务的基础,因而义务就不过是有条件的(conditional)。他是明确的现代自然法学说(modern natural law doctrine)的经典作家和创立者。”(182)在现代自然法学说那里,公民对国家的义务不再是

---

① Aristotle, *Aristotelis Ethica Nicomachea*, I. Bywater ed., Oxford: Oxford University Press, 1890, 1130a8-9.中译参见亚里士多德:《尼各马可伦理学》,廖申白译,北京:商务印书馆,2003年。

无条件的，而是以是否能保护个人的自然权利为转移。政治的基本事实从对国家的义务转向了对个人权利的伸张和保护，从而保守的自然法开始变得具有革命性。“在现代时期，自然法远比从前成为一种更具革命性的力量（more of a revolutionary force）。这一事实是自然法学说本身的性质发生根本性变化的直接后果。”（183）这一革命性变化的原因就在于自然法从强调义务转向为强调权利。国家能否对公民要求某项义务，就要放在是否合乎保护公民个人权利的眼光下来衡量，从而国家的行动及其合法性就总是要处于审视乃至怀疑之中，从而自然法才成了一种革命性力量。

3. 个人先于社会

古代社会既然强调义务优先于权利，那么就必然认定社会先于个人。“霍布斯所反对的传统认为，人们除了在公民社会中并且通过公民社会，就不能达到其本性的完美，因而，公民社会优先于个人（civil society is prior to the individual）。认为首要的道德事实是义务而非权利的观点，就是由此种看法带来的。”（183）亚里士多德不仅从目的因的角度论证了城邦先于个人，个人只是城邦这个整体的部分，而且确实强调了个人要达到完善就必须过政治生活。“一个人自身的善离不开家政学和政体。”①

现代社会认为权利的最根本载体是个人，而义务更多是作为集合体的公民社会对个人的要求。既然权利优先于义务，那么必然意味着个人先于社会。“人们不可能不在断定自然权利的优先性的同时，强调个人在所有方面都先于公民社会（the individual is in every respect prior to civil society）：公民社会或主权者的一切权利都是由原本属于个人的权利派生出来的。”（183）

既然个人优先于公民社会，那么公民社会就不是源初就有的，那么就必然会有一种自然状态的理论。在进入公民社会之前，人们是活在自然状态之下的，是一种无政治的状态。“此种个人，不考虑到其各种特质的个人——而不只是像亚里士多德所争辩的那种超出人道的人——必须被视为在本质上完全独立于公民社会。在认为在公民社会之先存在着一种自然状态的观点中，已经包含了此种概念。”（183）个人是能独立于公民社会而生活的，也就是在自然状态中生活。自然状态先于公民社会，公民社会是从自然状态中通过人为事件而产生的，因此个人才先于社会。

古代人认为“人在自然上是政治的动物，不在城邦之中，非神即兽”。现代人则不认为政治具有如此强的自然性，强调公民社会是从自然状态中产生的，要审视公民社会的基

---

① Aristotle, *Aristotelis Ethica Nicomachea*, I.Bywater ed., Oxford: Oxford University Press, 1890, 1142a9-10.

础就是要考察自然状态。"按照卢梭的说法,'所有审视过公民社会的基础的哲学家,都感到有必要回到自然状态(back to the state of nature)。'的确,对正当社会秩序的寻求,与对于公民社会起源或人类进入政治状态之前的生活的反思,是不可分的。然而,将人类进入政治状态之前的生活等同于'自然状态',是一种特殊的看法,这种看法绝不是所有政治哲学家都持有的。只有在霍布斯这里,自然状态才成了政治哲学的一个核心论题,而他还因为使用了那个术语心存不安。只是从霍布斯开始,关于自然法的哲学学说根本上成了一种关于自然状态的学说。"(184)也是在否定人天生是城邦的动物的意义上,自然状态学说使得现代自然法与古代区别开来,也使得对自然状态的分析成了现代政治哲学的核心。

自然状态学说既蕴含着个人先于社会,也同样蕴含着权利先于义务。"其(自然状态)哲学蕴涵使得有别于义务的权利的优先性能为人理解:自然状态的本来特征就是,其中有着不折不扣的权利,而没有什么不折不扣的义务。"(184)故而"个人先于社会"和"权利先于义务"这两点的分析都是在自然状态的分析中展开的。

4. 同意先于智慧

强调个人先于社会,就是强调个人权利优先于对国家的义务,也就是强调个人的意志自由。洛克(John Locke)认为,自然状态下人的自由的主要体现就是人的意志自由及其附属的行动自由,自由就是除了自然法之外"无需得到任何人的许可(leave)或听命于任何人的意志(Will)"①。每个人只服从自己的意志,那么每个人也就是自己行事的唯一的裁判者。"如果说,每一个人依据自然都具有自我保全的权利,那么对于为他的自我保全所必需的手段,他也必定具有权利。就此而论,问题在于,谁来裁定何种手段为某个人的自我保全所必需,或者何种手段为恰切或正当。古典派们会回答说,天然的裁定者乃是具有实践智慧的人……在霍布斯看来,依据自然,每个人都是何为其自我保全的正当手段的裁定者(the judge)。"(185)不同于古代把人事纠纷的裁判权交给有智慧之人,现代人认为每个人都是自己行事的裁判者。保护个人自由和权利,就是尊重每个人的意志,只有经过个人意志的同意,才能对某个人做出某个行为。这也就意味着同意优先于智慧。"如果每个人依据自然都是何者有利于自我保全的裁定者,同意就优先于智慧(consent takes precedence over wisdom)了。"(186)

---

① Locke, John, *Two Treatises of Government*, Cambridge: Cambridge University Press, 1960, p.269. 中译参见洛克:《政府论:下》,叶启芳、霍菊农译,北京:商务印书馆,1964 年。

同样,如果要从自然状态进入政治社会,那么就只能从个人意志达成,也就是要得到全体人民一致的意志同意。从而意志的同意就成了契约,这是建立国家的唯一途径。"主权者(sovereignty)之所以是主权者,不是因为他的智慧,而是因为他被根本契约(fundamental compact)确定为主权者。这就导致了更进一步的结论:主权之核心乃是命令或意志(will),而非深思熟虑或理性;或者说,法律之为法律,不是出于真理性(truth)或合理性,而是完全出于权威。"(186)国家之中的主权者具有统治和裁判的权利,不是出于其智慧,而是基于全体一致同意的契约,而这个契约就是一个命令或意志。

从而,意志、同意、契约互相联系起来。"一切实质性的义务都来自订立契约者的同意,并且因此实际上就来自主权者的意志。因为那使得一切别的契约成为可能的契约,乃是社会契约或者说是服从于主权者的契约。"(188)建立公民社会的契约,根本上就是一个意志或是一个同意。从而国家中的主权者的权利的来源,就不再是主权者个人的智慧,而是公民的同意。同意先于智慧,就是现代政治的一个必然逻辑。

附属于同意先于智慧,也带来了现代社会中"合法政府取代了最佳制度",人们不再追求作为最佳制度的政治,而只是追求合法政府以保护个人权利。

古代人把理性或智慧作为政治的基础,而实践理性意味着"美德"与"善",故而美德与美好才是政治追求的目标。"要把公民社会的功能彻底重新加以确定:'善的生活'——人们是为此而进入公民社会的——不再是人类优异性的生活,而是作为艰苦劳作报偿的'便利的生活'。而且统治者的神圣只能不再是'使公民们为善或成为高尚事物的从事者',而是要'研究,就法律所及范围内,为公民们丰裕地提供能使人们愉悦的……一切美好的事物'。"(189)美德,即卓越或优异,不再成为政治的追求目标,人们不再追求至善或幸福,不再把政治当作实现一种好的生活方式的途径。

不再追求卓越和优异,只是追求保护权利,在施特劳斯看来,"它们有意降低了政治的目标;它们不再关注于对最高的政治可能性了然于心,以使得所有现实的政治秩序都可以借此得到可靠的评判……自然公法学派(the natural public school)以'合法政府'(legitimate government)取代了'最佳制度'(the best regime)"(191)。古代追求有美德的生活方式,在政治上落实为追求"最佳制度"(最佳政体)的问题。民主制、寡头制、贵族制这些政体争论的背后,是自由的生活、追求财富的生活、有美德的生活等这些生活方式的争论。最终,古代人认定最佳政体是追求美德的贵族制。

追求合法政府还是追求最佳制度,导致了政治是追求设计良好的体制还是追求培养品德的分歧。古代政治认为良好政治秩序依赖于公民品德的培养,而现代政治认为只有设计出正确的体制才能实现善治。“古典派们(the classics)更多的不是从体制的角度,而是从共同体或者其掌握权威的部分所实际追求的目标来考察制度(politeiai)的。相应地,他们认为最佳制度乃是以美德为目标的制度,他们还认为,正确的体制对于建立和确保有德者的统治而言是必不可少的,但是它与‘教养’亦即品德的养成相比,只有第二位的重要性。”(193)古代政治中的最佳政体是符合美德的政体,故而能否建成这种政治就取决于能否培养出美德,能否让有美德者去统治。当然,施特劳斯承认古代政治也重视体制的正确与否,但这只是次要的。

而对于现代政治来说,核心术语是权利而非美德,那么品德培养自然就不再处于中心地位。“从自然公法的角度看,要建立正确的社会秩序(establish the right social order),更要紧的不是品德的养成(formation of character),而是设计出正确的体制(devising of the right kind of institutions)。”(193)公民内在的品德与建构良好的政治秩序是无关的,唯一要紧的是有没有设计出正确的体制。例如,有没有设计出权力分立制衡的体制以防止政府僭越权利,为非作歹。

现代政治甚至不仅不要求公民的品德,而且认为即使是“人性本恶”也不妨碍良好政治秩序的建立。“正如康德在否定正确社会秩序的建立必须有待于一个由天使组成的民族(a nation of angels)方可时所说:‘听起来也许有些令人难以置信,然而,建立起一个国家(亦即正义的社会秩序)的问题,即使对于一个由魔鬼组成的民族(a nation of devils)来说,也是可以解决的,只要他们足够明白,也即只要他们能为开明的自利(enlightened selfishness)所引导。”(193)这也导致了很多人以为古代政治是基于“人性善”而现代政治是基于“人性恶”的人性观。施特劳斯在这里并没有简单地认定这两种人性观,只是强调了人性是追逐开明的自我利益作为基础即可,剩下具有根本重要性的是能否设计出正确的体制。

从政治社会建立的基础是同意还是智慧,导致了是追求合法政府还是追求最佳制度。这些背后体现的仍然是从古代到现代政治的基础从“美德”转变成了“权利”,而这一转换也跟情感取代理性、个人先于社会、同意先于智慧是紧密相连的。美德的基础是实践理性,权利的基础是意志自由,故而在现代社会,情感、同意先于理性和智慧是自然而然的;权利的载体主要是个人,而美德的追求离不开社会整体的作用,从而现代社会也必然要求个人先于社会。

5. 能力取代成全

在分析了古今之变的各种政治现象之后,施特劳斯用一个形而上学概念的变迁来总结这些政治现象上的变化,也就是古今之变意味着"能力取代了成全"。"有一个词以最凝练的方式表达了霍布斯造成的变化所带来的结果。这个词就是'能力'(power)。正是在霍布斯的政治学说中,能力(power)第一次以其名义成为主旋律。考虑到在霍布斯看来科学本身也是为着能力而存在的这一事实,人们可以把霍布斯的全部哲学称作第一部能力哲学(the first philosophy of power)。"(194)

施特劳斯认为"能力"在现代政治中的凸显其实意味着"成全"的淡出。"对能力的关注占了上风,那不过是对于 actus(成全)的相对淡漠的反面而已。"(195)潜能或能力(δύναμις)与成全(ἐνέργεια)是亚里士多德的核心概念,不仅是形而上学分析,而且贯穿物理学、灵魂理论和伦理学—政治学。在潜能与成全的关系中,潜能是必然趋向于成全的,成全优先并高于潜能,成全是目的和最完善的状态,真正的存在实际上就是"成全"。同样,亚里士多德对最高存在即神的规定就是"永远处于成全之中而没有潜能"①。而与之相反,基督教对最高存在即神的规定则是"无限的潜能"。古代的神的活动是一种明确的"思想自身",而基督教的神则不能用一种确切的成全来说明,如此则是限制束缚了神,因此对神的描述就只是"无限的潜能",至于这个神会做出何种行为,则不应该是人来揣测的。

形而上学的潜能与成全之变,在人性上的最大变化就是从追求确切的美德—理性而转向了追求不定的"意志自由"。从美德到权利的变化也体现了潜能与成全之变。权利就是自由,而自由也像现代理解的潜能(可能)一样是一种未定性或开放性,至于保护了个人权利和自由,个人要用自由来追求什么则是政治不能干涉的。某种意义上来说,潜能取代成全,就使得国家丧失了规定个人目的的权利。"对 potentia(能力)的研究替代了对于 actus(成全)以及从而对于目的(the end)的研究。'身体的'力量有别于要应用它来达成的目的,它在道德上是中立的。"(195)如果国家不能规定个人及国家整体的追求目标,国家就被认为"在道德上是中立的"。国家只是为公民个人能够自由追求自己想要的幸福创造条件,而公民具体追求什么内容的幸福和目的,则是国家无法干涉的。

既然国家不能设定目的和成全,那么国家就只能追求建设所谓的"国家能力",以便保护公民个人权利。"能力(power)是一个含混的词,它一方面代表着 potentia(力量),另一方面又代表着 potestas(权能)[或者是 jus(法律)或 dominium(所有物)]。它既意味着'身体'的力量(physical power),又意味着'法定'的力量(legal power)。"(194)施特劳斯

① Aristotle, *Aristotle's Metaphysics*, David Ross ed., Oxford: Oxford University Press, 1924, 1072a11-12.

根据霍布斯的逻辑,把能力或权力的意思分成力量和权能两种。从而国家既具有超越公民个体的最大的人间力量,也是最具合法性与正当性的。“国家(the state)本身即是最伟大的人类力量(the greatest human force),又是最高的人类权威(the highest human authority)。法定的权力乃是不可抵抗的力量。最伟大的人类力量和最高的人类权威的必然重合,与最强烈的情感(对死于暴力的恐惧)和最神圣的权利(自我保全的权利)的必然重合恰相对应。”(194)在霍布斯那里,国家这个利维坦巨兽拥有最强的力量,因此才能压制个人纷争而结束战争状态。现代政治理论并非都赞同霍布斯对国家力量的认定,反而大多主张一种有限权利的政府。但是,政府不再具有目的的成全,而只能加强国家能力建设以便保护公民个人的权利和自由的想法则是普遍被接受的。从而,能力取代成全也是现代政治颠覆古代政治的一个恰当的说明。

二、霍布斯与现代性

笔者认为,施特劳斯借霍布斯而论述的现代政治对古代政治的颠覆,是非常深刻和具有启发性的。然而这套分析也透露出一些值得辨析之处。而这主要是因为施特劳斯选择了霍布斯而非洛克作为现代政治的经典作家。然而,在现代政治的核心概念即权利概念上,霍布斯与洛克存在根本区别,并且导致了在契约建国、人民主权、革命等问题上的重大差异。

霍布斯把权利与义务截然对立,认为权利就是自由,而义务与法联系。“权利(right)在于做或不做的自由(liberty),而法律(law)则决定并约束人们采取其中之一。所以,法律与权利(law and right)的区别就像义务与自由(obligation and liberty)的区别一样。”①这种理解造成了霍布斯政治哲学中的许多困难,既有自然法的困难,也有以权利为基础建国的困难。既然权利与约束无关,是不具备规范性的,那么契约建国中的契约是否有规范性就是令人怀疑的。而具有规范性的自然法与义务相关,但由于没有执行力量的保障,则无法保障实际的义务,从而自然法也就没什么实际效用。

与此不同,从格劳秀斯(Hugo Grotius)经普芬多夫(Pufendorf)到洛克的思想路线认为,自然权利虽然是一种主体禀赋的自由,但同时也意味着他人的义务,权利与义务是紧密相连的,自然权利是在自然法的保障之下才存在的。现代自然权利强调个人主体上的自由,与古代自然法着重客观外在的约束不同,体现了从古代的客观外在意义上的“法”

① Hobbes, Thomas, *Leviathan*, Edwin Curley ed., Indianapolis: Hackett Publishing Company, 1994, p.79.

(客观法权)向现代的主体秉有意义的“权利”(主体法权)的转变。然而,对于现代自然权利来说,一个人的权利恰恰意味着基于自然法,即他人对这个人负有不干涉的义务。普芬多夫认为,个人的主体权利与他人的相应义务是严格对应的。洛克甚至直接规定自然法就是教导“任何人都不应当侵害他人的生命、健康、自由或财产”①。自然法规定的义务就是保护每个人的权利。我们现代人接受的“权利”观点显然是来自洛克路线的,我们认为天赋的权利是任何人都不可剥夺和侵犯的,而这与霍布斯认为的无限制的权利是不同的。甚至无限制的权利是“一切人对一切东西的权利”,“而这一无限制的权利,实质上却等于权利本身的取消”②。

与之相连,在现代灵魂理论即人性论上把最强有力的东西说成是情感,也是不完全准确的。当然,施特劳斯在同意先于智慧的分析中,也点出了同意背后是意志作为基础。“主权之核心乃是命令或意志(will),而非深思熟虑或理性。”(186)在这里,施特劳斯也看到古今之变的灵魂基础是从理性到意志的转变。意志与欲求或情感是不同的,欲求是带着内容的,而意志是不带内容的单纯的想要,故而是不定的和无限的。因此,笛卡尔说,“我之所以带有上帝的形象和上帝的相似性,主要是意志”③。意志是欲求与理性之争的最终裁决者,但洛克认为意志也是愿意接受理性的指导的,虽然最终决定权仍然在于意志,“人的自由和依照他自己的意志来行动的自由,是以他具有理性(reason)为基础的,理性能教导他了解用以支配自己行动的法律,并使他知道他对自己的意志的自由(freedom of his own will)听从到什么程度”④。意志与理性的关系也体现了洛克的权利观念,意志体现了权利中强调自我的自由的一面,而意志倾听理性则体现了权利中不侵犯他人的义务的一面。

我们在此看到,把现代政治完全理解为霍布斯模式,是存在一些偏差的。事实上,施特劳斯在借霍布斯论述现代性时,不自觉地使用了洛克式的权利观点。如强调国家职能是保护个人的自然权利时所说,“国家的职能并非创造或促进一种有德性的生活(a virtuous life),而是要保护每个人的自然权利(safeguarding natural right of each)”(181)。如果是霍布斯式的本能流动式的权利,就不包含规范性,也无法从中推导出国家的职能要保护权利。所以,如果不重视现代政治理论中霍布斯路线与洛克路线的差异,不正视洛克

① Locke, John, *Two Treatises of Government*, Cambridge: Cambridge University Press, 1960, p.271.
② 李猛:《自然社会》,北京:三联书店,2015 年,第 138 页。
③ 笛卡尔:《第一哲学沉思集》,庞景仁译,北京:商务印书馆,1986 年,第 60 页。
④ Locke, John, *Two Treatises of Government*, Cambridge University Press, 1960, p.309.

理论才真正奠定了现代政治观念，那么对现代政治观念的理解就会出现偏差，同样，与古代政治观念进行对比也会出现偏差。

Strauss on the Overthrow of Modern Politics to Ancient Politics

LI Tao

【Abstract】 Strauss is a thinker who critics the modernity and claims to revive the ancient politics, and the book "*Natural Right and History*" is particularly considered to be a classical book of the description the evolution from ancient natural justice to modern natural right. But we see that Strauss describes the modern politics more rich and more deeply, and the adoption of Hobbes to show the overthrow of modern politics to ancient politics are more worthy. The author thinks that the overthrow can be divided into five aspects: passion instead of reason, right instead of duty, individual is prior to society, consent instead of wisdom, and power instead of to actuality. After the analysis of the five aspects, the author also adopts Strauss' horizon that the core point of modern politics is rights to do a little analysis about the relation of Hobbes and the modernity.

【Keywords】 Politics, Modern, Ancient, Right, Virtue

波墨:黑格尔哲学史论述的一个重要特点及其意义

马天俊①

【摘要】 雅各·波墨在通常的哲学史上并无显赫地位,而在黑格尔《哲学史讲演录》中地位却十分突出。黑格尔哲学史论述的这个特点意味深长,但似乎一直不受学界重视。黑格尔的哲学史论述与黑格尔哲学本身是内在统一的,前者的特点往往显示了后者的特点。进一步说,前者的明显特点还往往显示了后者隐而不彰的特点。波墨的神智学思想对于黑格尔扬弃康德哲学具有独特的启发性。同时,波墨的思想客观上对于近现代哲学的深刻意义,可能还需要哲学史研究给予充分的重视和评论。

【关键词】 波墨,黑格尔,哲学史,近代哲学

黑格尔(G. W. F. Hegel)的哲学史论述对近代哲学的开端有与众不同的把握。

以何人为近代哲学或现代哲学的起始人物,原则上涉及对哲学史分期特别是对哲学本身的基本理解。在黑格尔之前,尤其是在黑格尔之后,哲学史撰述上比较常见的做法是"二元"并列,即把培根(Francis Bacon)和笛卡尔(René Descartes)并置于开端处②。黑格尔的做法则是"三元"的,如果说培根和笛卡尔是显然重要的,那么黑格尔还要在他们之间加上一个第三人,也就是他极为看重的雅各·波墨(Jakob Böhme),这种做法与通常的哲学史史识有明显的不同。

这种"三元"安排具体说来是让培根和波墨并列,成为一个单元,先加阐述,然后在下一个单元首先阐述笛卡尔,接着是斯宾诺莎,以及马勒伯朗士。

这种安排方式不是简单的一字排开,可以说体现了德国式的精致,当然有时也不免繁琐,不过这个不重要。稍微重要的是一个立刻可见的对比,即黑格尔给波墨的篇幅是培根的两倍多,也比给笛卡尔的篇幅稍多。

---

① 作者简介:马天俊,中山大学马克思主义哲学与中国现代化研究所暨哲学系教授。主要研究领域为形而上学、知识论、修辞学。

② 至于二者谁先谁后,多数依照日历顺序先论述弗兰西斯·培根(1561—1626年),后论述勒内·笛卡尔(1596—1650年)。也有倒过来的,例如科拉克(Daniel Kolak)和汤姆森(Garrett Thomson)的《朗曼标准哲学史》(*The Longman Standard History of Philosophy*, New York:Pearson Education,Inc.,2006)。在第三部分讲现代哲学家时就先讲笛卡尔,领衔理性主义者(the Rationalists),后讲培根,领衔经验主义者(the Empiricists)。

特点总是参照通则才成立的，而通则看来是培根和笛卡尔并立于近代哲学的开端，那么，对波墨给予如此重要的地位并给予相当充分的阐述，则意味着黑格尔对近代哲学的格局有自己特别的理解和掌握。

那么，这位波墨是谁？

波墨生于1575年，卒于1624年，他是一个没怎么受过正规教育的德国鞋匠，他的生平和著述使他经常作为神秘主义者被人们谈论。这方面波墨是一个著名人物。而在哲学上，如果他被纳入哲学史讨论[①]，往往也会获得相当的尊敬和好评，但不会有标志性的地位。显然，黑格尔的哲学史论述是一个大大的例外。

在哲学史论述中涉及波墨，当然不始于黑格尔。

据笔者有限的涉猎，稍早于黑格尔并在哲学史著述上有广泛国际影响的邓尼曼（Wilhelm Gottlieb Tennemann）在其多卷本的《哲学史》（*Geschichte der Philosophie*）中就对波墨着墨不少，他给波墨的位置可能对黑格尔的安排有一定的启发意义。邓尼曼《哲学史》第10卷开篇把培根、霍布斯（Thomas Hobbes）、赫伯特（Eduard Herbert）、伽森狄（Pierre Gassendi）、克劳德·纪埃梅·德·贝里加（Claude Guillermet de Berigard）和波墨等六人顺序排列，依次论述，视为经验主义学派（Schule des Empirismus）。照这种安排看，邓尼曼的理解显然与黑格尔不同，也就是说，波墨并不与培根对立，他也被视为一个经验主义者[②]。无论如何，培根和波墨在一起，这是颇有意味的。而笛卡尔则被邓尼曼安排在随后的一个单元里，虽然笛卡尔的位置更显赫。就这一点来说，黑格尔可以说是步了邓尼曼的后尘。

不过，邓尼曼的做法似乎不是一以贯之的，因为在他篇幅较小而流行更广的教材《哲学史纲》（*Grundriss der Geschichte der Philosophie*）里，波墨又和培根隔得很远，被放在文艺复兴的新柏拉图主义潮流的某些分支中，和属于喀巴拉（Cabbalistik）、魔法（Magie）、神秘主义（Mystik）和神智学（Theosophie）的人物一并讨论——这当然是很有道理的。不仅如

---

① 实际上，许多哲学史著述在有关的部分一定会大谈培根和笛卡尔，但同时却都不提波墨，例如较新的肯尼（Anthony Kenny）的四卷本通史：A New History of Western Philosophy（New York: Oxford University Press Inc., 2004—2007），其他常见的通史如罗素的《西方哲学史》、斯通普夫等的《西方哲学史》、奥康诺主编的《批评的西方哲学史》、希尔贝克等的《西方哲学史》（皆有中译本）也是这样。此外，耄耋之年的当代著名哲学家哈贝马斯前年也出版了自己将近两千页的"哲学史"（*Auch eine Geschichte der Philosophie*, Berlin: Suhrkamp, 2019），其中，波墨只是被顺带提及几次，没有得到专门论述。像黑格尔《哲学史讲演录》一样，哈贝马斯这部著作大概是又一种遵照哲学家自己的哲学而投射成的哲学史论述，唯哲学不同，哲学史景观便不同，哲学人物的重要性也便不同。

② 参见 Wilhelm Gottlieb Tennemann, *Geschichte der Philosophie*, Zehnter Band, Leipzig: Johann Ambrosius Barth, 1817, S. 183-199。

此,这部教材历经修订,其中对波墨的表述也小有变化①。

如所周知,邓尼曼的哲学史著述也是黑格尔在论述哲学史时比较倚重的,黑格尔时常引用邓尼曼。相对来说,黑格尔安置波墨的方式更加一以贯之。黑格尔不止一次讲授哲学史,从现有《哲学史讲演录》的编辑材料看,波墨的位置和意义都是明确而且稳定的。

有一点也许需要注意,黑格尔的哲学史论述日后看来更受学界重视,不过它显然并没有取代邓尼曼的哲学史著作。事实上,邓尼曼的《哲学史》和《哲学史纲》在 19 世纪还是经常出版的。19 世纪末面世的文德尔班(Wilhelm Windelband)的《哲学史教程》,对邓尼曼也仍然很重视,其原因倒也不在于文、邓二氏都是康德主义者。

更加重要的是,邓尼曼把波墨和各色新柏拉图主义放在一起的那种做法,固然与黑格尔把波墨断然置于近代哲学开端,并使其具有特殊重要地位的做法大不相同,但他这种做法似乎在非黑格尔范式的哲学史著述中保持了更绵长的生命力。文德尔班的《哲学史教程》把波墨置于文艺复兴时期的哲学中,20 世纪初面世的梯利(Frank Thilly)的《西方哲学史》把波墨置于中古哲学的末端。20 世纪中后期出版的科普勒斯顿(Frederick Copleston)的多卷本《哲学史》在相应卷次也把波墨置于文艺复兴时期哲学之"自然哲学"项下加以讨论②。20 世纪末的 10 卷本《劳特利奇哲学史》把波墨置于文艺复兴时期,附论于库萨的尼古拉之后。

也是基本与黑格尔同时期,谢林(Friedrich Wilhelm Joseph Schelling)的《近代哲学史》开始就主要讲笛卡尔,称之为"近代哲学之父"③。在论述笛卡尔之余,谢林提到了培根,也给了培根很高的评价。由于谢林是十分重要的哲学家,为了方便后面的讨论,这里先引出谢林的评价:"就事情本身而言,二人是并列的——培根对于经验论的革新和笛卡尔对于唯理论的革新是同时进行的。因此就近代哲学史的开端而言,唯理论和经验论并驾齐驱,直到今天还保持着一种平行的关系……二人的共同点在于摆脱经院哲学。"④至于波墨,尽管人们普遍认为他对谢林有极其重大的影响,但在谢林的这一哲学史叙述中,波墨却没有什么"名分",只是在靠后的位置,也就是在"雅各比—神智学"这一标题下得到一

① 参见 Wilhelm Gottlieb Tennemann, *Grundriss der Geschichte der Philosophie*, Leipzig: Johann Ambrosius Barth, Zweite Auflage 1816, Dritte Auflage 1820。该书的第 1 版大概出版于 1812 年,笔者未曾寓目。还可参见该书的英译本 *A Manual of the History of Philosophy* (London: H. G. Bohn, 1852)。

② 参见 Frederick Copleston, *A History of Philosophy*, v. Ⅲ, New York: Doubleday, 1993, pp. 270 – 273。有趣的是,科普勒斯顿也把培根列入文艺复兴时期的哲学,差别只是波墨占一节,培根占一章。在他的论述中,现代哲学就从笛卡尔开始。可以说,这是一种"一元"的做法。

③ 谢林:《近代哲学史》,先刚译,北京:北京大学出版社,2016 年,第 5 页。

④ 同上书,第 35 – 36 页。

些讨论,而且谢林的态度似乎也是批评多于褒扬。

此外,在这同一个时期,弗里斯(Jakob Friedrich Fries)也有一种哲学史著述问世,他对近代哲学开端的表述似乎离惯常的哲学理解较远,因为他在讲述培根到康德的哲学发展时,从顺序讨论伽利略(Galileo Galilei)、培根和笛卡尔开始①,而无关乎波墨。这似乎表明弗里斯对哲学的特殊理解,不同于谢林和黑格尔,也不同于邓尼曼。这或可聊备一说,表明人们对所谓近代哲学究竟从哪里开始、近代哲学究为何物的理解,不一而足。

以上是相关哲学史著述上不同布局的介绍,从中可见黑格尔之推重波墨,的确是与众不同。下面尝试对这一特点加以解释或评论。

第一,波墨这位古人并不属于黑格尔,没有黑格尔,波墨照旧是波墨,照旧有他广泛而深远的思想影响。黑格尔把波墨置于他的哲学史论述上的一个关键位置,与其说这是波墨的荣耀,不如说这是黑格尔的荣耀,因为他借此使自己的哲学与一个深刻而伟大的传统统一起来了。

第二,黑格尔的哲学史论述是黑格尔哲学的一个内在部分,这是黑格尔哲学与康德哲学或维特根斯坦哲学很不相同的地方。在这个意义上,如果说波墨特别地在黑格尔的哲学史论述中拥有关键的地位,那么,波墨对于黑格尔哲学本身也必定具有特殊重要的意义。

第三,黑格尔哲学无论就其内容而言还是就其发展历程而言,都是康德批判哲学的某种延伸或回响。对黑格尔来说,康德哲学既是一个伟大的源泉,也是一个巨大的问题。在这方面,黑格尔与费希特(Johann Gottlieb Fichte)和谢林有共同的境遇。问题可以集中表述为由物自体所代表的一系列划界——批判哲学明智地满足于此类界限或有限性。但对黑格尔来说,作为批判哲学之结果的划界只是意味着难以安顿的对立和分裂,因此只是真正哲学任务的开始。

第四,如欲克服或超越作为问题的康德哲学,康德哲学本身的武库基本没有用处了。而康德哲学是近代理性主义和经验主义的遭遇和综合,在这个意义上,如果说康德哲学有某种技穷之时,那么这也是理性主义和经验主义的技穷之时。因此,要找解决对立和分裂问题的出路,关键方案只能来自别处。但别处在哪里?

第五,假如近代哲学可由理性主义和经验主义完美划分,那么哲学的事业只能止于康德的批判哲学。至少,康德自己似乎就是这么认为的。批判哲学就是哲学本身,超批判的

① Jakob Friedrich Fries, *Die Geschichte der Philosophie*, Zweiter Band, Halle: Verlag der Buchhandlung des Waisenhauses, 1840.

哲学不是哲学。但是,更年轻的人看来并不接受哲学的这一自我认识和自我约束。第一个大胆“越界”的当然是费希特。费希特初时还是康德的学徒,但当他提出并力倡自己的“知识学”时,不久即被康德视为“超批判朋友”,康德甚至不得不郑重声明:“我把费希特的知识学看作是完全站不住脚的体系。因为纯粹的知识学不多不少,恰恰就是单纯的逻辑。单纯逻辑的原则并不涉及认识的质料,而是作为纯粹的逻辑,把认识的内容抽象掉。要从纯粹的逻辑中提炼出现实的客体,是一件白费力气的工作。”①然而,年轻人的脚步却越迈越远了。

第六,通常可以说,费希特之“超批判”所意味的方向和方案,至黑格尔而得大成。简而言之,黑格尔并不是设法达到了批判哲学无法达到的统一,相反,黑格尔是把批判哲学达不到的统一径直当作了出发点。这样,事情的整个顺序就倒过来了。从统一出发,最后回到统一,对立和分裂只是真理的辩证环节,而真理本身乃是全体,是全体的否定性辩证过程,这就是黑格尔《哲学全书》的“逻辑”,也就是黑格尔哲学。康德哲学是从人出发,人的感性能够带有一定能动性地接受质料,但肯定不能创造质料,这就是人的根本有限性。

第七,那么,这是黑格尔的创造吗? 是,也不是。说是,因为《哲学全书》作者就是黑格尔。说不是,因为这种哲学所依据的原型早就存在,只是它不在理性主义中,也不在经验主义中,而在一种不好归类的思想中。简言之,在波墨的学说中。像培根那样从经验出发,是有限的,像笛卡尔那样从我思出发,也是有限的,而“波墨是从神出发的”②。

这种神意味着一种过程化或历史化的基督教“三位一体”:神是神,就还不是真神;神须自身下降,“化”或“外化”为物或自然;作为物或自然的神经历一切痛苦和对立,再升腾起来,回到自身,从而完成了自身。真正说来,神就是成为神。这大致就是黑格尔哲学史论述所描摹的波墨学说。黑格尔经常抱怨波墨教养不足,一方面是最深刻的思想,另一方面则是粗野的措辞。而黑格尔,可以说就是教养完足的波墨。据说《精神现象学》是黑格尔哲学的秘密诞生地,但似乎更应该说,包括《现象学》在内,波墨才是黑格尔的真正秘密。

如果说费希特是“超批判”的,那么黑格尔无疑更是“超批判”的。死亡拯救了康德,康德有幸没见到黑格尔的《哲学全书》,更没听黑格尔讲哲学史。

1787 年,康德出版了《纯粹理性批判》的第二版,在全书开头,也是在原有的给当世要人策特里茨的“献辞”之前,他新加了“题辞”,引用了培根的《伟大的复兴》序言里的话。

---

① 康德:《康德书信百封》,李秋零编译,上海:上海人民出版社,1992 年,第 231,246 页。

② 黑格尔:《哲学史讲演录:第 4 卷》,贺麟,王太庆译,北京:商务印书馆,1978 年,第 12 页。

也许可以说,康德哲学既然是康德前批判时理性主义走到尽头的反转,而契机则是经验主义的极致——休谟哲学的冲击,那么独断论必须开始并且一直对经验给予尊重并接受经验的教诲。这意味着对理性主义主体能动性之可能的无限制性进行约束,我认为这是康德向培根公开致敬的缘由。在这个意义上,对谢林的哲学史论述彰显笛卡尔而以培根作陪衬,康德是不会赞同的。对黑格尔的哲学史论述把波墨置于远超过培根的地位,康德更是会大惑不解,因为从批判哲学来判断,这简直就是胡来。

第八,在黑格尔自己看来,黑格尔肯定是最重要的德国哲学家。而波墨则是黑格尔眼中“第一个德国哲学家”,波墨“哲学思想的内容是真正德国气派的”①。在这个图景中,这“第一”的位置,斯宾诺莎、莱布尼茨、康德都是没有份的,费希特、谢林就更不在话下了。关于黑格尔的波墨,当代学者穆拉托利(Cecilia Muratori)讲得很有高度:“如果路德第一次让《圣经》说德语,那么是波墨第一次让哲学说德语。”②不用说,这是化用了黑格尔自己主张过的教哲学说德语的理想。当然,波墨也不是专供黑格尔发挥的,他对包括莱布尼茨(Gottfried Wilhelm Leibniz)③在内的其他德国哲学家以及其他德国思想领域,也都有各式各样的深刻影响④。在这方面,康德大概是一个意味深长的例外。

第九,最为重要的是,正因为有《哲学史讲演录》对近代哲学开端的独特理解和阐述,一方面黑格尔更充分地完成了自己的哲学,另一方面黑格尔也对自己的哲学原则做了坦诚告白,在这个意义上,又应该说黑格尔哲学没有秘密,因为秘密就明摆在那里。

第十,最后,但也许不是最不重要的是,黑格尔推崇波墨,恐怕也有现代史上才涌现和成型的民族国家方面的原因。上述对德国气派的强调,让哲学说德语的理想,里面都有浓重的民族气息。其实不要说黑格尔,别的哲学家也不乏此类倾向,例如文德尔班就曾说:“当中世纪的经院哲学在西班牙和葡萄牙顽固地独立地维护其传统的时候,意大利人、德国人、英国人和法国人就发动了首次的新科学运动:这次新科学运动在德国古典哲学时期

---

① 黑格尔:《哲学史讲演录:第 4 卷》,贺麟,王太庆译,北京:商务印书馆,1978 年,第 34 页。

② Cecilia Muratori, *The first German philosopher: the mysticism of Jakob Böhme as interpreted by Hegel*, Dordrecht: Springer, 2016, p. 257.

③ 参见 *The Young Leibniz and his Philosophy(1646—76)*, ed. Stuart Brown, Dordrecht: Springer, 1999, pp. 263-264。

④ 晚近的专著例如:Corneliu C. Simut, *God and Man in History: the influence of Jakob Böhme and G. W. F. Hegel on Ferdinand Christian Baur's Philosophical Understanding of Religion as Gnosis*, New Jersey: Gorgias Press, 2013。文集例如:*An Introduction to Jacob Boehme: Four Centuries of Thought and Reception*, ed. Ariel Hessayon and Sarah Apetrei, New York and London: Routledge, 2014。

达到了高峰。同这四民族比较,其他民族几乎全处在被动的地位。"①

The Special Significance of Boehme in Hegel's *Lectures on the History of Philosophy*

MA Tianjun

【Abstract】 Jacob Boehme has no outstanding position in usual narratives of philosophy history, but he is very outstanding in Hegel's *Lectures on the History of Philosophy*. This distinguishing feature is significant, although still without abundant attention seemingly. In Hegel, history of philosophy is unified with philosophy itself inherently. And the feature of the former shows one of the latter. Further, the distinct feature of the former often shows the latent one of the latter. There is a unique enlightening of Boehme's theosophy for the Aufheben of Hegel surpassing Kant. At the same time, perhaps it is necessary for the more attention of narrative of philosophy history that Boehme has deep significance to modern philosophy objectively.

【Keywords】 Boehme, Hegel, Philosophy History, Modern Philosophy

① 文德尔班:《哲学史教程》,罗达仁译,北京:商务印书馆,1987 年,第 16 页。

人的政治本性及其坚守

——《孟子·许行陈相章》疏解

王志宏[①]

【摘要】《孟子》中"君子野人之辨"表明了孟子对于政治本性的根本理解,但是它常常被简单地理解为社会分工理论的一部分。那个关键的章节包含了三个区分:儒家和农家的区分,君子和野人的区分,夷夏的区分。第一个区分已经显示出两个学术派别的宗旨的区分,农家认为,解决温饱问题就是生命的完成,而儒家却认为真正的人性必须到政治中寻找。第二个区分的关键在两点:一是不能用社会分工理论来解释君子与野人之别,二是不能因为孟子主张"民贵君轻",就断定孟子和现代民主理论有异曲同工之妙,而是要重新审视孟子的君子学说与其教化的政治理想。最后,夷夏之别不是人种学意义上的,也不是历史进步论,而是强调通过政治来体现人之仁心。

【关键词】 儒家和农家之辨,君子和野人之辨,夷夏之辨,政治的本性

在《孟子》一书中,有些章节相对来说篇幅比较长,结构比较复杂,所讨论的问题不仅内容丰富,而且颇有层次。看得出,这一定是写作者精心构结的产物,而非仅仅因袭《论语》的语录体。这些章节的结构自身就值得研究,如果能够把这些章节的结构层次清理出来,就可以更加完整而深刻地理解孟子关于某一问题的思考之全体。陈澧曾说:"《孟子》长章多,短章少。惟'人有不为也,而后可以有为'前后数章,皆一二句。朱注以为有为而言,是也。盖因论一事,记者摘录一二句。此即《论语》之体也。"[②]陈澧看到了《孟子》的文体问题,但是,可惜的是没有进一步探讨其意蕴。历代学者都比较关注《孟子·许行陈相章》,但是很遗憾的是,很少有学者从该章结构出发对之进行比较深入的讨论,尤其是处于其核心地位的"君子和野人之辨"问题。该章所讨论的问题关乎"政治的本性"。这个问题在全部孟子思想中处于核心地位,往外可以延伸到它在现实世界的实现,亦即王政理想,往内必须寻求它建立于其上的根基,亦即性善论。在本文中,笔者拟从结构的角度来解释该章的蕴含,从这个角度来看,《孟子·许行陈相章》包含着"三辨":首先是"儒家与

---

① 作者简介:王志宏,云南大学政府管理学院哲学系副教授,主要研究领域为德国哲学、先秦哲学和政治哲学。

② 陈澧:《东塾读书记》,载《陈澧集:第二卷》,钟旭元,魏达纯点校,上海:上海古籍出版社,2008 年,第 66 页。

农家之辨”,它是孟子讨论问题的事实前提,儒家学者陈相在农家学者许行言行的感召下,“尽弃其学而学焉”(《孟子·滕文公上·许行陈相章》,以下未注明出处者均出自该章,不再一一注明);其次是“君子和野人之辨”,孟子提出政治得以成立的前提是必须存在君子和野人的分别;最后是“夷夏之辨”,真正的王道理想是“用夏变夷”,但是夷夏之辨的辩证法在于,从夷到夏绝非一种春秋公羊三世说式的进步历程,人的历史中永远都存在二者之间的斗争。这三者既是层层递进关系,同时又相互渗透,而以“君子和野人之辨”为核心。

一

《孟子》一书有一个很大的特点是破立并举。孟子曾经和很多学者有过激烈的辩论,以至于钱穆在《孟子要略》一书中专列一章“孟子对同时学者之评论”,从中我们可以看出孟子与之进行过辩论或对之有所批评的学者和从事政治活动者人数之多,讨论问题之广泛、根本,甚至于可以说,孟子思想是在辩论之中得以确立的。孟子曾经很无奈地说:“予岂好辩哉? 予不得已也!”这绝非孟子无病呻吟,而是因为孟子身处战国时代,深刻而急切地意识到自己的历史责任,“我亦欲正人心,息邪说,距詖行,放淫辞,以承三圣者”(《孟子·滕文公下》)。“许行陈相章”也是以孟子和陈相辩论的形式展开的。此章一开始显示出农家(“有为神农之言者许行”)和儒家(“闻君行仁政”)之间的对立。

滕国是一个处于齐楚之间的小国,在强国林立的夹缝中战战兢兢地寻求生存下去的可能性,所以常常靠着左右逢源维持着国运。在滕文公时期,滕国曾数度向孟子求教治国良方。在孟子的教导下,滕国厉行改革,只不过滕国的改革不是像别的国家那样,采用应对时局的法家政策,而是实施名为复古而实际上饱含儒家仁政精神的井田、贡助、庠序、学校等制度,且一时之间收到了非常好的效果。滕国之民因为有恒产而有恒心;他们通过庠序、学校的教导而得以明人伦,逐渐形成了良好的风俗;百姓丰衣足食,国家刑律不施。因而,文公有当世贤君圣人之名,慕名而来求为顺民者络绎不绝。滕国的成就是在孟子的帮助下取得的,孟子把滕国当作仁政的一块试验田。

许行是农家的代表人物,他听说滕国行仁政,于是从楚国来到滕国,以滕国之民的身份在这里生活。许行最初出于对儒家学说的政治效果的景仰,从蛮夷之地楚国来到滕国,但是他在滕国生活了一段时间之后,却从自己的农家学说的视角出发而对滕国提出一些批评,其中最严厉而最重要的是“滕有仓廪府库,则是厉民而自养也,恶得贤?”。与此相映成趣的是,陈相本来是儒家的信徒,也是为滕国的仁政所吸引而来到滕国,他不但没有因为滕文公行仁政而体会到儒家的精义,反而因为和农家学者的朝夕相处而“尽弃其学而学焉”。已经抛弃儒家思想改宗农家的陈相以许行的论述为理论武器，向孟子质疑滕君是否与闻大道，滕国所谓的仁政是否是真正的仁政：“滕君则诚贤君也，虽然，未闻道也。贤者与民并耕而食，饔飧而治。今也滕有仓廪府库，则是厉民而以自养也，恶得贤？”该章通过这种方式展开了“儒家和农家之辨”。

要进行“儒家和农家之辨”，我们首先要看看儒家和农家的基本规定。《汉书·艺文志》中关于儒家和农家的说法基本上是准确的，虽然在某些地方打上了班固那个时代的烙印。班固认为，诸子皆出于王官，也就是说，战国时期诸子百家都是有渊源的，而且这个渊源最终都是同一个王官之学。因为时代的迁移，传统的封建制度和贵族制度遭到破坏，曾经的社会分层被彻底打破了，相应的王官之学的学术体系受到了极大的冲击。王官之学的最初意图是，对于有共同目标的不同职守的研究是为了使它们各自的政治职能得到更好的执行和提升。但是在学者们流落到民间后，他们没有了以前从事学术研究的环境，学术的职能也发生了巨大的变化。经过后学的发展，他们的学问首先表现为“道术为天下裂”，基本上和王官之学完整的、统一的政治职能相脱离，都只抓住完整的王官之学的某一部分；其次，他们的学问表现为百家之语，表现为个体学者的思考，而逐渐失去了和政治的紧密关联。《汉书·艺文志》综论儒家、农家时分别云：

> 儒家者流，盖出于司徒之官，助人君顺阴阳明教化者也。游文于六经之中，留意于仁义之际，祖述尧舜，宪章文武，宗师仲尼，以重其言，于道最为高。孔子曰：“如有所誉，其有所试。”唐虞之隆，殷周之盛，仲尼之业，已试之效者也。然惑者既失精微，而辟者又随时抑扬，违离道本，苟以哗众取宠。后进循之，是以五经乖析，儒学渐衰，此辟儒之患。
>
> 农家者流，盖出于农稷之官，播百谷，劝耕桑，以足衣食。故八政一曰食，二曰货。孔子曰：“所重民食”，此其所长也。及鄙者为之，以为无所事圣王，欲使君臣并耕，悖上下之序。

班固对于儒家的解说简明扼要，提纲挈领，其最核心的地方是把儒家的事业和尧舜所开创、文武所继承而又有孔子为其找到了仁作为根基的教化政治紧密地联系在一起，同时也从两汉的儒学发展历程中看到了儒学可能堕落的倾向。班固认为，儒家“盖出于司徒之官，助人君顺阴阳明教化者也”。司徒之官见于《尚书·尧典》：“契，百姓不亲，五品不逊，汝作司徒，敬敷五教在宽。”“敬敷五教在宽”和这里所说的“助人君顺阴阳明教化”意思一贯,儒家明确地意识到自身和君主之间的关系,明白自己在政治活动中的根本职能。如果说"顺阴阳"是班固囿于自己的时代而做的容易遭到后人误解的关于天道的表述,那么"助人君"和"明教化"无疑是儒家的根本职能,尤其是儒家清醒地意识到并非每个人君都能够成为尧舜禹文武周公之后,更加确定了自身以弘道自任、从道不从君的原则。值得注意的是,一方面,班固明确揭示了儒家所理解的政治是"教化";另一方面用"顺阴阳"表明了儒家以天道对于君主的权力无限膨胀的压制,以便君主把权力回复到从事"教化"的道路上来。

班固对于农家的理解几乎完全出于对《孟子・许行陈相章》的解释,只是把许行、陈相贬为"鄙者"①。农家出于农稷之官,它可以上溯到神农氏,它所处理的工作是"播百谷,劝耕桑",而它最终的目的是"以足衣食"。非常吊诡的是,班固在这里引用了两段儒家的思考,一是出自《尚书大传》的"故八政,一曰食,二曰货",一是孔子所说的"所重民食"。班固这样做绝非偶然为之,而是有意识地将农家和儒家做一个对照。一方面,班固意识到农家的理论有一定的价值,它强调了食货是人类社会存在的基础这一非常重要的问题,就像伏生所说:"八政何以先食? 食者,万物之始、人所本者也。"②另一方面,他也看到,食货绝不是人类社会的本质,也就是说,食货不是人类社会区别于人和动物群体的本质特征,不是人类社会的最高追求,就好像人有动物性的肉身,但是动物性肉身绝不是我们人类的本质特征。也正是因为这一点,班固才认为,"及鄙者为之,以为无所事圣王,欲使君臣并耕,诗上下之序"。他们认为,每一个人都是平等的,不能在人与人之间人为地建立起不平等,有的人成为君主,其他的人成为君主的治下之民。真正美好的生活不需要这种分别,所有的人一律平等,每个人都同样地参加劳动,各尽所能,平均分配。所以,一定意义上,我们可以把农家看作无政府主义的先驱,因为他们从根本上反对君主和政府存在的必要性,认为生活的目的无非就是吃饱穿暖。许行之徒"皆衣褐,捆屦、织席以为食",不是为了表达他们的生活状况,而是为了表达他们对于生活本身的理解,最简单的生活要求就是最高的生活追求,任何其余的东西都是多余的。所以,他们不能容忍滕国有"仓廪府库",滕君自己不参加劳动却占有劳动者的产品。

---

① 吕思勉在《中国政治思想史》中谈到农家学说时说:"农家之学,现在仅有一人尚有遗说,从《孟子》中可以窥见一斑。许行有两种主张,是:(一)政府毫无威权。所谓贤者与民并耕而食,饔飧而治,就是说人君也要自己种田,自己做饭,像现在乡下的村长一样。(二)物价论量不论质。不论什么东西,只要他的量一样,其价格就是一样。"吕氏所说,也几乎是从《孟子》该章简述而来。参见吕思勉:《中国政治思想史》,上海:上海古籍出版社,2014 年,第 16 页。

② 伏生:《尚书大传》,引自顾实:《汉书艺文志讲述》,上海:上海古籍出版社,2009 年,第 161 页。

儒家并不反对农家的思想纲领，“播百谷，劝耕桑，以足衣食”，儒家甚至认为，农家所追求的东西对于国家治理来说必不可少，只是并非国家治理的最高目标，或者说，是国家的本性得以实现的必不可少的前提。《论语·子路》篇：“子适卫，冉有仆。子曰：‘庶矣哉！’冉有曰：‘既庶矣，又何加焉？’曰：‘富之。’曰：‘既富矣，又何加焉？’曰：‘教之。’”从《论语》这一章可以看出，儒家的纲领要比农家多出一点东西，那就是“教之”，这和上面提到的儒家的目的“明教化”是别无二致的。孔子并不反对，甚至在一定程度上强调“教”必须以“庶”“富”为前提，不可躐等。但是问题的关键是，儒家认为政治只做到“庶之”和“富之”是不够的，而强调“教之”是政治的完成和本性。

我们在本章首先看到的是这一浮在表面上的农家和儒家之争。他们争论的根本问题是：是不是一个国家的君主（也许还应该加上由士所担当的国家大臣）应该完全放弃自己的事务，而和农民一起参加生产劳动，穿着同样的衣服，吃着同样的饭食，住着同样的屋子，所谓“贤者与民并耕而食，饔飧而治”，唯有这样，君主才称得上是贤君，而这个国家才能称得上是“行圣人之政”？此外，要有政治这个完成人的本质的东西，区分“君子”和“野人”就是必要的，唯有在这个基础之上，君子才能摆脱繁重的生产劳动而从事教化工作。所以，政治绝非某些人对其他人的高高在上，专权夺利，而是人类进入文明状态的标志与保障？

二

君子和野人之辨是这一章的核心，也是真正的政治得以确立的前提。但是，君子和野人之辨的真实内容常常遭到误解，很多人把君子、野人之间的区别简单地看作百工之别，而没有看到，事实上百工相互之间的区别和君子、野人之间的区别是两种完全不同的区别。孟子以非常清晰的方式论述了这一点，但是由于孟子使用的不是条分缕析、层次分明的现代语言，历代学者大多在同一个层次上理解它们：

> “以粟易械器者，不为厉陶冶；陶冶亦以其械器易粟者，岂为厉农夫哉！且许子何不为陶冶，舍皆取诸其宫中而用之？何为纷纷然与百工交易？何许子之不惮烦！”
>
> 曰：“百工之事，固不可耕且为也。”
>
> “然则治天下，独可耕且为与？有大人之事，有小人之事。且一人之身而百工之所为备。如必自为而后用之，是率天下而路也。故曰：或劳心，或劳力。劳心者治人，劳力者治于人；治于人者食人，治人者食于人，天下之通义也。”

在写于 1930 年代的《中国哲学史》中,冯友兰对这一部分作了这样的解释:

> 孟子虽以为社会中仍应有君子、野人、治人者及治于人者之区分;但此区分乃完全以分工互助为目的。孟子驳许行“君臣并耕”之说云……
>
> 在社会中,一人之生活,需用许多工艺之产出,所谓“一人之身而百工之所为备也”。“必自为而后用之”,乃不可能之事,故必分工互助。治人者治于人者,其所事虽不同,要皆互相需要,彼此皆不可以相无也。①

我们可以看到,冯友兰认为百工相互之间的区分和治人者、治于人者之间的区分都是社会分工,本质上并没有什么不同,在上述引文中,孟子不过是把同一个逻辑运用了两次,而其目的不过是为了证明“治人者治于人者,其所事虽不同,要皆互相需要,彼此皆不可以相无也”。很显然,冯友兰完全没有意识到这里所蕴含的政治的必要性问题。这一理论被后来的绝大多数学者所接受,并且进一步强化。在一篇研究孟子经济思想的文章中,作者在讨论这一章时说:

> 《孟子·滕文公上》篇中,孟子与当时许行学派的门徒关于社会分工问题辩论的记载,清楚地表达了孟子的社会分工理论和他对劳动的看法……
>
> 针对许行提出的要统治者参加劳动,“与民并耕而食,饔飧而治”的主张,孟子提出了他的劳心与劳力的理论,并进而引申出了他的社会分工理论……
>
> 孟子还将他的分工理论作了进一步的发展,运用到了脑力劳动与体力劳动的分工上……作为新兴地主阶级思想家的孟子,第一次把劳动区分为脑力劳动与体力劳动,这是应当予以肯定的。但是也是他第一次把“劳心”的大人和“食于人”联系在一起,把劳力的“小人”和“食人”联系在一起,把剥削阶级不劳而食的剥削行为说成是一种通行天下的普遍规律,公开为剥削阶级辩护,这就表明他所代表的地主阶级对体力劳动的鄙视。②

撇除这篇文章中带有时代特色的措辞不谈,它在总体上沿袭了冯友兰的思路,仍旧混

① 冯友兰:《中国哲学史(上)》,《冯友兰全集(第二卷)》,郑州:河南人民出版社,1988 年,第 114 – 115 页。

② 张寿彭:《孟子经济思想试探》,载于孔孟学研究丛书编辑委员会主编,王兴业编:《孟子研究论文集》,济南:山东大学出版社,1984 年,第 441 – 443 页。

淆了可以用来解释百工之别的分工理论和“君子和野人之辨”，只不过是以脑力劳动和体力劳动的区分来对后者进行更精确的命名。脑力劳动和体力劳动这两个词是颂扬劳动神圣的现代产物，它把“脑力”和“劳动”这两个依其本性不能搭配在一起的词强行组合在一起，而且治理天下、教化民众也绝非可以归入劳动领域的事务。虽然这种解释是在为孟子的思考进行辩护，但恰恰证明，他们根本不了解孟子的意图何在，从而贬低了孟子君子、野人之别的真实意义。徐洪兴不仅接受了以分工理论对本章进行阐释的思路，而且连带也接受了君子和野人之辨是体力劳动和脑力劳动分工的看法，他说：

> 他（按：指孟子）通过指出许行理论的内在矛盾，强调了随社会生产发展而产生的不同生产者之间产品交换的必要性，进而论证了社会分工的必要性和重要性……
>
> 如许行，他只承认农业与手工业之间需要分工，反对国家管理者脱离直接生产，反对脑力劳动与体力劳动的分工。这种主张貌似平等，但却是违背人类历史发展规律的、反文明的思想，实际上是想退回到原始的社会状态中去。所以很明显，孟子的理论较许行的思想要合理得多，代表了一种社会进步的思想。①

徐洪兴认为许行的思想是“反文明的思想，实际上是想退回到原始的社会状态中去”，这在一定意义上指出了问题要害之所在，但是很可惜，他并没有说出真正的理由，因为这里无关乎“思想合理”“社会进步”，而关乎政治的本性，也就是说，关乎在儒家的意义上的人何以能够成为人，人如何能够过上合乎人之本性的生活。

上述对于此章真正意涵之理解的不足都源于未能清楚地区分其中所包含的两个层次，而以“社会分工”一词以蔽之。社会分工归根结底是一个经济学的概念，而非一个哲学的概念。该章到“百工之事，固不可耕且为也”为止，在一定意义上可以理解为孟子论证了社会分工的必要性，也就是说，从人的本性出发，没有一个人能够生产自己日常生活所需要的一切物品，如果要过一种正常的生活，就必须和他人进行商品交换。孟子用论证逼迫陈相承认只从事耕种并不能生产生活的一切必需品，而无论从时间、从技能的角度，从事耕种者都不能生产自己所需要的一切，这并不只是为了证明“百工之事，固不可耕且为也”，而是为了指出农家要求“贤者与民并耕而食，饔飧而治”的荒谬性，或者说，是为了帮助孟子自己提出“然则治天下独可耕且为与”而扫清障碍，但是绝不是把“百工之事”和“治天下”放在同一个层面上。

---

① 徐洪兴：《〈孟子〉精读》，上海：复旦大学出版社，2010 年，第 127－129 页。

严格地说，孟子区分这两个层面是通过接下来的论述完成的，"有大人之事，有小人之事……故曰：或劳心，或劳力。劳心者治人，劳力者治于人；治于人者食人，治人者食于人，天下之通义也"。从事耕种者属于百工之一，他们都是"小人""劳力者""治于人者"，而另有和他们相对立的、完全超然于百工之事之外的"大人""劳心者""治人者"。这二者之间的对立，确切地说，他们之间的分离，是人类政治活动出现的前提。政治和文明是建立在他们分离的基础之上的。孟子用"天下之通义"来表达这种分离的必要性与根本性。

在许行、陈相看来，一个国家中的人不应该有任何区别，所有人都平等地从事生产劳动，平等地获得劳动成果，"贤者与民并耕而食，饔飧而治"，这已经是一个美好的社会状态。这里的"治"只具有一种极为有限的内容，那就是每个人都有生活的必需品。但是，儒家的"仁政"远远不能限定在这个范围内，它考虑的问题是，即使每个人都掌握了某种特殊的技能，积极参与为生活需要而进行的劳动，如果没有政治，一定会出现这种情况，即使人民勤劳，土地肥沃，但人们仍然过不上丰衣足食的生活；更为重要的是，即使这样，也不能说人们过上了有尊严的人的生活，因为人的本性在于伦理。之所以需要国家、君主和政治，是因为人要成为人，就必须生活在一个国家之中，而一个国家之成立必须有"治人者"和"治于人者"的区分，治人者操心治于人者的养护与教化的过程就是政治。任何一种伟大的政治绝不可能建立在人和人的绝对平等的基础之上。正如古希腊人所说的哲学起源于闲暇，孟子认为，政治活动必然在本性上完全不同于生产劳动（"百工之事"），从事政治活动者（"治人者"）必须从"百工之事"中抽身出来，这样才可能从事更高尚的事情。所以，王夫之解"大人小人"时说："夫许子勿谓人君之无事而待养也。均是人也，而天秩之也。有大人焉，君师之命，宠自上帝，父母之戴，遍于四海，位之隆者任之重，其事大也。有小人焉，仰事父母，俯育妻子，上以事公，下以恤私，分之卑者责之轻，其事小也。"①

我们在这里必须把这一章和前一章（"君子野人章"）对照在一起，方能曲尽孟子的真实意图之幽奥。在上一章中，孟子同时强调"夫仁政必自经界始"和"无君子莫治野人，无野人莫养君子"。但是，这一章常常被片面地理解为孟子的养民思想：

> 孟子于养民之要不厌反复申详，而教民一段则多附带及之，仅举梗概。故对梁惠王问洗晋败之耻谓"省刑罚，薄税敛，深耕易耨，壮者以暇日修其孝悌忠信"。对滕文公问为国，于论田地赋税之后，告以"设为庠序学校以教之"，"皆所以明人伦也"。七

① 王夫之：《四书训义：下》，《王夫之全集：第八卷》，长沙：岳麓书社，1998年，第333页。

篇中言教之义，不过如此。以视孔子之以信为本，以食为末者轻重之间，显有不同。①

萧公权固然正确地指出了孟子“于养民之要不厌反复申详”，但是他认为孟子“教民一段则多附带及之”不太公平，因为在孟子这里，“养民”的目的就是“教民”，“教民”比起“养民”来更是政治的根本，具有绝对的重要性。现代学者多和萧公权一样特别重视孟子的养民之说，认为“养民既为政治之第一义，孟子乃更进一步而发为民贵之论”，从而将孔孟区别开来：

然以孔子之圣，已有“民可使由”“庶人不议”之主张。足见民贵之古义，至孟子之身，堙没已久，殆近绝学。孟子之功不在自出心裁创设其旨，而在重张坠绪于晚周君专政暴之时。于是孟子思想遂成为针对虐政之永久抗议。②

说孟子力倡民贵君轻的思想当然毫无问题，但是由此而把孔孟区分开来，并且过于强调孔子与“民贵之说”的距离，漠视孟子“教民”学说中对于君主的重视，就有些过甚其词了。顺着这个思路往下走的是徐复观，他认为在孟子的政治哲学中存在着一种“人民主体性”的精神，这是孟子在政治思想上最大的贡献：

将古代“天视自我民视，天听自我民听”的思想，及孔子由书教中所导出的天下为公的思想，做进一步的发展，而提出了不仅政治的一切是为人民，并且人民可以决定政治的一切的王道政治，在思想上，开辟出中国进入民主的大道……他特别重视人民的物质生活，认为解决人民的物质生活，才是政治上一切施为的根本。③

由于徐复观心目中理想的政治是现代西方的民主政治，所以他才会把他极力推崇的孟子政治思想极力往民主政治上靠，而根本不顾及中国古代政治的基本内涵以及孟子政治思想的真实面目。他和萧公权共享的逻辑是，养民必然导致民贵君轻，民贵君轻必然导致民主政治。近代以来的学者由于迷信西方的民主制度，认为民主制度是一切制度中最好的政治制度，自以为带着“理解之同情”，要把孟子解释为“民主制度的先驱”。这并非

① 萧公权：《中国政治思想史(一)》，沈阳：辽宁教育出版社，1998年，第83页。

② 同上书，第84，87页。

③ 徐复观：《中国经学史的基础》，上海：上海书店出版社，2006年，第31页。

是对孟子的真正理解,也不是拔高孟子;相反,是在歪曲和贬低孟子,因为孟子认为唯一真正的政治是教化,而这取决于“君子野人之分”,而非所有人一律平等的民主。在一定意义上可以说,农家“贤者与民并耕而食,饔飧而治”倒更像是绝对民主的政治①。在对于政治本性的理解上,孔孟之间或许有些细节的不同,但绝没有根本的差异,尤其是在把政治理解为教化以及教化者和被教化者之间的关系方面。正如萧公权所言,“简括言之,孔子所举之术有三:曰养、曰教、曰治。养教之工具为‘德’‘礼’,治之工具为‘政’‘刑’。德礼为主,政刑为助,而教化又为孔子所最重之中心政策”②。在孔子那里,教化不是治术之一,而是政治之根本。在孟子那里亦然,而孟子的相关思考主要体现在“许行陈相章”之中,确切地说,就是体现在“君子和野人之辨”中。“养民之说”和“教民之说”本来是一体之两面,而且以教民为前提,因为唯有教民(教化民众)才是政治的根本含义。

孟子接下来说:

> 后稷教民稼穑,树艺五谷,五谷熟而民人育。人之有道也,饱食、暖衣、逸居而无教,则近于禽兽。圣人有忧之,使契为司徒,教以人伦:父子有亲,君臣有义,夫妇有别,长幼有序,朋友有信。放勋曰:“劳之来之,匡之直之,辅之翼之,使自得之,又从而振德之。”圣人之忧民如此,而暇耕乎?(《孟子·陈相许行章》)

这一段尤其能够体现孟子的教化思想。农家特别看重的食货所能够达到的最佳社会状态是“饱食、暖衣、逸居而无教”,但是在儒家看来,这远没有达到真正的美好生活;相反,这种生活和禽兽没有什么根本的区别。如果从个体的角度来说,“人之所以异于禽兽者”是“性善”,那么从共同体的角度来说,人类社会之所以异于禽兽界的地方在于人类社会的基本法则是人伦。依照儒家的思路,圣人和司徒,或者说君主和由士所担任的官员的基本职能是向所有民众施加教化,唯有通过教化,绝大多数民众才会不耽溺于动物性的生命,而过上有人的尊严的生活。“无小人莫养君子,无君子莫教小人”的具体含义是,小人从事劳动生产,所生产出来的产品必须有一部分供养君子,使君子能够从繁重的生产劳动中脱离出来,但这并不意味着君子对于野人的寄生,也不必然导致士阶层的依附型人格,

① 在中国文化的存在价值受到彻底怀疑之时,即使对于传统文化怀着深深同情的学者,在为儒家进行辩护时都难免将传统文化和西方文化中的某些要素相互格义、相互比附;殊不知,这不但是误解了传统文化的本性,而且他们的阐释为正确理解传统文化的本性设置了障碍。

② 萧公权:《中国政治思想史(一)》,沈阳:辽宁教育出版社,1998 年,第 60 页。

而是君子必须完成他们所受的天爵赋予他们的使命；同时，君子的基本职能是施行教化，保证民有所养，并且化民成俗，使民众逐渐领悟自身和德性的本质关系，循礼而行，养成良好的风俗。君子进行教化的前提是自己通过六经的学习，理解什么是政治的本性，而不把自己的天爵当作获得权力的手段以谋私利、以奴役他人。

孟子有意识地通过民众之忧与君子之忧的对照来进一步阐述他对于政治的理解，在这里，民众之忧的忧和君子之忧的忧完全不在同一个层面上；或者说，它们之间有质的差别。在农家看来，人之为人只有一种东西值得"忧"，那就是"饱食、暖衣、逸居"，民众和君主在这一方面没有任何差别，能够成为圣人的君主、贤君能够更好地组织生产劳动，以保证达到这一目的，而令人失望的现实中往往充斥着有"仓廪府库"的君主，他们不过是"厉民以自养"而已，"恶得贤！"但是，儒家完全不这么认为，他们认为，农家所说的民众之忧固然是，但是君子之忧无论在具体的事务上，还是在事务的本性上，都和民众之忧有着本质的不同。圣人之忧不在忧食，而在忧道、忧民，在具体事务上表现为：为天下得贤，并在贤者的帮助之下养民与教民，治民只是达到前二者的手段而已。孟子认为，依照农家的看法，最好的君主不过是能够做到"惠"，而在儒家看来，真正的君主必须体现出"仁"。

关于君主之得贤的必要性与君主所体现的仁德，或者说，关于作为教化的政治的本性以及君子（包括君主与士）的使命，王夫之的论述极为精妙。在阐释上一章"设为庠序学校以教之"句时，王夫之说："教，以教士也，而不能尽民而教之。而先王知道之明与不明存乎教，而民之仁与不仁因乎士。士既有世禄，而可以谋道不谋食者为斯民修大同之化；民抑无虐取，而乐戴其上者望君子为风尚之归；而教不待强，而但在修明之耳。"①而在阐释本章"分人以财谓之惠，教人以善谓之忠，为天下得人谓之仁"时，王夫之说：

> 夫，事有大小，而德必称；德有大小，而难易别矣。君天下之道，仁而已矣。仁者，为之难者也。且勿言并耕之无以益于人也，即使有财而分以与人，见恩而已，谓之惠而已，惠者，有穷之施也。且勿言并耕之无以纳民于善也，即使以善而教于人，尽己而已，谓之忠而已，忠者，自尽之道也。惟为天下得人，则我之所欲仁天下者，于其人而施之，必尽天下之望仁于我者，有其人而相长以无穷。则裁成之，辅相之，民之生以遂，而不待于分；民之德以正，而不劳吾教。其舍己以从善，授天位而不疑，纯乎至公而无私，而利泽已周乎天下矣。②

① 王夫之：《四书训义》，《船山全书：第八卷》，长沙：岳麓书社，1998年，第315页。

② 同上书，第338页。

三

《尚书》和《史记》的开端为何不同的问题并非只是一个取材不同的问题,而是关涉根本目的的不同。在《史记·五帝本纪》的末尾,司马迁写道:"太史公曰:学者多称五帝,尚矣。然《尚书》独载尧以来;而百家言皇帝,其文不雅驯,荐绅先生难言之。孔子所传宰予问五帝德及帝系姓,儒者或不传。"依照司马迁的说法,他在写作《史记·五帝本纪》时参考过流传下来的孔门授受的关于五帝传说的各种资料,但是孔子整理删定的《尚书》本身却不把它放在历史的开端。这里实际上包含着历史的开端和文明的开端两种不同的思路,司马迁的《史记》旨在记述历史,它需要把开端设定在一切流传下的资料显示出的最古老的事实之上,而孔子是在探讨中华文明的起源,他只把它的开端设定在奠定了华夏政教本性之基础的关键人物和关键事实上。《尚书》不记载三皇五帝的传说,更多的不是因为"文献不足故也",而是因为"百家言皇帝,其文不雅驯,荐绅先生难言之",用儒家一个非常重要的词来说,这里涉及夷夏之辨。孔子盛赞尧说:"大哉尧之为君也!巍巍乎!唯天为大,唯尧则之。荡荡乎,民无能名焉。巍巍乎,其有成功也,焕乎其有文章!"(《论语·泰伯》)孔子本人的思想就是在"祖述尧舜,宪章文武"的基础之上形成的。

和孔子所倡导的"焕乎其有文章"这种文明相对的"百家言皇帝,其文不雅驯",它不仅包括《史记·五帝本纪》当中那些难以确定的传说、各种杀戮暴力和带有鬼神之道的治理方式,也包括像农家的理想状态,即美好的生活只要"饱食、暖衣、逸居"足矣,而根本不需要人伦方面的要求。从某种意义上说,儒家这种"教以人伦"和农家的"贤者与民并耕而食,饔飧而治"以求达到"饱食、暖衣、逸居"之间的对立是夷夏之辨的最根本的形式。认为政治的最根本目的就是为了区分君子和野人,以便有一个从生产劳动中脱离出来的阶层能够操心天下所有人的教化问题,这就是夏;而认为完全没有必要在君子和野人之间进行区分,所有人应该从事同样的生产劳动,应该过着同样的生活,只要日常生活的基本需要得到了满足就等于过上了美好的生活,引而申之,人生的全部目的就是在追求"饱食、暖衣、逸居",即使有君主和政府,他们所从事的事务以及他的目的也仍然是在满足人的需要体系,这就是夷。

"长于《诗》《书》"的孟子最终把他和许行、陈相的区别定位在夷夏之辨上。曾经接受儒家教化的陈相不仅自己在很短的时间内从一个儒家信徒变成了农家信徒,而且试图"以夷变夏",说服更多的人接受农家的基本思想。孟子看到了许行、陈相所信奉的信条的本质是要让人回到前文明、前政治的状态,也就是"夷"所处的状态,他最终必然要从夷夏之辨的角度与之争执，并在战国时期重申政治的本性及其坚守的意义。孟子深刻的地方在于，他并不认为历史是不断进步的，人类的历史进程是一个不断“用夏变夷”的过程；相反，只要还存在着人类社会，诸夏“变于夷”的可能性就不会结束，无论是告子的性无善恶，还是杨墨的“无父无君”，无论是梁惠王问“何以利吾国”，还是白圭的“吾欲二十而取一”，都是想要把诸夏变成夷的冲动。因此，“用夏变夷”作为唯一真正的政治行动，和人类历史如影随形，永不分离。

有学者认为，孔子的“别夷夏”是静态的原则，而孟子的“变夷夏”是动态的原则，“变夷夏”是由孟子所特别标举出来的一个文化观念，“在历代夷夏辨的经典论述中，孟子的论述是最有灵性也最富有包容力的。从历史解读来看，后世引述《孟子》为证者并非少数，但多数引述皆为误解。这些引述更多着意于民族对立，制造民族隔阂，夸大民族自性，渲染民族冲突，扩大民族文化间的相互封闭与人为紧张，进而否定民族融合与文化融合，妨碍民族对话与民族合作，并进一步被演变成一种汉族中心、华夏中心的民族自大与文明自大”①。这一说法虚构了一个“夷夏之辨”的历史演变，强行区分孔孟的夷夏观，并且有些子虚乌有地批判孟子夷夏观的阐释者。孔孟的夷夏观一脉相承，都只从政治和文化的角度来理解夷夏之别（朱子直接把“夏”解释为“诸夏礼义之教也”②），而从来没有在种族的意义上分辨夷夏，所以公羊家才有三世说。至于在特定的历史条件下，儒家学者特别强调尊王攘夷和夷夏之辨的种族性与国别性，也绝非“着意于民族对立，制造民族隔阂，夸大民族自性，渲染民族冲突，扩大民族文化间的相互封闭与人为紧张”，因为从秦朝到清朝两千多年间，中国人的国家观向来都是内含天下意识的国家观，强调种族意义上的民族之别也不过是遵从文化优先原则而在某些特定处境下的权宜之计。即使在西学东渐以后，某些学者坚持的“中学为体、西学为用”也仍旧是这一观念的继续，因为即使他们对于西学的认识比较肤浅、外在，但是他们毫不犹豫地坚持中国古代政治的本性，认为政治的根本在“教以人伦”。这一切恰好都是儒家学者在面临外族入侵时继承和发扬孟子夷夏之辨的结果。

孟子曾经两次提到舜时都特别提到舜作为东夷之人的身份，但是这并不妨碍舜最终成为圣人，成为儒家理想中的君主。孟子曰：“舜生于诸冯，迁于负夏，卒于鸣条，东夷之人也。文王生于岐周，卒于毕郢，西夷之人也。地之相去也，千有余里；世之相后也，千有余岁。得志行乎中国，若合符节，先圣后圣，其揆一也。”（《孟子・离娄下》）孟子曰：“舜之居

---

① 杨泽树：《孟子夷夏辨的价值意味》，《深圳大学学报》（人文社会科学版），2012 年第 6 期。

② 朱子：《四书章句集注》，北京：中华书局，2016 年，第 264 页。

深山之中,与木石居,与鹿豕游,其所以异于深山之野人者几希。及其闻一善言,见一善行,若决江河,沛然莫之能御也。"(《孟子·尽心上》)这里的"夷""夏"甚至表现为个体,只要接受了教化,个体就能够成为"夏",而如果拒绝教化,他也有可能从"夏"转变为"夷"。孟子在后一则语录中描述的舜的转变过程尤其符合"许行陈相章"所提到的"用夏变夷"。居于深山之中时,舜和"野人"没有什么区别,但是在道的感召下,舜本性中的善不仅施之父母,而且无远弗届,囊括天下,终于成为圣人,不仅是作为儒家政教最终源头的天道的受益者、体现者,而且是它的光大者、光辉典范。

如果说在"君子和野人之辨"中,孟子强调的是君子的"忧",那么在"夷夏之辨"中,孟子所强调的是君子与道的一体性。在这一辨中,孟子特别强调了周公和孔子的关联,因为尧舜以来的大统大法首先完备地体现在周公所制定的礼乐制度之中,最终又通过孔子的"祖述尧舜,宪章文武"和"述而不作""以六艺教人"得到最为明确而深刻的阐述,从而为万世立法,让世世代代明白政治的真正性质和核心要求。钱穆论及周公与孔子的关系时,曾说:

> 言周公封建,又必连带及于周公之定宗法。盖周公之封建制度,其主要精神,实寄托于其所定之宗法。此在近人,亦多能言之。然不知周公封建之主要义,实在于创建政治之一统性,而周公定宗法之主要义,则实为社会伦理之确立。而尤要者,在使政治制度,俯就于社会伦理而存在。故政治上之一统,其最后根柢,实在下而不在上,在社会而不在政府,在伦理而不在权力也。而就周公定宗法之再进一层而阐述其意义,则中国社会伦理,乃奠基于家庭。而家庭伦理,则奠基于个人内心自然之孝弟。自有个人之孝弟心而推本之以奠定宗法,又推本之以奠定封建,封建之主要义,在文教之一统。故推极西周封建制度之极致,必当达于天下一家,中国一人。太平大同之理想,皆由此启其端。故论周公制礼作乐之最大最深义,其实即是个人道德之确立,而同时又即是天下观念之确立也。
>
> ……
>
> 孔子生周公后,有德无位,所谓明王不兴而天下其孰能宗予也。然孔子实能深得周公制礼作乐之用心者,故于吾从周,吾其为东周乎之全部理想中而特为画龙点睛增出一仁字。故凡治周公之礼,寻究周公封建宗法与井田之三大创制而推寻其中心精神之所在者,则必首于孔子论仁之旨有深识焉。①

---

① 钱穆:《中国学术思想史论丛(卷一)》,合肥:安徽教育出版社,2004 年,第 86,94 页。

钱穆特别拈出周公之制作礼乐与孔子之“仁”的关系，的确是抓住了要害。周公为了应对他自己时代的问题而设立的制度随着历史状况的变化一定要因时损益，但是周公设立制度的原则却不会改变，只要把握了这个原则，无论应对什么样的历史状况，都能够设计出相应的政治制度。夷夏之辨首先在于如何通过政治来体现人之仁心，政治制度之设立是为了让人心中之仁能够体现出来，并且阻碍那些足以遮蔽仁心或者败坏人心的言行。就此而言，随着生活形式的变化，并不存在唯一一种绝对正确的制度，制度乃随境随事而设，而非寻求唯一一种最佳制度。我们可以从这个角度来解释学术史上一直聚讼纷纭的孟子是否“尊周王”的问题。孔子生活在春秋末年，虽然礼崩乐坏是既成的事实，但是诸侯在形式上仍旧尊崇周天子，所以孔子有“吾其为东周乎”的志向，并在作《春秋》时由于齐桓公仍旧尊重周天子而表彰他，由于晋文公胁迫周天子而贬低他。但是孟子生活在战国中期，尽管周天子仍旧作为一个象征性的身份存在，但是因总体形势的变化，已经没有人再相信周天子可以擎起仁政的大纛。一切愿意以“仁政”作为治国目标的君主都有可能成为孟子心目中理想的君主，因为君主之仁心比身份、权力和世系更为根本、重要。

同其他很多章一样，孟子在本章中以一种不太严格的方式叙述了儒家的道统论。只不过，和宋儒构造出的以心性学说为基础的道统不同的是，孟子的道统学说建基于对政治的理解，而其核心是对于孔子提出的“仁”的学说的执守。孔子在这个道统中具有特殊的地位，孟子借曾子之口表彰孔子“江汉以濯之，秋阳以暴之，皜皜乎不可尚也”，王夫之的解释可谓深得其意而淋漓尽致：“人各有宗，而道必有至。而夫子之德何如哉？譬之练帛者然，自其始之灼见乎道之必出于一而无容集也，涤天下万世人心之污染而荡除其私，殆举江汉之洪流以灼之也乎！自其终之善成乎已明之道而不可易也，奉千世百王之显道以定立其体，殆承秋阳之昭朗以暴之也乎！于是而其白也至矣，皜皜乎，贤者莫能过，智者莫能逾，而百家众论之异同，奉大正以治之而莫敢不服，不可尚矣！”[①]孟子对于孔子的颂扬，和柏拉图在《理想国》中对于善的理念的颂扬有异曲同工之妙，分别在东西方为人道的生活树立了标准。在人类历史中将会出现无数新鲜的事物，但是人性本质的规定却在人类历史的某一个阶段由该文明中的圣人一劳永逸地确立了，全部人类的历史可以看作一代又一代的人为了恢复人性而和各种“以夷变夏”的冲动斗争的历史。

---

① 王夫之：《四书训义：下》，《船山全书：第八卷》，长沙：岳麓书社，1998 年，第 340 页。

Political Nature of Human Being and Its Perseverance: Commentary of *Mencius · Xu Xing Chen Xiangzhang*

WANG Zhihong

【Abstract】 The "Discrimination between Gentlemen and Savage" in Mencius shows Mencius' fundamental understanding of the nature of politics, but it is often simply understood as part of the theory of social division of labor. That key chapter contains three distinctions: the distinction between Confucianism and school of farmers, the distinction between gentlemen and savages, and the distinction between Yi and Xia. The first distinction has shown the distinction between the aims of the two academic schools. The peasant family believes that solving the problem of food and clothing is the completion of life, while the Confucian believes that the true human nature must be found in politics. The second key to the distinction lies in two points. One is that the theory of social division of labor cannot be used to explain the difference between a gentleman and a savage; the other is that Mencius cannot conclude that Mencius and modern democratic theories have the same merits as those of modern democratic theory. It is to re-examine Mencius's doctrine of gentleman and its political ideals of enlightenment. Finally, the difference between Yi and Xia is not in the ethnographic sense, nor is it historical progress theory, but emphasizes the embodying of human benevolence through politics.

【Keywords】 Distinction of Confucianism and School of Farmers, Disctincon between Gentleman and Savage, Distinction between Yi and Xia, Nature of Politics

【美德伦理研究·文艺复兴时期的政治与德性】

导语[①]：

文艺复兴时期的思想十分活跃，异彩纷呈。对此，当代学界给予了越来越多的关注，其中讨论较多且相对充分的是政治与德性议题，特别是马基雅维利的相关主张及由此展现的立场。但即便如此，仍存在一些尚未达成共识且有待澄清的重要问题。例如，马基雅维利究竟像施特劳斯评价的那样是“邪恶之师”，抑或像剑桥学派极力主张的那样是共和主义的坚定捍卫者？假如马基雅维利是共和主义者，那么如何解释其要为君主政权服务的努力？从文本的角度来看，进献《君主论》《佛罗伦萨史》等行为能否与共和主义立场相融贯？从比较的视角来看，跟他同时代的人文主义者怎样看待政治和道德之间的关系，以及阐述统治者的德性问题？如何理解马基雅维利与人文主义者在君主箴言方面形成的强烈反差？针对上述问题，该专栏所列三篇文章将从哲学或史学的角度，通过解构或建构的方式作出回应，以期帮助读者进一步了解马基雅维利其人其言，更好地把握文艺复兴时期的政治与德性。

彼特拉克的治国之道[②]（节选）

[意大利]弗朗切斯科·彼特拉克[③]（著）

郭　琳[④]（译）

【摘要】《论统治者应当如何统治国家》是彼特拉克献给庇护人帕多瓦领主弗朗切斯科(Francesco il Vecchio da Carrara，1325—1393)的书信，集中讨论了国家统治者应尽的职

---

① 本栏目主持人简介：谢惠媛，北京航空航天大学教授，主要研究领域为政治伦理学、西方政治思想史。

② 本文系中央高校基本科研业务费资助项目的阶段性成果。本文译自 Francesco Petrarca, “How a Ruler Ought to Govern His State,” in *The Earthly Republic: Italian Humanists on Government and Society*, Benjamin G. Kohl, Ronald G. Witt eds., Pennsylvania: University of Pennsylvania Press, 1978, pp. 35 - 78。本杰明 G. 科尔(Benjamin G. Kohl, 1938—2010)，瓦萨学院(Vassar College)安德鲁·梅隆人文学教授。篇幅所限，中译文为节选。

③ 作者简介：彼特拉克(Francesco Petrarch，1304—1374)，诗人、思想家，意大利文艺复兴运动的奠基者，被誉为“人文主义之父”，与但丁、薄伽丘并称为文艺复兴的“文坛三杰”。

④ 译者简介：郭琳，上海外国语大学马克思主义学院讲师，主要研究领域为文艺复兴与欧洲思想文化史。

责与具体的行事指南。通过探讨政治美德的标准,把友善、仁慈、慷慨等视为君主应当具备的崇高德性,彼特拉克表达了自身的政治理想与政治目标,并为帕多瓦领主勾勒出一个理想化的城邦国家。

【关键词】君主,国家,德性,荣耀,统治

在我开始讨论前,请您①重温一段西塞罗的名言,我猜您也知道这段话。像您这样的人无疑都想成为一名优秀的统治者,一旦您明白,好的统治者意味着好的国家本身,您将会迫不及待地聆听从《论共和国》(*On the Commonwealth*)卷六中选取的片段:

> 大西庇阿对此也深信不疑,因而你也许要比他更渴望捍卫国家:所有那些持守、援助或扩充祖国疆土的人,都将在天堂拥有一席之地,他们将在天堂享受永恒的幸福生活。因为,对于用正义统治全宇宙的上帝而言,尘世间的一切没有比所谓的"国家"更能让至高无上的上帝欢喜的了。国家的统治者和守护者来自天堂,他们最终也将回到天堂。②

可以想象,这段话应该发生在天堂。所有渴望统治并愿为天堂的犒赏去奋斗的人们,有谁能够完全屏蔽内心的渴望,与卓越为敌,蔑视真正的幸福?尽管这段话出自异教徒之口,但他的思想与基督教真理或宗教信仰并不相悖,即使在涉及造人和灵魂的教义时,我们和他们在思维方式上有很大的不同。

现在,我将像我自己所承诺的那样,讨论一国之君应做的事情。我希望您边读这封信边审视自我,如同注视着镜子中的自己。如果您从我所描述的话语中看到了自己(这种情况无疑会很频繁),请好好享受这感觉。愿您每天都能更加虔诚,忠于赐予我们所有良善、禀赋和美德的上帝;愿您能不辞辛劳,战胜千难万险,并通达到您此时此刻还难以触及的神圣境界。另外,如果您有时候感到很难达到我所描述的标准,我建议您双手捂脸,揉搓掉写在您脸上的盛名,那样才有可能变得更加光彩夺目。

君主应当具备的第一个品质就是友善,永远不要让好的公民心生畏惧,即便当面对坏公民时君主不得不凶狠,但他这么做也是出于正义的考虑。正如使徒(Apostle)所说:"没

① 指本文的敬献对象,庇护人帕多瓦领主弗朗切斯科。

② Cicero, *Somnium Scipionis* 13 (*De republica* 6.13).

有正当理由就不该身佩利剑，因为君主是上帝的使臣。”①没有什么能比希望让所有人惧怕更愚蠢、更易破坏国家安定的了。无论是古典时代还是当今时代，有许多君主都一心想要让人畏惧，他们深信没有什么能比惧怕和残忍更有利于他们维持权力了。谈及这种想法，蛮族皇帝马克西米努斯（Maximinus）就是个例子②。事实上，这种想法简直荒诞至极，相反，受人爱戴要比令人畏惧更为有利，除非我们讨论的是孝子畏惧慈父这种情况。其他任何形式的畏惧都该与统治者所应当渴望的截然相反。统治者一般都希望长治久安，但令人畏惧则与这两个愿望背道而驰，只有受人爱戴才与长治久安的目标一致。无论是政权长久还是生活安稳，都和畏惧相悖，而善意却能同时促成两者，该论断得到过西塞罗（或从讲述真理的西塞罗的口中听到该论断）的肯定。他说：“万物中，唯有爱才能迅速并且长久地获取安稳，畏惧则是离安稳的目标最为遥远的。”③西塞罗进一步说道：“畏惧只不过是伺候在权力身边的可怜的侍卫，但是，爱则能够永久地确保权力的安稳。”④您很清楚，西塞罗非常重视这个问题，那我就再来引用一段他的原话；“要做一名人人爱戴的公民，要对得起国家，被赞扬，被推崇爱戴是光荣的；但若被畏惧，成为仇恨的对象则是可耻可恨的，是懦弱与腐败的证明。”⑤

现在，似乎没必要再谈安稳的问题了，因为不会有人在政治上愚蠢无知到不去相信，畏惧总会威胁并终究会破坏安稳。这种畏惧源自臣民，而非统治者，因为受到威胁的首先是臣民的安危。对此，以智慧和学识闻名的罗马骑士拉贝里乌斯（Laberius）曾经对恺撒说过一句名言，我将以此作答，他说：“让众人心生畏惧者必将反过来畏惧众人。”⑥我将用西塞罗的话来加强这个观点，或许这样更具说服力，他说：“那些希望被人畏惧的人，最终免不了会惧怕那些曾被他欺凌恐吓的人。”⑦西塞罗这个观点的核心原出于恩尼乌斯（Ennius），对此我们不用回避，恩尼乌斯说：“人们憎恨那些令他们畏惧之人，无论恨谁，都希望能置之于死地而后快。”⑧我想补充一点，只要是众人想要的，就一定渴望实现，正所谓众志成城。

尽管真实情况犹如我刚才描述的那样，仍然会有人说：“只要他们畏惧我，他们就可以

① Romans 13:4.

② *Scriptores historiae Augustae* 19.8.8.

③ Cicero, *De officiis* 2.7.23.

④ Cicero, *De officiis* 2.17.23.

⑤ Cicero, *Orationes Philippicae* 1.14.23.

⑥ Macrobius, *Saturnalia* 2.7.4.

⑦ Cicero, *De officiis* 2.7.24.

⑧ Cicero, *De officiis* 2.7.23.

仇恨我。”这正是欧里庇得斯(Euripides)对那位残忍的暴君阿特柔斯(Atreus)说的话[①]。绝不比阿特柔斯好到哪去的卡里古拉(Caligula)每天也都在重复实践着这个想法[②]。许多人甚至想把恺撒也归入这类暴君的行列中去。如果真是这样的话,倒是有点奇怪;因为尽管恺撒的所作所为是出于为帝国荣耀考虑,我想说,在很大程度上恺撒所做的一切都还算温和仁慈,并且他是那么慷慨,所以他应当被爱戴而不是被畏惧。例如,他从来不为自己保留从无数次胜仗中赢得的战利品,除了会拿些战利品作为礼物犒赏其他人,关于这点,最权威的作家可以作证。实际上,恺撒待人非常仁慈,连西塞罗自己也曾写过,恺撒最习惯于忘却的就是过往的伤痛[③]。饶恕过去的过错的确是一种完美的复仇;将他们彻底忘记则更加完美。最让人惊讶的是,西塞罗指出,这恰恰是恺撒最高贵的品质,要知道在西塞罗眼里,恺撒通常亦敌亦友。还想要更多的事例吗?我不想再多提恺撒拥有的其他伟大的品质,我只想说,恺撒要比其他人具备更多美德,只是许多美德并没被人们充分认可。事实上,在推翻恺撒的人当中,许多人都曾从恺撒那里获取过巨大的财富与名誉,恺撒把自己胜利中获得的特权赐予那些人,却宽恕了所有敌视他的行为与伤害。不过,无论是恺撒的慷慨还是他的仁义,最终都没能帮到他。在恺撒的葬礼上,帕库维乌斯(Pacuvius)的这句诗很有道理:

> 我,这个曾经不幸的人,应当拯救全天下的不幸,唯此才能让我安息。[④]

在恺撒的例子中,我们不妨发问:引发仇恨的原因是什么?因为针对恺撒的阴谋中肯定不乏仇恨。我能够想到的唯一的原因就是,恺撒稍带傲慢的仪态举止让他凌驾于习俗之上,因为在别人眼里,恺撒享有莫名的荣誉,并篡夺了无限的权力[⑤]。罗马根本没有准备好忍受君主式的傲慢,这种傲慢在恺撒的后继者身上有增无减,恺撒与那些后继者比起来似乎都算得上是谦卑之主。然而,恺撒的权力与财富仍没能保护他不受多数人的憎恶,因而重点就是要搞清楚,到底如何才能赢得被统治者的爱戴。因为憎恨是毁灭之源,而爱戴则是昌盛之本。前者致使统治者垮台,后者则能够保护统治者。

我想说,大爱在本质上与私爱相同。塞涅卡说:“我要让您知道,有一种爱的配方,它

---

① Cicero, *De officiis* 1.28.97; 3.21.82.

② Suetonius, *Caligula* 30.

③ Cicero, *Pro Ligario* 12.35.

④ Suetonius, *Divus Julius* 84.

⑤ Suetonius, *Divus Julius* 76.

无法用草药等成分制成,也并非制毒者所下的毒咒。如果您想被爱,那就去爱。”①这就是我想要说的,尽管还有许多可以述说的,但塞涅卡的这句话囊括了一切。魔法的艺术还需要什么?还需要什么回报或付出?爱是无偿的,只要有爱就能够找到爱。有谁能够如此铁石心肠,不想回报一份高尚的爱?我是指“高尚”,不高尚的爱根本就不是爱,那不过是隐藏在爱的伪装下的仇恨,用这种爱去回报另一个人龌龊卑鄙的“爱”,这就好比是两种罪行的叠加,不免沦为他人可耻的欺骗行为的一部分。我不想再过多地讨论这个话题,让我们回归高尚之爱的主题。

事实上,从这个话题讨论中您应该得到极大的愉悦,因为您的臣民是那么爱戴您,您在他们眼里似乎并不是高高在上的君主,而是“一国之父”。几乎所有的古代君主都享有这个头衔;有些君主当之无愧,但另一些则根本不配,他们与国父的头衔简直相去甚远。奥古斯都和尼禄都被称为“国父”,前者的确是真正的国父,后者却是其祖国与宗教的宿敌。然而,国父的称号与您相得益彰。在您的臣民(我是指真正追求帕多瓦的和平与福祉的臣民)当中没有谁不是这么认为的,他们都将您奉为国父。不过,您必须继续努力以便对得起这份尊荣,您的无私付出将会令该尊荣永垂不朽。我希望,您在受到我的鼓励和激励下,能够一如既往地按您长期以来的方式继续统治下去。此外,您当知晓,要想配得上臣民对您的敬仰,您必须始终伸张正义并且善待臣民。您是否真正想成为臣民的父亲?那么您就应该像对待自己的亲生孩子那样为您的臣民着想。我并不是说您必须像对待自己的孩子那样,给每一位臣民同样多的爱,我的意思是,您应当用爱自己孩子的那种方式去爱您的每一位臣民。因为,至高的立法者上帝并没有说:“像爱自己(那么多的)一样去爱他人。”②而是说:“(方式上)爱人如爱己。”③这句话意味着,在爱的方式上要真挚,不带有欺骗,不为利益或奖赏,而是要以真爱的精神和自发的善意。另外,我主张(无意争议他人观点)您该爱的并不是每个公民个体,而是同时爱全体公民,也不是像爱一个孩子或父母那样,而是像爱自己那般。虽然就个体而言,对每个人都会有个人情感,但是就国家而言,所有的情感都被包括其中。因此,在方式上,您待臣民要像爱自己孩子那样,或者甚至(如果我可以这么说的话)要像爱自己身体或灵魂的一部分那般。因为国家是个有机的整体,您就是它的心脏。并且,这种爱的行为可以通过正义的言行举止来加以表现,最关键的是(如我所说),要奉行正义并忠于职责。谁会不爱一位素来优雅、正直、助人且友善

① Seneca, *Epistulae* 9.6.

② Matt. 22:39.

③ Matt. 22:39.

之人? 如果一位好君主总是能以上述这些优良品质对待被统治者的话,还有一个实际的好处就是,在臣民中将掀起一股难以置信的良善之风,这是一个持久政府最坚不可摧的基石。

所以,丢掉武器,解除侍卫,遣散雇佣兵,偃旗息鼓吧! 把所有用来对付敌人的这一套都收起来,因为对待您的臣民,爱已足矣。西塞罗说:"君主的身边不该由军队包围,而应该是其臣民的爱戴与善意。"①我所理解的臣民,是指那些渴望国家持稳长存的人,不是那些总是尝试改变的人,那种人只配被视为反叛者和公敌,而非臣民。这些想法让我想到了奥古斯都的一句名言:"任何不希望扰乱城邦现状的人都是好公民,是好人。"②因此,那些与之相反的人无疑就是恶人,他们不配被称作公民,也不配享有好人的身份。在任何情况下,您的本性总是很好地引导着您,所以您也已经赢得了公民的爱戴与善意。实际上,这些品质不仅是通往荣耀的道路,它们更是一条救赎之路。大西庇阿的父亲曾经对他说:"要爱正义和责任,两者对于父母家人非常重要,但首先是对于祖国而言的。这种生活是通往天堂的道路。"③向往天堂之人又怎会厌恶那通往天国的阶梯?

下面,我将谈谈正义,它具有非常重要且高贵的职能,给予每个人他所应得的,也不让任何人无故受罚。即便有正当理由惩罚某人,您也应该尽量带有怜悯之心,要以天堂的审判者和永恒之主(上帝)为榜样。因为我们当中没有人是无罪的,人类天生带有原罪,没有谁会不需要同情怜悯。因此,渴求正义的人也必须仁慈。尽管仁慈与正义似乎截然对立,事实上两者密不可分。正如圣安布罗斯(St. Ambrose)在他的著作《论皇帝狄奥多西乌斯之死》(*On the Death of the Emperor Theodosius*)中所说:"正义就是怜悯,怜悯就是正义。"④因此,这两种品质不仅相连,更是合二为一。然而,这并不是说您可以让杀人犯、卖国者、罪犯和其他恶棍坏蛋等人逍遥法外,因为如果您对少数犯罪分子心存怜悯的话,您就等于在伤害绝大多数的臣民。我的建议是,您应该仁慈地对待那些稍微偏离正道、暂时误入歧途的人。但要切记,过分的怜悯之情以及不加以区分的宅心仁厚只会导致更大的残忍。

在谈了正义之后,赢得公民爱戴的最好的方法就是慷慨。即便一国之君无法做到让每个个体受益,他至少要让公民整体受益。没有人会敬仰那个既不能给个体又不能给整体带来好处的人。当然,我所说的敬仰是针对君主而言的;在朋友同辈之间的敬爱则是另

① Cicero, *Orationes Philippicae* 2.44.112.

② Macrobius, *Saturnalia* 2.4.18.

③ Cicero, *Somnium Scipionis* 16 (*De republica* 6.16).

④ St. Ambrose, *De obitu Theodosii imperatoris* 26 (PL 16:1456).

一码事,它完全是自足性的,友爱既不强求又不指望好处回报。在公共慈善方面,包括修复寺庙和公共建筑,奥古斯都要比其他任何君主都值得赞扬。李维称之为“所有寺庙的建造者和修复者”。[①] 苏埃托尼乌斯也说过类似的话:“奥古斯都从不会无故夸口,他把砖砌的城市变成一座大理石城。”[②]同样重要的是修筑城墙,这为奥勒利安(Aurelian)赢回了一些声誉,否则他就是一位残忍血腥的暴君。在奥勒利安不到六年的统治时间里,他把罗马的城墙扩大到如今的规模。因此,历史学家弗拉维乌斯·沃皮斯库斯(Flavius Vopiscus)写道:“罗马城墙的周长几乎达到五十英里。”[③]我相信这是根据古代的度量体系得出的数据。祖先的勤劳让您免去了修筑城墙的工事,在全意大利,甚至整个欧洲,我并不认为有哪个城市的城墙比帕多瓦更加壮观。

请把修葺帕多瓦道路的工作交给某个致力于您的利益及城市福利的人去做吧。不要担心如果您任命某位出身高贵的人去干这件貌似肮脏卑下的工作的话,您就是在伤害他。因为在一个诚实正直的公民看来,任何能为其祖国带来福祉的工作都不会是卑贱的。历史已为我们提供了证明。从前,在底比斯(Thebes)有一位勇敢博学的人叫伊巴密浓达(Epaminondas),他——如果我们只考虑德性,而不顾及运气的话,因为运气总会让一些不配的人得势——是希腊的领袖人物,或者至少说是领袖之一。关于这位伊巴密浓达,有记载写到,底比斯的荣耀随他生而生,随他亡而亡,但他的同胞却不这么认为——民主国家经常有这种情况——于是伊巴密浓达被派去清扫马路,这个工作在底比斯被视为是最肮脏的活儿[④]。底比斯人希望借此能褪去伊巴密浓达身上的荣耀与声誉。然而,伊巴密浓达并没有反抗这种惩罚,甚至连一句怨言都没,他立马接受了这项指派给他的工作,并说道:“我接受这个任务,不会想到我会因为它而受辱,相反,我认为能够通过自己双手劳动,把通常被视为卑鄙低贱的工作变得高尚,这将给我带来尊严。”伊巴密浓达用自己杰出的行动使得清扫街道这项之前遭人鄙视的工作很快赢得了好评,即便是社会最底层的平民也这么认为,扫大街变成了包括有名望者在内的所有人都竞相追捧的工作[⑤]。我希望您能把扫街的工作也委托给某位勤劳诚实的帕多瓦公民,这样的话,您很快就会看到许多人都会争抢着去扫街,在广大公民的积极热情下,这片古老的土地将会面貌一新。

在整修好帕多瓦市内以及从帕多瓦通往外面的主要道路后,我希望您能够不遗余力

---

① Livy, *Ab urbe condita* 4.20.

② Suetonius, *Divus Augustus* 28.

③ *Scriptores historiae Augustae* 26.39.2.

④ Justinus, *Epitome historiae Pilippicae* 6.8.9.33; Cicero, *Tusculanae disputationes* 1.2.4.

⑤ Valerius Maximus, *Factorum et dictorum memorabilium libri IX* 3.7. ext. 5.

地排干城市附近的沼泽水洼。这样您就能够改进城市周边本就美丽的乡郊,并且充分发挥其作为著名的欧加内山区(Euganean Hills)农田的真正价值,把这片本该盛产美酒并蕴含智慧的土地上的沼泽排干,这样就能恢复被污秽肮脏的沼泽所阻碍的谷物种植业了。通过这个举措,您便能将实用与美观结合起来,真正做到一举多得。我恳请您实施这项工程,您会因此获得祖上不曾有过的荣耀,因为他们要么不曾想过,要么不敢去实践这项工程。上帝将助您完成这项高尚的任务。大自然也会助您一臂之力,因为所有沼泽都位于海拔较高处,这就便于通过向低处引流从而排干,把水引入周边河流,导入大海。这一代人会因此享有更多肥沃的良田,更美丽的乡间,以及更加健康宜人的气候。未来的几代人也将会因为这项举措而牢记您的大名。

我常因那些慵懒之辈说这项工程无法实现而感到愤怒,我通过常识和欧加内山区居民的判断可知,这项工程不仅可行,而且还易于操作。慷慨的君主,如您愿意着手此事,必将带来可喜的成果。您不能因为想到恺撒曾因这类工程引以为傲,所以就认为照做就有辱尊严。关于这点,苏埃托尼乌斯写道,恺撒在他临死前不久,曾计划排干蓬蒂内沼泽(Pontine Marshes),挖一条连通科林斯港(Corinth)的山峡隧道,这样就能有效地促进北部和东部地区的海上贸易①。我希望您也能致力于类似的重大工程。我所讨论的沼泽就像蓬蒂内沼泽一样,距离并不远,它们就在您的眼前。趁您还年轻,健康与体力都正当年时,赶紧下令清理干净那恶臭的沼泽。我不想您为此嘲笑我,为了避免让您觉得我只会夸夸其谈,我打算为了这项排沼工程的耗资贡献自己一份绵薄之力,即便我不是帕多瓦公民。君主应当做何贡献?我们又该对他人抱何期待?如果有人想知道我会怎么贡献的话,答案将在恰当时机公开。当前,我将把罗马自由民对奥古斯都所说的话作为我的回答,自由民说:"至于我,主人,我将做出在您看来最贴合我新身份的行为。"②但是,您应当先着手处理我之前提到的修复道路的工作,因为修路工程相对简单也更光彩。我曾经听说,有一部分专门用于这类工事的公共资金,所以不需要再向百姓另外征税,也不需要消耗国库资金或您个人财产,便可完成这类民生工程了。

实际上,我并不否认,也不是不知道这个道理,即一国之君应该谨慎地避免一切多余无用的财政支出。这样他就不会耗尽国库,也不会在真正需要开支时弹尽粮绝。因而,君主不该把钱花在任何无助于促进城市美观与良好秩序的事情上。简言之,君主不该自恃为国家之主,而是应该像国家的守护者那样谨慎仔细。这是哲学家(亚里士多德)在其巨

---

① Suetonius, *Divus Julius* 44.

② Macrobius, *Saturnalia* 2.4.24.

著《政治学》中提出的建议,该建议中肯有用,显然与正义一致①。与此建议逆向而为的统治者都将被视为国家的窃贼,而不是国家的捍卫者和保护者。人们应当牢记哈德良皇帝的话,我认为他说话时的立场并没有区分君与民。埃利乌斯·斯巴蒂阿努斯(Elius Spartianus)关于哈德良写道:"他经常在集会和元老院讨论国家政策,他在治理罗马时好似明白,罗马并非他个人财产的一部分,罗马属于罗马人民。"②我再重复一遍,哈德良所做的一切,他的所有花费开销都清清楚楚,显然,哪怕不是对罗马人民,至少是对上帝,哈德良也必须给出个交代。同样,奥古斯都在病榻上也非常恰当地把权杖给了元老院③。任何一位值得尊敬的人——无关其社会地位——在掂量过每一种可能性后行为处事的人,即便他不用对任何人负责,他都可以针对自己的行为,向每一个人给出一个完整且诚实的交代。该行为与对责任的定义是一致的(如西塞罗所说):"所谓责任,只要你不忽视德性本身,你就无法忽视责任。"④你无法向任何人交代,为何这个问题很重要?因为你的灵魂必须经过自我良心的拷问,若答案不尽人意,就会让你悲伤和不快。即便提比略并非最好的君主之一,但是他在元老院所给出的承诺完全值得信任,理应被奉为最佳,他说:"我保证总是会对自己的言行举止有个交代。"⑤提比略所做的已超过了我们所要求的,因为他不仅对自己的行为负责,还对他的言语负责。

谈到统治者在治国理政中应当具备的节制,我们不妨以韦斯巴芗皇帝为例。尽管皇帝在推进公共事务上一贯慷慨大方,但是当某个劳工头想用非常低廉的价格把巨大的石柱运到卡比托利欧山(Capitoline)上时,韦斯巴芗采取的做法是,他首先感谢这位劳工头开出的"公道"价格,但他不同意这么做。皇帝说道:"请让我用面包来代替(你的薪酬),给我那些可怜的平民吧。"⑥这就是一位正义且值得称赞的好君主的当务之急,他尽一切努力为平民减少饥饿,他尽可能地为百姓提供充足的粮食,让幸福成为人们忠实的伴侣。关于这点,奥勒留皇帝有过一句再贴切不过的话,他说:"没有谁比罗马人更能感受到粮食充足带来的幸福感。"⑦这个道理在任何一个民族身上都适用:相较于道德缺陷带来的失望,食物匮乏更容易使人绝望。因此,物质保障要比精神更能给人带来幸福感。

---

① Aristotle, *Politica* 5.9. 1314b40ff. 彼特拉克所知的是中世纪拉丁语译本。

② *Scriptores historiae Augustae* 1.8.3.

③ Suetonis, *Divus Augustus* 28.

④ Cicero, *De officiis* 1.29.101.

⑤ Suetonius, *Tiberius* 28.

⑥ Suetonius, *Vespasianus* 18.

⑦ *Scriptores historiae Augustae* 26.47.4.

仓廪充实已成为君主职责的一部分,即便是昏庸之君也无法完全不管粮食的问题。因此,好君主更应该勤于观察粮食是否充足。在此至关重要的问题上,您真的是得到了上帝和自然的眷顾,您所统治的地区物产丰饶,您完全有能力从您的地盘上对外出售大量的粮食,无须去进口粮食。然而,我建议您即便当丰收季节时,也该做好歉收的准备,当有未雨绸缪的防患意识,而不是只看眼下收益,这样才能在始料未及的变化面前保护好您自己和您的国家。

当统治者实在是出于迫不得已公共所需的情况,下令向其臣民征某种新的税收时,他应该让所有人都明白,这种做法是万般无奈并与其意愿相悖。简言之,他该表明,若不是因为迫不得已,他绝对不会征收新税。倘若君主能够拿出一部分自己的钱财来缴税的话,这将更有助于提高其良好的声誉。这么做等于在向民众表明,君主作为人民的领袖,也同样是人民的一员,与此同时他还要展现出他的稳健适度。罗马元老院在第二次布匿战争时就是这么做的,元老院听取了执政官瓦勒留斯·莱维努斯(Valerius Laevinus)的建议,此举被之后数代人都传为佳话①。无论是多么高的苛捐杂税,但总要让它看上去是合情合理的。尽管下面这句话并不是出于一位好君主之口,但我们还是不要忘记提比略曾给出的至理名言,他在写信给一位行省官员,要求对地方行省新增苛捐重赋时说道:“好的牧羊人应该剪羊毛,而不是扒羊皮。”②如果这种说法适用于罗马诸行省的话,难道它不应该也同样适用于罗马自身?因为我只希望将您与那些最杰出卓越的君主加以比较,所以我恳请您能够遵循和效仿那些值得称道的言行举止。当您的征税者试图用巨额利益来诱惑您时,请您以安东尼·庇护(Antoninus Pius)为榜样,据说他从来不会因为从行省百姓身上榨取到的任何收入而感到满意③。您对您的子民又想要减少多少伤害呢?同样,君士坦堤乌斯(Constantius)也说过一句让人击节称道的话,他说:“我宁可把公共钱财分发给我的臣民,也不愿意让那些钱锁在我的宝库里。”④君士坦堤乌斯的这种想法包含了两层含义:首先,财富掌握在多数人手里要胜过被一个人独享;再者,个体公民应该通过自己的勤奋劳动去获取财富。如果只是出于贪婪而让金钱如粪土般堆积如山,这又能算得上是什么财富?谁不知百姓的财富就是君主的财富?反之亦然。正如卢坎(Lucan)所说:“仆从贫困则有害,这种祸害是针对主子而言,而非仆从自己。”⑤

① Livy, *Ab urbe condita* 26.34.

② Suetonius, *Tiberius* 32.

③ *Scriptores historiae Augustae* 3.6.1.

④ Eutropius, *Brevarium ab urbe condita* 10.1.

⑤ Lucan, *De bello civili* 3.152.

还有其他更容易赢得臣民爱戴的方法——我承认,对于一位傲慢自恃的君主来说,那些方法很难,但是对于一位性情仁善的君主来说,则是简单愉快的。例如有这么一则轶事。“哈德良皇帝曾喜欢一天去探访病患者两到三次,后来发展成探访军队将士,再后来就是自由民。他用安慰让人们重燃希望,用鼓励让人们精神振奋。他总会邀请他们中间的一些人与自己同桌进餐。”①性情再乖戾的人,在面对主子如此热情善意时,有谁不会被感动?没有人比您更具备这些品质。因此,您所需要做的就是遵从善的本能,便能得到您想要的一切。请对那些饱受疾病困扰,或受其他不幸煎熬的人深表同情吧,若可以的话,您应当帮助他们。我相信您已经这么做了。当我们被劝说去帮助那些我们爱的人时,除了荒蛮之辈,有谁会不为所动?

此外,正如人民对您的爱戴最容易通过仁慈和慷慨来获取,对应地,没有什么能比残忍和贪婪更能勾起人民对您的仇恨了。如果将两者加以比较便可知,残忍更可怕,贪婪则更普遍。尽管残忍更可怕,但却只能影响到一些人;贪婪虽然不可怕,却会影响所有人。不计其数的暴君和君王都是因为这两种恶劣品质被毁,导致他们几个世纪来一直被憎恨与诟病。但我认为一点也没有必要和您讨论残忍的弊端,因为您不仅对之并不陌生,并且您在行为上始终都积极抵制残忍。我断定,像您这般仁慈的人很难做出,哪怕是想到要做出伤害他人的残忍举动。残忍乃卑鄙无耻、变化无常、阴险奸诈之人的品性——这种人与您大相径庭——只要有一线机会,这种人很快就会起报复心。这种恶意并非人类本性,尤其与君主的高贵相悖,复仇行为本身就是一种报复。为此,哈德良皇帝的一句至理名言长期以来广为相传。当哈德良还是个普通公民时,有个人与他为敌,此人看到哈德良当上了皇帝后非常害怕,不安地等待着哈德良对他的各种惩罚,但哈德良却表情平静地对他说道:“既往不咎。”②关于这点已无须赘述,在我看来,仁爱似乎就是对人性的最高表达,若没有了仁爱之心,不仅不是个好人,甚至根本就不配为“人”。

然而,要想从性格中完全剔除贪婪就更难了。什么人能真正做到无欲无求?但我恳请您,蒙主恩典的您是能够以高尚的方式生活的,是能够抑制住贪婪的欲望的。所谓贪婪是欲壑难填,永不知足,任何被贪婪牵制的人当对他人之物起了贪心,则会失去自己的财产。您或许会质疑这种说法?这个道理很肯定:无论是谁,当他非常渴求某样东西但又苦于无法得到时,他常常就会忘记自己已经有的东西。这种人会失魂落魄,迷失方向,一心贪慕荣华,根本察觉不到大难当头;我想不到还能有什么比贪欲更能让人备受煎熬了。

① *Scriptores historiae Augustae* 1.9.7.

② *Scriptores historiae Augustae* 1.17.1.

一旦您克服了这种不好的贪欲,我将告诉您另一种无可指责的好的贪欲。您必须要对德性的宝库以及对杰出荣耀的美誉有所欲求。这种财富是小人与奸人无法侵蚀的,是窃贼趁天黑无法盗走的①。除非是在战争中(如最近发生的那样),或者是一些无法避免的困境下,您都该远离任何希望自己的主人以牺牲他人为代价去攫取财富的小人。实际上,绝大多数的廷臣都会这么怂恿君主。因此,您应该将所有向您如此谏言的人都视为破坏您良好声誉与高尚灵魂的敌人。这群奸诈的廷臣怂恿君主像他们一样去偷窃掠夺他人财产,导致民愤积怨,奸臣鱼肉百姓并欺君罔上,他们不仅毁了自己也毁了君王。关于这点,马里乌斯·马克西穆斯(Marius Maximus)说过一句至理名言——埃利乌斯·兰普雷杜斯(Elius Lampridius)在关于罗马皇帝亚历山大的历史中有记录——原话是:"由一位坏君主统治的国家要比由拥有一群坏朋友的君主统治的国家更加幸福和安全;因为,如果坏人只有一个,他在众多正直者的影响下会变好,但如果是一群坏人的话,那么根本无法凭借(君主)一己之力控制住他们,无论君主本人是多么正直。"②这位亚历山大皇帝是明君,他不仅本人拥有与生俱来的美德,他还有许多朋友,据兰普雷杜斯记载,亚历山大的朋友"正直不阿且受人尊敬,他们从不刻薄恶毒,不偷窃,不煽动民心,不狡诈,不集结作恶,不与正义结仇,不贪婪好色,不残暴冷酷,不欺君罔上,不嘲弄他人,不哄骗蒙蔽君王。与之相反,他们正直,节制,虔敬地拥戴他们的君主,他们既不嘲弄君王,也不希望君王成为他人嘲弄的对象,他们不兜售,不撒谎,不胡编乱造,从不会为了赢得君主青睐而使用阴谋诡计。"③因而,兰普雷杜斯认为,这才是君主应当结交的朋友。还有另一类人,君主应像躲避瘟疫一样远离他们,要像对待人民公敌那样摒除他们。这类廷臣最擅长作恶搞乱,他们总是憎恶好人。不仅如此,这种人总是迫切地想教导君王贪婪之道,如果君主被他们说服并走上了邪路,就会变成十恶不赦的人。如果贪婪对公民而言是魔鬼,那么对君王而言肯定更可怕。

君主同样具有伤害(他人)的能力,鄙视卑贱行径也同样可以是君主的优良品质,因而君主若贪婪并渴求钱财的话,是非常可耻的。这并非没有道理,明君奥勒留(我之前偶尔有所提及)曾经说过:"对君主而言,贪婪乃万恶之首。"④正是因为贪婪,珀蒂纳克斯(Pertinax)与加尔巴(Galba)残酷压榨百姓。因此,任何推崇美德并希望享有美誉的人都应该避免并且鄙视贪婪的恶行。但至关重要的是,君主必须先要避免贪婪,因为君主是人

① Luke 12:33.

② *Scriptores historiae Augustae* 18.65.4.

③ *Scriptores historiae Augustae* 18.66.2.

④ *Scriptores historiae Augustae* 6.8.2.

民的领导者,君主肩负着守护举国之财富乃至国家本身的重任。如果君主治国有方,他肯定认为金钱是肮脏卑污的受贿,他会鼓励最受赞誉的财富,即纯洁通明的良心,以及对上帝和同胞的爱。那些听从个人欲望的人终将自取灭亡,因为他们贪婪的野心永远无法得到满足,他们必将遭受上帝和同胞的憎恶。智慧与经验都一致认为——永不变更的真理——对金钱的贪欲只会日益膨胀,永无休止。关于这点,伊壁鸠鲁给过一个最好的建议,他说,想要变得富有,无须增添钱财,而要克制欲望①。显然,那些所谓的"财富"实际上都不是真正的财富,倘若真是财富的话,就一定会让人富有,但事实却不是。事实上,所有曝于日光之下的财富都无法让人富有,倒不如思考那至理名言,放弃贪欲才能更贴近自然。

人世中没有比友谊更甜蜜的了,友谊是继德性之后最为神圣的东西。那些凭借自身实力与能力来统治的人,尤其需要结交愿与他同舟共济的真正的朋友。永远都别要求朋友做任何不光彩的事情,自己也不要以朋友的名义去做任何不光彩的事情,但光彩的事情是永远不会遭朋友拒绝的。您应当遵从如下原则:朋友之间,做任何事情都要同心协力,朝着同一个方向共同使劲;只要是朋友之间达成的共识,就永远不要因为其他想法、恐惧、迫在眉睫的危险而轻易地改变主意。每个人都应该像爱自己一样爱朋友,漠视地位或财富上的差异。简言之,要按毕达哥拉斯(Pythagoras)的话去做,他要求:"众人拧成一股绳。"②同样,在《圣经》中也有关于真正友谊的表述,《使徒行传》(*Acts of the Apostles*)中写道:"彼此信任互爱的基督教徒情同手足,灵体合一,他们当中的任何一个都不会将任何东西占为己有,他们一切都共享。"③如有人把"友谊"定义为忠于并热爱嫉妒,我一定不会驳斥该定义,因为我相信,除非把基督作为共同的根基,否则就不可能存在友谊,或任何坚实稳固的交情。但同时,我也同意异教徒哲学家的观点,如果不能同时拥有真正的智慧与德性,就不会有真正的友情。我无法苟同某些人的愚蠢诡辩,他们认为从来就没有,以后也不可能有所谓"智慧"的东西。我并不是在讨论某种不可能的事情,而是对人类的创造力充满信心④,并且我们必须把我刚刚讨论过的友谊也归入其中。尽管我们很难想出自己与哪个朋友之间的友谊能够达到像小西庇阿(Scipio)和莱利乌斯(Laelius)那样完美无瑕,但人与人之间仍然常会有某种愉快美好的友情。在这种关系中,从来不会有任何摇尾乞怜的阿谀,也不会有轻蔑贬损的言语,更不会有诽谤、不合及叱责。事实上,友情总是会让

① Seneca, *Epistolae* 21.7ff.

② Cicero, *De officiis* 1.17.56.

③ Acts 4:32.

④ Cicero, *De amicitia* 5.18.

彼此感到欢愉和尊贵,营造出和平、和谐、友善的氛围。友情中不会有虚假矫饰和表里不一,这种情感只会是纯洁的、坦诚的、开诚布公的。拥有这种友谊的朋友之间可以共享很多:建议、工作、荣耀、财富、能力,乃至生命。我们知道,在历史上有许多关于这类友谊的事例,他们经常被人称道。我已经就这一点谈得太多了,我的长篇赘述足够让您现在很容易就能分清楚友谊的真假。

从现在起,我将要讨论的都是事先并没考虑过的话题,但凡我脑海中跳出我认为是重要的话题,我都会开始动笔记下来。在我刚才讨论的友谊以及要对朋友慷慨的话题上,我想再补充一点。马提雅尔(Martial)的一句话在今天听起来尤其正确,他说:"财富总是流进富人的腰包。"①的确,有许多奸诈狡猾的人成为富人。西塞罗描述过一种根据利益算计而乐善好施的方法,尤其对一些慷慨的人行善施恩,因为他们肯定会加倍偿还您的善意②。但是您却恰恰相反,您做善事从不求回报,您给人恩惠纯粹是为了能够从中获得心灵上的快乐与宁静,与贪婪的嗜好形成对比。您不会随意白送自己的钱财,总是把它们给最需要的人,您还把从其他富人那里得到的捐赠分送给贫苦的人。在这个方面,亚历山大可作为您的先例,(如我所说)当亚历山大还是一位年轻的君主时,他就已经这么做了③。我并非不知道自己刚刚提出的建议似乎自相矛盾。虽然,我并没富有到令人心生嫉妒的地步,但您和您父亲的慷慨馈赠足以让我衣食无忧,在我看来这意味着至高的财富。不过我并没考虑到自己或者其他人,我给您提这些建议纯粹是以您的最大利益为出发点的。

我还想和您讨论另一件应该会非常合您意的事情。我知道,慷慨要比谦逊更能为君主带来赞誉,或许这并没错。但是,我真的认为这两种品质都值得称赞,并且慷慨与谦逊并不像一些愚笨者经常认为的那样,是相互排斥的。这个问题就和在所有问题上一样,愚民(的观点)永远是错的。愚民视宽宏为傲慢,视谦逊为胆怯,这两种观点都很荒唐。我希望您在昌盛时,在与百姓相处时能够谦逊;在逆境时,在面对您的敌人时能够宽宏。君主在这两种情况下的任何一种做法都不算是胆怯的或傲慢的。在我看来,谦逊实际上是众多德性中最首要的。然而,一些愚蠢盲目的统治者认为,除非自己以飞扬跋扈的姿态,摆出一副高人一等的样子,否则就不算是伟大的君王。这真可谓是愚昧无知。恶毒透顶的君王卡里古拉并不满足于人间荣耀,他希望自己能得到像神一样的膜拜。因此,他下令在神庙中为自己塑像,能让这位绝对不配受神一般敬重的君王被人们膜拜。卡里古拉甚

---

① Martial, *Satirae* 5.81.2.

② Cicero, *De amicitia* 9.31.

③ *Scriptores historiae Augustae* 18.21.2.

至为自己建造了一所庙宇，让祭司在其金像前献祭①。卡里古拉还做了许多自认为能给他带来更多荣耀的事情，但这只能暴露出他的愚蠢透顶。还有谁能比罗马皇帝康茂德(Commodus)更残暴兽性？然而，即便是对这样一位恶毒至极的君王(其父是伟大的皇帝奥勒留)，人们还像供神一样给他献祭。人们按大力神赫拉克勒斯(Hercules)的样子为康茂德打造了神像，别说是神了，康茂德根本连人都不能算，他是残酷凶猛的野兽②。甚至连海利奥加巴尔(Heliogabalus)这样邪恶透顶的君王也开始受到膜拜。所有这些君王完全都该被现场暗杀，他们的尸体都只配被投入台伯河或阴沟里③。

此外，在您演说中流露出的谦逊之外，您还有另一种谦逊，那就是大家有目共睹的着装谦逊。人们对于优良品德的肯定，无非就是通过耳闻或者目睹，两者皆需通过思想和感觉来传达这种谦逊有礼、文质彬彬的印象。有许多君王在他们的臣民面前衣着华贵，甚至披金戴银，全身珠光宝气④——就像节日当天装饰过的祭坛——他们认为只要披上华贵的服饰就能显得自己非常重要。然而，您却只求着装得体，您的君主身份既非通过华服，也不是通过显摆来证明，而是从您高贵的行为举止和固有的权威中自然地流露出来。这有其双重益处，反之则坏处翻倍。庸俗的显摆招人厌恶，并常会因他人模仿而造成危害。每个人都会尽力模仿君主的言行举止，因而有句话说得好，叫作"没有什么能比一个坏君主的榜样更有害于国家了"。有位使人曾有句至理名言，他说："全世界都以君王为榜样。"⑤因而可以认为，君主的坏习惯不仅对他们自己有害，而且还威胁到每一个人。关于这点，西塞罗在《法律篇》卷三中有一段恰如其分的描述：

> 身居高位者做坏事不可以胡闹论之——尽管坏事本身恶劣透顶——因为这些人有许多效仿者。如果回到历史中去，你将发现那些卓越显赫的伟大人物的特征在任何时代都会再现；无论这些伟人的生活发生什么样的变化，这种变化在其同时代所有人身上也都会发生。较之于对亲爱的柏拉图理论的信心，我们对此应该抱有更大的自信。柏拉图认为，可以通过改变民族音乐的特点，从而改变一个民族的特征。然而，我相信，当一个民族的贵族阶层在习惯上还有生活方式上发生变化，那么这个民族的特征也会随之发生转变。鉴于此，上层阶级的行为不端对国家而言尤其有害，因

---

① Suetonius, *Caligula* 22.

② *Scriptores historiae Augustae* 7.9.2.

③ *Scriptores historiae Augustae* 18.17.2 - 3.

④ Cicero, *Tusculanae disputationes* 1.14.34.

⑤ Claudian, *De quarto consulatu Honorii Augusti* 299 - 300.

为上层阶级不仅自身沉迷于为非作歹,他们的恶行还会影响到整个国家,不仅是因为他们自身腐败堕落,并且那些效仿者所造成的危害要远胜于他们犯下的罪行。①

西塞罗的观点已说得够多了。实际上,我自己在和您及他人讨论时,经常说:"这位君主不会对任何人吹牛自夸,他不会把任何人带向浮夸。"我经常反思李维关于汉尼拔的描述,他说:"汉尼拔在穿着上与别人无异,只有当他佩带武器骑在战马上时才显得与众不同。"②不过,这在战争年代,对一名士兵而言并不算是一种赞誉,如有必要,应当排除一切舒适。您在和平昌盛时期展现出谦逊质朴,此乃过度奢靡之母。因此,考虑到您的服饰穿戴,我不该将您与刚才提到的汉尼拔加以对比,而是应该与奥古斯都比较,他的统治带来了普天同乐。据说,奥古斯都只穿家人做的衣服,他身上的衣服都是由他的妻子、姊妹、女儿、孙女等人缝制的③。

如果不是担心您可能听得精疲力竭(或许您已因我的絮叨而感到疲倦),我还想跟您讨论许多话题。但是有一个话题我不能就此略过,将要讨论的行为能让君王同时获得尊重与崇敬(其实您在这方面并不需要任何劝导)。简言之,我恳请您褒奖名人,给予他们尊重并与他们交好。您对之是如此渴望,您不可能另有打算(即便您想)——您的本性也会加以阻止——统治者遵从自己本性的做法才是最好的做法。习俗是一种强制力,教育更是强大,不过本性才是最强,如果三者能相结合,则能发挥最大功效。在我看来,所谓卓越者就是那些拥有某种独特的品质并因此从芸芸大众中脱颖而出的人,这可以表现为无与伦比的正义或圣洁(这在当今几乎不存在),或者是军事技能与经验,或者是在文学和科学方面有杰出的造诣。尽管就像西塞罗在《论义务》卷一中说的那样,"许多人认为,军事科学要比统治经验更加重要,这种观点其实大错特错"④。

在所有具有统治能力而受人尊敬的人当中,第一位当属有识之士。在这些有识之士当中,拔得头筹的当属那些通晓利国之法的人。如果这些人在精通法律之外,还热爱并维护正义的话,那他们就是(像西塞罗所说的)"不仅通晓法律,还匡扶正义"⑤。然而,有些人虽然懂法却不伸张正义,这些人根本不配法学家的头衔。因为光有(法律)知识是不够的,还必须要有运用知识的想法。

恐怕我已说得够多了。在这封信的开头,我打算劝导您,在信的结尾,我想对您臣民

① Cicero, *De legibus* 3.14.31.
② Livy, *Ab urbe condita* 21.4.8.
③ Suetonius, *Divus Augustus* 73.
④ Cicero, *De officiis* 1.22.74.
⑤ Cicero, *Orationes Philippicae* 9.5.10.

的道德加以纠正。不过现在想来,这可能是件无法完成的任务,因为想要改变那些从风俗中演化而来的习惯实属不易。这不能通过法律或君王去强制实现。因此,我变通了想法,不搞无谓之举。但我对于帕多瓦人民的一个习俗实在无法漠视。我不是在要求您,而是恳求您能够亲手管制这种公共陋习。您千万别对我说,我希望您纠正的这个陋习并非帕多瓦独有,在许多城邦也同样普遍。这是一个关乎您自身尊严的问题,您正是因为独具天赋才卓越超群,帕多瓦也正是因为有您才超越了所有的邻邦。

Petrarch's Idea of the Statecraft (Selected texts)

Francesco Petrarch

【**Abstract**】Francesco Petrarch's work *How A Ruler Ought to Govern His State* was dedicated to his final patron, the lord of Padua, Francesco il Vecchio da Carrara. The letter treats the general duties of a ruler and details of the practical rulership. Emphasizing the standard of political virtues, Petrarch urges the ruler to consider hospitality, benevolence and generosity as noble merits and qualities a *Signore* might have. Along with his own political ideal and goal, Petrarch drew an ideal city-state for the Carrara lord.

【**Keywords**】Lord, State, Virtue, Glory, Rule

共和主义的歧路:剑桥学派对马基雅维利政治德性的解读[①]

谢惠媛[②]

【摘要】以波考克和斯金纳为代表的剑桥学派学者试图把马基雅维利阐释为共和主义者。要做到这一点,就需要把后者政治思想中离经叛道的元素纳入共和主义框架。然而,在德性问题上,剑桥学派因先入为主的共和主义逻辑而歪曲了马基雅维利之德性政治化取向的真实含义,未能完整呈现其思想的新异性和冲击力;同时又因过分倚重公民美德而未能如实展现他对"大人物"之德性的专注,从而遮蔽其国家主义本质。这在一定程度上反映出,剑桥学派对马基雅维利所作的共和主义式阐释难以称得上是成功的。

【关键词】马基雅维利,共和主义,剑桥学派,政治德性

自 19 世纪末 20 世纪初以来,在自由主义逐步主导政治话语的背景下,历史传统悠久的共和主义曾一度黯淡下来。然而,20 世纪下半叶开始,面对"公民惟私主义综合征"等突出问题[③],当代共和主义复兴运动的倡导者和支持者把民主参与作为校正"消极自由"的妙策,把公民塑造视为重任[④],把公民美德等作为重要突破口,着力为完善民主社会提供共和主义良方。此间,以波考克(John Pocock)和斯金纳(Quentin Skinner)为代表的剑桥学派学者利用其颇具开创性的历史语境主义方式,力图通过思想史的重新阐释来夯实共和主义的根基。尤为引人注目的是,他们不遗余力地纠正以往的"偏见",把原本被称作"邪恶之师"的马基雅维利(Niccolò Machiavelli)描述为共和主义传统的重要一员。就共和主义而言,德性是不可或缺的组成部分。有相当一部分共和主义者相信,假若缺乏德性,特别是公民德性,那么公民参与政治的动机、活力和质量将大大下降,而自由、法治等体现共和主义特质的话题也将无从谈起。因此,他们十分重视德性,或隐或现地把它作为自身思想体系的必要且重要构成。鉴于此,要把马基雅维利界定为共和主义者,就需要把他那些离经叛道的主张纳入共和主义的框架,并且特别要说明其政治德性观能否及如何

---

① 本文系国家社科基金后期项目,北京航空航天大学首批"拔尖人才"项目阶段性成果。

② 作者简介:谢惠媛,北京航空航天大学教授,博士生导师,主要研究领域为政治伦理学和西方政治思想史。

③ 哈贝马斯:《在事实与规范之间——关于法律和民主法治国的商谈理论》,童世骏译,北京:北京三联书店,2003 年,第 669 - 670 页。

④ 张凤阳:《共和传统的历史叙事》,《中国社会科学》,2008 年第 4 期。

与共和主义的德性传统相契合。然则,剑桥学派的理论努力能否获得成功呢?

一、剑桥学派对马基雅维利“virtù”概念的解读

要把握马基雅维利的政治德性思想,就不能忽视其文本中的关键词“virtù”①。在拉丁文中,“virtù”的概念具有丰富的内涵。它一开始常被用于形容那些能够展现男子气概的强力品质,尔后又被用来表征诸如仁慈、慷慨、守信、勇敢等让人称道的好品格,从而逐步具有伦理意味②。在《君主论》《论李维》和《佛罗伦萨史》等政治著作及论说文、诗歌和戏剧中,它是马基雅维利经常提及的概念,也是从总体上展现其政治德性思想的核心词汇。对此,剑桥学派学者予以高度关注。通过词义辨析与概念溯源等方式,他们强化了马基雅维利与共和主义者的相似之处,进而凸显了马基雅维利对共和主义传统的延承。

首先,剑桥学派突出了“virtù”概念的多义性。与施特劳斯(Leo Strauss)和曼斯菲尔德(Harvey Mansfield)不加区分地把概念翻译为德性(virtue)的做法形成鲜明对照,在“剑桥学生版”的《君主论》英译本中,斯金纳和普莱斯(Russell Price)根据语境把该词分别翻译为品质、生涯、才华、能力、德性等③,换言之,他们认为该概念既包含合乎德性的一面,也具有与德性无关的一面④。与此同时,剑桥学派学者更注重彰显马基雅维利“virtù”概念的军事和行动意味。如波考克指出:“在罗马德性中,马基雅维利已然发现一种积极‘virtù’的新形式,这种‘virtù’尤为适合于大众,并且只存在于那些能把人民武装起来并赋予其公民权利的有活力的武士国家;他受惠于佛罗伦萨理论中的国民军传统,加之他有过在索德里尼麾下组织一支国民军的经历,这促使他把公民身份建立在军事‘virtù’基础上,前者构成了后者的结果。”⑤换言之,马基雅维利的“virtù”概念并不必然与当代伦理道德意义上的德性相关。

除此以外,剑桥学派强调了“virtù”概念蕴含的公共性。斯金纳指出,包括马基雅维利在内的众多作家都赞同,自治共和国得以存在的前提是共和国的公民具有“virtù”这一至

---

① 怀特菲尔德(John Whitfield)曾评论道,在马基雅维利的词汇中,没有哪一个词比“virtù”更能使人们为之兴奋或为之愤慨的了。参见 John Whitfield, *Machiavelli*, New York: Russell & Russell, 1965, p.92。

② 麦克唐奈(Myles McDonnell)指出,在“virtù”被赋予伦理意味的过程中,西塞罗扮演了极为重要的角色。参见 Myles McDonnell, *Roman Manliness: Virtus and the Roman Republic*, Cambridge: Cambridge University Press, 2006, chap.3。

③ Niccolò Machiavelli, *The Prince*, Quentin Skinner & Russell Price (trans.), Cambridge: Cambridge University Press, 1988.

④ John Pocock, *The Machiavellian Moment: Florentine Political Thought and the Atlantic Republican Tradition*, Princeton & Oxford: Princeton University Press, 1975, p.184.

⑤ Ibid., p.203.

关重要的品格。“西塞罗把这种品格称作‘virtus’，后来的意大利理论家称之为‘virtù’，而英国的共和主义者把它翻译为公民美德或公共精神。由此，这一术语被用于指称我们每一个人作为公民所最需要具备的一系列能力：这些能力可以让我们心甘情愿地服务于公共善，因此自觉捍卫我们共同体的自由，最终确保共同体的强大与我们自身的个人自由。”而《论李维》中的公民德性把公共利益置于个人利益之上，表现为“保卫我们的共同体免遭外敌征服与奴役的勇气和决心”①。与之相似，波考克也强调“virtus”的公共性，认为它是一种能让个体或团体在公共环境中有效行动的力量，能让人在城邦乃至宇宙中成为他应当所是的人的道德善，而在马基雅维利所处时代的知识背景中，它显得尤为重要②。

同样值得注意的是，剑桥学派还强化了“virtù”与命运之间的古老关联。在《在马基雅维利时刻：佛罗伦萨政治思想与大西洋共和主义传统》一书中，波考克认为：“怎么强调都不为过的是，‘命运’是一个关乎‘virtù’的问题。”③在回溯“virtù”的一种古老用法——即把两者视为相互对抗的“对手”，德性的平衡与整合就是给命运强加以秩序和荣耀——的基础上，波考克指出，马基雅维利的“virtù”概念体现了支配事务和命运的技巧与勇气。与之相似，斯金纳指出，马基雅维利眼中的“virtù”概念是一种品质，这种品质“使君主能抵御命运的冲击，引起她对自身的垂青，并最终获得君王名声，为自己赢得尊敬与荣耀，为其政权赢取安定”④。

至此，剑桥学派眼中的马基雅维利始终没有展现出与共和德性相悖的观念，他似乎与同时代人始终保持一致，遵循着人文主义的传统。应当承认，对“virtù”概念多种含义的区分确实符合当时人们的习惯用法——与古希腊词汇“aretē”相似，它被用于表征事物的优秀——马基雅维利也是在较为宽泛的意义上使用该概念⑤。而区分概念的具体含义并凸显当中的非道德性意味，在很大程度上能缓解“道德压力”，由此淡化了概念本身与共和主义德性传统之间的直接冲突。

---

① Quentin Skinner, "The Republican Ideal of Political Liberty", in Gisela Bock, Quentin Skinner, Maurizio Viroli (eds.), *Machiavelli and Republicanism*, Cambridge: Cambridge University Press, 1990, p.303.

② John Pocock, *The Machiavellian Moment: Florentine Political Thought and the Atlantic Republican Tradition*, p.37.

③ Ibid., pp.92, 78, 157.

④ Quentin Skinner, *Machivelli: A Very Short Introduction*, p.40.

⑤ 在马基雅维利的文本中，我们至少可以发现“virtù”一词有四种不同的使用含义：(1)事物的性质，如弓箭的自然属性(la virtù del loro arco)；(2)身心方面的能力；(3)与强力、魄力或激情等相关联的美德，如勇敢、坚韧等；(4)基督教道德，如仁慈、慷慨等。第一种用意体现了古希腊意义上的自然德性的含义，而第二、三种则基本上属于古罗马传统的用法。参见谢惠媛：《马基雅维利的 virtù 概念辨析》，《现代哲学》，2011 年第 3 期。

与此同时,细心的读者不难发现,当斯金纳和波考克解释马基雅维利的“virtù”概念时,他们采用的策略相当“巧妙”。本着历史语境主义的立场,他们首先追溯概念的词源或思想的渊源,并在此基础上分析被阐释者的观点和行为。不可否认,这是理解马基雅维利思想的重要向度,但问题在于过分倚重于语境进行思想解读,容易掩盖思想的原创性和新异性。换言之,马基雅维利在多大程度上远离传统,这是剑桥学派阐释立场难以清晰厘定的。从古典共和主义者对“virtù”概念的运用中提炼其核心要义:一方面强调概念中与道德无关的部分,如对命运的征服;另一方面强调公共善的追求,剑桥学派引导读者理解概念本身,接着,他们把这两方面与马基雅维利勾连起来,认为后者一直沿用过往的理解方式,由此论证其共和主义立场。然而,这种做法似乎过于急进。它并没有像斯金纳自身所宣称的那样如实且全面地反映“virtù”概念的丰富内涵,也没有揭示出它所蕴含的深刻矛盾。

二、对马基雅维利“virtù”概念的再审视

实际上,马基雅维利的“virtù”概念蕴含两重矛盾,即基督教德性与古罗马德性之间的矛盾,以及表达能力的优秀与体现德性的优秀之间的矛盾。第一重矛盾不难被读者把握,而第二重矛盾则往往被忽视。唯有清晰地把握这两种矛盾,才能更确切地理解马基雅维利的政治德性思想。

在文本中,马基雅维利曾多次显白地批评基督教教徒秉持的仁爱和谦卑等德性与离尘脱俗的生活方式让意大利人变得女人气、懦弱无能、羸弱不堪,同时称赞古罗马推崇的勇敢和坚毅等德性让它变得强大。基于此,他认为,意大利要摆脱外部支配,重振昔日雄风,就要在德性意义上效仿古罗马人而非基督教徒。相比之下,第二重矛盾并不容易被人捕捉。鉴于政治社会中的人是天使与魔鬼的复合体,他们总是受财产等问题的支配,容易受邪恶念头的诱惑,从而变得唯利是图、腐化堕落,所以马基雅维利劝诫君主国和共和国的统治者,不应痴迷于始终奉行按道德标准行事的执念,而应在必要时采用残暴或背信弃义等方式。虽然这些行径既违反基督教教义,又打破古罗马德性传统,但由于它们能保全统治者的性命,有助于维护主权、防止腐败或征战扩张等,因此展现了统治者的优秀与杰出,是实现政治目的的必要且有效手段。

借助西比阿(Scipio)和汉尼拔(Hannibal)的例子,我们能更好地把握马基雅维利“virtù”概念所隐含的第二重矛盾。在他看来,始终保持仁慈、忠诚和虔诚之德性的西比

阿,与残忍、背信弃义和缺乏宗教信仰的汉尼拔,都拥有“超凡的”“virtù”①。然而,一向被人们称为残暴化身的迦太基将领汉尼拔,为何及如何能获得与一向以宽厚仁慈著称的罗马将领西比阿相同的评价呢?与那些把汉尼拔作简单的道德定性的做法不同,马基雅维利认为,应立足于“真实的事物状况”(veritù effettuale della cosa)而非“想象的事物状况”(immaginazione di essa)进行评价,追问实际如何,而不是应当如何。现实的状况是,汉尼拔率领一支由雇佣军等多个民族组建起来的军队,身处异国他乡,要在战场上获胜,非残忍、暴力不足以使将士们心生恐惧与敬畏,不足以让鱼龙混杂的庞大军队团结一致,不足以统领军队取得累累战果。根据这一“真实的事物状况”,马基雅维利明确指出,虽然汉尼拔不具备传统意义上的德性——包括基督教意义上与古罗马意义上的德性,但他能因势利导,从而所向披靡,“在意大利产生与西比阿在西班牙一样的影响”,使“意大利所有的城市都向他倒戈,所有人民都追随他”②。假如汉尼拔像西比阿那样始终以道德自持,那么,他极有可能不仅无法在战场上所向披靡,而且会功败垂成,身败名裂且无法自保。“只要具备老练运用两种方式的德行,那么将帅的处世方式就不是那么重要了。”③也就是说,尽管两者处世方式性质完全不同,但他们所获得的赞誉理应是相当的。手段虽然无法被赋予道德正当性,但却因其对政治目的的有效性而获得必要性与合理性说明。

为了更有力地证明自身判断,就在评价西比阿和汉尼拔之后,马基雅维利旋即以曼利乌斯・托夸图斯(Manlius Torquatus)和瓦勒里乌斯・科温努斯(Valerius Corvinus)为分析对象,再次重申与强调其结论,即究竟应严厉残忍,抑或友善仁慈,取决于现实境遇和政治需要,有赖于统治者能否不受传统的道德观念羁绊,作出审时度势的灵活决策——诸如自身与他人的力量对比,人们对习俗或制度的遵从程度,以及社会是否腐化不堪等,将在很大程度上决定了统治者是否应当以道德自持。

值得一提的是,关于西比阿和汉尼拔的比较曾多次出现在马基雅维利的文本中。不管在《君主论》《论李维》,抑或在写给友人的书信中,他都曾把汉尼拔和西比阿作为论证观点的重要案例④。该案例的反复使用足以说明马基雅维利对当中所涉义理的坚信。他坚信,不管在君主政制下,抑或在共和政体中,能力意义上的优秀并不逊于德性意义上的

① Niccolo Machiavelli, *Discourses on Livy*. Harvey Mansfield & Nathan Tarcov(trans.), Chicago: the University of Chicago, 1996, p.263.

② Ibid.

③ Ibid., p.264.

④ 《君主论》第17章和《论李维》第3卷第21章都谈及了这个案例。而在1506年9月12日写给索德里尼(Giovan Battista Soderini)的信中,马基雅维利也提到,自然赋予每个人以不同的性情,不同的人按照自身的性情和想法行动。只有聪明人能使自己顺应时势,故常享有好运。由于汉尼拔与西比阿不仅得到命运女神的眷顾,而且有着雄厚的军事实力,具备因地制宜的能力,因此,两人都赢得了数不尽的胜利和荣耀。

优秀,甚至可以说,能促成政治目的之实现的能力居于更优先的地位。

把品格和行为方式迥异的将领相提并论的做法部分地反映了马基雅维利对"virtù"概念的新异性。正是通过类似的处理手法,他赋予恶能与善相媲美的政治地位,并进而使恶内嵌于政治中,成为其必要构成。此时,政治摆脱了道德的必然束缚而获得自身的独立性。实际上,对政治实操者而言,马基雅维利关于必要时应采用恶行的谏言并没有太大创新性。在修昔底德(Thucydides)的《伯罗奔尼撒战争史》等作品中,充斥着大量相似的政治情境。然而,唯有马基雅维利如此公开大胆地以第一人称(身份)谈论恶,推崇恶,"不惜把自己的名字与之公开联系起来"①。这显然有别于古人及同时代人文主义者的德性传统。在古人那里,政治是一项不断追求善的事业,政治生活理应成为"具备了足够的需用的德性以至能够拥有适合于德性的行为的生活"②;而在同时代人文主义者那里,统治者和政治精英应遵循善道,其统治的合法性源于公正、适度、俭朴、仁慈,以及尊重公民的自由和遗产等品格和行为方式。这种德性政治的立场挑战且部分地破坏了整个世袭特权的理念——人文主义者正是在此意义上与17世纪的共和主义者发生关联,表明了德性不仅是权力合法性来源,而且是行使权力的核心条件③。通过与前人思想的比较不难发现,马基雅维利要向他所置身的传统发起挑战④。

然而,剑桥学派更多地强化马基雅维利"virtù"概念中与能力相关的一面,却有意淡化其对共和主义德性传统的挑战。正如斯金纳指出:该概念更多的是"获取荣誉、荣耀和名声的能力集合。但他(注:指马基雅维利)却让该词的含义与主要美德和君主美德不再发生必要关联。他认为,真正有德性的君主的典型特征是,为了达到其最高目的,愿意去做必然性所要求的任何事情——不管行为碰巧是邪恶的还是良善的"⑤。不过,问题在于,马基雅维利"virtù"概念与德性的疏离本身就值得质疑,即便能力与德性具有不同诉求,但这并不意味前者可以摆脱后者的规约。凸显马基雅维利理论对能力的关注,并不能使之

① Leo Strauss, *Thoughts on Machiavelli*. Illinos: The Free Press, 1958, pp.10,292.

② 亚里士多德:《政治学》,颜一,秦典华译,北京:中国人民大学出版社,2003年,第229页。

③ 参见 James Hankins. *Virtue Politics: Soulcraft and Statecraft in Renaissance Italy*. London: The Belknap Press of Harvard University Press,2019,chap.2。此外,在该书中,汉金斯还批评那种把马基雅维利与人文主义政治思想等同起来的做法,认为前者与后者"高度不相符",而且在很多方面都具有挑战性。

④ 马基雅维利在《君主论》后半部分提到了前人关注的问题,但却给出了截然不同的结论。比如,他对统治者应当慷慨大方抑或吝啬小气、仁爱慈善抑或残酷无情、受人爱戴抑或让人畏惧等问题的讨论,在西塞罗和文艺复兴共和主义者彼特拉克(Francesco Petrarca)等人那里都有过论述。参见 Cicero. De Officiis. Walter Miller(tran.), London: William Heinemann Ltd. 1928. Francesco Petrarca, "How a Ruler Ought to Govern His State," in *The Earthly Republic: Italian Humanists on Government and Society*, Benjamin G. Kohl, Ronald G. Witt eds., Pennsylvania: University of Pennsylvania Press, 1978, pp.35-57。

⑤ Quentin Skinner, *Machivelli: A Very Short Introduction*, Cambridge : Cambridge University Press, 1988, p.44.

免于道德层面的检审。

三、移恶作善抑或持守恶道?

鉴于马基雅维利对政治和道德关系的独特理解,要把他看作共和主义者,就需要回应:他提出的那些背离人道、违反神道的主张在何种意义上能与共和主义立场实现融贯?

从马基雅维利的文本中不难看出,他立足于实然层面,拒绝把政治生活理想化,把政治概念由以往追求至善的理想化高度降格到"两害相权取其轻"的低位。在此基础上,他为政治解除了形而上的道德束缚,同时又为德性的践行设定了必要条件,即仅当德性的践行并不妨碍,甚或有利于实现政治目的时,才应当遵守道德规范。道德被剥夺了原有的独立性和内在价值,完全依附于政治,体现出一种德性政治化倾向。因此,他能理所当然地提出了一些在道德层面"引起强烈与持久不安"、令人"格外担忧"的政治主张①,确立起有别于前人的独特政治道德观。

实际上,剑桥学派并非没有注意到,也不可能没有注意到马基雅维利那些离经叛道的主张;同时,他们也承认其德性政治化的倾向。斯金纳把马基雅维利"virtù"概念与古典四主德、君主美德区分开来,并认为它们之间不存在必要关联,而波考克也承认该概念有可能滑入否定"基督教,甚至是所有伦理意涵"之危险境地的论断②,这都表明了他们已然认识到马基雅维利对伦理意义上的德性的淡漠,甚或是背离。与此同时,剑桥学派也清楚地认识到,他的政治道德主张与共和主义推崇公民美德的做法不相协调,如果把他诠释为共和主义传统中的一员,就需要澄清他的主张如何在共和主义框架内获得合理性说明。

波考克采取的方式是,在政治视域中改变行为的性质,使之实现由恶向善的转变,进而换上公民美德的"新装"。一方面,他把德性政治化理解为关系中的德性,坚称德性只存在于公民一起从事公共事务之时。另一方面,他再次重申命运与"virtù"的"罗马—马基雅维利式"关系,认为德性政治化集中表现为,借助政治结果实现行为由非道德(或反道德)向道德的转变③。他指出,《君主论》最臭名昭著的段落要追问"是否存在一种'virtù',能够使摆脱了道德社会的革新者形塑命运,以及在这种'virtù'或者在能被设想为因其作用而产生的政治结果当中,是否存在道德意味"④。

而斯金纳则从政治的角度赋予道德新形态。他解释道,马基雅维利并不相信原有的

① Isaiah Berlin, "The Originality of Machiavelli". in Henry Hardy (ed.) *Against the Current: Essays in the History of Ideas*, New York: Penguin Books, 1982, pp.33-100.

② John Pocock, *The Machiavellian Moment: Florentine Political Thought and the Atlantic Republican Tradition*, p.92.

③ Ibid., pp.92, 78, 157.

④ Ibid., p.157.

道德是真正意义上的道德,“他在一定程度上怀疑,我们能否说那些具有毁灭性的公认的善配得上德性之名。由于它们容易带来破坏,他宁可把它们称作是‘似乎是善的’;由于与之相反的品行更有可能巩固地位,他宁可说它们只是看起来是恶的”①。对此,斯金纳以慷慨和仁慈为例进行论证。在慷慨抑或吝啬问题上,他指出,马基雅维利对西塞罗等古典道德论者的隔空反驳就在于,他认为后者所理解的慷慨实质上是一种恶,而非善的表现。与之相似,当提到马基雅维利与西塞罗在仁慈问题上的不同态度时,斯金纳写道,他“再一次坚持认为”,这是对仁慈“彻头彻尾的误解”②。或许,也是在此意义上,斯金纳敢于作出这样的判断:“只要为增进共同利益所必需,我们就应具备一副铁石心肠,甘愿鄙弃正义的要求,行动起来冷酷无情、背信弃义”③,因为它们都不是真正的恶行,而实质上是善道。正是通过名恶实善的方式,斯金纳大大减缓甚或是瓦解了马基雅维利离经叛道主张所带来的冲击,使之不会对德性在共和主义中的核心地位构成根本威胁。

不过,这种理解与其说是属于马基雅维利,毋宁是剑桥学派共和主义式的自我演绎。较之德性本身而言,通过把言说对象界定为德性的表现形式,把问题的重点从“是否为善”置换成“是否真正为善”,确实能协调马基雅维利政治道德观和共和主义的关系,使两者相互融贯。然而,马基雅维利本人从未试图把恶进行改头换面并使之纳入善的范畴。在《君主论》第16—17章,他并没有把西塞罗式的慷慨或仁慈视作恶的,而是指出这种慷慨会带来恶果。这两者之间存在本质区别:前一种判断质疑的是德性的具体表征,而后一种判断则批评德性带来的后果。事实上,马基雅维利并没有对德性的具体表现形式提出异议。基于对行为政治后果的专注,他更在乎德性能有效促成政治目的。现实的政治指向决定了行为是否因循道德规范与在何种意义上因循道德规范。相应地,统治者更应当考虑的是该不该行善及如何行善,而非采取什么形式的善。鉴于此,他要否定的是德性的自主性与内在价值,而不是质疑各种各样的具体善。故而,马基雅维利的德性政治化取向连同其离经叛道主张并没有像波考克和斯金纳所说的那样要“偷梁换柱”。与此同时,他也不像伯林(Isaiah Berlin)所说的那样,要确立一种有别于基督教的政治德性④。应该说,他明目张胆地在规范意义上发表他的作恶宣言,并没有半点移恶作善的念头。

马基雅维利对恶的守持可显见于他对阿加托克雷(Agatocle)的评价。阿加托克雷是

① Quentin Skinner, *Machivelli: A Very Short Introduction*, p.50.

② Ibid., p.51.

③ 斯金纳:《消极自由观的哲学与历史透视》,载自达巍,王琛,宋念申等编:《消极自由有什么错》,北京:文化艺术出版社,2001年,第117页。

④ Isaiah Berlin, “The Originality of Machiavelli”, pp.33 - 100.

一名暴君,尽管出身卑贱,但凭借自身过人的能力,他从平民跃升为君主,支配西西里岛的大部分领土,并且长久地保有权力。在马基雅维利看来,他主要依靠的是自己在精神和身体上无人能及的超凡“virtù”(tanta virtù di animo e di corpo),而非得益于运气。由于他深谙狐狸和狮子之道,能勇敢地面对各种恶劣的政治环境,排除艰难险阻,不仅利用自己的军队一举夺取政权,而且懂得以残暴的方式来维护权力,因此能建功立业,让臣民畏惧他。依马基雅维利之见,阿加托克雷是一位“最卓越的将领”①。但值得注意的是,马基雅维利并不认为他是优秀的,而是把他视为一个毫无恻隐之心、毫无宗教信仰的人,这是因为,他取得统治权的手段是邪恶的——为了满足其勃勃野心,他屠杀民众、出卖朋友、背信弃义。而这再一次确证了他“virtù”概念蕴含的第二重矛盾。同样,虽然马基雅维利赞赏像汉尼拔那样的统帅,但始终没有把他的行为看作实质上是善的,而是多次称他是残酷无情、不讲信义的邪恶之徒。这说明了,他并不认为能力上的优异可弥补道德人格的缺失,因此没有赋予其行为道德合理性。就此而言,波考克和斯金纳试图从政治领域之特殊道德的角度进行思想阐释有违马基雅维利的想法。

就道德本身而言,马基雅维利关注的是其适用范围,强调要根据政治需要决定是否遵循道德行动。但波考克和斯金纳等剑桥学派学者却认为他的关注点是具体表现形式,并以他从未意识到的新道德类型为那些离经叛道的主张披上道德外衣,从而避免了与共和主义德性思想的冲突。遗憾的是,这一移恶作善的理解进路更多的是出于当代共和主义者先入为主的谬见,它不仅无助于以历史的方式还原其人其言,还会遮蔽其真实意图。

四、众人之德抑或一人之德?

共和主义不仅强调德性,而且更重视一种公共意义上为人们广泛享有的德性。德性——特别是政治德性和公民美德——更多的是指“公民将公共利益置于个人利益之上的意愿与能力”②,往往表现为对祖国的热爱、对公共事务的参与,乃至为共同体利益的牺牲。这种德性不仅应为统治者所具备,而且也要求普通公民践行。亦即说,共和主义的德性既包括统治者的政治德性,也包括一般意义上的公民美德。正如波考克借阐述乔万尼·卡瓦尔康蒂(Giovanni Cavalcanti)思想之机重申的那样,共和国依赖的是具有持续性的众人之德,而非一人之德。共和国所享有的美德和稳定正是基于它能集众人之力,而避

① Niccolò Machiavelli, *The Prince*, Harvey Mansfield (tr.), Chicago: the University of Chicago, 1985, pp.34－35.关于马基雅维利对阿加托克雷能力的赞赏,参见《论李维》第2卷第12章、第13章,第3卷第6章。

② 刘训练:《马基雅维利与古典共和主义》,《政治学研究》,2011年第4期。

免不具有持续性的一人之德的缺陷[①]。与之相似，专注于具普遍性的公民美德，斯金纳坚持马基雅维利重视众人之德的观点。他指出，在《李维史论》中，马基雅维利“不仅关注个人的品德，也关注这样一个概念：公民全体也可以表现出同样的品质”[②]。在某种意义上，承认公民美德的价值与进行有意识的培育确实有助于共和国避免腐化蜕变与维持自由局面，而强调马基雅维利重视公民美德，似乎也在一定程度上体现其对共和主义德性思想的遵循。

但问题的关键在于，尽管马基雅维利曾提及公民美德及其塑造，但相比之下，他更看重的是一人之德，而非体现众人之德的公民美德。即便在《论李维》的开篇，他曾提到拥有德性的人包括君王、将领、公民、立法者和为自己祖国而劳作的人，但当言说向前推进时，不难发现，这一概念更多地被用于形容摩西（Moises）、罗慕路斯（Romulus）、布鲁图斯（Brutus）、迪翁（Dione）、西比阿与汉尼拔等先知、建国者或军事将领等“大人物”[③]。亦即说，他所看重的是体现在少数人身上而非普通公民那里的德性。这一如《君主论》和《论李维》的敬献对象并非普通民众，而是“豪华者”洛伦佐·德·美第奇（Magnificent Lorenzo de' Medici）、扎诺比·布昂德尔蒙迪（Zanobi Buondelmonti）和科西莫·卢塞莱（Cosimo Rucellai）。统治者而非民众是马基雅维利的关注对象，这部分的是因为，“缺乏首领的民众”往往是没用的[④]。依他之见，贵族和平民往往更看重的是自身财产利益，更重要的是，他们大都不具备足够的政治判断力，缺乏审时度势的本领与把握机遇的明智[⑤]。故而，真正有能力作出抉择的往往是作为“首领”的少数人。在重大问题面前，往往少数人的卓越和胆识才是正确抉择的关键，而这恰恰是普通民众不具备的。基于此，虽然马基雅维利提到平民与罗马元老院之间的矛盾是古罗马强大与自由的重要原因，力主建立城市国家自己的国民军而非倚重雇佣军，赞同保留阶层冲突与保留公民的指控权等，但他并没有得出

---

① John Pocock, *The Machiavellian Moment: Florentine Political Thought and the Atlantic Republican Tradition*, pp.92－93.

② 斯金纳：《近代政治思想的基础：上卷》，奚瑞森，亚方译，北京：商务印书馆，2002年，第273页。

③ 事实上，斯金纳已注意到，在《论李维》的第三卷，马基雅维利尤为关注那些有着超凡德性的大人物在罗马上升时期所发挥的重要作用。但他只是在一个不起眼的注释中提到了这一点。参见 Quentin Skinner, "The Republican Ideal of Political Liberty", in Gisela Bock, Quentin Skinner, Maurizio Viroli (eds.), *Machiavelli and Republicanism*, Cambridge: Cambridge University Press, 1990, p.304。

④ Niccolò Machiavelli, *Discourses on Livy*, p.219.

⑤ 在其文本中，马基雅维利不止一次地从各个角度抱怨平民和贵族的缺点。基于对现实的人之劣根性的认识与强调，在《论李维》中，他曾教导立法者，要把人想象为“恶棍”，这是因为人时常是邪恶的，他们会不失时机地按照灵魂中的邪念行事。Niccolò Machiavelli, *Discourses on Livy*, pp.111－112.

结论认为,平民应当取代贵族而单独执掌权力。同样,即便他赞同的是大多数贵族和平民参与政治,但这是基于民众是防止权力腐化、城市国家衰落及混合政体内部权力失衡的重要力量的考虑,而非出于对民众政治能力的信任,因此他没有提议把决策权这一重要权力交付民众。公民参与并非政治生活的全部,而且其参与政治的意义往往带有防御性。就此而言,公民参与是捍卫自由最根本的保障这一当代公民共和主义的话语超出了马基雅维利的智识范围。

退一步而言,即便说马基雅维利也看重普通公民的德性,但这种类型的德性何以可能,又如何维系呢?在波考克看来,共和国的产生与存续是公民美德得以生成与维系的重要保障。“只要共和国公民具有一致性,从而使‘virtù’得到最有效的践行,那么,它便不会失去自身与社会德性的关联,它依然可通过基督教的方式得到最好的阐发。然而,一旦共和国分裂,那些使得人类生活可被理解且合乎德性的许多事宜也会随之破灭。”①由此看来,波考克不仅注意到马基雅维利思想中反基督教德性的一面,而且也感受到它有可能对德性本身造成的毁灭性打击。避免后一种情况发生的方式是,借助共和国本身及其公民的内源性自我调节机制。而一旦共和国瓦解、公民沦为臣民,德性也将随着内生机制的消失而化为乌有。换言之,共和国及其公民是德性得以续存的充要条件与根本保证。

然而,马基雅维利让我们意识到,即使公民德性有助于共和国的维系与长治久安,但它只存在于有共和传统、有良好制度且公民已具备德性的共和国。在那些尚未建立共和国的地方,怎样生成支撑共和国所必需的公民德性?或者说,在业已腐化堕落的共和国,又如何重塑公民德性?在这两种境况下,波考克所关切的制度和习俗无助于建立与社会德性的必然关联。

事实上,对国家运转机理的理解使得马基雅维利更专注于挖掘与推崇一人之德。依他之见,包括城市国家在内的世间万物都有自身的寿限,即便是有着辉煌成就的古罗马王国也会随着时间推移而逐步腐化堕落,而自我更新则是扭转局面与延长寿命的有效方式。“所有教派、共和国和王国在初创时自身都必定包含优秀的因素,借助这些因素,它们或许可以重获最初的声誉与重新崛起。由于随着时间的流逝,这些优秀因素会被败坏,除非有

---

① John Pocock, *The Machiavellian Moment: Florentine Political Thought and the Atlantic Republican Tradition*, pp.91-92.

东西干预并让它回到原来的地方，否则它一定会杀死机体。"①由此，他得出结论认为，教派或国家如果要长治久安，就需要"常常回到自身的开端"。②

要"回到开端"，就必须借助一人之德。虽然马基雅维利承认，"共和国中出现的好迹象要么是基于一个人的德性，要么是因为制度优越"③，但在他看来，制度的优越归根结底离不开"一个人"的德性。"就后者（制度）而言，使罗马共和国重新回到它的开端的制度是平民护民官、监察官，以及所有反对人的野心和傲慢的其他制度。这些制度需要由一个公民的德性来让它发挥作用，面对违法乱纪的势力，这位公民能果断地执行制度。"④要使城市国家经常"回到它的开端"，避免因不断腐化堕落而分崩离析，就要靠那一个"有名望""好人希望模仿他们而邪恶之徒羞于与他们作对"的人的德性⑤。当城市已腐败不堪时，情况更是如此。

回到自身的现实处境，对马基雅维利而言，最迫在眉睫的问题是，在佛罗伦萨这个共和传统尚存但业已支离破碎的城市，如何利用苟延残喘的共和力量，使公民继续保持公共精神，取得一致性，从而焕发生机，保持与社会德性的关联呢？从长远角度来看，德性又在何种意义上能自始至终维持共和国长治久安，有效防止权力腐化，或避免陷入历史循环？马基雅维利清楚地意识到，单纯诉诸公民德性无法卓有成效地解决建立新共和国或拯救腐化了的共和国等问题。"不存在腐败的地方，骚乱及其他耻辱无伤大雅，一旦腐败，那么再好的法律也无济于事，除非由一个强势之人推行法律，确保它们得到服从，从而使事态往好的方向发展。"⑥

可以说，始终萦绕马基雅维利心头的常常是新君主国、遭遇危机的王国或腐化衰落的共和国。即便对那些处于相对和平安定时期的城市国家，他更多思考的是如何避免与化解潜在的危机，以便于延长历史循环的周期。国家要始终保持主权独立与突破历史循环论，就需要不断攫取与扩张，不断应对表现为命运的各种不确定性⑦。而这同样离不开一人之德。不管对君主国抑或共和国而言，某个人或少数人的德性才是最有力的保障。唯有他们才有能力建立包括共和国在内的新国度，在城市遭遇外敌之际，在国家因防止腐化

① Niccolò Machiavelli, *Discourses on Livy*, p.209.

② Ibid.

③ Ibid., p.210.

④ Ibid.

⑤ Ibid., p.211.

⑥ Ibid., p.48.

⑦ 参见 Mark Hulliung, *Citizen Machiavelli*, Princeton: Princeton University Press, 1983。

而不断扩张之时,通过军事、立法、宗教等方式力挽狂澜,也唯有他们能得到命运女神的青睐。换言之,马基雅维利更重视与更多地称颂立法者而非守法者,领导者而非参与者,统帅而非士兵的德性,就此而言,他经常提及的德性与当代共和主义所看重的公民美德并无太大关联。

在思考时,马基雅维利更关注的是政治的起点及各种非常态状况,更倾向于守持国家主义立场。他所理解的公民美德更多的是防御性的,并且远不足以应对各种重大事件。在他那里,在每一个重要关头,能真正维系国家利益、推动政治目标之实现的往往是那些共和政制中未必被视为合乎道德的手段。在城市国家正经受腐化衰落或遭遇重大变故之际,那些凸显能力而非德性意义上的优异,有别于甚或是背离共和原则的手段,既是变通之道,同时也是有效途径。而在创建之初、转型之际及腐化之时,共和国都离不开这些离经叛道的手段。在此,我们又一次看到了一种或许是现代人感到陌生的观念:共和国的确立与维系离不开非共和的因素。这种界限的模糊一如马基雅维利在究竟应秉持善德抑或采用恶行、应采用君主制抑或共和制等问题上给出的答案。

五、余论

有必要澄清,本文的用意并非要否认马基雅维利政治思想蕴含共和成分①,而旨在说明如果把他理解为共和主义传统的一员,就要回应其政治道德主张所带来的一些不可回避的问题。遗憾的是,波考克和斯金纳等剑桥学派学者未能成功地把那些离经叛道的主张纳入共和主义的框架内。进一步地,在论证马基雅维利的共和主义立场过程中,他们一直无法具有说服力地驳倒同样在方法论上独树一帜且观点相反的施特劳斯学派,而且新近还受到来自麦考米克(John McCormick)等学者的质疑②。颇值得玩味与深究的是,马基雅维利并非共和传统的第一人,且他的文本在德性问题上也包含一些与共和主义思想并非直接相关甚至或是格格不入的元素,但为何波考克和斯金纳却聚焦于此并为其倾尽笔

① 古罗马的辉煌及其共和政制、佛罗伦萨的共和历史、马基雅维利所接受的人文主义教育,以及他在文本中提到的自由、法律、阶层纷争和混合政体等,不同程度地反映出共和传统始终是其理论语境与思想资源。

② 参见 John McCormick, *Machiavellian Democracy*, Cambridge: Cambridge University Press, 2011; John McCormick, *Reading Machiavelli: Scandalous Books, Suspect Engagements, and the Virtue of Populist Politics*, Cambridge: Cambridge University Press, 2019。

墨呢？或许，他们的现实关切和当代旨趣可部分地解释该问题①，然而，假如情况果真如此，这又似乎与其倡导的历史语境主义立场相冲突，与他们强调的要像作者理解自己一样理解作者、以作者的眼光看待问题的论调不相吻合②。

此外，波考克等人的公民共和主义立场及其对马基雅维利的阐释或多或少地表明，较之其他共和主义者，他们在公共善、公民参与和公民美德等问题上更为乐观自信。但马基雅维利的态度明显是悲观的。与斯金纳不同，当代另外一位共和主义理论家佩蒂特(Philip Pettit)注意到公民参与和公共善之间并不应直接画上等号，但遗憾的是，他更多地诉诸制度建构，而非从公民美德本身来解决问题③。然则，德性问题是否以及在何种意义上能够在德性之外得到合理解决？同样，"工具性"的思维向度是否真的有效？④ 对此，我虽有所期待，但更多地心存疑虑。

Misreading about Machiavelli's Political Virtues by Cambridge School

XIE Huiyuan

【Abstract】 Pocock and Skinner are the leading scholars of Cambridge School, both stressing Machiavelli's republican commitments with great effort. They would have succeeded if they were able to align his ideas deviating from the norms with republican traditions. However, they failed to do that because they partially adopted Machiavelli's political suggestions, distorted his understanding of virtù, reconstructed his politicized virtue with the framework of republicanism, and ignored his concerns on the grandi rather than the popolo.

【Keywords】 Machiavelli, Republicanism, Cambridge School, Political Virtues

---

① 佩赫-索斯纳(Emile Perreau-Saussine)指出："由于与他同时代的英国人对共和主义并不感兴趣，加之英国在近几个世纪近乎不相信共和主义，斯金纳不得不回到17世纪。由于'英国共和主义者'更喜欢代议制政府而不是公民参与，他改而转向了中世纪的意大利共和国，在那里，他找到了自己过去一直推崇的模本。"参见 Emile Perreau-Saussine, Quentin Skinner in Context, *The Review of Politics*, vol. 69, 2007, pp.106－122。

② Quentin Skinner, *Visions of Politics*(*Vol.1*), Cambridge: Cambridge University Press, 2002, pp.57－89.

③ 参见佩蒂特：《依照人民的意愿》，曹钦译，南京：江苏人民出版社，2019年。而波耶尔(Alain Boyer)注意到，尽管佩蒂特的共和主义理论离不开公民美德，但他并没有经常提及这个词。参见 Alain Boyer, "On the Modern Relevance of Old Republicanism", *The Monist*, Vol.84, No.1, January 2001, pp. 22－44。

④ 泰勒曾指出，斯金纳的共和主义理论的吸引力是"工具性"的，它实质上会导致对公共善的否证。参见 Charles Taylor, *Philosophical Arguments*. Cambridge: Harvard University Press, 1995, pp.181－203。

派系、庇护与共和政治:马基雅维利《佛罗伦萨史》中的美第奇家族

陈浩宇①

【摘要】马基雅维利在《佛罗伦萨史》中采用了前后一贯的派系政治视角分析佛罗伦萨历史语境中的美第奇家族。佛罗伦萨的派系传统塑造了美第奇家族的政治认知和行为策略,他们的崛起和统治因而未能脱离派系政治的窠臼。美第奇家族在派系斗争中展现了自己的超常德性,却也使佛罗伦萨愈发远离一种共和政治的原则和实践。马基雅维利的派系政治分析思路,揭示了美第奇统治的内在困境,对当代史学理解15世纪美第奇政权的性质仍具有启发。

【关键词】马基雅维利,美第奇家族,派系,共和政治,佛罗伦萨史

伏尔泰(François-Marie Arouet)将美第奇家族统治下的文艺复兴时期的佛罗伦萨视为世界历史唯一值得重视的四个时代之一,因为它是"文化技艺臻于完美的时代",因人类精神的崇高伟大而成为后世典范②。但当伏尔泰继续评论美第奇家族作为"一个普通公民的家族"却完成了"本应由欧洲各国国王进行的事业"时,他已然提示出这个家族的公民身份和政治地位的模糊,以及他们同置身其中的佛罗伦萨共和体制的紧张关系③。

简要回溯历史可以发现,美第奇家族与佛罗伦萨共和国有着近百年的纠葛历史。科西莫·美第奇(Cosimo di Giovanni de' Medici)1434年从流放中归来,正式开启了美第奇家族掌握佛罗伦萨权柄的历史。此后虽然佛罗伦萨维持着共和国的外表,但科西莫及其家族后继者们却日益掌控了政权的运转,成为城市实际的主宰者。佛罗伦萨的共和渴望并未完全衰微,美第奇家族在1494年和1527年两度被驱除出佛罗伦萨,共和体制在这两个时段得以短暂恢复。但当共和国于1530年第二次陷落后,共和体制正式走向终结,美第奇公国得以建立。如何评价美第奇家族与佛罗伦萨共和体制的关系,特别是15世纪美第奇政权的性质,仍然悬而未决。

---

① 作者简介:陈浩宇,武汉大学政治与公共管理学院讲师,主要研究领域为政治学理论和西方政治思想史。

② 伏尔泰:《路易十四时代》,吴模信,沈怀洁,梁守锵译,北京:商务印书馆,2009年,第5页。

③ 同上书,第6页。

带来困难的部分原因或许正在于,通过招募和赞助人文主义者与艺术家群体,美第奇家族采取了各种文化和宣传策略来为自己的统治地位提供辩护①。不过,我们仍可求助于文艺复兴时期最具洞见和共和热忱的思想家——马基雅维利(Niccolò Machiavelli)。作为美第奇家族的同时代人,思考他们与佛罗伦萨共和政治的命运,构成了马基雅维利一项最重要的课题②。他对这个家族最详尽的讨论和分析无疑出现在《佛罗伦萨史》中。但由于这部书是受美第奇家族前后两位教皇——利奥十世(乔瓦尼·德·美第奇,Leo X, Giovanni di Lorenzo de' Medici)和克莱门特七世(朱利奥·德·美第奇,Clement Ⅶ, Giulio de' Medici)托付而作,这使得马基雅维利对美第奇家族的评点变得敏感和困难。对于马基雅维利的微妙笔法和他的大致思路,我们或许可以通过简单分析《佛罗伦萨史》正式开始前的"献词"中的一段话加以展示:

为此,教皇陛下委托我以重任,命我秉笔直书陛下家族之史实事迹,并望我力戒阿谀奉承(因为陛下既偏爱实话实说之人,又厌恶不实客套之辞),但每当我提到美第奇家族中乔瓦尼的良善、科西莫的睿智、皮耶罗的谦逊以及洛伦佐的宽宏和审慎时,我恐怕自己身不由己违背了教皇陛下之圣谕。因此,对于您和所有那些因认为这些描述绝不信实而感到恼怒的人,我为自己做如下开脱,因为,我发现在不同时期人们描述他们而留下的记录中,充满了对他们的赞扬,以致我不得不书写那些我所发现的东西,否则,便因嫉妒而保持沉默。倘若在他们那些丰功伟绩之下隐藏了任何与公共利益相悖的野心——就像有些人所说的那样,那么我确实没有发现,因而也不会被迫去书写。③

在这里,马基雅维利不仅称颂美第奇家族历代领袖的美德,而且坚称自己的赞颂完全不违背一个史家的正直和信实。但正如我们已经指出的,马基雅维利同时也暗示自己撰写历史时,面对的前代材料充斥着溢美之词,正是这些层累的文献在美化美第奇家族的形象并掩盖他们和共和体制的紧张关系。前代作者们建构出来的神话,将成为马基雅维利拆解和祛魅的对象。马基雅维利果然紧接着提供了一些刺耳的异见,报告有些人说美第奇

---

① 关于人文主义者对科西莫·美第奇形象的描绘,参见 Alison Brown, *The Medici in Florence: The Exercise and Language of Power*, Firenze: Olschki, 1992, pp.3-40;关于公民人文主义与美第奇家族崛起的关系,参见 Mark Jurdjevic, "Civic Humanism and the Rise of the Medici," *Renaissance Quarterly*, Vol.52, No. 4, 1999, pp.994-1020。

② 在纳杰米(John M. Najemy)看来,马基雅维利思考美第奇家族带来的问题,不仅因为他自身的际遇与这个家族牵涉甚深,更在于美第奇家族与佛罗伦萨共和政治的关系构成了一个重要的历史和智识问题。参见 John M. Najemy, "Machiavelli and the Medici: The Lessons of Florentine History," *Renaissance Quarterly*, Vol.35, No.4, 1982, pp.552-555。

③ 马基雅维利:《佛罗伦萨史》,王永忠译,长春:吉林出版集团有限责任公司,2013 年,"献词"第 1-2 页;译文根据意大利原文有修正,参见 Niccolò Machiavelli, *Machiavelli. Tutte Le Opere: Secondo L'edizione Curata Da Mario Martelli (1971)*, Firenze: Giunti, 2018, p.1678。

家族怀有与公共利益相悖的个人野心。虽然马基雅维利立刻否定自己也持有相似的观点，但诚如扎克特(Catherine H. Zuckert)所言，他却已然明白无误地将这个疑难提了出来①。

其实，对美第奇家族最严重的指控便是将他们视为佛罗伦萨的僭主，这种断言在美第奇家族仍掌权时便不绝如缕，在他们于1494年被驱逐出佛罗伦萨后更加普遍。在15世纪的佛罗伦萨，僭主作为一个攻讦性概念被重新激活，或许正源自公民人文主义者对罗马共和国与帝国历史的重估，以及在外交舆论战中对佛罗伦萨共和国和米兰公国的对比讨论②。但当僭主概念被加诸美第奇家族身上时，却似乎存在一些错位，因为美第奇家族领袖表现出来的美德和事迹，使他们与传统的僭主形象相去甚远。这种概念上的张力在圭恰尔迪尼(Francesco Guicciardini)那里得到了反映。在其《佛罗伦萨历史》第九节细数了洛伦佐·美第奇(Lorenzo de' Medici)的功绩和过失后，圭恰尔迪尼声称："我们必须得出结论说，在他的统治下城市不是自由的，尽管它不可能有一个更好的或是更令人满意的僭主。"③

如果不能简单使用传统僭主概念来描述美第奇家族，那就必须寻找一种新的方式来界定他们和佛罗伦萨共和政治的冲突关系，并且说明美第奇政权性质模糊和规避定义的那些面相。马基雅维利在《佛罗伦萨史》中便采取了派系政治的视角，借助对派系和庇护关系运作机制的分析，这一视角既能厘清美第奇家族追逐的派系私利对共和国公共利益的背弃，也能很好地说明美第奇家族崛起和统治具有的隐蔽和欺骗性。马基雅维利特别考察了佛罗伦萨的派系政治传统对美第奇家族态度和行为策略的塑造，作为这一传统的集大成者，他们在派系斗争中展现了自己的超常德性，却也使佛罗伦萨愈发远离一种共和政治的原则和实践。因此，下文将根据马基雅维利《佛罗伦萨史》提供的线索，首先讨论佛罗伦萨的派系政治传统，然后依次分析美第奇家族的前史、崛起和统治，最后在结论部分简要评估马基雅维利的整体思路，探讨他的分析路径对当代史学理解美第奇政权的性质所具有的启发。

一、佛罗伦萨的派系政治传统

在马基雅维利看来，佛罗伦萨历史的主轴是形态不断演变的内部纷争和政治冲突，以及冲突中持续涌现的派系利益对公共权力的僭取。在《佛罗伦萨史》的序言中，马基雅维

---

① Catherine H. Zuckert, *Machiavelli's Politics*, Chicago: The University of Chicago Press, 2017, p.382.

② 参见 Hans Baron, *The Crisis of the Early Italian Renaissance: Civic Humanism and Republican Liberty in an Age of Classicism and Tyranny*, Princeton: Princeton University Press, 1966, pp.372 - 373。

③ Francesco Guicciardini, *The History of Florence*, trans. Mario Domandi, New York: Harper & Row, 1965, p.76.

利便指出佛罗伦萨接连不断地遭受分裂的困扰，如果在罗马只存在贵族和平民的纷争，“而佛罗伦萨，不满于一次，制造了许多次”；分裂先是出现在贵族之间，之后在贵族与平民之间，最后则是平民与庶民之间；从这些分裂中产生的死亡、流放和遭到毁灭的家族不亚于历史上任何城市[①]。在佛罗伦萨，冲突不仅在不同阶层之间渐次蔓延扩展，而且频繁出现的派系斗争往往表现出了跨阶层的特征。

这些不曾止息的政治冲突为一个特性所主导。马基雅维利在《佛罗伦萨史》的第三卷卷首，比较了平民和贵族的对立在罗马和佛罗伦萨带来的不同结果：

> 因为在罗马一开始存在的平民与贵族之间的对立是通过争论来解决的，在佛罗伦萨则通过战斗；罗马的对立以制定法律告终，在佛罗伦萨则是许多公民的流放和死亡；罗马的对立总是增强军事德性，佛罗伦萨的对立则完全消除了它。[②]

马基雅维利接着指出，产生不同结果的主要原因是两个城市的平民抱有不同的目的，罗马的平民希望与贵族一同享有荣誉，因而更容易与贵族达成妥协；佛罗伦萨的平民则希望独揽大权，因此与贵族爆发了激烈的对抗。马基雅维利的这一描述无疑普遍适用于佛罗伦萨各个阶段和各种形态的内部政治冲突。在佛罗伦萨，冲突双方并没有像在罗马一样达成妥协与平衡，从而确立有利于双方的法律和体制；相反，佛罗伦萨的政治冲突总是伴随着剧烈的武装对抗，以流血和放逐收场。政治冲突没有达成利益的沟通和调适，而是带来一种全输全赢的结果；政治冲突后确立的法律体制，是胜利方意志的绝对体现，失败方则受到压制和剥夺。在早期贵族内部的斗争中，例如圭尔夫派和吉伯林派、白党和黑党的冲突，总是以败者的完全流放而收场。马基雅维利在《佛罗伦萨史》序言中指出，“众所周知，吉伯林派被放逐的人数是如此众多，以致所有托斯卡纳和伦巴第地区都充斥着这一派的人”[③]。而在前引第三卷序言对平民和贵族冲突的描写中，马基雅维利同样叹服佛罗伦萨政治冲突之剧烈和平民胜利之彻底，作为失败方的贵族即或没有遭到身体意义上的放逐，却在“行为举止、精神气质和生活方式”层面遭受了完全的打击和毁灭，原本热衷武力、不可一世的贵族必须处处向平民看齐，这使得马基雅维利哀叹“贵族身上原有的尚武德行和宽宏精神也就丧失殆尽，平民从来就不具备这些特性，今后也不会恢复；因此，佛罗

① 马基雅维利：《佛罗伦萨史》，第 2 页；*Opere*, p.1682。

② 同上书，第 111 页；*Opere*, p.1807。

③ 同上书，第 3 页；*Opere*, p.1683。

伦萨也变得越来越孱弱和卑鄙”①。

这种胜者全得的体制无疑是脆弱和不稳固的。一方面,这个政权在任何时候都有一个体制之外心怀不满的反对派,他们随时准备采取激烈行动推翻现政权;另一方面,当政权内部发生新的分裂时,由于缺乏自我协调的举措,往往意味着新一轮剧烈冲突的来临。因此,佛罗伦萨似乎便被困在这样一种党派利益兴衰更替的历史循环中。这构成了马基雅维利对佛罗伦萨政治史的第二个重要认识,在形态和角色不断演变的政治冲突中,始终存在着派系与私人利益对于公共权力的绑架。马基雅维利在《论李维》中便指出了这一点,他认为佛罗伦萨获得自治的两百多年来“从未出现过一个能够真正称为共和国的政府”,“虽然很多次通过公开且自由的投票,授予少数公民以全权对它进行改革,但是他们从来没有为公共利益(comune utilità)来构建它,而总是为他们那一派(della parte loro)的利益。这在那个城市制造的不是秩序,而是更大的混乱”②。

马基雅维利在《佛罗伦萨史》中也重复了这个论断,在第三卷一篇虚构的演说中,某位希望止息派系纷争、心怀爱国热情的演讲者指出,党派首领总是将他们卑鄙的打算包装在虔诚的言辞之中:

> 他们所制定的法律规章并非为了公共利益,而纯粹为了一己私利。他们所决定的战争、和平和联盟关系并非为了集体荣誉,而仅仅为了满足少数人。而如果其他城市充满了这类无序,我们的城市沾染的无序尤甚于其他任何城市;因为各项法律法规和民事条例,并不是按照自由生活(vivere libero)制定的,而总是并且仍然是根据占据优势的那个派别的野心制定的。③

其实,马基雅维利表明,佛罗伦萨的政治史本不应该如此惨淡,佛罗伦萨其实拥有机会摆脱派系利益的掌控,获得一种真正的自由生活。他最开始也是在《论李维》中提示了这一可能。在《论李维》第一卷第五十五章,他认为那些具有独立地产、城堡和武装的绅士对共和国有害,因此充斥着这些绅士的那波利王国和伦巴地等地区“从来没有产生过任何共和国和任何政治生活,因为这些类型的人完全敌视一切公民体制”④。与之相对,托

① 马基雅维利:《佛罗伦萨史》,第 111 - 112 页;*Opere*, p.1808。

② 马基雅维利:《马基雅维利全集:君主论 · 李维史论》,潘汉典,薛军译,长春:吉林出版集团有限责任公司,2013 年,第 279 页;译文根据意大利原文有修正,参见 *Opere*,p.429。

③ 马基雅维利:《佛罗伦萨史》,第 117 页;*Opere*, pp.1814 - 1815。

④ 马基雅维利:《论李维》,第 295 页;*Opere*,p.443。在阿尔都塞等左翼研究者看来,马基雅维利谈论的绅士,其实是更具封建形态的贵族,因而民族国家只能建立在对一切封建形式的扫除之上,参见 Louis Althusser, *Machiavelli and Us*, trans. Gregory Elliot, London: Verso, 1999, p.70。

斯卡纳长期有共和国存在,这主要是因为这个地区没有任何城堡领主,也极少有绅士,"但有如此大的平等,以致一个审慎的并且了解古代公民体制的人可以很容易地将一种公民生活(vivere civile)引进到那里";但马基雅维利紧接着表示,"然而,此地是如此不幸,至今仍未遇到一个已经能够做或者知道如何做这件事的人"[①]。马基雅维利表明,包括佛罗伦萨在内的托斯卡纳地区具有为构建一种公民生活所必不可少的条件——平等,但仍有待于某个知晓如何行动的人来真正构建一种公民体制或自由生活。

我们可以重新回到《佛罗伦萨史》第三卷序言对罗马和佛罗伦萨平民与贵族冲突问题的讨论。在那里,马基雅维利指出,佛罗伦萨的平等处境正是这种冲突带来的结果,因为遭遇彻底失败的贵族被迫向平民看齐并改变自己的社会行为模式。所以,如果原本作为范例的罗马的对立最终使公民之间产生了巨大的不平等,以致没有一个君主便不能维持自身;被反复批评的佛罗伦萨的对立,因为带来了公民之间高度的平等,却似乎展现出了一丝正面的曙光。和上引《论李维》相似,马基雅维利承认,这种借由政治冲突达成的平等处境使得佛罗伦萨"本可以被一位明智的立法者轻而易举地重组为任何形式的政府"[②]。但我们要再一次注意马基雅维利微妙的措辞,他谈到的是佛罗伦萨"本可以",这种可能在为《佛罗伦萨史》所含括的历史时段内都没有成为现实。因此,这或许是马基雅维利对那些失去的机会表达的惋惜和感慨。

这使我们想到在《君主论》第六卷中,马基雅维利谈到了那些"依靠本人的德性而不是依靠命运崛起成为君主的人",其中最为出类拔萃的范例便是摩西、居鲁士、罗慕路斯和提修斯[③]。这些人正是一举抓住了机会给他们提供的材料,借助自身非凡的德行将他们认为最好的形式赋予材料,给祖国和自己赢得了荣耀。在《君主论》中,美第奇家族的成员也被鼓舞和吁求扮演这类崇高而卓越的拯救者。在全书情绪最为高昂的最末一章,马基雅维利一方面表明意大利现时的沉沦处境更甚于希伯来人、波斯人和雅典人曾经的遭遇,因而是命运提供的最为合适的行动时机;另一方面,马基雅维利则许诺美第奇家族的拯救者能够获得最有利的援助和人民的拥护。

---

① 马基雅维利:《论李维》,第 296 页;*Opere*,p.443。

② 马基雅维利:《佛罗伦萨史》,第 112 页;*Opere*, p.1808。同时参见 Gisela Bock,"Civil Discord in Machiavelli's Istorie Florentine," in *Machiavelli and Republicanism*, ed. Gisela Bock, Maurizio Viroli, and Quentin Skinner, Cambridge: Cambridge University Press, 1991, pp.188 – 192。

③ 参见马基雅维利:《马基雅维利全集:君主论·李维史论》,第 21 页。波考克在其分析中认为《君主论》第六章描述的"立法者和先知"达到了对命运依赖程度最小的极限,是新君主的理想类型,参见波考克:《马基雅维里时刻》,冯克利,傅乾译,南京:译林出版社,2013 年,第 183 页。

但是,在《佛罗伦萨史》里,美第奇家族及其超常德性本身成为一个问题①。马基雅维利不仅呈现了一个一再错失改制机会、未能在佛罗伦萨建立自由生活的美第奇家族;而且,马基雅维利暗示,或许正是美第奇家族自身,阻碍了佛罗伦萨在更为晚近的历史时段中成为一个真正的共和国。在《佛罗伦萨史》中,马基雅维利不再把美第奇家族视作能够外在于历史和制度限制行动的立法者与拯救者,不再忽视超常德性在道德意蕴上的含混。他将美第奇家族放回到现实处境中加以理解,视其为历史中的行动者并正视他们与共和体制的关系。佛罗伦萨持续的内部纷争和派系政治同样塑造了这个家族的自我认知、历史理解与行动策略。

二、派系传统中的美第奇家族

按照马基雅维利在序言中的表述,美第奇家族在 1434 年的佛罗伦萨取得了超过任何其他家族的权势,这也是他原本计划开启《佛罗伦萨史》一书的时间点。但由于两位历史学家未能详细叙述 1434 年之前佛罗伦萨的内部纷争,马基雅维利最终将其著作的一半篇幅,用于描述佛罗伦萨在 1434 年之前的内政。1434 年现在成为著作的中间点,佛罗伦萨派系冲突的过往构成了美第奇家族崛起的前史。

在《佛罗伦萨史》第二卷描述的 14 世纪中叶前的城市早期史中,美第奇家族有两次简短的出场,马基雅维利毫不避讳地点明他们是城市纷争的主要参与者。第一次是在 14 世纪初黑党和白党的纷争中,美第奇家族被描述为骚乱的煽动者②。第二次是在 14 世纪 40 年代初期。贵族和平民日趋激化的斗争使得前者不惜放弃自身和城市的自由,通过委身一位君主来压制平民,雅典公爵瓜尔蒂耶里(Gualtieri, duke of Athens)正是在贵族的策动下被授予了终生统治权。他早前赢取贵族和庶民拥戴的一个重要举措,便是处决了包括乔瓦尼·美第奇(Giovanni de' Medici)在内的若干指挥卢卡战争不力的官员,这些人都具有深厚的平民阶层背景。

公爵的专制统治迅速引发了城市公民的普遍不满,执政团成员劝说公爵尊重并维护佛罗伦萨难以磨灭的自由传统。公爵的答复呈现了一种在罗马帝国时期便已形成的,针对自由的共和解释最具竞争性的表述,也即认为君主制或是一人统治的政体才能确保共同体的自由、安全和团结,在分裂的共和政治中不存在自由③。公爵声称:"他本人并没有

① 参见 John M. Najemy,"Machiavelli and the Medici,"pp.571 - 576。

② 参见马基雅维利:《佛罗伦萨史》,第 76 页;*Opere*, p.1767。

③ 参见 Peter Stacey,*Roman Monarchy and the Renaissance Prince*,Cambridge: Cambridge University Press,2007,pp.110 - 111。

剥夺城市自由的意图,而是重塑自由;因为只有分裂的城市是受奴役的,而团结的城市则是自由的。如果佛罗伦萨借助他的统治而消除了宗派、野心与仇恨,那么他就是恢复而不是剥夺了它的自由。"①公爵的统治很快走到了尽头,美第奇家族构成了推翻公爵的一股重要力量。公爵的倒台也使得贵族和平民之间的敌对再度成为佛罗伦萨政治生活中必须加以解决的问题,双方在城市内爆发了激烈的武装冲突,马基雅维利特别点明美第奇家族在第一批发动了进攻。这场战斗以贵族彻底失败告终,正是在紧接着的第三卷的前言中,马基雅维利做出了我们已经在上文引述过的那些重要评论。美第奇家族的这一次出场与政治冲突引发的若干严峻问题相关,这包括城市政治自由在冲突中的丧失,共和政体被一人统治的僭政取代,对立政治派别的消失和城市体制的失衡。这些是佛罗伦萨在此后的动荡历史中会反复面临的问题。

同样严酷的斗争模式在庶民与平民的对垒中得到延续,美第奇家族的成员在其中扮演了越发关键的角色,并且展现了鲜明的个人特质,这些内容在《佛罗伦萨史》第三卷得到了处理。这一卷叙述了羊毛工人起义后建立了为底层民众主导的政府,而在这一政府被推翻后,平民上层重新建立了为其主导的寡头政权。伴随着政权转换而来的依然是暴力、流血和放逐,以及特定阶层和派别对于政治权力的独占,美第奇家族在这两个时段命运迥异。前一阶段的主要人物是萨尔维斯特罗·美第奇(Salvestro de' Medici),马基雅维利描述说:"他出身于最显赫的平民家族(nobilissima famiglia popolana),无法忍受平民受到少数几个权贵欺压。"②但其实包含萨尔维斯特罗在内的里奇一派,和主要由古老贵族及圭尔夫派权贵构成的阿尔比齐一派积怨已久。阿尔比齐一派视萨尔维斯特罗为主要对手,在 1378 年 4 月便试图利用佛罗伦萨选举制度中的回避原则,通过选举萨尔维斯特罗的某位同族担任官职,从而剥夺他本人担任正义旗手这一最高权力职位的机会;但萨尔维斯特罗一派发现了玄机,使得阿尔比齐一派的计划没有成功。在萨尔维斯特罗担任正义旗手后,他便试图通过一项针对圭尔夫派贵族和平民上层的法律。按照佛罗伦萨的立法程序,法律提议需要先由正义旗手召集执政团及其两个同僚机构讨论通过,之后提交给议会表决。萨尔维斯特罗在提议没有获得同僚一致同意而有早夭之虞的情况下,选择直接诉诸议会发表演讲。马基雅维利概述了萨尔维斯特罗的演讲内容,后者声称制定法律是为了"纠正权贵的无礼"并完善共和国的法律,但"人们的恶意"如此极力反对"他的正义事业"(giuste sue imprese),以致不仅他被剥夺了"做好事的手段",而且人们审议乃至听

---

① 马基雅维利:《佛罗伦萨史》,第 95 - 96 页;*Opere*, p.1790。

② 同上书,第 123 页;*Opere*, p.1821。

取这个法律提议的机会也被剥夺;萨尔维斯特罗进一步声称,既然自己无法为"共和国或者普遍利益(bene universale)"作出有用的事情,他决定请辞回家①。正是萨尔维斯特罗这篇极具煽动性的演讲引发了底层民众最初的动乱,并且一步步演变为羊毛工人之后发动的浩大革命。

马基雅维利在这里评论说:"任何人都不应该在一个城市里挑起变动之后,相信他能够随心所欲地止息它或者按照他的方式来规制它。萨尔维斯特罗的意图是制定那项法律并使城市归于安宁,但事情的发展却有违初衷。"②马基雅维利的前辈布鲁尼(Leonardo Bruni)在《佛罗伦萨人民史》中认为,萨尔维斯特罗试图通过制定法律限制和纠正圭尔夫派对训诫的滥用,这一"意图"是好的;但"出乎其预料和计划",下层民众掌握了政府,反而造成了更大的损害③。那么,马基雅维利是在采用一套已经成熟的历史叙述模式,通过意图和结果的二分,来为萨尔维斯特罗在羊毛工人起义中并不完全光彩的角色开脱吗?

按照我们已经表达的思路,马基雅维利其实采用了一以贯之的派系政治视角,来叙述萨尔维斯特罗前后相继的行为④。萨尔维斯特罗最初的法律动议,无疑在某种程度上是出于打击敌对派系的动机。基于佛罗伦萨对立派系在社会经济光谱上的分化,萨尔维斯特罗深谙需要借助普通乃至下层民众的力量,以对抗阿尔比齐一派,这使得他选择直接面对议会发表演讲。在他的演讲中,我们也能发现派系政治的另一个要素,即将派系利益包裹成共和国的普遍利益。羊毛工人起义的结局,也符合马基雅维利描述的那些组织不佳的共和国在政治冲突后往往形成的或者陷入奴役或者陷入无序的情况⑤。在羊毛工人起义的情况下,我们甚至看到两者并置的奇异景观:一方面是下层民众发动持续不断的叛乱,城市生活陷入瘫痪;另一方面则是不少支持庶民政权的上层公民,不仅被授予了骑士荣誉,而且掌握了极大的权势。马基雅维利指出,包括萨尔维斯特罗在内的若干平民领袖,"都快成了城邦的君主了"⑥。萨尔维斯特罗在派系斗争的行为,特别是他诉诸与动员普通和下层民众,与他们在派系活动中的深刻联结,正是下一个世纪美第奇家族行为的预

① 马基雅维利:《佛罗伦萨史》,第 123 页;*Opere*, p.1822。

② 同上书,第 124 页;*Opere*, p.1823。

③ Leonardo Bruni, *History of the Florentine People*, Vol. 3, Cambridge, Mass: Harvard University Press, 2007, p.9;同时参见 Gary Ianziti, *Writing History in Renaissance Italy*, Cambridge, Mass.: Harvard University Press, 2012, pp.195 - 197。

④ 参见 Michelle T. Clarke, *Machiavelli's Florentine Republic*, Cambridge: Cambridge University Press, 2018, p.107。

⑤ 在《佛罗伦萨史》第四卷序言中,马基雅维利指出:"以共和国的名义进行管理的城市,尤其是那些组织不佳的城市,经常变换它们的政府和国家;并不像许多人认为的那样,在自由与奴役之间摇摆,而是在奴役与放肆之间摇摆。"参见《佛罗伦萨史》,第 158 - 159 页;*Opere*, p.1861。

⑥ 马基雅维利:《佛罗伦萨史》,第 139 页;*Opere*, p.1841。

演,也是留给他的后代的一笔关键的政治遗产。

在《佛罗伦萨史》第三卷,马基雅维利还描述了美第奇家族的另一位成员。寡头阶层在复辟以后,对政权的控制愈发严密,美第奇家族和其他许多平民领袖成为首要的打击目标。马基雅维利特别叙述了 1393 年发生的一起政治动乱,不少行会成员和底层平民纷纷投奔在萨尔维斯特罗之后成为美第奇家族首领的韦里·德·美第奇(Veri de' Medici),希望后者能掌握政府,将他们从暴政中解放出来。马基雅维利指出:"所有那些对这段历史留下记载的人都同意,如果韦里大人更有野心而非良善(più ambizioso che buono),他将毫无阻碍地使自己成为城市的君主。"[①]因为韦里放弃了利用底层平民的力量来为自己获取政权,而是对他们加以安抚和节制。在面见执政团时,他一方面表示,自己并非"不安分守己的动乱煽动者或者野心勃勃的篡夺政府权力的人",会一如既往帮助执政团恢复他们的权力;另一方面,他也提醒执政团"享受不完全的胜利而保全城邦的安全"远胜于大获全胜而毁掉城邦;在面对民众时,韦里同样表示"宽厚仁慈胜过盛气凌人,耐心恳求胜过步步紧逼"[②]。正是基于对韦里的信任,下层民众放下武器回到了家中。与他的先辈萨尔维斯特罗通过借助民众动乱来获取政治优势相反,韦里劝告冲突双方通过协商达成妥协而不要诉诸武力,其实是在有意识地放弃和克服佛罗伦萨派系斗争的传统行为模式,代表了一种罕见的试图确立新的交往规则的努力。但事态的发展却未能如韦里所愿,寡头政权在迅速加强了对局势的控制后,便放逐和处决了许多参与骚乱的人,同时出台了许多规章制度针对政权的反对派。这使得包括美第奇家族在内的许多人都感到自己上当受骗了。韦里试图促成政治妥协的尝试以失败告终,因为他未能预料到佛罗伦萨政治场域内的其他行动者仍然遵循着传统派系斗争的行为模式,这使得主动示好的他反而成为更容易被伤害的对象。

因此,正是在佛罗伦萨过往派系冲突中这些正面和负面的经历,共同塑造了美第奇家族对于政治冲突的看法:冲突必然是激烈的、无妥协的和胜者全得的;斗争策略是多种多样的,包括各种彰明或隐蔽的手段、诉诸强力或采取欺诈;斗争的目的是取得公共权力,从而为自己的派系利益服务,并借助公共权威来进一步打击政治对手。过往的经历也给美第奇家族留下独特的政治遗产,在佛罗伦萨的政治光谱上,这个家族的名字愈发和中下层民众的利益联系在了一起。无论这种联结是政治势力分化的客观结果,还是美第奇家族

---

① 马基雅维利:《佛罗伦萨史》,第 149 页;*Opere*, p.1853。

② 同上书,第 149 - 150 页;*Opere*, p.1854。

一方的主动建构,它都构成了美第奇家族在 15 世纪的派系斗争中所能利用的一种重要资源①。

三、美第奇家族的崛起

在 15 世纪二三十年代,当美第奇家族重新向寡头统治阶层发起挑战,并试图夺取政治权力时,他们看待政治对手的方式以及对其行动模式的预期,对公共权力运转方式的理解,对不同社会、经济阶层的分析和策略性联盟,无疑是为其过往经验塑造的,并且高超利用了他们在以往派系冲突中习得和完善的各种策略。

美第奇家族用以积蓄、培植自己一派力量的一个重要方式,是借助自己的财富,广施庇护网络,收买门客和党徒。马基雅维利在《佛罗伦萨史》第七卷卷首指出,“那些希望一个共和国能够团结一致的人”总是“在这个愿望上大失所望”,但他接着指出,“一些分裂对共和国有害,一些则有用。那些伴有宗派(sette)和党徒(partigiani)的分裂有害;那些不靠宗派和党徒维持的分裂则有用”②。在马基雅维利看来,宗派的形成与城市公民获取声望的方式相关,通过公共的途径(vie publiche)获取声望不会产生派系,这包括作战、出使、提供政策咨询等能够为共和国赢得荣誉和利益的活动。并且,城市内的不和与纷争反而会促使公民们相互竞争以提高自己的声望,同时监督对方不逾越公民行为的界限。与之相反,“获取声望的私人途径(modi privati)则包括给予这个公民或那个公民好处、在官员面前为他们辩护、以金钱资助他们、为他们获取不配得的荣誉,以及用公共娱乐和捐赠笼络庶民,从这种方式中产生了党争和派系”③。私人途径是通过私人之间的利益和庇护关系,建立联合与协作,这不仅会削弱公共权力的运作,而且个体试图在公共体制之外,为自己积累政治资本,以便逃脱法律的约束,甚至作为推翻这一体制的工具。

在佛罗伦萨历史上,贵族和上层平民向来努力发展自己的庇护网络,能够动员的门客数量往往决定了政治斗争的成败。浸淫在这一传统中,美第奇家族无疑深谙借由庇护关系发展自己私人派系的重要性。在 15 世纪二三十年代,他们一方面利用自己在银行业和

---

① 朱德维奇(Mark Jurdjevic)认为,与 15 世纪的美第奇家族领袖相反,马基雅维利使早期历史中的美第奇家族成员呈现了一种“明智、谦逊,以及最重要的民众政治的传统”,以作为现下模仿的对象。参见 Mark Jurdjevic, *A Great and Wretched City: promise and failure in Machiavelli's Florentine political thought*, Cambridge, Mass: Harvard University Press, 2014, p.152。然而,根据我们的分析,其实只有韦里大致吻合这一评价;朱德维奇也忽视了正是同一种派系传统在逐步形塑美第奇家族的行为,其中不存在显见的断裂;我们在下文还将展示马基雅维利尝试解构美第奇家族的民众政治面向。

② 马基雅维利:《佛罗伦萨史》,第 305 页;*Opere*, p.2031-2。

③ 同上书,第 305 页;*Opere*, p.2032。

商业贸易中积累的巨大财富,另一方面利用寡头统治集团招致的普遍反感和他们紧缩政治权力后留下的空间,逐步构筑了一个远超以往任何家族和集团所经营的庞大庇护网络①。美第奇家族重新崛起的发端者是科西莫的父亲乔瓦尼·迪·比奇(Giovanni di Bicci de' Medici)。马基雅维利描述他"本性善良仁慈",并在1420年担任了城市的最高职位,这使得"普通民众感到欣喜若狂,大众认为他们总算有了一位保护人"②。与之相反,当权的寡头派中最为睿智的尼科洛·达·乌扎诺(Niccolò da Vzzano)则发出预警,认为受到公众拥戴的乔瓦尼是一个潜在的危险,应该在他立足未稳时除掉;但乌扎诺的同侪对他的话置若罔闻,因为"他们嫉妒他的声望,希望拉拢别人来打击他"③。

寡头派对乌扎诺的反应,揭示了美第奇家族与其政治对手的庇护网络存在的重大差异。当权的寡头派领袖和家族如尼科洛·达·乌扎诺、阿尔比齐家族、斯特罗齐家族等也会构筑自身的庇护网络,但整个寡头派的庇护系统是多中心和相对松散的,甚至是竞争性的,这使得寡头派在关键时刻不仅不能一致行动,甚至会因内部分裂而面临失败④。马基雅维利便提供了诸多事例。除了在美第奇家族崛起早期,寡头派不能形成一致的应对意见,因而或许延误了压制美第奇家族的最佳时机;在1433年两派斗争的高潮,当寡头派采取果断行动逮捕了科西莫,却依然对是否处决他而无法达成一致;在1434年,两方最后决定诉诸武装决斗的时刻,寡头派一方却因重要成员临阵犹豫而无法集结全部力量,因而或许注定了失败的命运。美第奇家族一方的庇护网络不仅规模更大且更加团结,尤为重要的是,处于网络中心的美第奇家族有着更强的控制和动员能力。正是借助他们的朋友和门客,美第奇家族不仅安然度过了1433年被放逐的危机,并且仅在一年之后就被执政团召回佛罗伦萨并取得了政权。

美第奇派在与寡头派的斗争过程中,采取的另一个带有佛罗伦萨派系传统特色的举措便是诽谤。其实在《论李维》中,马基雅维利就特别区分了作为一项成文制度的指控和发生在广场和公共走廊上的污蔑,并盛赞罗马共和国对指控权的妥善安排。在向官员、人民或会议提出对他人的指挥时必须附带有确切的证据,而"诬蔑既不需要证人,也不需要任何其他特别证据来证明之,以至于每个人都可能被任何人造谣中伤"⑤。如果指控是以

---

① 现代史学中对美第奇家族庇护网络的分析,参见 Dale Kent, *The Rise of the Medici*, Oxford: Oxford University Press, 1978, pp.33 - 135。

② 马基雅维利:《佛罗伦萨史》,第160页;*Opere*, p.1863。

③ 同上书,第160 - 161页;*Opere*, p.1863。

④ 参见 Dale Kent, *The Rise of the Medici*, pp.151 - 185。

⑤ 马基雅维利:《论李维》,第172页;*Opere*, p.336。

制度化的渠道来对人们发泄不满的方式进行规制,最后的判决也由公共权威作出而不会被追究至特定个体,从而在共和国中引发私人之间仇恨和敌对,污蔑和诽谤则会带来全然相反的结果。在佛罗伦萨派系斗争的背景下,诽谤成为敌对派系之间互相抹黑、损伤民望,阻挠对方担任职务并破坏其政治行动的有用举措。马基雅维利叙述说,在 15 世纪 30 年代进行对卢卡的战争时,担任作战首领之一的里纳尔多·阿尔比齐(Rinaldo degli Albizzi)就饱受诽谤困扰,这使他在卢卡的军事行动难以进行。这场舆论战的主导者正是科西莫的副手阿韦拉尔多·德·美第奇(Averardo de' Medici)。尽管美第奇一派也支持对卢卡的战争,但由于许多对立派别的人被委派参与战事指挥,美第奇一派对此"别无良策,也只能千方百计、不遗余力地污蔑攻击"①。

对于这些派系斗争的惯用伎俩,同处这一政治场域内的美第奇派的政治对手——寡头派,无疑有最为敏锐的意识。因此我们看到马基雅维利在讨论了美第奇派发起的诽谤后,紧接着写道:"这些事情和超常的做事方式(modi estraordinari)对于尼科洛·达·乌扎诺和他们这一派的其他领袖而言是了如指掌。"②马基雅维利使用的"超常"一词,在这里与奠基者或是立法者所需的超常德行无关,而是意味着派系政治中那些隐蔽的角逐及其蕴含的腐败性力量,它超逾了法律制度的限制从而将公共体制置于危险境地。马基雅维利也是借乌扎诺之口,对科西莫和美第奇一派的斗争策略做了最为深刻的揭露。乌扎诺直陈科西莫通过私人途径获取声望、结交朋党是为了成为城市的君主。在《论李维》第三卷第二十八章,马基雅维利同样区分了在共和国中获取声望的公、私两种方式,并且指出,"应当警惕公民的行为,因为很多时候在一种善行下面隐藏着专制的源头",一个治理良好的共和国应该封锁通过私人方式寻求支持的通道③。在《佛罗伦萨史》中,马基雅维利则借助乌扎诺之口,对这一悖谬的政治现象作了更详细的剖析,他指出,"科西莫所做的引起我们怀疑的事,是因为用自己的钱帮助任何人,不仅仅是那些个体,还有公共机构,不仅是佛罗伦萨人,还有外国雇佣兵",以致"我们必须宣称,驱逐他的原因是他仁慈、乐善好施及受人爱戴",虽然"这是将人们飞速送往君主制的方式,然而人们却不这样认为,我们也不足以胜任使它们被如此相信这一任务;因为我们的行为方式已经失去了他们的信任,并且,由于城市天然地分帮结派,一直生活在党争之中,无法对这样的指控予以关注"④。

① 马基雅维利:《佛罗伦萨史》,第 188 - 189 页;*Opere*, p.1895 - 1896。
② 同上书,第 189 页;*Opere*, p.1896。
③ 马基雅维利:《论李维》,第 535 页;*Opere*, p.653。
④ 马基雅维利:《佛罗伦萨史》,第 190 - 191 页;*Opere*, p.1898。

乌扎诺的发言表明,一方面由于科西莫的策略具有相当程度的隐蔽性,这使得寡头派的怀疑和指控并不能为佛罗伦萨人普遍接受;但更重要的是,深陷派系斗争泥淖的佛罗伦萨,或许早已对这种收买人心的策略习以为常,丧失了一个治理良好的共和国对这类事件应该保有的警惕。

马基雅维利也借乌扎诺之口,破除了另一个与美第奇家族的崛起伴生的迷思,亦即他们或许代表了佛罗伦萨人民大众的利益,拥有更加广泛的拥护,因而较之对立派别或许更具正当性。乌扎诺承认自己一派被称为显贵公民,美第奇一派则叫作庶民,但他接着指出,由于贵族内部的分裂,美第奇一派同样汇聚了许多贵族,他由此说:“我不知道为什么我们这一派比他们那一派更名副其实地称为贵族。”①所以,从派系构成来看,美第奇派和寡头派的斗争,并非是庶民和贵族阶层的对抗,而是两个平民贵族派别之间的权力斗争。乌扎诺进一步暗示说:“所有这些公民,部分出于无知,部分出于恶意,随时准备出卖这个共和国;而命运恰是他们的朋友,以致他们已经找到了一个买主。”②美第奇家族正是借助一系列施加私人恩惠的手段,为自己在中下层民众中积累了众多党羽,成为自己夺取政权的有力工具。美第奇家族有意识地利用了庶民党的标签,为自己夺取统治赋予更多的合法性。但这绝不意味着美第奇一派的行为是民众意志的体现,美第奇家族的掌权也没有带来对民众的赋权。正如我们将在下一节指出的,美第奇的派系统治巧妙但却实质性地背离了佛罗伦萨共和政治的原则与精神。

四、美第奇的统治

《佛罗伦萨史》的最后两卷重点关注佛罗伦萨内政,马基雅维利展示了美第奇家族的统治也未能脱离佛罗伦萨的派系传统。在15世纪相继作为家族领导人的科西莫和洛伦佐,凭借高超的个人才能和雄厚的家族资源,完善了派系统治的策略,使得他们建立的庇护关系深深嵌入了佛罗伦萨的共和体制,牢固控制了佛罗伦萨政治的运转,使派系私利完全凌驾在公共利益之上。但在另一方面,美第奇一派频繁遭遇的内部分裂和权力挑战,表明他们也未能摆脱派系政治一贯面临的困境。在这种悖谬的对照中,马基雅维利由此将派系政治最深刻的内在矛盾揭露出来了。这一小节中,笔者将依次分析美第奇家族控制政权的策略和他们遭遇的挑战,以展示派系统治的两面性。

在1434年取得政权后,美第奇一派迅速从制度层面入手,强化对于政权和时局的控

---

① 马基雅维利:《佛罗伦萨史》,第190页;*Opere*, p.1897。

② 同上书,第192页;*Opere*, p.1899。

制。其中最值得关注的举措，是对选举制度的改革。对于包括执政团在内的最具实权的机构，佛罗伦萨逐渐形成了一套包含提名、审查、抽签和回避等多个环节的复杂选举体制，以体现共和政治所要求的公正、无偏和广泛参与①。马基雅维利非常精炼地叙述了美第奇一派操纵选举程序的若干策略，他们"制定新的抽签名单，从选举袋中将敌人的名签移去而添上朋友的名字。他们还从敌人的覆灭中得到教训，断定精选过的名单仍不足以使他们把国家牢牢握在手中，因而决定那些掌握生杀大权的官员应该总是从他们这一派的头领中选出。他们因此希望那些负责将新的抽签名单分配到选举袋中的配票官，应该和旧执政团一道拥有选取新执政团的权力"②。这些举措表明美第奇一派准确切入了佛罗伦萨选举体制的关窍，在维持其表面运转的同时，完全扭曲了它应发挥的效果。他们首先干预了提名和审查环节，通过从源头控制进入整个选举流程的人选，使得抽签袋中留下的均是其朋友和党徒的名字。但美第奇派仍然心存疑虑，希望能进一步规避选举最后环节即抽签具有的随机性。他们借助配票官（accoppiatori）这一官职，实质上实现了手动挑选继任者的效果。

如马基雅维利所说，美第奇一派熟稔控制选举的必要性，也是吸取了此前寡头统治的教训。寡头政权在将科西莫放逐后，并没有像美第奇一派后来所做的那样对选举体制加以彻底重塑。因而，在 1434 年 8 月底选举新一任执政团时，当选者竟然全部都是科西莫的支持者，正是这一任执政团召回了科西莫并协助美第奇家族取得了政权。与寡头派墨守成规招致灾难相比，美第奇家族在统治期内，对于选举体系的宰制则格外大胆，一方面频繁废弃旧有的抽签袋或是增删其中名单，另一方面诉诸配票官手动选举这一更直接的形式，将自己的派系成员送到最重要的政治职位上。不过，美第奇一派孜孜不息地对选举体系进行修补、缝合，或许正暴露了其派系构成欠缺稳固、权力基础流动易变的内在缺陷。

同样也是吸取寡头政府的经验，美第奇派的另一项制度性举措是借由频繁设立巴利阿和小型议会来架空传统人民议会和公社议会的职能。在《佛罗伦萨史》第七卷的序言中，马基雅维利指出："从 1434 年到 1455 年的二十一年间，巴利阿的权力曾经六次从两个议会那里被常规地（ordinariamente）取得。"③马基雅维利认为，对于这种变相的权力剥夺，一般民众在这一阶段之所以能够接受，主要是因为美第奇一派虽然占据了主导地位，但因为立足未稳，在行事方面仍有所顾忌，没有招致民众的反感，因此总是能够得到授权。我

---

① 对佛罗伦萨选举体制及其在 15 世纪变迁的一个概要性描述，参见 Nicolai Rubinstein, "Machiavelli and Florentine Republican Experience," in *Machiavelli and Republicanism*, pp.3 – 16。

② 马基雅维利：《佛罗伦萨史》，第 210 页；*Opere*, p.1917。

③ 同上书，第 306 页；*Opere*, p.2033。

们在下文将看到,在美第奇家族统治的中后期,情况发生了改变,这使得他们想要建立巴利阿变得更为困难。他们不再能够以合乎法律流程的方式从议会那里“常规”取得,而必须依靠武力和胁迫等超常方式。正如美第奇家族的崛起借助了一套诸如慷慨、亲善、仁慈等看似无害,甚至是为政治生活所珍视的美德,他们掌控权势的主要方式,同样不是公然打破旧有的政治体制,而是寄生在这一体制的缝隙中,迂回地控制了佛罗伦萨政治的运转。通过维持共和制的外表,美第奇家族巧妙地遮掩了他们所要达成的派系企图。

如果美第奇家族是派系统治策略的集大成者,他们也同样面临派系政治带来的各种严峻问题。所有持续强化派系控制的努力,一方面固然是试图完全驯服传统的共和体制,另一方面也是在不断修补自己派别内部不断出现的裂痕。获胜派系迅速走向内部分裂似乎是佛罗伦萨政治的普遍现象,马基雅维利指出:

> 当一个派别被放逐从而结束了一次分裂,另一次分裂又会出现。因为在那些倾向于借由宗派而非法律维持自己的城市中,一旦一个宗派在那里没有了反对者,它必然从自身之内分裂,因为城市并不能通过那些它最初用以自身安全的私人模式加以护卫。①

派系的分裂并不只是由于外在约束或是共同敌人的缺失,而是根源于派系或庇护关系自身的性质。庇护并不构成明确的层级或是臣服关系,派系的形成也源自利益的聚合与交换。庇护网络下的行动者虽然相互连接,但始终是彼此独立的②。这种缺乏法理依据和规范性质的“私人模式”,必然与带有公共属性的共和政治权力相抵牾,并引发派系的分裂。马基雅维利记叙了美第奇家族遭遇的数次挑战,最大的威胁无疑源自那些心怀不满的前盟友。

我们在这里重点分析一下科西莫之子皮耶罗(Piero de' Medici)的遭遇和应对方式。皮耶罗在科西莫去世后甫一掌权,包括卢卡·皮蒂(Luca Pitti)在内的不少显贵公民便商议剥夺皮耶罗的声望和权威。马基雅维利说,这些反对者虽然目的各异,但仍公开宣称有一个共同的目标,即“要让城市在官员们手中进行管理,而不是为少数人的意见所左右”,并且他们认为自己已然胜券在握,因为“公民的绝大部分被自由的名号所欺骗而追随他们,而这只是他们为了给自己的行动赋予体面的表象而挪用的旗号”③。可见,与美第奇

---

① 马基雅维利:《佛罗伦萨史》,第117页;*Opere*, p.1815。

② 参见 Nicholas Scott Baker, *The Fruit of Liberty: Political Culture in the Florentine Renaissance, 1480—1550*, Harvard University Press, 2013, p.21。

③ 马基雅维利:《佛罗伦萨史》,第319页;*Opere*, pp.2048 - 2049。

家族借用一套共和伪装相似,他们的派系反对者也能够熟练地使用一套共同利益的语汇来为自己的行动披上合法的外衣。皮耶罗与反对者斗争的一个插曲,也很好地展现了派系政治的特点。双方为了集合力量,都寻求许多公民联合签名。结果皮耶罗发现"公民的思想摇摆不定,许多先前签名反对他的人,现在又签名支持他"①。两份名单的重叠正揭示了派系成员身份的模糊以及派系政治稳固性的欠缺。

纷争的解决最终仍依赖武力,皮耶罗抢先一步拿起了武器,由于准备充分并且组织更为有序,皮耶罗一派占据了上风并重新掌控了局势。在这一背景下,新一届巴利阿成立,其成员全部由皮耶罗一派充任,敌对派别的成员或者自行逃亡,或者遭到流放。尽管度过了这次反对危机,皮耶罗仍发现自己的派系成员愈发难以约束。正是在马基雅维利置放在皮耶罗这位派系领袖之口的演说中,我们发现了对派系私利最为激愤和严厉的控诉。皮耶罗感慨对于人的野心和贪得无厌的本性知之甚少,"你们成了这样一个城市的统治者,你们少数人独占了原来由许多公民分享的荣誉、尊荣和利益,仍不知足;你们私分了敌人的财产,仍不知足;你们将公共负担加诸其他所有人身上,自己非但不承担任何负担反而独占全部的公共利益,并且使所有人身负种种侵害,仍不知足";他继续质问道:"难道我们的祖国给予我们生命,是为了我们可以夺取她的生命?使我们取胜是为了毁灭她?给予我们荣誉是为了让她蒙羞?"②在演说的末尾,作为派系领袖的皮耶罗竟然对自己的胜利感到后悔。马基雅维利叙述说,若非被突然去世这件事打断,皮耶罗本打算将流亡者召回国内,以遏制城市内自己一派的邪恶行径。近乎悖谬的是,派系斗争的胜利者竟然无法承受胜利之重,只能通过重启派系冲突来解决困局。皮耶罗的绝望构想,同样表明他被深深拘束在佛罗伦萨的派系传统中,无法跳脱派系政治分裂与对抗的往复循环来构想新的解决方案。

美第奇家族在这一阶段设立巴利阿的方式,也显示出武力构成了其统治的一个尤为必要的基础。由于不再能够得到民众自愿的授权,美第奇派必须以展示武力、进行恐吓的方式来强迫民众。派系政治本身带有的分裂特性,也使得美第奇家族必须周期性地诉诸武力来重新获取政权。只有在这些间断的时刻,美第奇家族一直维持的共和伪装才会漏出破绽,揭示出恐惧和暴力构成了这个政权的底色。马基雅维利在《论李维》第三卷第一节论述说,"那些从 1434 年到 1494 年一直执掌佛罗伦萨政权的人说,他们每五年就必须夺回政权,否则很难维持它";马基雅维利进一步解释说,"夺回政权(ripigliare lo stato)是

① 马基雅维利:《佛罗伦萨史》,第 322 页;*Opere*, p.2052。

② 同上书,第 333 页;*Opere*, p.2065。

在人们心中产生在当初获取政权时曾产生的那种恐惧和害怕，因为在那个时期美第奇家族严厉打击了那些——从那个政体的角度看——干坏事的人。但是，当对这种惩罚的记忆消失时，人们又敢于尝试政治动乱和说统治者的坏话，因此有必要对此采取措施，把政权拉回到它的源头”①。

虽然面临着持续的分裂困境，美第奇家族仍将统治维持了六十年。如果皮耶罗的挑战者还能以自由为口号蒙骗许多人，当帕齐家族在七十年代挑战洛伦佐，高呼“人民”“自由”的口号，试图寻求民众援助时，马基雅维利断言“由于美第奇家族的好运和慷慨，‘人民’对此充耳不闻；而在佛罗伦萨，人们根本不知‘自由’为何物，因而亚科波没有得到任何反应”②。美第奇家族不仅驯服了共和制度，也加深了佛罗伦萨民众的腐败程度。这种对政治质料的败坏，使得美第奇家族自己构成了在佛罗伦萨建立一种共和政体的真正障碍。

五、结论

借由马基雅维利的视角来反思美第奇家族的政治角色，是一种有益且深具启发的尝试。马基雅维利将美第奇家族置放到佛罗伦萨的政治社会语境中加以考察，一个深受派系纷争困扰的共和政治传统塑造了这个家族的思想和行为模式。传统具有自己的力量，美第奇家族因而选择在维持共和外表的情况下，借助派系提供的资源和策略来为自己攫取超逾共和限度的权力。事实证明，这是一种相当巧妙且具备实效的策略。美第奇家族不仅凭借庞大的庇护网络和派系力量夺取了佛罗伦萨政权，而且利用一套正式与非正式制度，维持了自身长时段的统治地位。当然，美第奇家族的统治也面临着派系政治一贯的内在困境，与其强权并存的，是不断发生的源自自身派系内部的权力挑战，是作为其力量源头的美第奇派的持续分裂和重组。

马基雅维利撰写《佛罗伦萨史》时所面临的一个难题是如何在叙述历史的同时不会冒犯仍在佛罗伦萨和罗马掌权的美第奇家族，他采纳的派系分析视角或许减缓了他的困难。马基雅维利一方面能够毫无负担甚至真诚地赞颂科西莫和洛伦佐杰出的个人才能，以及美第奇家族一贯表现出的慷慨、仁慈等美德。这种赞美会使美第奇教皇格外受用，因为从派系政治的视角来看，美第奇家族确实远胜其对手，而构成其优势的一个重要维度正是他们的各项美德。但马基雅维利的严厉批评也潜藏在这一赞美的背后。美第奇家族不

① 马基雅维利:《论李维》，第441－442页；*Opere*，pp.569－570。

② 同上书，第360页；*Opere*，p.2096。

仅攫取了一套有形的共和制度作为自己权力的伪装,而且善于挪用这套制度背后的共和语汇与概念。他们为人称道的美德,同样是一套网罗党羽、广施庇护的有力工具。美第奇家族虽然是派系斗争的最终胜利者,但他们的局限也正在于此。完全在佛罗伦萨派系传统中习得政治经验的美第奇家族的领袖们,对于佛罗伦萨的政治困境,既难以找寻到能够超逾和克服派系政治窠臼的解决方案,他们的派系统治也日益加剧了佛罗伦萨的腐败程度,使得佛罗伦萨长期无法建立一个真正的共和国。

最后,马基雅维利的分析进路或许也对当代史学在评判 15 世纪美第奇政权的性质时出现的分歧提供了一些启发。美第奇究竟是事实上的领主,也即类似于米兰公国和意大利其他一人统治的国家,掌握了作出最终政治裁断的权力;或者仅仅只是同侪中的第一人,在行事时仍受到共和体制的约束和其他权贵的掣肘? 这个源自菲利普·琼斯(Philip Jones)和鲁宾斯坦(Nicolai Rubinstein)的经典争论,仍然困扰着文艺复兴研究者[①]。从我们一直采用的派系政治视角来看,这两个似乎泾渭分明的形象其实只是同一个问题的两个侧面。当美第奇家族能够调动庇护网络下的全部政治资源,并且在事实上处于这个庞大网络发号施令的中心时,他们对佛罗伦萨官员选举与任命以及各项内外政策的操纵和控制,或许不亚于一位名义上的一人统治的领主;但就他们仍要借一套共和制度,并需要时常勉力维持派系的整合与团结来看,由于派系不构成一个稳定的权力基础,并且不能提供一种独立的、不依附于共和选举制度的合法性来源,美第奇家族的权威不仅在事实上经常受到很大的限制,而且许多行动也因为缺乏法理根据而难以施行。

马基雅维利的后见之明,或许在一定程度上源自 16 世纪初佛罗伦萨重回共和体制之后,他对一种公民生活所获得的亲身体验;而当美第奇家族在 16 世纪 30 年代重掌佛罗伦萨政权时,由于新一代的美第奇领袖已经长期远离了佛罗伦萨的公民语境和派系传统,因而这一次,他们便完全放弃了共和的外表,彻底转向了一人统治的公国形态。

---

① 参见 Philip Jones,"Communes and despots: the city state in late-medieval Italy," *Transactions of the Royal Historical Society*, Vol. 15, 1965, pp. 71 – 96; Nicolai Rubinstein, *The Government of Florence under the Medici (1434 to 1494)*, Oxford: Clarendon Press, 1997。晚近对这一问题的重申参见 Robert Black,"Introduction," in *The Medici: Citizens and Masters*, ed. John Law and Robert Black, Cambridge, MA: Harvard University Press, 2015, pp. 1 – 7。

Factions, Patronage and Republican Politics: the Medici Family in Machiavelli's *Florentine Histories*

CHEN Haoyu

【Abstract】 Throughout his *Florentine Histories*, Machiavelli adopted a perspective of factional politics to analyze the Medici family in the Florentine context. A history loaded with bitter divisions shaped the Medici's political perceptions and strategies, and made their rise and domination not far from the established pattern of factional politics. While the Medici demonstrated extraordinary virtues in factional struggles, they also led Florence further away from a genuine republican politics. Machiavelli's analysis of factional politics reveals an inner dilemma of Medici rule and remains instructive in understanding the nature of quattrocento Medici regime.

【Keywords】 Machiavelli, the Medici Family, Faction, Republican Politics, Florentine History

【疫情中的人性与伦理】

疫情下的伦理思考

龚　群①

【摘要】 新冠肺炎疫情仍然在全球蔓延,疫情将生命的脆弱性无遗地展示在人们面前,面对生命的脆弱,作为生存于世的暂在者,更需要相互依存、相互扶持,从而在相互依赖性的前提下重建共同体精神。在尊重每个人尊严平等的前提下,维持正义而有序的社会共同体生活,是人类兴盛的基本社会条件。维护共同体的团结与合作还有一个最基本的伦理条件:说真话。败坏了生活世界的语言也就败坏了人们交往的最基本条件。共同体建构的生命本体条件在于人的生命的脆弱性,而共同体建构和维持的精神条件在于相互信任,而相互信任的根本前提在于说真话。

【关键词】 疫情,生命,脆弱性,共同体,真话

新冠肺炎疫情已经蔓延全球,不同国家都遭受着这一病毒的侵害,从疫情传播以来到2021年4月15日,全球受感染人数已经接近1.4亿,死亡人数已经接近300万。并且,疫情仍然在蔓延。新冠肺炎疫情是第二次世界大战之后传染病意义上的最大人类灾难。这次如此凶猛的新冠肺炎疫情还没有看到结束的可能,已经改变了世界,改变了人类的经济,并将改变人类的政治生态。新冠肺炎疫情使我们重新思考我们存在的本体:生命以及生存的伦理。

一、生命的脆弱性与共同体精神

新冠肺炎病毒能够在如此短的时间内迅速扩展全球,与世界在相互联系和关联意义上已经全球化是分不开的。全球化是一把双刃剑,既能给人类带来好处,也能给人类带来

① 作者简介:龚群,山东师范大学马克思主义学院特聘教授,中国人民大学杰出学者特聘教授,主要研究领域为伦理学。

害处。新冠肺炎病毒没有长上翅膀,虽然它在空中可以飞行一段距离,但它不可能飞行万里、千万里,而是因为人的旅行,带着它飞遍全球。然而,新冠肺炎病毒能够如此轻易地侵犯人类,从根本上看,还在于人类生命的脆弱性。面对这种只有在显微镜下才可分辨出的没有细胞的蛋白体(内含一个核酸长链),如此复杂的人的有机体也不得不感到它的可怕和巨大的危害性。

在新冠肺炎病毒面前,在如此猛烈的疫情传播面前,所有人都感受到了自身是一个脆弱生命存在的感性个体。而新冠肺炎病毒之所以能够传播,就在于他人的存在。战“疫”就是一场与看不见的敌人战斗。萨特(Jean-Paul Sartre)说,他人就是地狱,萨特的名言不幸言中。这是因为,病毒是看不见的敌人,我们不知道这个致我死地的敌人在哪里,但我知道是由于有了病毒携带者,如果他/她靠近你,他/她的呼吸可以将病毒播散到空中,近距离的接触就可能使我感染。因此,与他人保持距离是使得自我保存的有效法宝。我们能够与他人保持距离,不仅在于我们自己要做到,更重要的是要使他人能够做到。这是因为,病毒携带者身上的病毒并非一开始就会呈现阳性,因而任何人都可能成为病毒传播者。因此,在疫情期间,所有人都应有一种自觉保护自己与保护他人的意识,在此意义上,他人不是地狱,而是与我们一样随时可遭受病毒侵犯的脆弱生命,任何人都需要相互理解与相互支持。因此,疫情又使我们体会到,我们的生命存在,不仅要靠我们自己,还要靠所有他人,相互扶持才能战胜疫情。因此,疫情使得我们处于一种双重的悖论中:与他人保持距离或减少与他人相处,我们才能有安全感;同时,只有与他人合作,才会有安全感。没有他人的合作与对我们安全的尊重,我们的安全是虚假的,因而合作也就是在相互的距离中才有可能有效。

笔者认为,遭受这场举世罕见的疫情,更重要的是使得我们意识到,我们作为有机生命本体的脆弱性。人首先是一个自然生命体,其次才是一个社会人、政治人,我们的自然生命而不是社会生命或精神生命更为根本。人的自然生命是地球生命演化高级阶段的产物,从而使得我们的自然生命有着复杂的生物化学结构和神经生理结构。然而,如此复杂结构的有机生命无法敌过生物组织结构简单的病毒,恰恰表明我们作为生命有机体的存在,其有机体生命的脆弱性。这种脆弱性在病毒这种存在了几十亿年的最简单的生命面前暴露无余。在人类历史上,病毒对人类的侵犯造成了多次空前的人类大灾难,如古希腊的瘟疫、中世纪的鼠疫。如果没有疫苗,人类只能与病毒长期共存,如天花病毒。然而,实际上就算没有疫情,我们的生命本来就是脆弱的。人作为有机生命体的存在,与任何自然物相比较,可以说并非是一种强大的存在,帕斯卡尔(Blaise Pascal)曾说:“人只不过是一根苇草,是自然界最脆弱的东西;但他是一根能思想的苇草,用不着整个宇宙都拿起武器来才能毁灭他;一口气、一滴水就足以致他死命了。"①帕斯卡尔把人的生命看作只不过是一根芦苇,不过,是一根会思想的芦苇,他经不住自然界的狂风暴雨,更不用说如此致命的病毒。

生命的脆弱性是有机体的本性所决定的。并且,从我们生命的整体过程看,在人的婴儿期、人的童年期以及人的晚年时期,生命的脆弱性、生命的无能性都是显而易见的。人进化发展到这样文明的程度,而其生命的脆弱与依赖则更为突出,草原上的牛羊几乎一生下来,风把皮毛上的胎水吹干,就可在草原上奔跑起来,而人从出生到能够行走,则有着长期的无能时期。如果没有成人或亲人的爱与帮助,任何一个婴儿都不可能成长为一个身体健康的成年人,更不用说成为一个正常的社会人。一个人如果能够享有自然的寿命从而能够健康地活到晚年,其体力和机能下降,终有一天将离不开他人的照料。因此,就正常人的生命期而言,人的一生中必然有那么一些时期,是在他人的爱与关怀下才能生存下去。这里还不用说人类中的许多成员,他们终生都处于某种无能或残疾状态,有的人甚至是作为智障患者生存于世。但是,作为一个健康而智力正常的人生存于世,对于任何一个个体来说,并不意味着他必然是如此,这是因为,生命中的任何一个时期,甚至某一天某一个时刻,都可能有某人失去正常的活动能力,甚至生命。因此,那使我们成为正常智力的人的外在环境或条件,都具有某种偶然性,还有各种身体的疾病以及流行病,也会损害我们的健康甚至夺走我们的生命。而在那些我们无能的日子里,是什么使我们能够活下来?这就是他人的关爱。

生命的脆弱所导致的一个直接后果就是人的依赖性。所谓依赖性,在于我们都是脆弱的存在者,因而需要相互依持、相互扶持来经营自己的人生。人们可能会否认我们还需要什么依赖,但如果能够现实地看,任何人都不可能完全不依靠他人来满足自己的所有需要。社会本身是一个相互合作的体系,我们一出生就参与其中。而所谓"相互合作",也就是相互依赖地共同从事着满足人类需要的劳动以及其他各种社会活动。依赖他人是生命中的一个基本现象,但这样一个基本的生存现象却被由于我们大多数人是健康的理性人而忽视了。实际上,具有发言权或话语权的是健康的理性人,而那些没有成熟理性的人并没有发言权,从而造成了一种假象,好像这个世界上只存在着健康的理性人。同时,当我们从需要依赖性的存在成长为独立而不依赖他人的理性人时,好像我们这一辈

① [法]帕斯卡尔:《思想录》,何兆武译,北京:商务印书馆,1985 年,第 159 - 160 页。

子都不需要依赖他人似的。我们有选择性地遗忘，同时被独立而不依赖他人的境况所蒙蔽。

人感到强大与独立实际上是现代科学给我们营造的一种想象。在人类的早期，或者说在原始社会，人时时感到处于自然的恐惧之中，无论是刮风下雨还是打雷闪电，都被看作自然对人的惩罚。原始人认为在自然对人的威胁背后，总是神或恶魔在惩罚人类。他们在自然面前感到的是无比的脆弱。然而，在科学昌明的现当代，由于理性的胜利，人类作为自然的主宰已经不再感到自身是那么脆弱和渺小，而是感到自己已经成为地球的主人，从而每个个体似乎也认为，自身都是强大而有力的个体。然而，帕斯卡尔告诉我们，我们只不过是一根会思想的芦苇，我们的全部尊严来自我们的思想或理性；但是，不要忘记了，我们的脆弱在于我们永远不可脱离我们动物性的生命存在。思想的强大改变不了有机体生命存在这一基本前提。当然，也许未来某一天，机器人取代了人类，其存在不再依赖于有机体。然而，机器人取代有机体生命的人在这个世界上的存在，则意味着是新的物种，而不是我们人类生存于这个世界上。

人来自动物界，人作为生命存在的动物，必不可少的会有生老病死。因此，就人类社会而言，所有人在人生的不同阶段，尤其是那些脆弱的生命阶段，都有一种依赖性的关系。脱离这种依赖性关系，生命几乎就不可能存在下去。这种依赖性是人类生命共同体的特征。社会性是人的本质特征，这一特质就在于表明人必然生活于共同体之中。我们必然生活于共同体之中，也就在于我们必然存在着一种相互依赖关系。正是在这个意义上，我们应当从依赖性关系来思考人类的政治共同体，或建构人类的政治共同体。人来到这个世界上，最初生活于血缘共同体之中，依赖于血缘亲人而生存下去。然而，仅仅是血缘共同体不可能为我们提供更大的生存舞台，超越血缘共同体是生命发展的需要。而更大的共同体则是不同形态的政治共同体，在当今人类社会，最大的政治共同体就是民族或国家共同体。相比较家庭共同体，历史的发展使相同血脉的人发展为村落或散落在相同的地域，而不同地域的人联合起来，则组成一定规模的政治共同体。政治共同体是从政治意义上一定民族或一定地区的人共同相互依赖而形成的更大力量的集体的需要。从人类的历史看，是人与人的相互扶持、相互尊重，才使得人类能够经历历史上那些漫长的黑暗时期而走到今天。没有共同体，没有共同体内部的团结和相互依存，就不可能有今天的人类以及人类的辉煌。

不过，我们看到，无论是道德哲学还是政治哲学，对于人类的依赖性关系的认识是远远不够的。就道德哲学而言，其立足点是理性的、有着选择能力的行为者，如果离开了这一个基本点,道德哲学的所有论证都无法进行。就政治哲学而言,如罗尔斯(John Bordley Rawls)和诺齐克(Robert Nozick)的政治哲学,其论证本体是分立的,有着不可剥夺、不可转让权利的个体,罗尔斯与诺齐克的政治哲学都强调人的分立性,即每个人都是独立的、与他人不同的平等社会个体。社群主义的政治哲学强调共同体的意义与价值;不过,社群主义的共同体也不是从人与人的依赖关系来论证共同体的存在,而是从共同体对于个体的优先性,以及作为成员的个体对于共同善的共同追求来理解人类共同体的存在意义与价值。

毋庸置疑,人类是群居性的社会动物,从人类的起源类人猿那里我们就可看到其社会性。人的社会性正如亚里士多德所说的,如果他不在某个共同体中生存,他不是野兽就是神。而社会性即为群体性,或者说,人只有抱团才能生存下去。然而,人的社会的前提在于人的脆弱性,即人的躯体或有机体不可能强大到能够完全独立地生存于这个世界上。所有以往的哲学对于人的生物性作为社会性基础的认知都有意忽视。笔者认为,从人的生物性或生物本体来认识人,从这样一种本体前提来建构政治哲学,也许社群主义的路向比自由主义的路向更为合理,虽然社群主义仍然不是在对人的生物性认识的前提下提出他们的主张的。而社群主义之所以是一条切合这一本体思考的路径,在于社群主义强调共同体存在的意义与价值,强调共同善是全体成员的基本价值追求。从人的生物本体出发,人的脆弱性这一基本生物特性就决定了任何一个人类个体生存的前提在于他的共同体,没有共同体,他的脆弱性得不到保护,人的生命得不到保护,从而任何一个人类个体来到这个世界上,在其生命的早期就可能夭折,而不可能有着成长的可能性。维护依赖性关系是使得任何一个人类个体得以生存和发展的前提。

因此,我们应当从人与人的依赖性关系重新思考人类共同体的意义与价值,重建共同体精神。人类个体的生存与他相关的任何人,都存在着一种共生共存的关系,他人对我的危害使得我无法存在下去,而他人对我的保护则使得我能够生存下去,同时也使得他人能够生存下去。人与人之间的互害只能使得互害者都归于毁灭,而人与人之间的相助,则使得这样团结的共同体能够存在与发展。自从进入文明时代以来,人类社会充满了各种矛盾和冲突,如利益冲突、种族冲突、阶级冲突等,但是,即使是一个社会内部的对抗性的阶级冲突,也不可能在把对方完全毁灭的前提下自己存在下去,这样只能是同归于尽。黑格尔(G. W. F. Hegel)在《精神现象学》中对于主奴关系的辩证法已经把这样一种主人与奴隶的相互依存关系说得很清楚了。然而,人类历史上总有某些历史时期,某些由于权势而头脑膨胀的人,以为自己完全可以摆脱人与人的依赖关系而绝对控制他人。这样一种将依赖关系变为操纵关系的人,认为他人是因为臣服于他才使得他人能够活下去,而根本看不到正是他对他人的依赖才建构了一种与他者的关系。操纵关系遮蔽了依赖关系。为操纵关系所支配的社会,必然不是一个真正团结的社会,也是一个充满不正义的社会。操纵关系使得依赖关系扭曲和变性,表明依赖关系是一种在人的脆弱性意义上的平等关系,这种平等表明没有一个人可以认为自己在生命的依赖性上比他人高一等,或不需要依赖他人而生存下去。然而,人类社会的现状是,有地位、有钱的人可以得到或买到他人的服务,而在社会地位低下的人中,则有人无法获得他人的帮助。从本质上看,平等的相互依赖变成不平等的支配与无助。从人的依赖关系重建共同体精神,就要在人类的历史进程中努力克服这种不平等性,还原相互依赖的本质,使所有人在需要帮助时得到帮助,在需要仁爱时得到他人的关爱。

以人的依赖关系重建共同体精神并尊重生命,我们就要意识到,作为人在世的存在,无法离开他人的存在。因此,从根本上看,他人不是地狱,而是生存的大地。人不能离开大地,同样不能离开他人的扶持。依赖性使得我们与他人不可分离地联系在一起。人类所结成的种种共同体,无不体现出人类成员间的相互依赖和相互扶持。正如亚里士多德(Aristotle)所认识到的,人类不断从低级共同体进化到高级共同体、政治共同体,人类的命运共同体,是为了在更高级的共同体中实现人类更加美好的生活或幸福的理想。然而,当我们在迈向更高级的共同体时,不要忘记了,我们永远离不开人与人的依赖关系。而更高级或更高形态的共同体的善恰恰应当体现在对于平等性的依赖关系的守护,以及回到依赖关系的平等性本质上来。

二、守护共同体的内在关系

生命的脆弱性使得我们不得不相互依赖,相互依赖性是我们建构生存共同体的前提。然而,共同体是一个复杂的社会关系之网。在我们的社会生活中,不可避免地要与他人发生各种各样的关系:家庭内部的各种关系,如父母关系、父子(女)关系、夫妻关系等;家庭之外的各种关系,如同学关系、亲戚关系、同事关系、上下级关系等。这些关系都是我们的日常生活或生活世界中所发生的关系,还有超出个人经验之外,需要我们通过理性来把握和维持的关系,如个人与民族、国家的关系等。在社会生活中,我们还强调另一个重要因素:秩序。任何一个社会共同体或者说正常的社会都是一个有序的社会共同体,一个无序的社会或者说共同体,就像霍布斯(Thomas Hobbes)的自然状态,那里盛行的是丛林法则,弱肉强食。在那样一个无序的人类群体(不被称之为人类社会)中,所有个体生命的安全都没有保障。所有人处于危机中的社会不是正常的人类社会,而有序的社会就是一个使得所有社会成员都能正常过自己日子的社会。因此,维护社会秩序就是维护社会存在。当然,在某些特殊时期,一个社会可能会处于某种非常时期,如战争状态之中。但是,暴力冲突不是人类社会的正常状态,和平有序的生活才是人类社会共同体的正常状态。一个有序的社会共同体也可以说是一个团结的社会共同体,而一个无序混乱的社会共同体也可以说是一个分裂或没有希望的人群,它无法说是真正的社会共同体。正如罗尔斯把他的理想正义社会称之为"良序社会"一样,即罗尔斯认为,秩序良好的社会是正义的社会。这里涉及一个问题:即社会秩序是靠什么维系的?在罗尔斯看来,是靠制度的根本原则,即正义原则。这超出了单个人的意识,而是在承认一种宏观机制的意义上,强调社会秩序的运作在于制度机制。罗尔斯也承认,要使得一个社会制度的正义能够成为社会的内在机制,还需要社会成员的道德能力即正义感的能力发挥作用;质言之,一个社会制度的正义能够产生效力,还需要个体成员的道德能力起作用。也就是说,我们是否可以在一个完全没有正义感的人群中建构起一个正义的社会共同体?这样的问题实际上根本无从出现,这是因为,正义的要义之一就是每一个社会成员的利益或维护每一个社会成员的利益。因此,难以想象一个社会共同体,其成员都没有自己的权利意识或利益意识,而只想到他人利益或与自己无关的虚无的"社会"利益。不过,共同体成员的个人权利或利益意识则是需要维护的,即不被柏拉图(Plato)所说的那种"高贵的谎言"所欺骗,从而只是以自己的洞穴意识来认识自己。因此,仅从宏观机制的意义上讨论社会秩序的问题,还是要回到个体这一社会存在的本体前提。

个体的道德能力能够发挥作用,实际上都是通过对直观性的社会关系的认识才体现出来。如果离开了每个社会成员直观把握的社会关系,制度的正义就成为一种抽象的关系,而没有可操作性。就是前面所说的个人与国家的关系这样抽象的关系,即超出经验直观的关系,实际上也建立在我们能够维系的经验直观的关系的基础之上。这是因为,如果我们不能处理好我们经验感性直观的生活世界的各种关系,我们就感受不到这个世界的和谐或值得生存,又怎能相信对于超出感性直观的世界关系的把握会有真理性呢?因此,我们对于在我们的经验世界中,我们是如何维系这些关系的问题进行深入探讨。

我们每个人都意识到我们生活在各种社会关系中。所谓"维系",其意义在于个人不仅是这些日常关系的总和,而且更重要的是所有日常社会关系的建构者和维持者。然而,要维系这些社会关系,就不仅是因为有了自我意识就可以为之,同时也需要作为社会成员的个人的道德意识或道德能力。人类历史表明,在任何历史时期的人类社会,人们都把无辜杀人看成是恶，都有着维持社会秩序、维持社会团结的最基本的人类道德，如正义、友谊、友爱、互助协作等。如果没有正义，人间的不义就不可能得到惩罚。罗尔斯曾说过，如果没有正义，就像人间没有阳光一样。一个再孤独的人，不可能不需要友谊；如果没有亲情和友爱，我们不可能感受到人间的温暖。中国文化长期以来的道德核心就是建立在仁爱这一核心上。仁爱从人从二，即强调任何一个个体，只要是人，就应有对人的爱。中国文化强调的爱是世俗的，不像西方文化，邻人之爱是在宗教意义上的。中国文化强调的爱，是施从亲始，即对父母和兄弟的爱。孝是对父母的爱，悌是对兄弟的爱，友爱是对朋友的爱。这些都是直观可把握的爱，还有抽象意义上对共同体意义的爱：对民族、祖国的爱，爱国情怀一直是中国人的美德。没有互助协作，我们在患难中也就没有依靠，而任何生存于世的个体，其生命在某种意义上都具有脆弱性。我们任何人都希望永远是风和日丽，但是，天有不测风云，人有旦夕祸福，在困难面前，我们都需要相互扶助。患难见真情，恩情深似海，这恰是我们感到存在的意义与价值，也是维持社会关系和社会秩序的最基本的伦理要求。并且，任何人类社会不仅有这些最基本的积极道德价值需要得到维护，而且也有一些消极的道德要求需要得到维护，如不许无辜杀人，不得羞辱他人，等等。基督教的基本道德“摩西十诫”，除了宗教性的要求外，其他的都是消极的道德要求，如不可杀人、不可犯奸淫、不可偷盗、不可贪恋他人财物等。这些道德要求作为最基本的道德，有着其他任何权力命令无法起到的维护人与人的正常关系和社会秩序的功能。换言之，人类需要共同体，从本体上看，在于人的生命脆弱性，而人之所以能够建构和维护这一共同体，在于人的道德能力和道德意识。如果没有最基本的道德意识和道德能力，没有最基本的正义，也就没有真正意义上的共同体，即在那种我们的生命、权利、利益得不到保护的社会里，所谓的共同体就是虚假的共同体。

三、维护共同体：说真话

共同体的关系需要道德来维持，那么，在所有这些积极和消极的道德要求中，有没有一种起着基础性作用的道德要求呢？有，这就是说真话的要求。为什么说真话是基础性的道德要求呢？这要从语言的功能讲起。人类存在的二维性即个体作为意识个体的存在和同时作为群体成员的存在这一本体现象决定了人类离不开语言。每个个体既是分立的有意识的个体，同时又是在本体论意义上与他人不可分离的存在者。就前者而言，每个人都有一个有意识的内在世界，就后者而言，每个人只有与他人交往方能在对象世界中呈现。人与人的交往工具不是别的，就是话语或日常语言。就话语主体本身而言,人们通过语言表达自己的内心世界和情感;就对象性的主体而言,人们正是通过语言认知对象,舍此没有别的桥梁。那么,话语或语言为什么能起这样的作用呢?

人类之所以需要语言,本来就是因为人类作为分立的个体在社会中存在,需要与他人交往与合作才能在社会中生存下去。共同体之所以能够成为共同体,不在于某种动物式的本能,如蜜蜂共同体、蚂蚁共同体,它们完全是靠生命的本能维持在一起。然而,人类是靠有意识的联系或沟通才能生活在一起,才能成为一个真正的共同体。在这个意义上,共同体就是精神的共同体,而不仅仅是有机体的共同体。相互依赖性使得人类天然在一起,而精神的互通或相互沟通使得人类成员结成精神共同体。但是,精神上的相互理解或相互之间的信息沟通,不在于别的,而在于语言。没有语言,难以想象人类是否可以像蜜蜂或蚂蚁群体那样,靠某种生物本能而结成一个共同体。人类的祖先猿类的动物,依赖本能能够结成的共同体不会超过两性的需要,而进化到人类的生存状态,两性的需要也许是天然性组成家庭的生物前提,但却不是联结成一个超越家庭共同体的条件。而人类能够超越家庭,还作为共同体而生存,其根本的条件在于语言。语言之所以能够起到这种作用,还在于语言所传递的信息应当是具有真值性的。所谓语言的"真值性",就是说真话。换言之,语言之所以能够起到交互主体间相互沟通的作用,在于如果没有传递真实信息的语言,相互的沟通与理解几乎就没有可能。语言仅仅是一种媒介、一种载体,更重要的是其内容的真实性。然而,语言要传递真实信息,不仅要符合语言的规则,而且要与信息所表达的客观对象有着高度的真值率。也许我们的认知水平受到限制,但是,如果是某个话语主体某次有意说谎,人们对于这样的谎言的相信是建立在他几乎不说谎的前提上的。然而,如果人们因为听信了他所说的因而导致了某种有损对象利益的错误认知或行动,人们对于这个主体的信任就会受到损害。如果他没有任何解释而继续向上次传递了错误信息的对象说什么(即使这次他在说真话),人们对他的信任度就将下降。所有道德要求不仅仅是在言语上,更重要的是在行动上。因此,不是话语的真诚性,而是行动体现。这是一个涉及言行一致的问题。换言之,所谓话语的真诚性不仅在于说话是内在情感的表达以及与语言指称的对象相符合,在道德领域里,尤其体现在所说与所做的一致。换言之,如果某人并不行其言,我们不能认为他真有他的言语所表达的道德信念,这里有两种情况,或者是他的信息不对称,无法做到他所说的,或者是他完全清楚他在说什么而且也有能力做到他所说的,但他没有做到,在后一种情况下,我们说他在撒谎。因此,人们可能不仅在传播信息的意义上有可能撒谎,而且也可能在言行不一的意义上撒谎。

日常经验告诉我们,日常生活中不可能不存在谎言。谎言有道德合理性吗?康德作为一个道德绝对命令的提出者,他认为在任何时候任何情况下都不应撒谎。然而,当医生知道某人得了重病,而患者的心理承受力又很弱时,是否应当把真实情况告诉本人?换言之,撒谎可能使得他的病人没有心理负担从而能够使其生命存活更长。这表明,如果为了更高的道德价值事物而犯这样的道德小错应当是允许的。

然而,在维持基本的道德价值方面,如友谊等,人们可以撒谎吗?毫无疑问,对朋友不真诚将摧毁我们与他人的友谊。我们可以一边高喊正义,一边做着不正义、不公正的事吗?伪善虽然在很多社会都通行,但它恰恰在侵蚀基本的道德价值,也在败坏相互间的社会团结。语言的重要在于所有在世的人都需要通过它来表达自己的内在世界以及建立相互间的关系。每个行为主体要建构任何社会关系,如果没有话语的真诚性,都可能是建立于流沙之上而蹈于虚无。我们前述维持社会团结的最基本的人类道德,如正义、友谊、友爱、互助协作等,是需要通过行为主体间的话语以及相应的行动才可能存在的,因此,话语的真诚性是所有道德维系的根本前提。换言之,难以想象有这么一个人类社会共同体,在那里通行的只是谎言,而没有真话。如果是这样,那么,语言的基本功能就已经丧失。当外面晴空万里的时候,如果有人说,大家看啊,正在下大雨!人们会说这个人是疯子,而当大家知道他天天如此,只会说谎,大家对于他所说的任何话都不会相信,也就是说,人们认为他的语言没有真值意义,从而其话语已经没有任何真正的意义,除了欺骗他人之外。一个总是骗人的人最后必然得不到人们的信任。而如果一个社会的所有人都是如此用语言来表达完全虚假的信息,那么,只能说这样的社会语言已经没有意义了。但我们确实难以想象一个不能用语言来沟通和交流的社会共同体,实际上,这样的共同体已经死亡。当代共同体的建构已经不仅仅是在一个民族的意义上构建一个国家的共同体,而且在现代科技条件下,人类交往的发展已经成为地球村,从而不同文化、不同民族的交往不可避免。前面指出,这次新冠肺炎病毒之所以能够全球大流行的一个重要条件就是经济和交往的全球化。而经济与交往的全球化的一个重要精神条件就是相互信任,要得到他人信任,我们就要说真话,不仅是私人关系如此,而且国际关系也如此。孔子说,民无信不立,就是说人与人的信任是最基本的道德要求,也是国与国之间的最基本的道德要求。共同体建构的生命本体条件在于人的生命的脆弱性,而共同体建构和维持的精神条件在于相互信任,而相互信任的根本前提在于说真话。

Ethical Thinking under the Epidemic Situation

GONG Qun

【**Abstract**】 The epidemic of new coronavirus is still spreading all over the world. The epidemic shows the fragility of life to people. Facing the fragility of life, as temporary survivors, they need mutual dependence and support. So as to rebuild the community spirit under the premise of interdependence. On the premise of respecting everyone's dignity and equality, maintaining a just and orderly social community life is the basic social condition for human prosperity. There is also a basic ethical condition for maintaining the unity and cooperation of the community: telling the truth. The contemporary rulers try to get inspiration from the fascist lies, which shows that the invasion of power into the living world never stops. The language that spoils the living world spoils the most basic conditions for people's communication. The life noumenon condition of community construction lies in the fragility of human life, while the spiritual condition of community construction and maintenance lies in mutual trust, and the fundamental premise of mutual trust lies in telling the truth.

【**Keywords**】 Epidemic Situation, Life Vulnerability, Community Telling Truth

论慈善之"善"[①]

周中之[②]

【摘要】慈善是人类道德生活发展研究的大课题,要以"大慈善"概念为立论基础,研究慈善的多样化和层次性。现代社会慈善伦理评价的热点是慈善组织的公信力,这种公信力不仅包括诚信,也包括公平分配捐赠物资。要从中西文化的大视野考察中西慈善伦理的差异性,概括其特点;从中国社会发展的大格局认识慈善的社会价值。

【关键词】慈善,伦理,中西文化,社会价值

慈善代表着人类的文明与良知,始终与人类几千年历史发展相伴随,成为伦理文化不可分割的一部分。不同的慈善理念和慈善行为,深刻地折射出一定社会的人生观、财富观、消费观和社会伦理风尚。以道德现象为研究对象的伦理学,通过慈善伦理研究,洞窥人性世界,解读社会风尚,砥砺道德实践。慈善作为"善"的生活,随着历史的变迁,又会不断更新和发展,有着丰富的内容,是人类道德生活发展研究的大课题。

一、慈善之"善"的追问

1. 慈善伦理的传统与时代的反思

孟子主张人性是善的,认为"人皆有不忍人之心",并举例说明:"今人乍见孺子将入于井,皆有怵惕恻隐之心;非所以内交于孺子之父母也,非所以要誉于乡党朋友也,非恶其声而然也。"(《孟子·公孙丑上》)有人突然看到小孩要掉到井里去了,奋不顾身地冲上前去救助。他不是为了要和这小孩的爹娘攀结交情,不是为着要在乡里朋友中间博取名誉,也不是厌恶那小孩的哭声才如此的。这个例子生动形象地表达了孟子的慈善伦理观。他认为,救人作为一种慈善行为,来自内心的"恻隐之心"的驱动,而不是个人功利,例如攀结交情、博取名誉等的考量。孟子将慈善的动机建立在性善论基础上,不计个人功利,体现了理想主义的精神。在救死扶伤的危急时刻,人的生命是第一位的。以无私的奉献精

① 本文为国家社会科学基金项目"慈善伦理的文化血脉与价值导向研究"(项目编号:14BZX101)的成果。

② 作者简介:周中之,上海师范大学马克思主义学院教授,博士生导师,主要研究领域为慈善伦理、经济伦理和马克思主义伦理学。

神拯救他人生命的善行是值得赞许的,是优秀的中华美德,也是人类文明所倡导的。把慈善与无私奉献精神联系起来,引领慈善事业,充分体现了慈善伦理的高尚性,构成了慈善伦理的核心内容。从这个意义上说,孟子的慈善伦理观依然有着现实的价值。

值得注意的是,随着时代的发展,慈善的内涵发生了深刻而又广泛的变化。慈善的概念从狭义走向了广义,即从小慈善走向了大慈善。《慈善法》将慈善活动不仅规定为“扶贫、济困”“扶老、救孤、恤病、助残、优抚”“救助自然灾害、事故灾难和公共卫生事件等突发事件造成的损害”,而且将“促进教育、科学、文化、卫生、体育等事业的发展”“防治污染和其他公害,保护和改善生态环境”的公益活动也纳入其中。这就在法律上明确了慈善与公益的关系,即慈善活动包括公益活动,企业的公益捐助也理所当然地归于慈善活动。这就推动了我们对于慈善伦理的进一步思考。

2008 年汶川大地震中的抗震救灾活动,大大推动了中国慈善事业复苏的进程。2013 年,国家有关方面推出了慈善公益组织直接登记注册的改革政策,使慈善公益组织如雨后春笋般涌现。2016 年《慈善法》的出台,又为慈善公益组织的建设提供了法律规范。截至 2019 年 8 月底,我国慈善组织数量达到 5511 家,其中有公募资格的慈善组织 1260 家①。慈善公益组织数量的大量增长,使慈善活动中的伦理关系出现了新的特点。中国传统社会中的捐助者与受助者点对点的捐助方式受到了挑战,而通过慈善组织作为中介连线捐助者与受助者的模式开始为更多的社会成员所接受。慈善组织要发展,要提高效率,要运用商业手法,其对功利的追求与传统的慈善伦理难免会发生碰撞和冲突。时代向人们发问:什么是现代意义上的慈善?

2. 慈善动机的多样化及其层次性

社会主义市场经济的体制推动了中国社会的巨大发展,尤其是经济成就令世界瞩目。但同时,如何缩小贫富差距,缓和不同阶层之间的矛盾和冲突,成为实现公平正义的重要内容。慈善作为“第三次分配”,在和谐社会建设中的作用不可低估,大力推进中国慈善事业的发展是时代的选择。由于人们在社会生活中的经济地位不同,思想道德观念不同,慈善动机呈现出多样化的特点。这种多样化的动机内含不同的层次,一些道德境界高尚的捐助者,发自内在的“恻隐之心”,帮助弱者,热心慈善公益。他们的善举、人格受到了社会各界的广泛赞扬。他们的人道主义精神闪耀着理想的光辉,在时代的发展中闪闪发光。他们是社会群体中的先进分子,但为数不多。当然,不能简单地用先进分子的标准来

① 杨团:《中国慈善发展报告》,北京:社会科学文献出版社,2020 年,第 1 页。

衡量和要求所有慈善捐助者,"一刀切"的思维方法是简单的、脱离实际的方法。社会中的许多捐助者的动机并不是纯粹的,也许或多或少地夹杂着个人功利的考量,但不能否定他们的善行善举。值得重视的是,社会生活中还有一些人在"慈善"的外衣下谋取不义之财,玷污了慈善的名声。尽管这是少数人的劣行,但影响极坏,被学者痛斥为"慈善异化"。

在把握慈善动机层次性的时候,必须注意企业慈善的特点。企业作为经济组织,慈善活动是其履行社会责任的一部分,并服务于企业的发展战略。就一般情况而言,企业慈善活动中会或多或少地包含有功利的考量,例如通过慈善活动,塑造有利于市场开拓的企业形象,扩大产品的社会影响力。换言之,企业在经济上的付出,必然要考虑一定的回报。因此,要将企业的慈善与社会上其他的慈善做一定的区分。英语中的慈善有两个单词,一个是"charity",另一个是"philanthropy"。前面一个单词大多与宗教慈善相联系,后面一个单词与企业慈善相联系。要承认企业慈善动机中功利因素在一定条件下的合理性,企业的社会责任中经济责任和社会责任是结合在一起的。那么,慈善与商业的界线在哪里?"君子爱财,取之有道"是中国古代著名的格言,这里的"取之有道"就是义利统一,这个统一是企业做慈善有最大可接受性的价值选择路线。

总之,随着时代的发展,企业将慈善作为"影响力投资",通过有经济效益的投资来做慈善公益,大大推动了慈善事业的发展,同时也丰富了对现代慈善之"善"的理解。这一"善"包含着传统的无私奉献的"善",但也不排斥企业义利统一的"善"。在评价慈善之"善"时,必须首先考虑分类。它是公民慈善的"善",还是企业慈善的"善"? 两者是有区别的。同时,作为"善"的内在结构来说,又是有层次的。

3. 慈善组织公信力:慈善伦理评价的热点

纵观中国近年来有关慈善的社会热点事件,以"郭美美事件"为影响最大。这起社会热点事件极大地损害了慈善组织的形象,使当代中国慈善组织的公信力为社会所诟病。同时也昭示社会,慈善组织作为捐助者和受助者之间的"桥梁",公信力是其生命线。捐助者希望把财物捐给有公信力的慈善组织,以更好地实现自己的捐助愿望。公信力的高低,直接影响着捐助者捐助的热情。提高慈善组织的公信力,必须建立明确而又强有力的制度体系,以保证慈善组织信息的透明度,让慈善组织的口袋是透明的"玻璃口袋"。国家和政府在最近几年来,也相继制定了一系列的法律法规,通过这些法律法规的执行,在提高慈善组织的公信力方面也有了不少的成效。总结慈善组织公信力建设的经验,必须从制度伦理和德性伦理两方面发力。制度要体现诚信的价值观,而要提高制度的效能,必须加强执行力。制度是由人来执行的,执行制度的人的道德素养影响着制度的执行。必须加强慈善组织从业人员的德性伦理建设,重视培育他们高尚的人生观、道德观和价值观。

慈善组织公信力建设也要与时俱进,其内容不仅要包括诚实守信,也要包括公平分配。突如其来的新冠肺炎疫情袭击了中国湖北武汉,大量的慈善捐助物资满载着爱心来到了湖北红十字会。但该红十字会在分配抗疫捐助物资的过程中有失公正。在抗疫最紧张的时刻,武汉一些重要医院处在抗疫第一线,但仅仅分到了少量的口罩,而一些民营医院未担重任,却分到了大量的口罩,特别令人费解的是,一些以治疗妇产科、口腔科为主的莆田系医院分到了数量不菲的口罩。在不少医院物资告急,甚至不得不在网上公开募捐口罩的情况下,这样的捐赠物资分配情况明显违背公平性,大大损害了慈善组织的公信力。这个影响全国的事件对慈善组织公信力的建设提出了新课题,要研究对慈善捐赠物资的公正分配问题,这在应对突发公共卫生事件和自然灾害事件时,更凸显其重要性。慈善组织公信力问题是慈善领域中突出的道德问题,要解决这一突出道德问题,必须将其置于法治轨道之上。要在慈善法规中明确"慈善组织对捐赠物资应公正分配"的法律义务,明确提出"在救助过程中,要贯彻公正原则",并加强捐赠后的财物的分配和处理信息的公开力度,以便于社会监督。在社会应急状态中,情况是复杂的。慈善组织要做到位,必须以"人民至上""生命至上"的道德原则,分清轻重缓急,将有利于人民生命健康的分配方案置于优先地位。

二、慈善之"善"的中西文化比较

研究慈善之"善",应该将其置于一定的文化传统之下加以考量,因为在长期的历史文化发展中,作为慈善的母体文化传统孕育了慈善的理念和行为方式,并在这些理念和行为方式中深深地打上了文化基因的烙印和特点。要深入研究当代中国慈善伦理的重大热点事件时,必须从中国传统文化中寻找根源,才能更深刻地分析它。当中国慈善伦理与西方慈善伦理发生冲撞时,必须认真开展中西文化的比较,才能有更全面的认识。

1. 现实关怀与超越现实

从先秦至近代,中国几千年的传统慈善伦理以"儒释道"三家文化为主要内容,其中儒家文化占主导地位。儒家的代表人物孔子、孟子和荀子都有精彩的慈善伦理思想流传于后世，例如孔子提出仁爱说，主张“博施于民而能济众”（《论语·雍也》），孟子提出性善论，主张仁政和“达者兼善天下”（《孟子·尽心上》），荀子提出“泛利兼爱德施均”（《荀子·成相》），主张“积善成德”（《荀子·劝学》）。特别是孟子认为：“人皆有不忍人之心。先王有不忍人之心，斯有不忍之政矣。以不忍人之心，行不忍人之政，治天下可运之掌上。”（《孟子·公孙丑上》）他从性善论中演绎出仁政说，在治国理念中注入了他的慈善伦理思想，在中国历史发展中影响深远。

中国古代的慈善伦理有大传统和小传统之分。儒家所代表的是慈善伦理大传统，它与仁政结合在一起，体现的是注重现实的理想主义。儒家的学说是古代中国的国家意识形态，儒家的慈善伦理在慈善事业中占据主导地位。在中国古代，道教和佛教的“善恶报应说”在民间有广泛的影响，并在此基础上形成了慈善伦理的小传统。中国古代文化中的“善恶报应说”可以追溯至殷周时代。《周易》曰：“积善之家，必有余庆；积不善之家，必有余殃。”[①]《尚书》曰：“惟上帝不常，作善降之百祥，作不善降之百殃。”[②]道教继承和发展了上古时期提出的这一善恶观念，并通过神道设教的方式来宣扬善恶报应的慈善伦理观念。道教还糅合了先秦儒家的宗法血缘关系的思想，提出了“承负说”。“承负说”告诉人们，先人之过会惩罚后人，先人之功会恩泽后人，善恶报应可以通过宗法血缘关系跨越时空实施。佛教教人行善，强调“诸恶莫作，众善奉行”，并明确指出善有善报，恶有恶报，并且可以超越时空。现世不报，来世要报。善恶报应，迟早要报。无论是道教还是佛教，它们的“善恶报应说”的慈善伦理难以排除功利论的元素。

西方慈善伦理思想源自古希腊罗马时期，代表人物是亚里士多德（Aristotle）和西塞罗（Marcus Tullius Cicero）。亚里士多德以美德理论为慈善伦理做出了哲学上的论证，而西塞罗提出了慈善伦理的行为规范，论证了慷慨、感恩等慈善伦理的核心范畴，构建了慈善伦理体系的雏形。然而，西方慈善伦理在其长期发展中，是以基督教文化为基础的，更多地采取了宗教的形式。西方学者认为，西方人“所理解的慈善，可以概括为基督精神感召下谋求一种贫富差距问题之解决的义务”[③]。可见，基督教在西方慈善伦理中的基础性地位。但在美国南北战争后，美国以卡内基为代表的企业家，以博爱精神捐出其大部分财富，建立基金会，成为举世闻名的大慈善家。在他们的慈善动机中有基督教财富伦理的理

① 《十三经注疏（上）》，上海：上海古籍出版社，1997 年，第 19 页。

② 同上书，第 163 页。

③ ［美］乔治·恩德勒：《美国的慈善伦理与财富创造》，刘妍，王伊璞译，《上海师范大学学报》（哲学社会科学版），2014 年第 1 期。

念，但他们之所以要通过基金会的形式来行善，是美国实用主义文化孕育的结果。他们认为，"拥巨富者而死者耻辱"，将财富用于行善是值得肯定的，但行善要强调效果，使捐助获得更大的社会效益，而基金会形式是一个不错的选择。

以上从中西慈善伦理历史发展的轨迹加以比较不难看出，中西伦理具有不同的特点。中国传统的慈善伦理在发展过程中，突出地体现了关怀现实的特点，具有家国的情怀。而西方传统慈善伦理在发展过程中，基督教的文化成为其基础，突出地体现了超越现实的特点，充满了宗教的情怀。

2. 仁爱与博爱

慈善事业承载着社会及其成员的爱心，慈善伦理的"内核"是爱心。在不同历史和文化传统条件下的慈善之爱，有着丰富的内容，既有相通之处，也有不同之点。中国传统的慈善伦理以儒家的"仁爱"为核心，西方传统的慈善伦理以基督教的"博爱"为核心，两者有着明显的差异。

儒家的仁爱是建立在宗法血缘关系基础上的，是有层次的。首先是"爱亲"，"亲亲，仁也"(《孟子・尽心上》)，"仁之实，事亲是也"(《孟子・离娄上》)。其次是"泛爱众"。"弟子入则孝，出则弟，谨而信，泛爱众而亲仁。"(《论语・学而》)在爱的层次性上，儒家从家庭共同体层面走向了氏族共同体。概括起来而言，儒家主张"爱有差等"，是对中国小农经济条件下，人们相互之间的伦理关系呈现出的"差序格局"的反映。这种"爱有差等"的文化传统，不仅对古代中国的慈善伦理思想产生了深刻的影响，直到 21 世纪的今天，这一传统还依然在延续。血缘、族缘、地缘构成了慈善活动的深厚动力，中国人的捐助更愿意投向和自己有血缘关系的对象。

基督教的"爱"的诫命实质是一种信仰，是信仰上帝的一种表达。爱上帝是首要的爱，也是最大的爱。但还包括爱人如己，要爱所有的人。基督教文化认为，只要信奉教义，不论其国别、肤色、性别不同，都是同胞姐妹兄弟，都是爱的对象。这种"四海之内皆兄弟"的博爱观明显地继承了古罗马斯多葛学派的思想。在慈善中，"基督教帮助并施舍给每一个需要的人"，"尽管向众人施与吧，不要起疑惑问你所施与的是什么人，只要施与众人"。① "对基督徒而言，每个人都是有价值的，无论他的社会经济状况如何。"②《圣经》上有著名的好撒玛利亚人的寓言：一个犹太人受重伤，气息奄奄躺在路旁，无人救助。一位

① [美]A.J.施密特著：《基督教对文明的影响》，汪晓丹，赵巍译，上海：上海人民出版社，2013 年，第 99 页。

② 同上书，第 99 页。

撒玛利亚人不顾教派的隔阂,主动救助伤者。这一好撒玛利亚人的寓言生动诠释了基督教博爱慈善伦理。

儒家主张"仁爱",基督教主张"博爱",中西文化的比较,对于理解慈善伦理的原则有重大意义。当然,中国历史上也有一些思想家主张将"仁爱"与"博爱"统一起来,例如中国古代的思想家韩愈认为"博爱之谓仁"(《韩愈·原道》),民主革命先行者孙中山认为"博爱云者,为公爱而非私爱……能博爱,即可谓之仁"[①]。中国的慈善伦理要建立在中国文化"仁爱"的基础上,但也要吸收历史上将"仁爱"与"博爱"统一起来的思路,吸收国外"博爱"思想的合理因素,更好地适应改革开放新形势的需要。

3. 施受与感恩

捐助是慈善活动中的基本形式,并形成了施助者与受助者的伦理关系。受助者是否应该感恩施助者?无论是在中国传统文化还是西方文化中,都涉及慈善伦理的规范问题。有学者指出,在慈善捐助中,"是否具有感恩意识,其意义不仅仅在于对他人的付出能否作出形式上的合适反应,而且更在于是否懂得尊重人,是否真正理解人性的崇高"[②]。在中国文化中,感恩教育是道德教育的重要内容,被社会所重视。中国的感恩教育把感恩父母放在首位。"谁言寸草心,报得三春晖",是感恩父母的深情表达。这体现了中国传统慈善伦理思想"爱亲"为先的仁爱原则,也与"百善孝为先"的传统伦理思想体系相一致。

在西方文化中,西塞罗对于感恩(报恩)有着一系列的论述。他认为,第一,把"报恩"作为比"行善""更急迫的责任"。"假如我们已经受了别人的恩惠,所以,我们首先要做的不是施惠,而是报答……因为没有什么比证明自己的感激之情更急迫的责任了。"[③]第二,好人"不可知恩不报"[④]。忘恩负义是一种邪恶的行为,忘恩负义者是"所有穷人的公敌"[⑤]。第三,反对强行索报。西塞罗强调报恩,同时又认为施惠者"应该体谅别人,不强行索要自己应得的报偿"[⑥]。另外,在西方有着广泛而深刻影响的基督教的感恩说认为,爱上帝和爱他人的这两条诫命形式不同,但本质是一致的,都是对上帝命令的回应,感恩首先或主要是感恩上帝。

中国的儒家文化和西方基督教文化,都肯定感恩在慈善伦理规范中的价值,但感恩的

---

① 中山大学历史系孙中山研究室等编:《孙中山全集(第六卷)》,北京:中华书局,1985年,第22页。
② 杨国荣:《感恩:走向人性的深处》,《文汇报》,2007年8月28日。
③ [古罗马]西塞罗:《论老年论友谊论责任》,北京:商务印书馆,1998年,第112页。
④ 同上书,第112页。
⑤ 同上书,第196页。
⑥ 同上书,第197页。

对象有所不同,前者认为受助者应该感恩施助者,而后者则认为应该感恩上帝。当然,在现代中国,对感恩的伦理评价还有不同的声音。有的学者认为,勿以感恩理解慈善,慈善无关感恩,无关回报。其实质是认为慈善活动中强调感恩,可能会损害受助者和施助者之间的相互平等和相互尊重的伦理关系。这种观点不无根据,但难以成为主流观点。

三、慈善之“善”的社会价值

慈善的本质是伦理的,崇尚的是价值理性。中国在发展社会主义市场经济的过程中,迫切需要重视以价值理性来思考问题,以慈善的伦理精神来推动社会健康发展。

1. 慈善弘扬公平正义精神与人道主义精神

改革开放推动了中国生产力的发展,创造了世界瞩目的经济奇迹,改变了中国的面貌。但贫富差距的扩大,又造成了不少社会问题,公平分配的问题引起了社会有识之士的深深忧虑。要解决这一重大课题,必须采取多种途径。除了在第一次市场分配,第二次政府分配中要强调公正原则,同时也要在第三次道德分配中充分重视慈善的重要作用。社会要更好地解决公平分配的问题,离不开慈善,慈善是和公平正义联系在一起的。由于各种原因,社会底层的一些弱势群体的低收入难以维持生存需要的基本生活标准,而慈善公益的扶助改善了这部分群体所处的生存条件。这是对社会成员基本人权的尊重,体现了社会的公平正义。慈善公益的扶助,帮助弱势群体解决了一些实际问题,弱势群体感受到了社会的温暖和人间的真情,减少和化解了各阶层在情感上的对立,有利于社会的和谐与发展。

慈善不仅体现了公平正义精神,而且也体现了人道主义精神。市场经济通过利益机制调动人们劳动的积极性,推动了经济的发展。但随着对个人利益的关心和功利意识的增强,社会对人道主义精神的呼声也不绝于耳。在社会生活中不难看到,一些人对与个人功利无关的事,往往熟视无睹,甚至见死不救,袖手旁观。道德冷漠获得了蔓延滋长的温床,这与号称“文明古国”的社会主义中国的形象是不相符合的。弘扬人道主义精神,拒绝道德冷漠,需要法律的支持,推动见义勇为和助人为乐成为社会道德风尚。但解决这些问题的基础性工作,是唤醒人们内心的良知,使更多的人拥有一份爱心。慈善是以“爱心”“同情心”为心理基础的人道主义道德行为,它强调关心人、理解尊重人,特别是关心、理解、尊重弱势群体,拒绝道德冷漠。广泛开展慈善活动,社会中会有更多的人情温暖,道德冷漠将更多地被道德关爱所代替,人道主义的精神将进一步发扬光大。

2. 慈善培育担当民族复兴重任的时代新人

慈善是一项群众性的道德实践，具有育人的功能。在当代中国，为了培养千千万万个能够担当民族复兴重任的时代新人，必须充分发挥慈善的育人功能。市场经济的建立和发展，推动了中国社会道德观念的变革，一方面，有利于生产力发展的道德观念大大增强，另一方面，崇拜金钱、物质的观念蔓延滋长。在社会呼唤解决“道德失范，诚信缺失”的态势下，必须抓住“知行统一”这一关键问题推进道德建设，加强道德实践环节的工作。在社会生活中，许多基本道德规范未被遵循，许多人是“知而不行”，原因是复杂的，但要改变这种状况，必须从加强青少年的道德实践开始。（现在《慈善法》以“大慈善”概念立论，公益活动、志愿服务都被置于“大慈善”概念之中。）慈善公益志愿服务是青少年道德实践的基本形式之一，对于青少年形成正确的人生观、价值观，增强社会责任意识，意义重大。国外许多著名高校在德育工作中，都非常注意考查学生参加慈善公益志愿服务的道德实践活动的情况，这种做法值得中国借鉴。

中国古人的“积善成德”的格言流传至今、脍炙人口，不是偶然的。它揭示了个体道德人格发展的规律，即培育道德素质是通过积累的过程实现的。无论是什么人，不管做了多少，只要积极参与慈善活动，就开始了道德的积累。持之以恒，人的道德素质就会大大提升。这是因为在慈善道德实践中，人们深化了道德认知，丰富了道德情感，特别是增强了社会责任感。青少年正处于世界观、人生观、价值观的形成时期，可塑性很强，参加慈善活动有利于他们成为国家的栋梁之材。中国正在为中华民族伟大复兴的中国梦而奋斗，需要培养一大批能担当民族复兴重任的时代新人。这样的时代新人要有奋斗精神、实干精神，而在这个过程中必须从身边的小事做起，“一屋不扫，何以扫天下”，“勿以善小而不为”。慈善活动不仅升华了青少年的道德境界，也发展了青少年的才华。现代的慈善公益志愿服务活动已经进入了新的时代，需要策划，组织队伍，与各方沟通、交流、协作……投身于慈善活动，青少年得到了多方面的锻炼，各方面的素质得到了显著的提高，为进入社会大展身手打下了坚实的基础。

3. 慈善促进国家教育科技的发展

自古以来就有慈善捐赠，但在近代以后，世界上诞生了以基金会为形式的合法社会组织。它以私人财富资助诸如教育、科学、医学、公共卫生和社会福利方面的科学研究和公共服务项目，大大扩大了慈善公益事业在国家发展中的领域。另外，国外一些基金会强调行善的效果和效益，提升了慈善基金会在社会上的影响。美国成为世界头号科技强国，与基金会有不解之缘。在美国两百多年的发展中,企业家通过慈善公益捐赠,培育了一大批美国高等学校,其中包含不少世界顶尖的高校。这些高校培养出来的人才在事业上成功以后,又反哺母校,向母校捐赠,形成了良性循环。中国要培养新一代高科技人才,不仅要发挥国家和政府的作用,而且必须充分发挥民间慈善公益的力量。这不仅是必要的,也是可能的。改革开放四十多年来,中国社会也出现了一批成功人士,他们愿意并且有经济实力通过基金会捐助高校。国家在培养高科技人才中,也要为推动这些慈善捐助做出制度性的安排。为此,必须研究国外慈善公益捐助高校和科研机构的经验和伦理原则,研究捐助高科技人才培养的慈善捐助者的伦理动机和受助者的感恩问题,以实现慈善公益的良性循环;研究推动慈善公益捐助高科技人才的政策和法律的支持问题。

On the Goodness of Charity

ZHOU Zhongzhi

【**Abstract**】Charity is a major topic in the study of the development of human moral life. Based on the concept of "great charity", we should study the diversity and hierarchy of charity. The focus of charity ethics evaluation in modern society is the credibility of charitable organizations, which includes not only integrity, but also fair distribution of donated materials. We should investigate the differences between Chinese and western charity ethics from the perspective of Chinese and Western culture and summarize their characteristics. We should understand the social value of charity from the perspective of China's social development.

【**Keywords**】Charity Ethics, Chinese and Western Culture, Social Value

伦理与转基因食物[①]

[美]加里·L·康斯托克[②](著)

谢一玭[③](译)

【摘要】 本文认为,对于转基因作物在伦理上的可接受性问题,以下三种伦理性思考集中产生了一个共同的积极答案:(1)各国人民有权利选择采用转基因技术;(2)转基因技术可能对消费者和环境造成的益处与危害的平衡;(3)鼓励转基因技术的发现、创新和审慎监管的智慧。

【关键词】 转基因食物,权利,责任,美德

一、介绍

在美国,人们消费的许多食物都是转基因(Genetically Modified, GM)食物。转基因食物来源于在分子水平上被操纵的微生物、植物或动物,具有农民或消费者所渴望的特性。这些食物通常是通过将"外来"基因插入微生物、植物或动物体内的技术而生产的。"外来"基因是从有机体的亲本以外的其他来源获得的基因。换句话说,如果研究者只运用传统植物育种方法的话,那么转基因植物会包含它本不包含的基因。

一些消费者权益倡导者反对转基因食物,并且有时他们是基于伦理的理由反对。当人们基于伦理的理由反对转基因食物时,他们通常会有一些反对的理由。我们可以仔细研究他们的原因,当我们这样做时,我们就在实践应用伦理学了。应用伦理学包括确定人们对各种结论的论证,然后分析这些论证,以确定这些论证是否支持他们的结论。这里的一个关键目标在于确定一个论证是否可靠。一个可靠的论证是所有的前提都为真,并且在推理中没有错误。

---

① 本文为2019年大连理工大学人才引进项目"柏拉图正义观之演进"[项目编号:DUT19RC(3)011]的阶段性成果。

② 作者简介:[美]加里·L·康斯托克(Gary Comstock),北卡罗来纳州立大学哲学与宗教研究系教授,校友杰出哲学本科生教授。本文摘译自《食物伦理》(Franz-Theo Gottwald, Hans Werner Ingensiep, Marc Meinhardt. *Food Ethics*. New York: Springer New York Dordrecht Heidelberg London, 2010)。此文发于作者在爱荷华州立大学任教期间。

③ 译者简介:谢一玭,大连理工大学讲师,主要研究领域为西方伦理学和古希腊哲学。

合理的伦理性结论必然建立于这两种类型的主张上。A①:关于世界是怎样的经验性主张,或事实断言,理想的主张是基于现有最好的科学观察、原则和理论;B:关于世界应该如何的规范性主张或价值断言,理想的主张是基于最好的道德判断、原则和理论。

追求转基因作物和食物在伦理上是合理的吗?对于这个问题,这里有一个客观的答案,并且我们将在这里试图弄清楚它到底是什么。但是,我们必须以一种合适的、厚重的、一点认识上的谦卑开始,承认目前几乎没有伦理学家会认为他们知道最终的答案。

法律应该允许种植和销售转基因食物吗?这个问题以及每一个公共政策问题的答案最终取决于我们,即在投票亭和购物市场的公民决定这个答案。要做决定,我们会运用情感、直觉、良心和推理。然而,由于我们的公民基本上不是科学家,我们必须在某种程度上把对这件事的实际理解建立在科学专家的意见之上。因此,决定中的伦理责任主要落在从事新转基因技术的科学家身上。

二、科学家的伦理责任

科学是一个共享的过程,致力于知识的发现和开诚布公的知识的交流。因此,它的成功依赖于两种不同的价值观。

认识论价值观是科学家用来确定哪些知识主张比其他知识主张更重要的价值观。这种价值观包括清晰度、客观性、解释一系列观察的能力和做出精准预测的能力。内在不一致的主张被抛弃,支持内在一致的符合既定理论的主张(有时候,反常的理论结果是合理的,一个建构好的理论被推翻,但是这些情况在科学的历史上是很罕见的)。科学上的认识论价值还包括繁殖力,产生有用的新假设的能力;简单性,用最少数量的附加假设或定性解释观察结果的能力;以及优雅性。

个人价值观,包括诚实和责任感,是第二等级的价值观——让科学家信任他们同行的知识主张的价值观。如果科学家不诚实、不可靠,欺骗或者过度自私,那么对于科学来说,如此关键的精确信息的自由流动就会被阻挠。如果一个科学家剽窃其他人的工作或使用捏造的数据,这个科学家的工作将会被怀疑所笼罩,可靠的数据也将变得不可信。如果科学家压榨在他们手下工作的人或基于性别、种族、阶级或年龄的歧视,那么建立在科学基础上的信任和合作机制将受到侵蚀。

科学发现的制度本身就得到了这两种价值观的支持——事实上,它渗透了价值观。

① 为了便于读者理解,把原文的(ⅰ)(ⅱ)(ⅱa)(ⅲ)(ⅳ)分别用 A,B,B_1,C,D 表示。——译注

科学家在社会上有各种目标和功能,所以他们应该不会惊讶于面对的不同的挑战。

大学里的科学家在把他们的研究成果归功于所有值得称赞的人时必须谨慎;小心不要泄露专有信息;努力保持客观性,尤其是在由工业界资助的情况下。工业界的科学家还必须保持最高的科学客观性标准,这是一个特殊的挑战,因为他们的工作可能不像大学的科学家所面临的那样需要严格的同行评审程序。

工业界的科学家还必须愿意为对他们的雇主利益不利的研究结果辩护。被非政府组织所雇的科学家也面对挑战。面对一个组织的明确宣传议程,他们必须保持客观性,而不管这样的事实,即他们的研究提供的结果可能会严重破坏该组织筹款的努力。所有的科学家都面临着向公众传达复杂问题的挑战,公众通过媒体渠道接收复杂问题,而媒体渠道往往不具备传达附加在许多科学信息的限定条件和不确定性的能力。

科学的核心是一些我们最珍视的价值观的一种表达。大多数公众都信任科学家,而科学家必须反过来担当这种信任的好管家。

三、解决伦理问题的一种方法

对转基因食物的伦理性反对通常集中在对人或其他生物造成伤害的可能性上。伤害可以通过大于收益来判断,也可以不通过大于收益来判断。伤害是否合理这个问题,伦理学家试图通过一系列提问来有系统地回答:

设想的伤害是什么?为了充分回答这个问题,我们必须注意伤害或潜在伤害可能有多大(严重或微不足道);谁是“利益相关者”(即,谁是可能受到伤害的人、动物,甚至生态系统);各个利益相关方可能受到伤害的程度;以及伤害的分布。最后一个问题把注意力导向一个关键问题,即正义和公平的问题。那些有可能受到所述行动伤害的人是否与那些可能从所述行动中获益的人不同?

我们拥有什么信息?正确的伦理判断与对科学事实的透彻理解密不可分。在特定情况下,我们可能需要问两个问题。所呈现的关于伤害的科学信息是可靠的,是事实、传闻或观点?什么信息是我们在做决定前需要知道但实际并不知道的?

有哪些选择?在评估各种行动路线时,我们强调创造性地解决问题,寻求发现保护每个人利益的双赢选择。这里我们必须确定每个利益相关方想要获得什么样的目标,实现这些目标有多少种可用的途径,以及每种选择都有哪些优缺点。

哪些伦理原则应该指导我们?这里至少有三种世俗伦理传统:

权利理论认为,我们应该始终采取行动,以便我们把人类当作自主的个体,而不是只当作达到目的的手段。

功利主义理论认为我们应该始终采取行动,以便我们把好的影响最大化,把坏的影响最小化。

美德理论认为我们应该总是按照一个公正、公平、善良的人的方式行事。

这三种理论中哪一种是最好的,伦理理论家们存在着分歧。我们通过下述程序来处理这种不确定性,并从三个原则中选择一个。以此为基础,确定其对当前决定的影响。然后,采用第二个原则。确定它对当前的决定意味着什么。用第三个原则重复这个过程。如果这三个原则都集中在同一个结论上,那么我们有充分的理由认为我们的结论在道德上是合理的。

我们如何做出道德结论?我们已作的决定是否让所有的利益相关方参与了进来或者已代表了他们的观点?如果为了处理其他棘手的分歧而认为有必要采取折中的解决办法,那么折中的达成是否允许所有利害关系方明确、理解和考虑其利益?如果是的话,那么这个决定在伦理基础上或许是合理的。

在共识和折中之间有一个不同。共识意味着绝大多数人对一个问题的正确答案达成一致。如果一个群体不能达到一个共识,但无论如何又必须做出一个决定,则可能需要采取折中的立场。但无论共识还是折中,都不应与伦理问题的正确答案相混淆。一个社会有可能采取非正义的共识立场。比如,有些社会认为不应允许女人有自己的财产。这或许是一个共识,或者甚至是一个折中,但是它不应和事实的真相相混淆。道德上的结论是生活中一个可悲的事实;有时候,我们必须决定采取某种行动,尽管我们知道,从伦理上讲,也许这不是一个把所有事情都考虑在内的正确决定。

四、农业中基因技术使用的伦理问题

农业生物技术(ag-biotech)伦理层面的讨论有时会被两种截然不同的反对转基因技术的意见所混淆:内在的和外在的。重要的是,我们不仅要区分这两类,还要在随后的伦理讨论中保持它们的不同。

外在的反对意见集中在采用转基因生物(GMOs)后可能产生的危害上。这种意见主张转基因技术由于其预期结果而不应该被追求。简单地说,外在的反对意见可以被描述如下:转基因生物可能对动物、生态系统和人类造成灾难性影响。对人类可能造成的危害包括现代农业中社会不平等的长期存在,发展中国家自给农场中妇女和儿童的粮食安全下降,北半球资本充足的经济体与南半球资本不足的农民经济体之间的差距越来越大,给后代的粮食安全带来风险,以及促进还原论和剥削科学。对生态系统的潜在危害包括可能发生的环境灾难,种质多样性不可避免地缩小,以及空气、土壤和水的不可逆转的损失或退化。对动物的潜在危害包括对用于研究和生产的动物个体的不公的疼痛。

这些都是合理的担忧,国家必须建立测试机制和监管机构,通过一个严谨和资金充足的风险评估程序,评估潜在危害的可能性、范围和分布。由于我在前文说过的这个原因,必须负责任地、适度审慎地发展转基因技术。然而,这些外在的反对意见本身并不能成为暂停,更不用说永久性禁止转基因技术的理由,因为它们承认,危害可能微乎其微,收益可能大于危害。一个人如何能确定潜在的危害是否大于潜在的利益呢?除非一个人进行必要的研究,现场测试,数据分析,以做出科学的知情评估。

总之,对转基因生物的外在反对意见提出了关于转基因生物的重要问题,使用转基因生物的每个国家都应建立必要的组织和研究机构,以确保其安全使用。然而,对转基因技术有一种完全不同的反对意见,这种反对如果是合理的,那它将成为永久禁令的理由。

内在反对意见声称制造转基因生物的过程本身就是令人反感的。这个看法有几种辩护,但几乎所有的表述都与一个中心论点有关,即不自然性反对意见。

对植物、动物和食物进行基因工程是不自然的(UE)①。

如果基因工程不自然(UE)是对的话,那么我们不应该参与到生物工程里面,不管停止这项技术的后果是多么不幸。如果一个国家接受 UE 作为一个合理论证的结论,那么许多农业研究将不得不被终止,从技术中得出的潜在的重大意义会被牺牲,这事关重大。

在《恼人的天性?关于反对农业生物技术的伦理案例》②中,我讨论了 14 种为 UE 辩护的方法。为了当前的目的,这 14 种反对意见可概括如下:

从事农业生物技术就是扮演上帝;

从事农业生物技术就是发明改变世界的技术;

从事农业生物技术就是非法跨物种之界;

从事农业生物技术就是使生命商品化。

让我们依次考虑每一个主张。

1. 从事农业生物技术就是扮演上帝

在西方的神学框架中,人类是生物,服从于宇宙的主,并且他们擅自夺取只适于造物

---

① UE:unnatural to genetically engineer(转基因工程非自然)。——译注

② 原文参见 Gary Comstock, *Vexing nature? On the ethical case against agricultural biotechnology*. Boston: Kluwer Academic Publishers, 2000 。——译注

主的角色和权力,那将是不敬的。在个体和物种之间转换基因,对我们这些处于从属地位的存在来说,是在承担一项不合适的任务。因此,从事农业生物技术就是扮演上帝。

这个论证有几个问题:第一,对上帝的理解是不同的。离开任一特定的宗教传统,上帝是一个想要把所有神圣的特权交给我们,或者明确地想要至少把工程工厂的特权交给我们,或者不在乎我们做什么的存在,从逻辑上讲都是可能的。如果上帝是这些存在中的任意一个,那么这个论证就失败了,因为在这个例子中扮演上帝并不是一个坏的事情。

然而,这个论证似乎假设,上帝不像刚才所描述的任意一种。假设正统犹太教和基督教的上帝观是正确的,即上帝只是人格化、完美的、必然存在的、全爱的、全知的和全能的存在。在这种传统西方有神论的观点下,有限的人类不应该追求无限的知识和权力。从某种程度上说,生物工程是一种试图控制自然的行为,那么如果这种观点是成立的,生物工程会是一种不可接受的篡夺上帝统治的企图。

这个论证的问题在于,不是所有传统的犹太人和基督徒都认为这个上帝将会排斥基因工程。我是一个实践福音派的基督徒和当地教会理事会的主席。在我的传统中,上帝被认为赞同创造力和科学技术发展,包括基因改良。其他传统也有相似的观点。在犹太卡巴拉的神秘著作中,上帝被理解为一个期望人类成为共同创造者,与上帝合作改善世界的技术人员。至少一个犹太哲学家巴鲁克·布罗迪(Baruch Brody)提出生物技术或许是为了自然的完美而被上帝指定的工具。

我个人不确定人类是否能够使自然完美,然而,我确信转基因或许能帮助人类纠正自己已经对自然造成的一些伤害。我相信上帝或许赞同这样一个目的。因为人类是以神圣的形象被造。上帝渴望我们能在心中燃起神圣的火花。科学中的好奇心是我们天性的一部分。创造性的冲动不仅仅只存在于文学、音乐和造型艺术中。它们也是分子生物学、细胞理论、生态学、分权遗传学的一部分。我不清楚为什么研究和操纵生命的化学基础的欲望,不应被视为像写诗和奏鸣曲那样,是我们上帝般本性的表现。作为一种为 UE 提供神学内容的方式,那么,论证(A)是不够的,因为它模棱两可且有争议。

2. 从事农业生物技术就是发明改变世界的技术,一种应该只保留给上帝的活动

B_1:从事农业生物技术就是把史无前例的权力据为己有。让我们结合(B)作为一个类似的反对意见来考虑(B_1)①。

① 为了便于理解,译者把两句话调整了顺序。原文是:“让我们(B)结合一个类似的反对意见来考察(B_1)。(B_1)从事农业生物技术就是把史无前例的权力据为己有。”——译注

生物技术给了我们神力，这个论点并不强有力，而更谦虚，即它给了我们一种我们以前从未有过的力量。但是，仅仅因为一个行为从未被执行过就判断它是错误的，这是违反直觉的。从这点来看，给月经痉挛开一种新的草药疗法或使用一种新的麻醉剂都是错误的。但那似乎很荒谬。需要更多的论证，我们才能将史无前例的行为称为道德上的错误。我们需要知道，我们的新力量将在多大程度上改变社会，我们是否曾目睹过这种转变，以及这些转变在道德上是否可以接受。

我们不知道农业生物技术革命会有多广泛，但让我们假设，它将像其最大支持者断言的那样引人注目。我们曾见证过类似的转变吗？从狩猎和采集到农业的转变是一个惊人的转变。伴随着农业而来的不仅是地球上人类数量的增加，而且是复杂文化活动的首次出现：写作、哲学、政府、音乐、艺术和建筑。当人们从狩猎和采集转向农业时，他们把什么权力据为己有了呢？文明自身的力量①。

农业生物技术经常被其支持者过度销售。但假设他们是对的，即农业生物技术带给我们史无前例的权力。这难道就是反对的理由吗？如果我们接受农业及其伴随而来的进步，就不会反对，因为当我们接受农业时，我们也是把史无前例的权力据为己有。总之，(B)(B_1)中陈述的反对意见是没有说服力的。

3. 从事农业生物技术就是非法跨物种之界

这个论点中的问题既是神学的也是科学的。我将把科学问题的争论留给其他人，即自然提供了物种之间的边界普遍流动的充分证据。这个论点假设物种的界限是清楚的、僵硬的和不改变的，但是，事实上，现在的物种似乎是杂乱可塑的、易变的。以不自然为由禁止跨越物种边界在科学上似乎是站不住脚的。

C：如何基于神学理由去辩护同样的困难。没有一种西方宗教的经文禁止基因技术。当然，当《圣经》被写出来的时候，做梦也想不到基因工程。现在，有人可能会争辩说这样一种禁止可能源自犹太或基督教的圣经解释传统。

塔木德法律反对混合“物种”，可能会被认为是一种普遍禁令，比如禁止将“不洁净”物种的基因植入洁净物种。有一个说法可能是这样的：对于一个谨守教规的犹太人来说，做圣经禁止的事在道德上是错误的；犹太教的口传律法和成文律法禁止混合物种（从同一个盘子中喝奶和吃肉，驴和公牛同负一轭）；生物工程是混合物种；因此，对一个犹太人来

① McNeill W. Gains and losses: An historical perspective on farming. *Iowa City, IA: National Endowment for the Humanities and Iowa Humanities Board, Iowa Humanities Lecture*, 1989, p. 5.

说,从事生物工程在道德上是错误的。但这个论证没有表明生物工程在本质上其所有形式对所有人来说都是令人反感的。

这个论点或许禁止犹太人从事某种生物技术活动,但并非全部;比如,它没有禁止在一个物种之间的基因转移,很显然,也没有禁止基因从一种洁净物种转移到另一种洁净物种。顺便说一句,值得注意的是,东正教在食物供应上已经接受了转基因食物。美国70%的奶酪是用转基因产品凝乳酶制成的。这种奶酪被正统拉比接受为合法①。

总之,很难在科学或宗教的基础上找到对(C)有说服力的辩护。

4. 从事农业生物技术就是使生命商品化

(D)基因工程以一种还原论的方式对待生命,把活的有机体还原成比机器多一点的东西。生命是神圣的,不应被视为具有商业价值的商品,只被买卖给出价最高的人。

我们能统一地应用这条原则吗?以此为理由反对转基因技术产品,是否也要求我们因同样的理由反对普通农业的产品呢?以物易物或用农作物和动物换现金的行为,不是生动地证明了地球上的每一种文化几百年来都在从事生命的商品化吗?一个人如果接受非转基因的小麦和猪的商业运输,那么为什么反对转基因的小麦和猪的商业运输呢?为什么以先前对待动物、植物和病毒的方式来对待DNA就是错的呢?②

尽管(D)可能是真的,但它并不是反对转基因技术的充分理由,因为我们的价值观和经济机构早已接受了生命的商品化。现在,有人可能会反对说,各种宗教传统从未接受过商品化,基因工程给我们提供了一个抵抗和逆转的机会。比如,卡斯(Kass)③主张,我们在去人性化的道路上走得太远了,把自然当作机器,我们应该关注自己对克隆人等做法的情绪反应。即使我们不能用理性的语言来捍卫这些情感,我们对克隆人类想法的反感也应该有很大的分量。梅志里(Midgley)④认为,跨越物种界限移动基因不仅令人讨厌,或许也是一个丑恶的想法,一种扮演上帝的形式。

卡斯和梅志里雄辩地为我们的情绪反应与基因工程的相关性辩护,但正如两人都承认的那样,我们不能简单地允许我们的情绪获胜。如同梅志里写道:“注意……同情的感

① Gressel J. Observation. *Chicago: Annual Meeting of the Weed Science Society of America*, 1998; Ryan A, et al. Genetically modified crops: The ethical and social issues, *London: The Royal Society*, 1999, p.38.

② Nelkin D&Lindee MS. *The DNA mystique: The gene as cultural icon*, New York: Freeman, 1995.

③ Kass L. *Toward a more natural science: Biology and human affairs*, New York: Free Press, 1988.

④ Midgley M. Biotechnology and monstrosity: Why we should pay attention to the “yuk factor”, *Hastings Center Rep*, 2000, pp.7-15.

觉[能够激起][改变]人们整个世界观的推理。”[①]但这在很大程度上取决于推理和情感。

内在的反对意见是否合理？它们清晰、一致、合乎逻辑吗？它们是否依赖于我们愿意统一地应用于生活其他方面的原则？它们可能会导致反直觉的结果吗？

反直觉的结果是我们很难接受的结果，因为它们和普遍公认的道德直觉相反。如果一个道德规则或原则导致了反直觉的结果，那么我们就有强烈的理由拒绝它。比如，考虑下面的道德原则，我们可以称之为天真结果论（NC）[②]：

总是改善大多数人的福祉（NC）。

假如我们采纳了NC，那么我们不仅被允许牺牲一个健康的人，而且被要求这样做，如果这样做可以拯救其他许多人。如果六个人需要器官移植（两个需要肾，一个需要肝，一个需要心脏，两个需要肺），那么NC指导我们牺牲一个健康人的生命，将六个器官移植到另外六个人身上。但是这个结果，即我们必须牺牲无辜的人去救陌生人，是极其反直觉的。这个结果给我们一个强烈的理由来反对NC。

我认为上述四种不自然反对意见的表述是不合理的，因为它们会导致违反直觉的结果。我不轻视这一立场。十二年前，我写了《反对bGH的案例》的文章，我被告知，这篇文章“是哲学家第一篇以明确的伦理基础反对农业生物技术的论文之一”。接着我写了一系列其他文章反对转基因抗除草剂作物、转基因动物，甚至所有的农业生物技术[③]。我很熟悉对转基因食物的担忧。但是由于包括内在反对意见的弱点在内的理由，我改变了我的主张。我的反转基因生物世界观所基于的同情心并没有经受住推理的激荡。

五、我们为什么要小心转基因食物？

我不想假装知道这个问题的完整答案，但我希望能有机会对此作一个简短的推测。

原因可能与一种自然的、完全可以理解的、完全理性的倾向有关，即对进入我们嘴里的东西采取预防措施。当我们身体健康，对现有的食物感到满意时，我们从新食物的试验中几乎没有得到什么益处，也没有理由去冒险吃一种可能不安全的食物。我们可以把这种处理看作预防性的反应。

当面对关于食物安全议题的两种相对立的观点时，消费者过分强调负面信息。当一

① Midgley M. Biotechnology and monstrosity: Why we should pay attention to the“yuk factor”, *Hastings Center Rep*, 2000, p.10.

② NC：指 naive consequentialism。——译注

③ Comstock G. The case against bGH. *Agric Hum Values*, 1988, pp.36－52.

个消费者认为从一种新的食物技术中收获甚微时,这种预防性的反应尤为强烈。

当一种特定的食物是充足的,对任一特定食物的负面信息过多的强调都是合理的。正如我的同事德莫特·海斯(Dermot Hayes)指出的那样,这样做是合理的,即使知道负面信息的来源是有偏见的。

对我们来说,对新食品采取预防措施有几个原因。第一,在营养美味的食物充足的条件下,如果从我们的角度来看,新食物在其他方面与我们目前的食物相同,那么我们尝试新食物就毫无益处。假设在我面前的架子上有 18 打枫糖克丽丝比甜甜圈,都烤成金棕色,都重 3 盎司。如果我被邀请从中挑一个,那我没有理由厚此薄彼。

然而,假设一个裸体男人跑进房间,身后飘散着野性的头发,高喊着天要塌下来了。他走近架子,指着从底部算起第四层从左数第三个甜甜圈。他惊呼道:"这个甜甜圈会致癌的!不惜一切代价避免它,否则就死定了!"虽然没有理由相信这个男人的说法,但是,因为这里有这么多免费可吃的甜甜圈,我们为什么要冒险呢?选择其他的甜甜圈是合理的,因为所有的都一样。现在,或许我们中的一个是登山者,爱冒险,他可能会忍不住说:"见鬼,我试试那个甜甜圈。"为了集中注意力在正确的问题上,冒险者应该问问他们自己是否会选择这个被玷污的甜甜圈带回家给两岁的女儿吃。为什么要强加任一风险给自己所爱的人呢?且是在没有理由的情况下。

克里斯比·克雷姆(Krispy Kreme)的例子是为了表明,玷污食品同时是一个强大的和极其容易的社会行为。强大是因为它几乎决定了消费者的行为,容易是因为玷污者不必提供任何食物危险的证据。在食物充足的情况下,理性的消费者的确应该采取预防措施,不管玷污者有多么不可信,都要避免被玷污的食物。

对食物采取预防措施,我们的这种倾向表明,一个对转基因食品持负面看法的人比持正面看法的许多人更有影响力。下述的实验给这个假设以可靠性。在一个愿意付款的实验中,海斯和他的同事给 87 个初级食品购物者每人 40 美元①。每个参与者都被分配到一个由六个成员到十几个成员组成的小组。午餐时间,每组坐在一张桌子旁吃一份猪肉三明治。每张桌子中间都有一个额外的食物,一个辐照猪肉三明治。三组受试者被给予三种不同的对待方式:(ⅰ)赞同辐照对待;(ⅱ)反辐照对待;(ⅲ)平衡对待。

每组开始时,所有的参与者都在一张桌子上接受相同的,所谓的"中性"描述辐照猪肉三明治。部分描述如下:

① Fox J, Hayes D, Shogren J. Consumer preferences for food irradiation: How favorable and unfavorable descriptions affect preferences for irradiated pork in experimental auctions. *J Risk Uncertain*, 2002, pp.75-95.

美国食品和药物管理局最近批准使用电离辐射控制猪肉制品中的旋毛虫。这个过程导致肉里面的旋毛虫的数量减少了10000倍。这个过程不会在食物中引起可测量的放射性。

当受试者读了这个描述之后，他们进行了一种无声的竞标，购买用非辐照三明治来交换辐照三明治的权利。谁出价最高，谁就能用第二高的出价者所出的价钱买这个三明治。为了给受试者提供桌旁其他人意见的信息，以便他们能够将这些信息纳入其未来的投标中，在下一轮竞标开始前都会宣布上一轮最低和最高的出价。在这个实验结束时，10轮竞标中随机选出一轮，那一轮出价最高的人必须为三明治支付第二高价。

经过五轮竞价，三组中排名第二的竞价很快在一个平衡点上达成，约为20美分。也就是说，每桌都有人愿意为辐照猪肉三明治支付20美分，但任何一组都不会支付超过20美分的费用。投标重复了五次，是为了让参与者有机会对他们从桌上其他人那里得到的信息做出回应，并确保价格的稳健性。

五轮竞价之后，每组都被给予额外的信息。a组，所谓的赞同组，被提供了一份三明治的描述，部分如下：

在美国，每年有9000人死于食源性疾病。有些人死于猪肉中的旋毛虫。数百万人受短期疾病之苦。辐照猪肉是一种消除这种病原体安全可靠的方法。自1950年以来，这一方法已在20个国家中被成功使用。

赞同组的受试者被告知，这一正面描述的作者是一个赞同辐照的食品行业集团。描述读完后，又一个五轮竞标开始。辐照三明治的价格迅速上涨，在10轮后达到了80美分。每一轮的竞标，包括最后一轮，都比前一轮的价格有明显提高，然而都没有达到最高限价。实验停止时，价格仍在上涨(图4.1)

第一个五轮竞标之后，b组被提供了一个不同的描述。部分内容如下：

在食物辐照中，猪肉被暴露在放射性物质中。它接收30万拉德的辐射，相当于三千万次胸部X光。这一过程导致食品中存在放射性产物。一些放射物是致癌物，与出生缺陷有关。这个过程是由原子能委员会在20世纪50年代发展起来的。

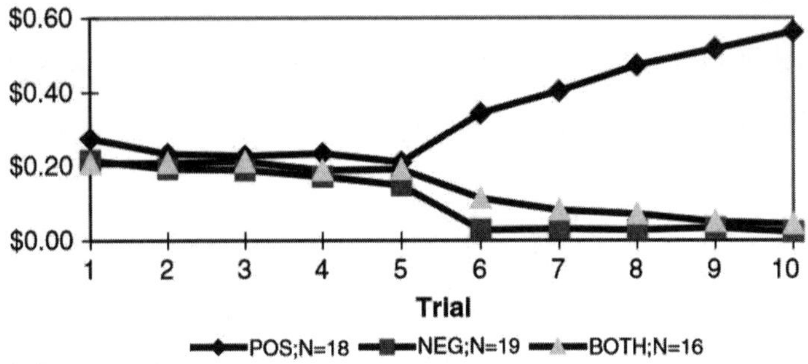

图 4.1 信息对辐照猪肉平均出价的影响:POS,积极;NEG,消极

这一描述的来源被确定为“食物和水”的投标人,即英国的一个反辐射积极分子团体。在 b 组阅读了这个描述之后,又开始了五轮竞标。出价很快降到了零。b 组以“中性”方式描述的猪肉三明治在第一个五轮之后产生了 20 美分的价值,而以“负面”方式描述的辐照三明治没人想要付一分钱。这一结果还是得到了,尽管描述显然是来自一个积极分子,而非科学团体。

中性描述上的五轮竞标之后,第三组 c 组同时收到了正面和负面描述。有人可能会认为这个组的反应是非常多变的,一些参与者被负面描述吓跑了,而另一些人为它不科学的来源而认为不可全信。一些参与者可能不会出价,而其他人可能会继续出价很高。

然而,第三组,所谓的平衡组,三明治的价格同样降得很快。的确,价格低至零的速度几乎和 b 组(负向组)一样快。也就是说,尽管第三组面前同时有中性和正向的描述,但没有一个人在负向描述前想要为辐照三明治支付 2 美分。

海斯的研究阐明了预防性应对措施,及其对转基因争论产生的暗示性影响。这些影响是:给予转基因食物中性或正面的描述,消费者最初会为转基因食品支付更多的费用;给予转基因食物负面描述,消费者起初就不会为它们多付钱。最后,这是一个令人吃惊的结果,同时被给予转基因食物正面和负面描述,消费者一开始就不会多付钱。在转基因食物争论中,双方为他们的主张提供原因时都应该严谨认真,尤其是对他们负面的主张。

在世界范围内,在发达国家,粮食丰裕的人们的预防性反应可能导致我们对那些处境不利的人们的状况不敏感。事实上,我们可能会陷入以下伦理困境。

出于论证的目的,我做出如下三种假设(我不认为这些假设都没有道理):第一,假设转基因食物是安全的;第二,假设一些罕见的转基因食物,比如添加铁或维生素 A 的大米,或者抗病毒木薯或耐铝甘薯,可能对数百万贫困儿童有巨大的潜在益处;第三,假设广泛传播的反转基因信息和观点,不管在科学上有多么不可靠,都可能关闭发达国家的转基因基础设施。

在这些假设下,考虑这样一种可能性,即通过在最适合安全地进行转基因研究的国家玷污转基因食品,反转基因活动家可以阻止跨国公司销售以赚钱为目的的转基因食品的范围。这个结果可能是好事,也可能是坏事。然而,这一结果的一个意料之外的副作用是,上述新的转基因罕见作物可能不会出现,假设这些罕见作物的开发和商业化取决于对植物科学和分子生物学中基本问题的回答,而只有允许私营企业的研究议程与公共研究机构的研究议程一起前进时,这些问题才能得到回答。

我们对新食物的预防性回应或许把我们置于一个不舒服的境地。一方面,我们想要讲述关于转基因故事的"两个方面",让人们知道这个技术的益处和风险;另一方面,吹嘘技术益处的一些人做出古怪的声明,说它将养活世界,而谴责这个技术的一些人做出无根据的论调,声称它将毁灭世界。然而,在这种情形下,无根据的负面故事要比那些无根据的正面故事更重要。我们的预防性回应,接着在短期内,至少会导向对转基因技术的反对。那么,至少在短期内,我们的预防性应对措施很可能导致对转基因技术的拒绝。然而,拒绝转基因技术可能会间接伤害那些最有需要的孩子,那些需要我所说的罕见作物的孩子。我们是否被迫在两个基本价值观之间做出选择,言论自由的价值观与儿童生命的价值观?

一方面,公开对话和透明的决策过程对自由民主社会的基础至关重要。我们必须把每个人都囊括在辩论中,让人们陈述他们对转基因食品的看法,不管他们的看法是什么,不管他们对科学技术的了解程度是什么。言论自由是一个不能有丝毫让步的价值观。

另一方面,发表一些关于转基因食物的观点显然会产生玷污效应,这是言论自由的一个强大而极其容易的后果。玷污这个技术可能会导致丢失掉这个潜在有用的工具。那么,我们是否应该在谈话中划出一些界限,坚持让每个贡献者都把一些科学数据的测量值放到台面上,尤其是在做出负面主张时?或者我们集体准备让谈话完全公开?也就是说,以保护言论自由的名义,我们是否准备冒着失去帮助世界上一些最弱势群体的机会的风险?

六、预防性原则

13 岁的时候,我赢得了我梦寐以求的工作,在威斯康星州北部的蜜岩营地斗马。我为自己塑造的形象是跨在高头大马上的饱经风霜的牛仔,把金块分给令人敬畏的年轻骑手。但正如他们在德克萨斯州所说,我是个只说不练的人。

"小心!"这是我能想到的最好的建议。

只有在多年的西式马鞍体验后,我才有能力判断不同的骑手,并在个案基础上给予他们合理的建议:你应该更懒散地靠着慢跑,把脚掌放在马镫上;你需要把脚后跟推向你膝盖前面,并向下到动物的前蹄方向;你！跟着动物的节奏一起转动臀部,远离角;你！保持对方向突然变化的警觉。

只有经过多年与数百名不同骑手交往的经验,我才意识到,我先前的一般性建议虽然出于善意,但对任何人来说都毫无用处。就像一个年长的牛仔曾经说过的那样,我不妨说:“去疯吧!”这两条建议对于如何在马背上做出正确的决定同样毫无用处。

现在,如同疯牛病抓住了欧洲人的想象力,担忧的观察者把恐惧转移到转基因食物上,建议说:“采取预防措施!”这是否是一个能够指导具体公共政策决定的有价值的观察,或者是善意的但最终是毫无帮助的建议?

正如 1992 年《里约环境与发展宣言》所述,预防原则规定“……不应将缺乏充分的科学确定性,作为推迟具有成本效益防止环境退化的措施的理由”。这种预防性的做法导致许多国家宣布暂停转基因作物的种植,因为它们认为开发转基因作物可能导致环境退化。各国认为这是该原则的含意,这个含意是正确的。但这是唯一的暗示吗?

假设全球变暖加剧并来临,正如现在一些人悲观预测的那样,会对粮食生产和分配造成极大的干扰。在全球粮食短缺之后,国际贸易和相应的政治权力出现了大规模混乱,影响到所有地区和国家。几十亿人不顾一切地试图养活自己,开始掠夺猎物,砍伐森林,种植庄稼,耕种以前不生产的土地,以高于建议的速度施用肥料和杀虫剂,杀死和吃掉濒危和以前不杀害的物种。

或许这不是一个可能的场景,但也并非完全难以置信。转基因作物有助于防止这种情况,方法是在干旱条件下、在盐渍土中、在以前温带地区不寻常的顶级胁迫下或在我们以前没有农艺经验的地区,提供更坚韧的传统品种。

假设我们可能需要基因工程的工具来避免未来人类对奥尔多 · 利奥波德所谓的“土地”的毁灭性攻击,预防原则要求我们开发转基因作物。是的。我们缺乏充分的科学确定性,即开发转基因作物将防止环境恶化。诚然,我们不知道转基因研发的最终财务价格是多少。但是,如果转基因技术可以帮助拯救土地,很少有人会认为这一价格不划算。所以,根据预防原则,转基因作物在防止环境退化上缺乏充分的科学确定性,但不能以此为理由推迟这一颇具成本效益的措施。

预防原则使我们致力于下列各项主张:

(1)我们不应该发展转基因作物;(2)我们必须发展转基因作物。

由于(1)和(2)显然是相矛盾的,该原则的捍卫者应解释其含义为何不连贯。比预防原则有用得多的是详细的个案建议,他们是在广泛审查非工业赞助的现场试验的基础上提出的,而这些试验是由构建与阐释生态和医学数据方面的客观的科学家、专家进行的。如果没有这样的依据来判断这种使用是可以接受的,那种使用是不可接受的,我们不妨建议转基因领域的人疯狂一点。这和“小心点”一样有用!

七、宗教和伦理

宗教传统为这个问题提供了一个答案,“总的来说,我应该如何生活”。世俗伦理传统为这个问题提供了一个答案:“什么是做正确的事情?”在一个多元社会里,当一个特定宗教的答案和通过世俗伦理思考得到的答案产生真正冲突时,我们必须问这个冲突有多深。如果这个冲突如此之深以至于尊重宗教观点会涉及不尊重另外一个宗教的观点,那么,我们要做一个艰难的决定了。在这些情况下,世俗伦理思考下的结论必须凌驾于有关宗教的答案之上。原因是给予一个宗教以特权地位将不可避免地歧视另一个宗教。必须允许个人在神学问题上遵循自己的良心。但是,如果允许一个宗教以限制其他宗教追求其价值的方式将它的价值观强加于其他宗教,那么个人宗教自由不能被保护。

道德理论家把非宗教伦理思考的这一特点称为伦理的至高无上。如果父母基于宗教原因拒绝为未成年儿童进行救生医疗程序,国家有理由推翻父母的宗教信仰,以保护世俗伦理认为高于宗教自由的价值观:儿童的生命。

只有当一个宗教团体声称有权基于纯粹的宗教理由停止转基因技术时,伦理至上才适用于我们的讨论。这里的问题是一个团体试图把自己的信仰强加给其他人的忏悔问题。我的意思不是不尊重宗教;正如我所指出的,我是一个笃信宗教的人,我重视我以外的其他宗教传统。宗教传统一直是道德行为的宝库和孵化器。然而,在全球社会中,我们的每一个传统都必须学会与相互竞争的宗教以及非宗教传统和机构和平共处。

如果有人出于纯粹的宗教原因反对转基因技术,我们必须问他们是为他们传统的哪种权威代言,他们的传统中是否有其他的、矛盾的观点,以及按照他们的观点行事是否意味着不尊重其他宗教人士的观点。当然,每个传统都有权决定自己对基因工程的态度。但是,在没有其他正当理由的情况下,我们决不能允许有人仅仅因为狭隘的宗派主义理由而禁止转基因技术。允许这样的行动将是不尊重那些人的观点,即基于同样真诚的宗教理由相信转基因技术不一定与上帝对我们的期望不符。

八、少数派观点

在一个多元化的社会中,当一个特定的少数派的观点与大多数人的观点产生真正的冲突时,我们必须问一些问题:冲突有多深?过去如何对待少数派?如果少数派受到剥削,是否已作出赔偿?如果矛盾如此之深,以至于尊重少数派的观点就要压倒多数人的观点,那么我们就要做出艰难的决定。在这种情况下,国家的结论必须是公正的,考虑到过去的剥削和随后的补偿或缺乏补偿的问题。这是一个公正的问题。

如果大多数人赞成转基因技术,而少数人则声称有权停止转基因技术,那么在讨论转基因技术时就会出现公正问题。如果少数人引用宗教观点来阻止转基因生物,而大多数人认为停止转基因生物将导致人类生命损失,那么国家将面临一个与上一节讨论的决定非常相似的决定。在这种情况下,只要社会认为人类生命的价值高于宗教自由的价值,世俗的政策决定就有理由推翻少数人的宗教论点。

然而,如果少数派把过去的压迫作为他们的价值观的主导理由,那么就必须解决另一个问题。在这一方面,相关问题与过去剥削的性质、范围和深度以及为纠正不公正和补偿受害者所做的努力是否充分有关。如果这个问题由来已久,而且没有得到解决,那么强加多数人的意愿似乎是一个对过去的错误行为麻木不仁的不公正社会的迹象。另一方面,如果双方都认真解决了这个问题,例如,通过公平程序达成的公正条约已经到位,正在执行、正在纠正过去的错误,并正在防止新的剥削形式,那么少数派的论点似乎要弱得多。如果能够证明尊重某一特定少数群体的愿望而禁止转基因生物,就会使处于不利地位的其他人的生活受到威胁,那么,这一结论就尤其具有说服力。

结论

早些时候,我描述了一种达到伦理上合理判断的方法。正是基于这种方法,我个人改变了我对转基因作物在伦理上可接受性的看法。我的观点发生了变化,因为我充分考虑了三个因素:(ⅰ)各国人民选择采用转基因技术的权利(属于人权原则的考虑);(ⅱ)转基因技术可能对消费者和环境造成的损害与利益之间的平衡(自主权考虑);(ⅲ)鼓励转基因技术的发现、创新和谨慎监管的智慧(与美德理论有关的考虑)。追求转基因作物和食品在伦理上是否合理?我开始相信,我们三个最具影响力的伦理传统集中在一个共同的答案上。假设我们以负责任和适当的谨慎行事,答案是肯定的。

Ethics and Genetically Modified Foods

Gary Comstock

【**Abstract**】 This article argues that three sorts of ethical considerations converge to yield a common positive answer to the question of the ethical acceptability of GM crops: (1) the rights of people in various countries to choose to adopt GM technology; (2) the balance of likely benefits over harms to consumers and the environment From GM technology; and (3) the wisdom of encouraging discovery, innovation, and careful regulation of GM technology.

【**Keywords**】 Genetically Modified Food, Rights, Responsibility, Virtue

耳与口,眼与手[①]

——中西方"口罩之争"所折射出的听觉与视觉中心主义

彭　洋[②]

【摘要】因新冠肺炎疫情而产生的中西方"口罩之争"表面上是应对疫情的不同方法,实则有更深层的文化心理原因。产生此争论的真正原因在于双方不同的文化传统,即中国的听觉传统和西方的视觉传统。只有在认清两方各自文化基因的不同以及由此产生的不同思维模式,才可以从根本上理解双方在防疫方法上的不同侧重以及不同的防疫策略。在如今已不可逆的全球化时代,中西方应正视对方,互相取长补短以达到视听平衡。完整的世界、完善的人类才是全球化真正的意义所在。

【关键词】视觉中心主义,视觉思维,听觉中心主义,听觉思维

自新冠肺炎疫情在全世界蔓延开来,在东西方之间,确切地讲在以中国为代表的东方世界和以欧美为代表的西方世界,双方无论是在民间社交网络上,还是在正式新闻媒体上,甚至在政府外交发言层面上,都曾为"在公共场所是否要佩戴口罩"这一问题发生了激烈,甚至针锋相对的争论。而且对于此问题,中国、韩国、日本等东亚国家无论是官方还是民间,对佩戴口罩都有高度一致的认同;而德国、英国、美国等欧美大国无论是官方还是民间,则在疫情蔓延初期都对口罩的作用表现出否定甚至抵制的态度。与此相应的是欧美国家在面对疫情时从一开始就格外强调要保持社交距离与手部卫生;药店里最先大量供应的防疫物品不是口罩而是手部消毒液,如笔者所在的德国城市里,所谓的手部消毒液其实就是普通的医用酒精,但却被着重强调用于手部(Händedesinfektion);超市的收银台在未安装防飞沫的透明挡板和标画保持距离的刻度之前,收银员们就已经戴上了手套,甚至有许多顾客也在疫情初期就开始戴手套采购物品。欧美国家的民众对卫生纸的抢购实际上主要也是出于对手部卫生的重视;相比之下,中国则从未出现抢购卫生纸的状况。身在欧美的东亚裔是欧洲最早开始戴口罩防疫的人群,有人甚至因此遭到种族歧视和肢体攻击,但却未曾出现有东亚裔留学生事先抢购卫生纸的消息。

---

① 本文为国家社科基金重大项目"当代新兴增强技术前沿的人文主义哲学研究"(项目编号:20ZD045)阶段性成果。

② 作者简介:彭洋,德国弗赖堡大学哲学博士,现任黑龙江大学哲学学院副教授。

东西方在面对疫情时表现出的对手与口的不同侧重，以及对“是否戴口罩”这个问题的争论，所反映出的并不是口罩的防疫作用这样一个科学问题，因为此问题的科学答案是简单明了，而且早已被1918年流感大流行中的相关事实证明了的。西方的民众和媒体，甚至许多医学专家从一开始就未能秉持真正科学审慎的态度去对待或考察口罩的作用，而是以一种习惯性的偏见对口罩予以否定。随着捷克、奥地利在较早推行强制口罩令之后率先取得了积极的防疫效果，美国纽约州和德国所有联邦州才开始实行公共场所的口罩强制令，至此对于口罩的防疫作用已经无可争辩。然而即使如此，欧美国家的许多民众依然对佩戴口罩持消极甚至抵制态度，并不认真执行口罩强制令。“戴口罩出行的民众依然只是少数。甚至有肢体语言专家表示，戴口罩可能会给他人带来压力，因为‘面部表情对于人际交流非常重要’，如果遮住脸的一部分，对方就无法接收某些通过表情传达出的情绪信号。如果双方不太熟的话，‘可能会引发不确定性’……”①这就说明西方民众对口罩的排斥并不是因为缺乏相关科学知识，中西方关于口罩的争论从一开始就更多地表现为对各自生活理念与习惯的坚持而非理性的科学探讨。双方观点的对立实质上早已超出了如何防疫与口罩的作用这种医学与科学的范围，更像是各自集体无意识深处的生命观念在面对生存危机时爆发出的根本性区别。这就需要我们超出科学知识之外，从中西方各自文化传统的历史渊源与思维方式的层面去探讨双方对口罩如此巨大的反差态度的根源。

对此问题，被许多重要思想家很早就注意到的东西方对视觉与听觉的不同侧重给了我们一些线索。与口罩之争可以关联起来的另一有趣事实是网络上曾经出现的一个讨论：同样作为匿名行侠仗义的文学英雄人物，为什么西方的英雄如佐罗、罗宾汉、蝙蝠侠、闪电侠等隐藏身份的方式是蒙住眼部，而东方的英雄却是蒙住口鼻？这一通过文学夸张的事实再次直观地表明了眼与口、视觉与听觉在中西方文化中不同的地位。本文试图根据以上两方面事实所提示的线索来探讨中西方文化对听觉与视觉的不同侧重，以及由此而导致的根深蒂固的思维方式与生活观念的不同，然后在此基础上回答以上两个问题。

一、西方的视觉中心主义

西方的视觉中心主义可以追溯至其拼音字母的诞生，通过组合本身无意义的字母来表意的拼音字母的庞大字母家族“均属于一个单一的‘字母家族’……其家族主干完全出

---

① 关梦觉：《德国首个新冠疫苗临床试验获批》，欧洲时报网，2020年04月22日。http://www.oushinet.com/europe/germany/20200422/347707.html，检索于2020年5月1日。

自公元前2000年的首份闪米特字母表。这个老祖宗养育出的首要后代,便是腓尼基字母"①。就此而言,麦克卢汉(McLuhan)的论断,即"历史上有许多象形的和分音节的文字,但是没有意义的字母和没有意义的语音相对应的拼音字母表,却只有一种"②是正确的。后来为整个西方文明奠定基石的古希腊文明所使用的字母正是直接脱胎于腓尼基字母,而"唯有拼音字母才将人的经验分裂为这样截然分明的两部分,使使用者以眼睛代替耳朵,使他从洪亮的话语魔力和亲属网络的部落痴迷状态中解脱出来"③。这就使视觉在人的感官中突显出来并成为首要的认知途径,这在古希腊哲学的开端就已有明显的表现,正如布鲁门伯格(Blumenberg)所指出的,光作为真理的隐喻在哲学概念之形成的准备阶段就具有主导地位④。赫拉克利特(Heraclitus)将宇宙视为永恒的活火,巴门尼德(Parmenides)把存在视为完美的球体,这都是鲜明的视觉对象。海德格尔(Heidegger)早就看出了这一点:"哲学的传统一开始就把'看'定为通达存在者和通达存在的首要方式。"⑤"早在希腊哲学中人们就从'看的快乐'来理解认识了,这不是偶然的。亚里士多德关于存在论的论文集的首篇论文即以下面这句话开篇:人的存在本质上包含有看之操心……巴门尼德在下述命题中曾先行加以描绘的东西得到了鲜明的领会:存在就是在纯直观的觉知中显现的东西,而只有这种看揭示着存在。源始的真实的真相乃在纯直观中。这一论题香火流传,始终是西方哲学的基础。"⑥柏拉图所追寻的"εἶδος"(理念)一词本身就源于动词"εἴδω"(看),其在洞穴比喻中把太阳这个一切光的源泉比作最高存在、善的理念、万物的原因;亚里士多德(Aristoteles)认为是物质的规定性与本质的"μορφή"(形式)的词意原本只是"外形",而且他认为人所能达到的最高认识方式,同时也是最大幸福在于像神那样的"无所行动的静观之中,即 θεωρία"⑦。"θεωρία"(英语中的"theory"与德语中的"Theorie"都源于此词)的词根"θεω"本身就是"发光"的意思,而且与"θεος"(神)同源。"光的隐喻"对古希腊人的感知与思想的影响是深刻而全面的,这不仅因为作

---

① [美]大卫·萨克斯:《伟大的字母:从A到Z,字母表的辉煌历史》,康慨译,广州:花城出版社,2008年,第7页。

② [加拿大]马歇尔·麦克卢汉:《理解媒介:论人的延伸》,何道宽译,北京:商务印书馆,2000年,第120页。

③ 同上书,第121页。

④ 布鲁门柏格的一篇重要论文的标题直接指明了这一点。参阅:Hans Blumenberg, "Licht als Metapher der Wahrheit: Im Vorfeld der philosophischen Begriffsbildung", in *Hans Blumenberg Ästhetische und metaphorologische Schriften*, hrsg. v. Anselm Haverkamp, Frankfurt am Main: Suhrkamp Verlag, 2001, S. 139.

⑤ [德]马丁·海德格尔:《存在与时间》,陈嘉映,王庆节译,北京:生活·读书·新知三联书店,2000年,第171页。

⑥ 同上书,第198-199页。

⑦ Hans Blumenberg, "Licht als Metapher der Wahrheit: Im Vorfeld der philosophischen Begriffsbildung", in *Hans Blumenberg Ästhetische und metaphorologische Schriften*, hrsg. v. Anselm Haverkamp, Frankfurt am Main: Suhrkamp Verlag, 2001, S. 142.

为其最重要的娱乐与公共生活方式的“θέατρον”(戏剧)的词根“θέα”本身就是“观看、思考”且兼有看戏的座位的意思,而且也体现于他们的工艺品中,如斯宾格勒(Spengler)所指出的:“古典的瓶绘和壁画——尽管这一事实从未引起注意——不表达一天中的时间刻度。没有阴影暗示太阳的状态,没有天穹显示星星。没有早晨,也没有夜晚;没有春天,也没有秋天;而只有一片纯粹无时间的光亮。”①

西方的历史进入中世纪以后,光的意象已不再以隐喻的方式发挥作用,而是上升为居于绝对统治地位的意识形态,正如布鲁门伯格所言:“光的语言被空前绝后地,如此微妙、丰富且细腻入微地运用。”②上帝开口说的第一句话“要有光”就已经说明了一切。“上帝作为造物主就是‘φῶς’(光),自身就是‘νοητὸς ἥλιος’(有思维的太阳),存在之光的源泉。”③人作为依上帝形象的被造物本身也是一种光,虽然不具有光源性质,但是“在光源那里被点燃的被照亮者”④。与这种光的意识形态相呼应的是视觉获得了认识论方面的优先性,正如海德格尔所指出的,奥古斯丁(Augustin)最先强调了这一点:

> “看”的这一引人注目的优先地位首先是奥古斯丁在阐释“concupiscentia”(欲望)时注意到的:看本是眼睛的专职,但在我们置身于其他官能以便认识的时候,我们也把“看”这个词用于其他官能,我们不说“听听这东西怎样闪烁”,“嗅嗅这东西多么光亮”,“尝尝这东西如何明亮”,“摸摸这东西何等耀眼”,但对这一切都能通用“看”字。我们不仅能说:“看看这东西怎样发光”——光只有眼睛能看到,我们也说,“看,这声音多响亮”,“看,这气味多香”,“看,多有滋味”,“看,这东西多硬”。一般的感觉经验都名为“目欲”,这是因为其他的感官,出于某种相似性,也拥有看的功能;在进行认识的时候,眼睛有着某种优先性。⑤

眼睛的优先性也随之体现在中世纪的艺术品里:“古典的雕刻家把眼睛雕刻得像是盲人的,但现在,学生辈不屑于这样了,眼睛被不自然地放大,凝视着在阿提卡艺术中从不承认其存在的空间。”⑥“瞳孔出现了,目光看着远方,因而作品的整个表现不再在于它的形

---

① [德]奥斯瓦尔德·斯宾格勒:《西方的没落:第一卷》,吴琼译,上海:上海三联书店,2006年,第313页。
② Hans Blumenberg, “Licht als Metapher der Wahrheit: Im Vorfeld der philosophischen Begriffsbildung”, S. 156.
③ Ebd.
④ Ebd., S. 157.
⑤ [德]马丁·海德格尔:《存在与时间》,陈嘉映,王庆节译,北京:生活·读书·新知三联书店,2000年,第199页。
⑥ [德]奥斯瓦尔德·斯宾格勒:《西方的没落:第一卷》,吴琼译,上海:上海三联书店,2006年,第317页。

体,而在于新柏拉图主义和宗教会议的决议、密特拉主义和玛兹达主义都认为在人身上存在的'普纽玛'的麻葛原则。"①中世纪后期的圣文德(San Bonaventura)在奥古斯丁思想的基础上更进一步将光置于人的灵魂之中,使之受人的意志支配。人类从此不再只是被照亮者,而是占有光作为其自身的真理,"此真理为其他一切真理详尽地奠定基础"②。这意味着人类无须再被动地等待接收上帝恩赐的光,而是可以主动运用自己内在的沉思之光。在圣文德看来,运用沉思之光的最高境界就在于观赏天国里的极乐。就人具有了运用光的主动性而言,上帝因此在一定意义上被降为第二位。至此已经可以在一定程度上看到现代主体性的雏形了。

光的隐喻在中世纪的欧洲被升格为光的主导与视觉的优先之后,进而在近代逐渐演变为向全世界扩张的视觉霸权。这从近代一开始就可以看出端倪,因为笛卡尔(Descartes)作为近代哲学与科学最重要的奠基人撰写了《屈光学》(La Dioptrique)。这部著作可以说如同启示录一样对近代后来的发展具有一种决定性的象征意义,因为笛卡尔在其中首次用正弦函数阐释了光的折射定律并系统地讨论了光的本质、视觉的形成机制以及各类光学仪器的用途,正如达莉娅·尤多维茨(Dalia Judovitz)所言:"笛卡尔以对诸感官的赞扬为《屈光学》开篇,其中视觉被单列为最广博高贵的感官。然而,笛卡尔立即通过肯定那些能增强其力量的技术发明的必要性来赋予他所强调的视觉的优先权。"③至此,视觉的力量与自主性已经通过仪器被极大地增强了,而光本身也被置于仪器的摆布之下。而且"对笛卡尔来说,真理与由'坚定不移的精神凝视'所看出的清晰可辨的理念紧密相连,与此同时对培根来说,客观性与观察相联系,而且客观的知识是通过视觉获得的"④。正是这种对真理的意象决定了笛卡尔的方法所具有的基本特点:明晰、分解、次序、全面⑤,这些特点本身也是视觉对象与视觉过程的特点。随后在欧洲发生的"启蒙运动"仍延续着光的神话("启蒙运动"的法语与英语的对应词"siècle des lumiè"和"Enlightenment"本身就直接体现了这一点),但是这光的主体却变了。日趋衰老的上帝此时已日薄西山,不再有往昔的如日中天、光芒万丈;而人类的理性之光却随着近代科技的发展被启蒙运动发扬光大;此时的欧洲人以无比自信的眼神望向整个世界,并开始凭借科

① [德]奥斯瓦尔德·斯宾格勒:《西方的没落:第一卷》,吴琼译,上海:上海三联书店,2006 年,第 209 页。

② Hans Blumenberg, "Licht als Metapher der Wahrheit: Im Vorfeld der philosophischen Begriffsbildung", S. 165.

③ Dalia Judovitz, "Vision, Representation, and Technology in Descartes", in *Modernity and the Hegemony of Vision*, ed. by David Michael Levin, Berkley / Los Angeles / London: University of California Press, 1993, p. 63.

④ Georgia Warnke, "Ocularcentrism and Social Criticism", in *Modernity and the Hegemony of Vision*, edited by David Michael Levin, Berkley / Los Angeles / London: University of California Press, 1993, p. 287.

⑤ 参阅[法] 笛卡尔:《谈谈方法》,王太庆译,北京:商务印书馆,2001 年,第 16 页。

技之光在全球树立视觉的霸权。这一时期的欧洲精神在黑格尔(Hegel)那里发展至高峰,正如他本人所言:"就个人来说,每个人都是他那时代的产儿。哲学也是这样,它是被把握在思想中的它的时代。"①黑格尔也将视觉抬上了至尊的地位,"在他的《哲学科学全书》(1830)里黑格尔解释说,视觉必须被认为是'一个具体的习性,它立即将感觉、意识、直觉(Anschauung)、知性等多种确定性结合在一个简单的行为中'。视觉因此是意识各不同层次的复杂融合体,其中每个层次都必须在其与其他层次的区别与联系中被理解,如果我们要完全理解其意欲去看的事物的话"。② "黑格尔构造了一个升级版的柏拉图洞穴比喻:作为'纯粹的展示'光存在于自然事物之中,就像善存在于精神事物之中……因此光的本性'根据其开拓性运动与效用的力量'就是'无限的扩张'——这种效用的'存在'展现于'照耀'之中,展现于涉及那包含所显现之物的消逝或否定的过程之中。"③正是凭借最终树立起视觉的权威,黑格尔才自豪地认为哲学在他那里已臻完成;正是因为认为光的本性是无限的扩张,黑格尔才会热烈地崇拜拿破仑(Napoleon),甚至在普法战争中期盼法国的胜利,即使自己的故土沦陷,其个人财物也在战争中被洗劫的情况下依然讴歌拿破仑为"骑在马背上的世界精神"④。

至此,我们已可以清楚地看到视觉在西方思想的发展过程中实际上一直处于主导作用,所以现当代的许多思想家如杜威(Dewey)、海德格尔、德里达(Derrida)都一直认为视觉与光的意象实际是形而上学的基础。下面我们将进一步分析这种视觉思维的具体特征。

二、视觉思维:眼对手的指挥

1. 切割与确定

视觉对象的一个基本特征是具有明确的边界,由此形成一个个互相独立的个体。这就是古希腊人对世界与事物的最基本感受与最深的集体无意识象征。"对于古典世界观而言,这原始象征即为就近的、严格地限定的、自足的实体"⑤,这种意象逐渐发展为以下

---

① [德] 黑格尔:《法哲学原理》,范扬,张企泰译,北京:商务印书馆,1979 年,第 12 页。

② Stephen Houlgate, "Vision, Reflection, and Openness: The 'Hegemony of Visio' from a Hegelian Point of View", in *Modernity and the Hegemony of Vision*, ed. by David Michael Levin, Berkley / Los Angeles / London: University of California Press, 1993, p. 107.

③ Johann Kreuzer, "Das Licht als Metapher in der Philosophie", S. 81. https://heiup.uni-heidelberg.de/journals/index.php/generale/article/view/23599

④ 张祥龙:《西方哲学笔记》,北京:北京大学出版社,2005 年,第 334 页。

⑤ [德]奥斯瓦尔德·斯宾格勒:《西方的没落:第一卷》,吴琼译,上海:上海三联书店,2006 年,第 167 页。

思想:凡存在者都必有其形式,不具备形式的东西就是虚无,而任何正在发展中的事物所趋向的目标(τέλος)也就是它的终点(πέρας)①,亦即边界,当事物最终具有了自己的边界也就是达到目标,即亚里士多德所说的实现(ἐντελέχεια),即获得形式。设定与实现边界就是将某物与他物区分开,就是将整体分解为部分,这就是切割,所以根本不必惊讶于"重分析的西方世界的切分力和分割力,竟然导源于对视觉的倚重"②,这本就理所当然、顺理成章。视觉的切割力发展至极端就会将主体与客体分割开,会使人们产生有一个在我之外的"客观自在"的世界的幻觉,以至于会产生"主体如何超越出自身认识客体"这种认识论的根本问题,所以杜威说:"认识论是仿照假设中的视觉动作的模式而构成的。"③其根源就在于人的身体在视觉中得以被表象,皮肤为我与非我之间划定了比较清晰易辨的界限。

视觉对象的另一大特点是总与可触之物结合在一起,在电力时代之前更是如此,所以胡塞尔(Husserl)用"Komplexion visuell-taktueller Auffassungen"(视—触觉理解行为的混合物)来指称物,甚至说"凡可见之物皆可触"④。可见之物当然不全是可触的,比如彩虹与海市蜃楼就只可见但不可触;更何况视觉和触觉严格说来是各自独立的感官,两者之间无必然联系。人不能单靠触摸感知到光与颜色,也不可能只靠视觉感知出对象的温度与硬度。但视觉对象与触觉对象在经验世界中确实在绝大多数情形下是联系在一起的,即便时至3D电影与虚拟现实设备已普及的今日,绝大部分视觉对象仍然是可触的,否则胡塞尔也不至于作上述的草率断言。而人的触觉主要集中并实现于手,这就建立起了手与眼的联合。眼与手的这种紧密关系在英语词"behold"中表现得最明显,因为这个以"hold"为词根的动词本义却是单纯的"看";而且海德格尔用"das Vorhandene"这个词指称那些被观看,特别是以理论静观态度观察的对象。视觉对象本身就比较稳定,德语动词"erstarren"(凝固,僵化)就源自动词"starren"(凝视),其形容词形式"starr"的意思就是"刚性的、不动的";而触觉对象通常比视觉对象更稳定持久,比如硬度、温度甚至味道。因为触觉对象的稳定性,使其与最稳定的抽象概念——数,有了紧密的关系,以至于麦克卢汉认为数字本身就是触觉的延伸:"数字是我们最亲密的、相互关系最深的活动(即触觉)的延伸和分离。"⑤正因为视觉与触觉对象的这种共性,所以"在我们的视觉中有一种

① "τέλος"与"πέρας"这两个词的基本词义几乎相同,都是"终点、完成"的意思。

② [加拿大]马歇尔·麦克卢汉:《理解媒介:论人的延伸》,何道宽译,北京:商务印书馆,2000年,第151页。

③ [美]杜威:《确定性的寻求》,傅统先译,上海:上海人民出版社,2005年,第16页。

④ Edmund Husserl, Husserliana Ⅳ, S. 150.

⑤ [加拿大]马歇尔·麦克卢汉:《理解媒介:论人的延伸》,何道宽译,北京:商务印书馆,2000年,第146页。

强烈且根深蒂固的倾向去固定我们的眼睛看到的一切，‘将其存在带入静止（stand）’，一种在我们的把握（grasp）和保持（hold）中的停滞状态（standstill）”①。这种可被把握和保持的“视—触觉混合物”，即一般意义上的物，呈现出的特征就是边界分明且性质稳定、不变化，即“standstill”，也就是古希腊人所理解的实体，正因为如此，“古代世界不可思议地把数字与物质实体的性质联系在一起”②。

稳定不变的实体即巴门尼德所说的“存在者存在”、柏拉图的理念，最后被亚里士多德更为完整丰富的本体（形式）所取代并在逻辑上清晰地表述为：“同样属性在同一情况下不能同时属于又不属于同一主题。”③毕竟还能有什么比“A=A”这样的同义反复更稳定不变呢？所以，奎因（Quine）的名言“没有同一性就没有实体”也可以颠倒过来表述为“没有实体就没有同一性”，因为把 A=A 颠倒过来还是 A=A。同一性是构成定义与概念的基础，这就是为什么英语与德语中各自表示概念的词“concept”与“Begriff”却都源自“抓握”这个词的原因（“concept”的词根“cept”源自拉丁语动词“capio”，“Begriff”源自德语动词“greifen”），因为手作为触觉的主要器官所把握的对象必须是稳定持久的。而“define”的原始字义就是“划定边界”，这就是为什么发端于古希腊的西方文明格外重视定义的原因所在，因为视觉本身具有强大的切割划界力量，这种对实体与同一性的强调最终导致了“确定性的寻求已经支配着我们的根本的形而上学”④。在眼与手的联合作用之下发展出的定义与概念是构成客观知识与演绎推理的基础，而所谓客观的，即对一切主体都一致的知识或对象必须是稳定不变的，即在任何情况下都同一的。所以，“杜威在 1929 年主张道，例如，西方哲学自柏拉图与亚里士多德以来一直被一种‘旁观者式的知识论’主导”⑤。

2. 控制与意志

被从永恒流变的万有中分割提取出来并加以把握确定的事物本身就提供了被控制的可能，因为转瞬即逝、无法把握的东西不能被控制，就像即使在科技如此发达的当今人们仍然无法控制闪电一样。甚至可以说，被分割提取且被把握确定的事物原本就是要服务于控制的目的，正如手的存在本身就是为了控制，而眼则引导着控制行为的方向并选取其

① David Michael Levin, “Decline and Fall: Ocularcentrism in Heidegger's Reading of the History of Metaphysics”, in *Modernity and the Hegemony of Vision*, p. 202.

② ［加拿大］马歇尔·麦克卢汉：《理解媒介：论人的延伸》，何道宽译，北京：商务印书馆，2000 年，第 147 页。

③ ［古希腊］亚里士多德：《形而上学》，吴寿彭译，北京：商务印书馆，1959 年，第 62 页。

④ ［美］杜威：《确定性的寻求》，傅统先译，上海：上海人民出版社，2005 年，第 15 页。

⑤ Stephen Houlgate, “Vision, Reflection, and Openness: The ‘Hegemony of Visio’ from a Hegelian Point of View”, in *Modernity and the Hegemony of Vision*, p. 87.

对象。越是稳定不变的刚体,越适于被分割和控制;“但是所有体验都在飞逝,意识是一条永恒的赫拉克利特之流,刚被给予之物,就深入现象学过去的深渊之中,而且一直沉没下去。无物能重现并两次在同一性中被给予。”①“处于感官对象与物理对象之间的严格意义上的同一性明显有悖于感知的因果性解释。同一性命题必须,如果是严格意义上的同一性的话,避免涉及这种关联。”②所以,只有基于严格的逻辑上的同一性构建起的知识才是可以被操作与控制的,因而“知识是具有工具性的”③。“知识论与逻辑学的发展,正是客观化、形式化的标志。人的认知追求既撇开了价值信仰,便不避免要蜕变为一种工具性的追求。”④

西方的思想在眼与手的控制欲的指引之下,先是在古希腊亚里士多德那里完成了对客观知识的逻辑学奠基;在经过中世纪神学思想对古希腊思想的一定程度的遮蔽之后,这种原本只是隐而不显,只是通过潜意识在幕后运行的控制欲最终在近代的哲学与科学中实现了自身并开始走入前台大展身手,其具体的表现形态就是知识最终转化为可以对自然实施控制与开发的现代技术与各种机器。海德格尔一开始将在现代性中凸显出来的控制力量称为“Machenschaft”(谋制),这个词与手的关系显而易见;后来海德格尔又将现代技术的本质规定为“Gestell”(集置),这个在日常德语中表示支架并在英语中被翻译为“enframing”的词本身就强烈地暗示着“限定”与“工具”的意味。然而,集置是什么呢?海德格尔的回答是,“集置乃是那种摆置的聚集,这种摆置摆弄人,使人以订造方式把现实事物作为持存物而解蔽出来”⑤。“技术之本质居于集置中。集置的支配作用归于命运。”⑥“作为技术之本质现身,集置乃是持续者。”⑦这些前后不太一致且有些神秘的表述所说的无非是:“集置是技术的本质所在,也是对于自然的东西的规定。它要做的就是形式和物化的确立……集置的整个宗旨就在于,事物的秩序必须施加于自然,否则自然将有可能桀骜不驯。此后,自然的客体对象将不得不使自身与界限的各项要求要协调,其自足性遭到否定。”⑧不同于以往的人类工具只是顺应自然的变化,被动地依靠自然的给予,就

① Edmund Husserl, Husserliana X, S. 349.

② Ullrich Melle, *Das Wahrnehmungsproblem und seine Verwandlung in Phänomenologischer Einstellung: Untersuchungen zu den phänomenologischen Wahrnehmungstheorien von Husserl, Gurwitsch und Merleau-Ponty*, The Hague/Boston/Lancaster: Martinus Nijhoff Publishers, S. 12.

③ [美]杜威:《确定性的寻求》,傅统先译,上海:上海人民出版社,2005年,第230页。

④ 冯达文,郭齐勇:《新编中国哲学史:上册》,北京:人民出版社,2004年,第170页。

⑤ [德] 海德格尔:《演讲与论文集》,孙周兴译,北京:生活・读书・新知三联书店,2005年,第23页。

⑥ 同上书,第25页。

⑦ 同上书,第32页。

⑧ [英] 基思・特斯特:《后现代性下的生命与多重时间》,李康译,北京:北京大学出版社,2010年,第104页。

像传统的风车和水车只在自然的合适条件与时机下才能攫取一点自然的力量为人类所用;而现代技术的控制力量则主动地向自然提出要求,并将自然之力转化为人类所需的能量贮存起来并进行远距离传输,比如风力或水力发电:"它在促逼(Herausforderung)意义上摆置着自然……这种促逼着自然能量的摆置是一种双重意义上的开采。它通过开发和摆出而进行开采。"①

然而,在操作可见的现代机器与技术的工具理性的背后进行指挥的毫无疑问是主体性的意志,即尼采所说的求强力的意志。眼睛作为人类唯一可以自主关闭的感官,在选择其感知对象上相比于其他感官具有很大的自由,因而更能体现人的自由意志;可以转动的目光在表现出意识的方向与兴趣的同时也就表达出了意志的所欲;眼睛与欲望的这种直接关联在东西方的文字中都有体现,如前文已经提到过的"concupiscentia"以及德文的"Sehnsucht",还有英文的"desire"(该词源自拉丁文"desidero",其原意是"等待看到星星")。而手更是使意志得以贯彻的最直接和初始的工具。所以,在偏重视觉的西方文明中人的意志与个人自由不断得到发展和强化,并最终在现代文明中达到本位状态可以说是顺理成章的,形而上学也随之在强力意志中走到了自己的终点,实现了自身:"强力意志在视觉中非常强大。在视觉中有非常强的倾向去把握和确定,去将观念实体化和总体化;有一种去支配,确保和控制的倾向,因为它被如此广泛地促进提升,这种倾向最终僭取了一种笼罩于我们的文化和哲学讨论的无可匹敌的霸权,它与我们文化中的工具理性和我们社会中的技术特征一道建立起一种视觉中心的在场形而上学。"②然而,意志首先并终究是个人的意志,尽管现代技术为人类战胜自然界的困难,提高人类的生存概率与质量方面有史无前例的力量,但是在现代技术的辅佐与催化之下过度膨胀的个人意志会导致人的自我意识从而失去对大自然的敬畏;而且过度发达的工具理性在个人意志的支配下会在实践上使人极度关注个人私利甚至损人利己;而在以个人意志为本位的话语体系中,所谓的个人自由常常会沦为被用作为一己私利辩护的口号。现代性的这些负面效应在现代社会中已经屡见不鲜,现代化程度越高的社会中,这些弊病越是明显。

二、东方的听觉中心主义

本文所说的东方首先是指中国,其次包括深受中国传统文化影响的朝鲜半岛与日本,

---

① [德]海德格尔:《演讲与论文集》,孙周兴译,北京:生活·读书·新知三联书店,2005年,第13页。

② David Michael Levin, "Decline and Fall: Ocularcentrism in Heidegger's Reading of the History of Metaphysics", in *Modernity and the Hegemony of Vision*, p. 212.

乃至越南等东南亚地区。中国人对听觉的偏重与西方人对视觉的偏重一样明显,以至于麦克卢汉直接说中国人是“people of ear”①。麦克卢汉的判断是准确的,中国人对听觉的偏重在中国的传统文化中非常显著。首先,许多繁体字就能说明这一点。比如“聖”这个在传统思想中代表完美人格与最高地位的字就是上面一“耳”一“口”加下面一个“王”,而且《说文解字》里指出“聖”与声相通;“廳”这个代表权力的字直接由“聽”加上“广”,字面的意思是扩大听觉的范围;“意”字的上半部是“音”。类似的例子不胜枚举,无须赘言。相比之下,视觉在中国传统思想中的地位的确不如听觉,这在“想”这个字上就体现得很明显。同样作为表示人内心活动的“意”与“想”,“意”所关涉的内心活动更为正式、重要且根本,比如“意图”“意欲”“善意”等;而“想”这个与视觉有关的字所涉及的内心活动在价值上往往低于“意”,甚至带有贬义,比如“梦想”“妄想”“幻想”等。“意”与“想”的这种区别在古汉语中非常明显,因为文言文中多用“意”作为描述内心活动的正式用语,“想”则主要见于日常口语中,且常见于贬义的成语中,如“胡思乱想”“痴心妄想”“想入非非”等。即使现代汉语中也还保留着“想”与“意”的这种区别,如人们用“这只是个想法”“随便想想”指一种非正式、不严肃,甚至不切实际的规划或期待;但当人们说“这是我的意思”“你是什么意思”时,语意则严重许多,“意思”“意图”指的是真实且严肃的动机和目的。

其次,中国传统文化中的许多重要内容亦能说明听觉的优先性,而且“用‘听’来指涉更为精微的感知以及经常用听觉来统摄其他感觉方式”②。据传老子因为耳朵大得名李耳,而且他的字是聃,“聃”字的本意为“耳大且耳垂长”。《庄子·外物》记载的孔子形象是“末偻而后耳”,这个“后耳”属于《孔氏祖庭广记》中描述的孔子“四十九表”之一,有的孔子画像直接以双重耳朵来表现孔子的这一异象,如《孔子为鲁司寇像》。时至今日,中国民间文化仍普遍认为耳朵大乃福相。耳朵在外观上的突出还是次要的,更重要的是听觉本身在中国传统文化中具有一种超越一般感知直达真实无虚的最高境界的特殊地位,比如《庄子·人间世》里用孔子的名义说:“若一志,无听之以耳,而听之以心;无听之以心,而听之以气。”在此,听觉直接与中国传统文化中的核心概念“气”对接。此外,傅修延先生所指出的另一个例子更能说明问题:

---

① Marshall McLuhan, *The Gutenberg Galaxy: the making of typographic man*, Toronto: University of Toronto, 1962, pp. 27.

② 傅修延:《为什么麦克卢汉说中国人是“听觉人”——中国文化的听觉传统及其对叙事的影响》,载《文学评论》,2016 年第 1 期。

《西游记》第五十八回中讲述的真假悟空故事，或许能让我们更好地理解古人所说的“听”常常不只是耳听。故事中两个一模一样的孙悟空从天宫闹到地府，就在十殿阴君一筹莫展之际，地藏王菩萨请出自己经案下的灵兽“谛听”伏地聆听，须臾之间便“听”出了假悟空的本来面目，但因畏惧假悟空的神通不敢“当面说破”。后来两个猴子闹到西天，法力无边的如来指出假悟空乃是“善聆音，能察理”的六耳猕猴所化，“此猴若立一处，能知千里外之事；凡人说话，亦能知之”。这个故事告诉人们视觉并非万能，通晓“七十二变”的孙悟空经常靠欺骗别人眼睛占得上风，但这保不住别人总有一天会以其人之道反制其人之身，因此六耳猕猴令人畏惧之处并不在于他像真悟空一样善于迷惑别人的视觉，而在于他具有超越诸根的遥感能力——“能知千里外之事”，以“六耳”为名意在突出其主要感官的超级配备！①

被古代中国人赋予认知优先性的听觉一向被认为具有直达人心、掌控精神的力量，以至于音乐一向被古人认为具有教化思想、引导行为的巨大作用，如会使人颓废萎靡的音乐被称为“靡靡之音”，甚至“亡国之音”。音乐的这种教化力量甚至被儒家提升至与礼齐平的地位，即所谓“礼乐”，以至于“子在齐闻《韶》，三月不知肉味”；而社会制度的崩溃与道德的沦丧也被称为“礼崩乐坏”。我们的国粹京剧也证明了中国人对声音的痴迷，在过去“看戏不叫看戏，叫听戏，越是越老戏迷，进园子越要闭上眼睛，摇头晃脑地欣赏”②。这种对声音的痴迷不仅使京剧表演本身就锣鼓喧天、异常吵闹（中国其他地方戏亦大多有此特点，如晋剧、河南梆子、秦腔等），而且导致剧情本身被极大地弱化甚至忽视，以至于过去“演员演的时候，也不大注意情节，但凡是个角儿，唱着唱着就要吃茶，这时候跟班就不管三七二十一，拎着茶壶就上场去了”③。伴随着京剧兴盛，另一中国特有的艺术形式——相声也在梨园里有了一席之地并得以不断发展，至今仍是中国人主要的娱乐方式之一，这一切都直接证明了中国人对听觉的偏爱。

最后不得不说的是，中国自鸦片战争开始了近代化进程之后，中国的听觉传统被西方的视觉传统入侵并很大程度上压倒了，如作为第一个愿意主动了解西方文明的中国人林则徐被称为“睁眼看世界”的第一人，“听戏”也变成了“看戏”，汉字被大幅度简化，连注音

---

① 傅修延：《为什么麦克卢汉说中国人是“听觉人”——中国文化的听觉传统及其对叙事的影响》，载《文学评论》，2016年第1期。

② 张鸣：《老外喜欢的梅郎》，载于《历史与看客》，http://www.99csw.com/book/9575/343528.htm。

③ 同上。

都改用拉丁字母。然而,即使在中国学习和接受西方文明与现代化过程中,仍然保留着很多听觉传统的痕迹。比如“idea”和“theory”这两个源于视觉的词被日本人翻译为“观念”和“理论”,这两个中文词中的后置字“念”与“论”作为意义重心都与声音直接相关。这不仅说明日本人本就深受中国传统文化的影响,也是“听觉人”,而且这种翻译被中国人普遍接受也同时说明中国人在吸纳西方文明时是在用自己的传统翻译和改造对方的语言,使之更合于我们自身。据传,最早起源于日本的卡拉 OK 这种娱乐形式在西方从未像在中国、日本、韩国这样火爆,在欧美从未有像在中国、日本、韩国那样专门设置多个独立房间供人们唱歌聚会的“歌厅”;欧美也从未见哪档节目能像中国的“超级女声”“中国好声音”能引起全体国民的狂热和投入,乃至类似的节目在中国各地风起云涌,争相效仿且经久不衰;尽管这种“选秀”方式本身是从欧美学来的,但欧美单纯的唱歌选秀的规模与影响力都远不及中国。这种以声音为主的娱乐形式在中国的火爆,说明我们的听觉传统虽被压制但并未被消除,而是通过情感表达的方式存在;而且中国人乃至韩国和日本人至今都还有大声说话,喜欢热闹群聚的习性,这也是听觉传统的遗留。另外,近年来国学通过《百家讲坛》这样的节目得到大规模普及和流行,还有越来越多的年轻人开始喜欢京剧,这也在相当程度上说明我们的听觉传统在复苏与回归。

三、听觉思维:耳与口的互补

1. 流变与融(容)和(合)

声音是灵动的,流变易逝的,不可把握长存的。声音的这种基本特性使它和时间有一种天然的联系,乃至于一向喜欢用树、桌子来说明“观念”的胡塞尔在探索“内时间意识”时就自然地开始以声音为例证作为论述的基础,甚至不自觉地把听觉当作不同于视觉的内感知而丝毫未意识到这与他之前在《逻辑研究》与《物与空间》中将听觉与视觉一道定义为外感知是矛盾的。因此,我们祖先对声音的偏重致使中华文明从一开始就对变化与时间有自觉的认识与敏锐,“西方人崇尚的静止和不变性而非生成和过程的取向,到了中国文那里几乎倒了过来”①。如作为群经之首的《周易》本身就是一部讨论变化与时间的作品,甚至其名称就直接道出了这一点,因为“易”本身就有变化的意思,诚如方东美先生所言:“中国人之时间观念,莫或违乎《易》……《易》之精义,趋时而应变者也。故言天地演化之道,生命创进之理,比取象于《易》……趣时以言《易》,《易》之妙可极于‘穷则变,

① [美]郝大维,安乐哲:《期望中国》,施忠连等译,上海:学林出版社,2005 年,第 30 页。

变则通,通则久'之一义。时间之真性寓诸变,时间之条理会于通,时间之效能存乎久。"①被纳入我国官方意识形态理论话语的"与时俱进"一词其实源自《易》损卦辞"损益盈虚,与时偕行"。

变化与时间本身就如声音一样不易被把握,所以《易经》从未给时间下定义,它所讨论的是事物出现的"时机"。正是因此,在中国传统文化的主流话语中,无论是儒家还是道家,都从未出现对概念进行严格定义的阐释方式。"仁"作为《论语》的核心概念在其中出现了 109 次,但是孔子从未对其下一个一成不变的定义,而是根据不同情景与不同对话对象予以不同解释;老子所讨论的"道"从根本上就不可被言说,更别说去定义了,而且道本身就是运动变化的,不可能用固定不变的概念去把握,所以有人把"中国语言和文化解释为'富有成果的模糊'"②。正是因为从根本上就认为世界万物本身是流变的,没有什么是绝对不变的,所以对任何事物的判断与评价都要根据其所处的具体时间与地点来具体分析,这就是"时机"。这种偏重具体情景的"适时"智慧从根本上就不会对定义与概念有需要,所以就不会产生形式逻辑,因此在中国的传统文化中从未产生过对永恒不变、放之四海而皆准的终极真理的诉求。中国人自己所理解的事物之理是"道理",宋明理学所说的"天理"已经是在佛学的影响之下所产生的且具有相当程度的西方所谓"真理"的含义。而"道理",特别是"道"的观念,则在先秦就已经很成熟了。"道者,万物之所然也,万理之所稽也。理者,成物之文也。道者,万物之所以成也,故曰道理之者也。物有理不可以相薄,故理之为物,制万物各异理。万物各异理而道尽稽万物之理,故不得不化。不得不化,帮无常操也。"《韩非子·解老》的这段话应该是最早对"道理"的阐述了,从中明显可以看出"道"居于更根本和主导的地位。这个道,首先要通过"闻"而得到,即孔子所说的"朝闻道",老子所说的"上士闻道",南伯子所说的"吾闻道矣"(《庄子·大宗师》)中的"道"乃至庄子所说的"天籁"亦可理解为道,仅从"闻"这个字的字形就可以明显看出"道"与耳朵(听觉)的直接关系。其次,所闻的道亦可论可讲,即中国人今天仍普遍使用的"讲道理""论道"或"讲出个道道"所表达的意义,这个"讲道理"才是中国人自己的论证是非对错的本己经验。

至此,"讲道理"这一事实已经把道与"口"的关系明显揭示出来了;甚至无需用"讲道理","道"本身就蕴含着与"口"的关系,因为"道"字本身就有"言说"的意思,我们至今还

---

① 方东美:《生生之德》,台北:黎明文化事业公司,1979 年,第 133 页。

② [美]郝大维,安乐哲:《期望中国》,施忠连等译,上海:学林出版社,2005 年,第 273 页。

使用“常言道”“说道”这样的词汇。正因为天地万物以自身的方式有所言说,即“道”,人才能“闻道”。闻了道并悟了道的圣人就启蒙和教化那些不能闻道或悟道的凡夫俗子。儒家思想尤其强调这一点,而圣人传道的主要方式就是用口来讲,所以先秦的经典多是由门生记录祖师口述的内容而成。因此,口与耳的关系在“道”中是一以贯之、不可分割、相辅相成的。当“耳与听觉”被强调的同时,“口与发声”事实上就一道被强调了;口在中国传统文化中的重要性可以说与耳一样明显。口在汉语,特别是古汉语里的引申意义基本与“人”这个字的意义相等同,比如古汉语的第一人称代词“吾”就从“口”,另外“人口”一词也很直接地说明了这一点,至今我们仍还用“口”作为计量人数的单位,比如“几口人”。此外,中国人对口的偏重同样亦体现在对饮食的重视上,享誉世界的中华美食即是一证,而且聚餐至今仍是中国人最主要的交际与娱乐方式;相比之下偏重视觉的西方世界,特别是英语与德语世界的饮食文化与中国相比确实逊色许多。

由突出耳与口所形成的听觉思维在注重变化与时机的同时,也同样注重万物的和谐融汇。耳与口的互补本身就象征着一种不同事物之间的协调一致与共生关系,而且各种声音之间的关系最为根本的首先就是“和谐”,不和谐的声音是不堪入耳的,是对耳朵乃至精神的伤害。“和”的繁体字“龢”在甲骨文中就已出现,左边的形旁“龠”本意为笙箫之类的吹奏乐器,加上声旁“禾”后,“龢”的本义即是乐声的和谐悦耳。晚出的“和”字原本在字义上和“龢”无甚差别,乃至于通用;后来《说文解字》将“和”与“龢”分成不同意义的两个字,“和”指声音相应和、和谐地跟着唱或伴奏;“龢”仍指调和、和谐。汉字简化以后,“和”字将上述两种意思都涵盖了。对声音之和谐的重视进而被扩展至各种关系,特别是人际关系,由此就不难理解中国人为何一向特别重视人与人之间的“和谐”“和气”,甚至有时会为此不惜牺牲一些原则。另一个汉字“合”也同样说明了口和声音协调一致的关系,《说文解字》中解释“三口相同是为合”,此字不仅能指事物之间的协调配合,也能用来形容人际关系,如“合作”“合得来”。

之所以追求“和”与“合”是因为许多不同要素碰到了一起,而实现“和”与“合”的条件首先是需要“容”纳这些不同要素,然后使它们相互“融”合,以此形成一个新的和谐整体。口作为人体最主要的吸收外部物质的通道的象征意义再一次在“融”,尤其是“容”字上体现出来了,因为这两个字中都包含了“口”:“容”字由“谷”衍生而来,《说文解字》中释为“泉出通川为谷,从水半见,出於口”,加上“宀”后的“容”本义就是接收容纳,后来经引申具有了“外貌”的含义,这也可以从侧面说明在中国传统思维中“口”在外观中的重要地位;“融”字左旁“鬲”原指古代一种类似鼎的烹饪器具,相当于今日的“锅”,此类烹饪器具无论其形状还是功能都与口直接相关,所以至今人们仍说“一口锅”,加上虫字旁后本意为“炊气上出也”,后引申为固体的流体化,即液化或气化。总结这两个字的含义不难发现它们不仅都与口相关,而且都与“流”体相关,而作为“流”体的液体或气体本身都具有吸纳甚至溶解他物于自身的能力。

声音无疑也具有上述的“流动”特征,而且事实上也具有流体的容纳和融合力。首先,音乐就能证明这一点,这在于不同风格乃至不同文化的音乐相互之间是易于融合的,比如中国的传统音乐,甚至戏曲完全可以和西方的交响乐、流行音乐乃至摇滚音乐相互借鉴融合,乃至一起演出,这早已不新鲜了;其次,在全球化的时代,各种语言的口语中多少都含有由发音直译而来的概念,如中文的“因特网”“麦克风”,英文的“typhoon”“kungfu”等,还有在日常口头表达中夹杂一些外语短语或句子,不仅常见甚至还被认为是时尚和优越的体现,而这种语音上的直接混合很自然,不会产生违和感或不适感。但是,不同文化的绘画和书面文字就很难有上述的这种融合,我们很难想象把中国的水墨画引入到西方的油彩画里,在中文的书面文字里突然插入由非中文字符构成的词语,即使其意义是连贯的,也会使人感到不适;如果突然插入整句话则显得根本不成体统,所以即使是音译的外文概念,在视觉表现上也会以中文字符的形式呈现,同样的道理也适用于外语的情况。这是因为视觉的切割与确定力对其对象的同一性和连续性有很强的要求,视觉对象必须在形式上“整齐划一”。对和谐与融合的崇尚使中国人非常强调宽容以换得集体的稳定团结,但在实践中有时也会产生为此而无视个人利益甚至牺牲原则的负面效应;另外也正因为中国传统文化偏重声音且“模糊”,才使得它具有强大的兼容并蓄的融合能力,使其很容易吸收外来文明,这早已被历史反复证明了。

2. 顺应与感受

由于声音的流变性与不可把握性,因而很难对其进行有效的控制,相较于眼的主动性,耳只能被动接受;所以人对声音大多只能采取一种“听之任之”的态度,即顺应其变化。这种顺应的态度在偏重听觉的中国传统文化中也有很明显的表现。首先,在中国古代思想中,人类整体要顺应“天”,故孟子曰:“顺天者昌,逆天者亡。”每个中国人都很熟悉的皇帝诏书的起首语“奉天承运”就直接表明了这种态度,即在地上的最高统治者皇帝作为天子的合法性与职责是顺应天道实施治理,而非突出自己作为人的意志。虽然这四个字是从明朝才开始正式在皇帝诏书中作为起首语固定下来的,但其渊源却可追溯至秦国一统天下时以“秦代周德”作为其合法性的思想,后来董仲舒的“天人感应”学说即是这种思想的理论化且最终成为中国古代的官方意识形态。与"顺"形成对照的是"逆"在中国传统文化中具有强烈的贬义,比如:"逆境""忤逆""叛逆""逆子""倒行逆施"等,最严重的莫过于"大逆不道"。其次,作为万物之一的个体人要顺应世间其他万事万物,道家思想最能体现这种态度,因为"最重要的是,道家的自我是顺应的"①。顺应要求首先承认事物之间的差异,然后接受这种差异,并体会对方的存在。庄子的"知鱼之乐"就描述了这种状态:"与鱼为一体的体验并不否定鱼与人的差异。实际上,正是由于庄子顺应这种差异,这种体验才可能有最理想的结果,因而他才真正能够了解这些特殊的鱼。"②顺应的最高境界就是"物我两忘,同于大通"。能达到此种境界的即道家的"真人":"'真'这个字意为'真实的'或'真正的',它可分解为词根'匕'('真'字繁写印刷体为'眞'),意为化。在《庄子》中,存在本身的过程被称为'物化'。道家的真人在将其自身扩展到与他的自然环境为一体之时,他也就越来越顺应物化。"③此外,儒家其实也同样重视这种顺应的态度和境界,这集中体现于孔子的"六十耳顺"的境界,对于此处的"耳"字的解读一向众说纷纭且各有千秋,然而此处的"顺"字的意思却是清楚的,即一种顺应、和谐的状态。上述的顺应思想使中国人一向以敬畏的谦卑心态面对大自然,以此来限制人的控制与攫取的欲望;而在面对他人时,中国人一直视恭顺为一种原则和美德,以追求人际间的和谐,这也造就了中国人在事实上相比于世界其他民族总体上较为温顺,甚至常常显得有些软弱可欺的性格。

声音的另一大特点是可以"直达人心",对人的情绪感受有最直接和强大的影响力。这正是音乐能够表达和感染人的情绪的原因所在。所以偏重听觉的中国人就更注重人的情绪感受而非思辨分析,正如刘亚律先生所言:"'听的智慧'铸就了中国思想混融的、人性的、感悟的特色;与西方强调'看的智慧',造成分析的、物理的、逻辑的特色正相对待,从而形成了'和而不同'的人类智慧。"④麦克卢汉也说:"因为听觉世界是热烈的、高度审美的世界,而视觉世界则相对冰冷和中立,西方人在属于听觉文化的人们看来确实显得非常冷漠。"⑤相比于视觉对象,声音具有更多的共享性,因为声音不像视觉对象对方向与距离有很高的要求,在一个特定的空间里,声音总是以基本无差别的状态弥漫于整个空间而被接受者共享;比如在一个剧场里,后排观众肯定不像前排观众那样能清晰地看到演员们

① [美] 郝大维,安乐哲:《汉哲学思维的文化探源》,施忠连译,南京:江苏人民出版社,1999 年,第 68 页。
② 同上书,第 66 页。
③ 同上书,第 68 页。
④ 刘亚律:《叙事文化的听觉之维》,《江西社会科学》,2016 年第 8 期。
⑤ Marshall McLuhan, *The Gutenberg Galaxy: the making of typographic man* Toronto: University of Toronto, 1962, p. 19.

的表情和细微动作,但他们听到的声音却基本和前排观众一致,更何况如果人背对着舞台则看不到上面的表演,但他却仍能听到声音。这种共享性也正是情绪感受的特点,相比于观念或思想,人与人之间更容易被彼此的情绪感受相互影响,也正因为声音本身的共享性使其更容易对人的情绪感受产生影响,即“共鸣”。所以有人说:“视觉是个体性的器官,而听觉则是社会性的感官,‘看’是一种个体性的行为,而‘听’总是把闻者与言者联系在一起。”①声音与情绪感受的另一共同点就是当下性与变动性,即声音与情绪感受都一样受当时具体环境(甚至只是单纯的空间大小)的很大影响,甚至在某种意义上可以说情绪感受本身就和其产生时的环境是一体的,所以有“情景”“情形”“情境”“情况”这类词。这种“情境”才是中国人讲道论理的场所,即首先“通情”而后才能“达理”。中国人所讲的理都依托和从属于活生生的具体情境,而不是孤立抽象的“死理”,所以有时这种理也被称为“情理”。理所在的具体情境决定着此种理是否能够成立,理要在这种情境下能够说得“通”才能算是“道理”,因为“任何一种具体道路的选定,都不可能是漫无边际,毫无限定的。它只能是在一定的时间、地点、情形、背景下的践行的选择”②。所以,中国的传统思想很注重人与人“感同身受”的共情体验,而这种体验则是构成中国传统道德伦理观念的基础,即“己所不欲,勿施于人”“人皆有不忍人之心”“人同此心,心同此理”的基础。这种“设身处地”从对方的感受出发的态度也是我们理解异己者的基础,就算有时“我并不完全同意你的观点和做法,但我理解或谅解你。也就是说,这些观点和做法,若从你的角度来看,也不无几分道理”③。

四、新冠疫情中听觉与视觉思维的不同表现

根据以上对中西方基于对不同感知器官的偏重而形成的思维模式,我们就很容易理解为何中西方对待“口罩”会产生如此大的分歧,以及各自在防疫措施上的不同侧重。偏重听觉的中国人以及深受中国传统文化影响的韩国和日本人在面对攸关性命的生存危机时,都很自然地接受和注重对发声器官——“口”的保护(口罩所覆盖的口鼻本就因其位置上的相邻与功能上的部分重叠而应被视为一体,所以医院里通常把“耳鼻喉”划分为一个科室),更何况中国自古就有“病从口入”的观念。偏重视觉的西方人对口罩的排斥一

① 陈定家:《从“视觉转向”到“听觉转向”——兼评重建视听平衡的〈中国叙事学〉》,《江西师范大学学报》,2017年第3期。

② 王庆节:《真理、道理与思想解放》,《哲学分析》,2010年第1期。

③ 同上。

方面是因为对“眼与手”的偏重自然就会导致对“耳与口”的忽视,或至少是轻视,另一方面实际上是为了能让眼更多地接收人们的面部信息;同样是因为对“眼与手”的偏重,使西方人从一开始就非常强调保持社交距离,因为视觉本身就需要距离且产生距离,而且西方人原本在之前的正常生活中就比东方人更注重保持距离;就德国而言,从疫情一开始,政府尚未强制要求民众戴口罩时,就率先强调保持社交距离至少 1.5 米,有些场所甚至要求保持至少 2 米;而在中国,就笔者在上海、甘肃等地所见,都只要求保持 1 米的距离。西方人强调洗手、戴手套和抢购卫生纸与对手的控制作用的偏重的关系更是不言自明了,就像中国人对声音的偏重心态在此情形下自然地转变为对口的保护一样,对手的偏重就变成了对手的保护。

由此,我们就很容易理解为什么西方人即使在政府实施了强制口罩令之后,对待口罩仍然漫不经心甚至公开抵制,比如笔者所在的德国城市的超市中就经常见到口罩只盖住嘴,鼻子还露在外面的情况。甚至很多在防飞沫挡板后面工作的收银员根本就不带口罩,更何况西方的口罩强制令本身就没有那么严格,只要求在公交和超市等封闭的公共空间戴口罩,不要求在街道等户外空间戴口罩。同时我们也就可以理解为什么特朗普总统在周围人都戴口罩的情况下仍然不戴口罩。这种对口罩的抵制实际上都是因为对视觉的偏重:普通人不愿戴口罩是因为遮挡面部会减少视觉信息从而引起了心理上的很大抵触,而当时处于大选年的特朗普总统更深知让选民们看到他的面部对其连任选举有多么重要,无论是在现实中还是在电视或其他媒介上,因为肯尼迪当选的例子早已证明了这一点①,虽然最终他没能连任。总而言之,不戴口罩很大程度上是为了满足“目欲”。

另一方面,我们也可以基于对听觉和视觉不同偏重而形成的不同思维方式,对中西方对防疫采取的其他策略上的分歧有所理解,比如对于“群体免疫”的态度。这种显得很冷漠、不近人情的防疫策略,从一开始就不在以共情体验为道德和行为基础的中国人的考虑范围之内,这不完全是因为中国具体的国情不允许中国人这样做,如人口数量、密度较大但平均医疗水平和资源又不足等现实因素,而是中国人首先在情感上就无法接受这种主动置他人生命于危险之中的态度。更不会有哪位中国的政府官员会像德国巴符州蒂宾根市长博里斯 · 帕尔默(Boris Palmer)那样公然宣称:“我要非常残忍地告诉你们:我们现在正在拯救的,很可能是那些半年之内反正都会死的人——无论是因为年龄还是基础性疾

---

① 1960 年,美国尼克松对肯尼迪的总统大选辩论,听收音机的听众认为尼克松赢定了;然而,看电视的观众却认为他输定了,最终结果是肯尼迪赢得了大选。参阅:[加拿大]马歇尔 · 麦克卢汉:《理解媒介:论人的延伸》,何道宽译,北京:商务印书馆,2000 年,第 7 页。

病。我们观察感染者的死亡数据时会注意到，许多死者已经超过 80 岁。而我们都知道，大多数人一旦过了 80 岁就随时可能死亡。"①尽管帕尔默后来为此番言论道歉，但在中国则根本无法想象有人会在媒体上公开说出以上言论，毕竟"老吾老以及人之老""己所不欲，勿施于人"这样的观念在中国人的心中天经地义且根深蒂固了。就算帕尔默说的是无可避免的悲惨事实（更何况完全不是），这种见死不救的冷漠态度也会激起中国人极大的反感。中国人对生命的尊重并不源于抽象的人权概念，而是基于朴素但真实具体的生命情感。正是这种生命情感才真正把不同的生命个体联系在一起，使一个孤独的自我感到自己和他人实际上是一体的，所以他人的痛苦即是我的痛苦，因此我就不能对他人的痛苦"冷眼"旁观，这种对他人之痛苦的深刻同情正是儒家心学所强调的起心动念处的善的根源。其实这也正是所有宗教宣扬提倡的那种博爱体验，因为"视觉与认知和科学相关，听觉则与信仰和宗教联系密切"②。

正是因为中国人因偏重听觉所形成的整体上较为被动温顺的性格，中国政府在全国范围内所采取的严格的隔离措施，才能得到如此彻底的执行并取得良好的效果。对此不可完全用中国政府具有比西方国家更多的中央权力和执行力来解释，因为如果没有全体国民对此政策的认可与高度配合，就很难想象像中国这种规模的国家在实行如此严格的隔离和封锁时会这么顺利。欧美各国政府所实施的出行限制相比中国要宽松许多，即使如此还是遇到很大阻力。对此，我们当然也不能说这是因为西方国家的政府缺乏相应的权力和执行力。毕竟人待在家里就会使视觉范围受到很大限制，这就使偏重视觉的西方人那向往外部与扩展的"目欲"无法得到满足，所以限制出行的政策在西方普遍遭到较大的抵制就不足为奇了。

至此，根据我们之前的论证就可以很容易地回答对于本文开头附带论及的那个问题——"为何西方的匿名英雄蒙眼，而东方的蒙嘴"：因为西方人对视觉的倚重使他们更容易从眼睛来识别人，对人的声音则不敏感，正如麦克卢汉所说："在偏重视觉和文字的文化中，我们与人初次见面时，他的外观占了首要的地位，这使我们听不清楚他的名字。"③而偏重听觉的东方人则更善于识别人的声音，蒙住嘴不仅遮挡了部分面部，更重要的是声音也因此被改变，所以身份就被隐匿了。艺术创作，特别是优秀的艺术作品正是能

① 关梦觉：《蒂宾根市长就不妥言论道歉》，《欧洲时报》，2020 年 5 月 1 日—7 日，02 版：德国新闻。

② 陈定家：《从"视觉转向"到"听觉转向"——兼评重建视听平衡的〈中国叙事学〉》，《江西师范大学学报》，2017 年第 3 期。

③ ［加拿大］马歇尔·麦克卢汉：《理解媒介：论人的延伸》，何道宽译，北京：商务印书馆，2000 年，第 63 页。

够以这种直接的象征方式展现出人们社会心理中的集体无意识部分,这种深藏在历史文化传统中的集体无意识早已在日常生活中被习惯到被忽视甚至完全遗忘的地步,但在艺术家们敏锐的感知中却是显而易见的。

五、结语

最后,必须再次说明的是:中西方各自对听觉与视觉的不同偏重在各自漫长的文化发展历程中早已经作为最原始的文化基因沉淀入集体无意识而发挥作用;双方面对疫情时的不同策略可以解读为不同的深层集体无意识在意识层面的反映,而不该强调哪种策略才是普适的真理,因为如果各种手段都能用上才是最理想的,但现实中真正能做到的措施还要取决于各国的具体情况,不可一概而论。但我们不该忽视"口罩之争"所反映出的不同的文化基因和思维模式,因为如果不承认有这种因素在发挥作用的话,就无法解释为何在欧美的华人、韩国人和日本人较早主动戴口罩,即使口罩后来在欧美得到充足供应的条件下仍然有很多西方人抵制戴口罩。本文以这种管中窥豹、见微知著的方式,试图从最基础的层面说明中西方文化的差异以正"视听",只有在对我们自身和西方的传统都有更清晰和准确的认识的基础上,才可以更好地互相沟通和取长补短。尽管疫情是全球化的一个负面效果,也使全球化的进程受阻,但全球化的趋势仍不可阻挡。所以,在此危机时刻更有必要互相了解和支持。中国人不该固守于自己的听觉传统而排斥西方人的视觉传统,西方人也不应该以自己的视觉霸权而傲睨万物;正如只有五感齐全的人才是健全人一样,在全球化的过程中,中西方应该互通有无、取长补短以实现视听平衡、携手共进,诚如何道宽先生所言:"电子时代的人应该是感知整合的人,应该是整体思维的人,应该是整体把握世界的人。"①使世界真正成为一个整体,使人类更加完善,这才是全球化的真正意义所在。

Ear and Mouth, Eye and Hand: the Visioncentralism and the Auditioncentralism Refracted by the Debate on Breathing Mask between China and Western Countries

PENG Yang

【Abstract】 It appears that the debate on breathing mask between China and the western countries occurs

① 何道宽:《理解媒介:论人的延伸》中译本第一版序,北京:商务印书馆,2000年,第4页。

out of the different methods against corona-virus, but actually it has deeper reasons rooting in respective culture traditions. The real reason of this debate lies in the difference between chinese auditioncentralism and western visioncentralism. Only base on the clear awareness of respective culture genes and the different thinking models generated from these culture genes, can man then really understand the different emphases on the methods against corona-virus between China and the western countries. During today's irreversible globalization should China and the western countries loot squarely at each other and learn from others' strong points to make up own deficiencies, and finally realize the balance between vision and audition. The real meaning of globalization lies in a whole world and the improve and perfect humankind.

【**Keywords**】 Ocularcentrism, Thinking Model of Vision, Auditorycentrism, Thinking Model of Audition

新冠肺炎疫情下"主体性"问题的反思①

谢一玭②

【摘要】在新冠肺炎疫情暴发的背景下,中西方在应对措施上的不同,直接反映出文化背景与思维方式上的差异。本文以疫情实例为基础,通过区分"权利主体性"和"责任主体性"来展现二者不同的张力结构和互动样态。在呼吁"同情之理解"的基础上,文章进一步指出在新冠肺炎疫情影响下,中西方都需要重新审视人的主体性,重塑个体与群体的合理关系,以此矫正疫情应对措施中的不足,从而构建一个更加符合现代文明精神的和谐社会,而马克思的"实践主体性"给了我们新的理解思路。通过对比三种不同的"主体性"的理解思路,从而呈现出对于"主体性"问题的进一步反思。

【关键词】主体性,权利,责任,实践

新冠肺炎疫情暴发之后,中西方政府及百姓对于疫情的反应有着极大的不同,这表现在方方面面,而其中一个有趣的点就是对口罩的微妙的态度差异上。如果是一个中国人在公共场所忘记戴口罩,他会感到不好意思,甚至是羞愧。而一个西方人绝对不会有这样的心理。虽然有主动戴口罩的,但他不会认为人人都应该和自己一样,更不会主动劝说别人戴口罩,甚至有一些人还会被别人的好言相劝激怒,更有甚者,还要游行示威和要求别人对自己咳嗽。这一微妙的心理状态的不同反映了不同的"文化—心理结构"。"文化—心理结构"这一概念最早由李泽厚先生在《美学四论》中提出,指的是在文化传统长期塑造下的人们心理中情理结构的特定状态,它主要表现为自然情欲和社会理性的不同比例、配置和关系的组合。③ 由于中西方的文化"积淀"不同,自然呈现出不同的文化—心理结构,进而在疫情中呈现出不同的认知结构。

文化—心理结构的构成要素是多种多样的,我们可以从心理学、社会学、人类学等角度对其分析,而本文试图从哲学的"主体性"角度进行解读。笔者认为,这一文化心理状态背后反映了东西方在自我认知上的差异,即"我"在社会、自然中的地位和价值问题,在

① 本文为 2019 年大连理工大学人才引进项目"柏拉图正义观之演进"[项目编号:DUT19RC(3)011]的阶段性成果。

② 作者简介:谢一玭,大连理工大学讲师,主要研究领域为西方伦理学和古希腊哲学。

③ 李泽厚:《美学三书·美学四讲》,合肥:安徽文艺出版社,1999 年,第 465 页。

与他人关系的互动中,“我”如何认知以及行动的问题。而这些问题集中反映在“主体性”这一概念上。“主体性”概念是哲学中的一个重要概念,但本文的重点不在此。本文仅以“主体性”概念为线索,重点是梳理不同的文化心理。用“主体性”概念贯穿对中西方在疫情期间的不同表现的案例分析,进一步反思中西方对“主体性”认知中存在的偏狭,以期更好地认识疫情下中西方的差异,以增进理解并寻求更佳的危机应对方案。

一、权利主体性

尽管人人皆知戴口罩、在家隔离是有效阻止病毒传播的途径,但是对于西方人来讲,这种做法除非自愿,否则无人有权干涉或建议。西方人强调自身的自由,而这种自由最为显著的特征就是能够对来自群体的善意说“不”。换句话说,个人能够完全对自己负责,个人不会因为善(公共的或个人的)而让出自己做决定的权利。自己对自己完全负责,是自由权利的彰显,也是自身主体性的彰显,这在西方人的价值体系中居首位。这种强调自身的自由权利的自我认知观念,我们称之为“权利主体性”。

西方主体性的觉醒是启蒙之后的事情。确切来说,“主体性”概念首先由笛卡尔奠定。笛卡尔提出“我思故我在”,奠定了从自我意识的“自我”出发来规定一切存在的哲学观念,由此近代的“主体性”观念得到确立①。黑格尔曾指出:“现代世界的原则就是主体性的自由”,“我们踏进了一种独立的哲学。这种哲学明白:它自己是独立地从理性而来的,自我意识是真理的主要环节……笛卡尔事实上是近代哲学的真正创始人,因为近代哲学是以思维为原则的……”②在近代哲学中,“主体”被视为哲学的理论基点和逻辑出发点,以此为根据,建立了近代“主体形而上学”的大厦,并在德国古典哲学中达到高峰。

康德的贡献在于更为详细地阐述了主体性的内涵,主体性表现为“自主”“自由”。它表现在两个方面:在认识领域,亦即人与世界的关系问题上,理性人具有完全的主体性地位。经过批判的纯粹理性从“物自体”那里“抓取”其“符合”形式规定的“内容”,从而形成(经验性的)知识,而这一知识是可靠的。而在涉及人与人关系的道德领域中,人的主体性表现为人能够自我立法,人是真正自由的存在。简要来说,论证如下:诫命、法则等证明人能够做出道德的行为,同时,人也能经验到,这些行为不仅仅是为了获得什么而做出来的,人能够“因其自身”而完成这样的道德行为。“因其自身”意味着人的存在并非仅仅是经验的对象或由经验的因果性所规定;相反,他能够作为自身开启全新的、绝对的出发

① 贺来:《“主体性”的当代哲学视域》,北京:北京师范大学出版社,2013 年,第 7 - 9 页。

② 黑格尔:《哲学史讲演录(卷 4)》,贺麟,王太庆译,北京:商务印书馆,1978 年,第 59 - 61 页。

点。人能够“自我立法”,由此人才能成为真正“自由”“自律”“自主”的理性主体。

以此哲学理论为依托,西方人在社会机制、政治制度上也经历了一系列的变革,把人的“自主”“自由”的主体论思想以法律或制度的形式固定下来。比如,“法国大革命”、英国的“光荣革命”传播了“民主”“自由”的思想,在美国的《独立宣言》和法国的《人权宣言》中确立了“天赋人权”,美国宪法明确提出人的“自由”“平等”的绝对权利,等等。由此,内在的思想积淀加上外在的制度保证,西方人形成了其特有的文化—心理结构。这一文化—心理结构重点强调“由我”“由自”,具体表现为自己选择行动的“自由”。在社会层面,涉及与他人的关系上,西方发展出“社会契约论”的思想,因此,自由被更为明确地表达为权利。个人的“自由”涉及他拥有什么权利、不拥有什么权利。当在没有权利的领域中,他就没有办法做出选择和行动,这个人的主体性就受到限制,他也就没有这方面的自由。有时候,人需要交出自己的某些权利从而获得另外一些更为重要的权利,亦即通过限制自由来获得自由。这就是在西方自由(权利)概念基础上来展开对人的主体性的阐发。

西方哲学中把“主体性”理解为自由(权利),不仅仅在口罩问题上,在社会生活的方方面面都可见一斑。自由是现代性的核心价值。现代性社会中,个体的自由与权利成为第一位的,无论何种文化传统,都不能否认自由的价值与意义。但在新冠肺炎疫情这一突发情况下,个人自由权利的至高无上性受到了挑战,因为疫情不再是个人的事,它关联到他人,并且是一种强关联的形式。一个人可以有不戴口罩的自由,自以为可以承担自己患病的风险,但问题是这种风险并不是一个人的,它是公众的风险。一个人极有可能是病毒传播者,他虽可以为自己的生命健康负责,但却无力为公共安全负责。那么,自由遇到了强限制该怎么办?自由该如何发挥?权利该如何实现?

二、责任主体性

与西方哲学不同,中国哲学中并没有明确的主体性概念,那么这里首先面对一个棘手的问题,我们能否谈论中国哲学中的主体性问题?[①] 或者说中国哲学中有无相对应于西方哲学主体性概念的词语或概念?从百家争鸣到儒家一统,由兼收并蓄到西学东渐,中国思想史也经历了漫长绵延的历史与异彩纷呈的变迁。限于篇幅,我们就以主流地位的儒家传统思想进行简要的分析。

儒家仁政,其出发点是要寻求一种合适的社会关系,并在此基础上为社会制定规范,

① 这个问题也可以称之为中国哲学的合法性问题。参见赵汀阳:《中国哲学的身份疑案》,《哲学研究》,2020年第7期。

建立一个有秩序的社会。我们可以看到,其思想的出发点是国家,而不是个人。儒家认为,连接人与人的纽带是情感,而最原始的情感来自血缘关系,因此,社会关系治理要从家庭的亲情关系入手,以“亲亲”为基础,实现“父慈子孝,兄友弟恭,夫义妻顺”。家庭是社会的原始单位,是其他社会关系的出发点和基础。家庭等同于政治,政治关系模式正是家庭关系模式,家国一体、尊卑有别、等级有差是中国古代政治制度的基本性质。

这是一种“从己推及他人,从家推及天下”的逻辑,这个逻辑中“我”或者“个体”在政治上并没有独立的地位,或者说个人的目的是政治。那么,我们还能否谈论儒家传统哲学的主体性问题呢?答案当然是肯定的。我们发现尽管儒家思想中没有西方的“subject”(主体)概念,但是不乏对“我”或“人”的阐述。当然,西方对“subject”(主体)的理解也是建立在对“人”的理解基础上的。如果就对人的理解上来定义“主体”的话,我们当然可以理直气壮地谈论儒家哲学中的主体性问题。儒家对“人”的要求有以下几个方面特征:首先,人与动物的区别上,即“人禽之辨”(《孟子·告子上》);其次是君子和小人的区别(《孔子·论语》)①。通过这种区分,儒家哲学中才有所谓的“成德”“成人”的说法。如果借用西方“主体性”概念来统一,儒家哲学里面“主体性”的内涵不同于西方启蒙之后的主体性概念。不管是“我思故我在”中的“我”,还是康德的“纯粹理性”,以及基督教文化中的“被造物”,其自身都拥有独一无二的价值。而与此相对,传统儒家哲学中个人只有经过“修身养性”的功夫才能“成人”;否则,即便有人的样子也无异于禽兽。“成人”也即“成仁”,而“为仁由己”(《论语·颜渊》),指的就是在对“仁”“爱”“责任”的理解和践行中才有人格的挺立。所以,并不是人人都有主体性,只有圣人君子才有充分的人格。这个主体性背后,突出的不是人作为人本身具有的不可否认的价值,或者近代西方社会倡导的人权,而是道德价值,即社会关系中的价值。

因此,人要发挥“主体性”,便不是随心所欲、自由决定,而是要遵从社会规范和社会主流价值。儒家学说中包含了对人的大量要求,这些要求也往往与“仁”和“礼”相契合。如果仔细地剖析“仁”与“礼”的内容,我们可以发现,二者实际上就是一个责任的清单,规定了应该做什么与必须做什么的范围,正是在这个意义上,我们认为儒家思想的本质是“责任”②。所以,儒家思想中人的主体性,更为突出责任意识,我们称之为“责任主体性”。

---

① 《论语》里面有大量关于君子小人的描述,比如,《论语·卫灵公篇第十五》中有云:“君子矜而不争,群而不党。”《论语·述而篇第七》中有云:“君子坦荡荡,小人长戚戚。”《论语·宪问》云:“君子上达,小人下达。”《论语·卫灵公篇第十五》云:“君子不可小知而可大受也,小人不可大受而可小知也。”

② 荆培运:《儒家思想的本质是“责任”》,《中华读书报》,第13版,2018年10月31日。

儒家的修身养性功夫就是在培养责任意识,责任意识指向未来、他者。人是在责任意识中理解责任的,人的责任意识越深刻,他的责任主体性就越成熟,从而他就会受到更多人的称赞,他的社会地位就越高。处于这种责任意识下的政治生活的人,也有自己的权利。比如,他有权表达自己的想法(根据他的责任感),有权保护他的利益(受责任感制约),也有权获得报酬(与责任感相配的报酬)。但是,这些权利都是建立在责任基础上,并且一旦出现和责任相冲突的情况,它们就必须做调整,甚至被放弃。相反的,一个完全没有责任感的人在这种政治生活中是没有权利的①。

整体来说,无论是士大夫阶层还是平民,他们都遵守礼教,他们在礼教中形成的责任意识将指导他们的生活。儒家在中国社会治理上长期占主导地位,建构了一种责任意识为主导的文化—社会心理结构。这种心理结构在文化中表现为“差序格局”的社会结构。在“差序格局”中,社会关系是逐渐从一个一个人推出去的,是私人关系的增加,社会范围是一根根私人联系所构成的网络。在这个网络里,随时随地有一个“己”作中心。用费孝通的话说,这并不是个人主义,而是自我主义②。个人主义的前提是团体,而自我主义不需要假定团体,它时刻围绕着“己”这个中心。以“己”为中心,像石子一般投入水中,一圈圈推出去,愈推愈远,也愈推愈薄。这是中国社会结构的基本特性。

在这种“差序格局”的社会结构下,中国知识分子阶层普遍有一种“先天下之忧而忧,后天下之乐而乐”“天下兴亡,匹夫有责”的责任意识。而普通的百姓也在邻里乡党、宗族家庭的网络中实践孝、悌、忠、信、礼、义、廉、耻等道德责任。知识分子阶层有“齐家治国平天下”的理想,不局限于自身家族血缘关系,他们有天下担当。而普通百姓更为推崇家庭关系,宣扬光宗耀祖、承担家庭以及宗族责任。总而言之,中国人在自我定位上更偏重“我”与“他人”的关系,强调关系中的“责任”;甚至说,个人并没有独立的价值,其价值或意义在于同他者的关系中,亦即与群体(家庭、宗族、国家)的关系中。个人与群体高度绑定的关系不可避免地面临二者的边界问题,以及个人与集体脱离后意义丧失的问题。这一点,我们在下文详细分析。

三、新冠肺炎疫情下对“主体性”的反思

通过区分“权利主体性”和“责任主体性”,我们更能够理解中西方对待口罩态度上的

① 谢文郁:《自由与责任四论》,上海:华东师范大学出版社,2014 年,第 29 页。

② “在个人主义下,一方面是平等观念,指在同一团体中各分子的地位相等,个人不能侵犯大家的权利;一方面是宪法观念,指团体不能抹煞个人,只能在个人所愿意交出的一份权利上控制个人。这些观念必须先假定了团体的存在。”参见费孝通:《乡土中国》,北京:人民出版社,2008 年,第 25 - 34 页。

微妙差异。因为不同的文化—心理结构，西方人更重视人的自由或者权利，而中国人更注重个人行为的影响。对口罩的态度折射出中西方人对于自我的认知问题，也即“主体性”问题。

这两种对于主体性的认知无所谓对错，我们不能站在各自的立场“是其所非而非其所是”，而是要试图在更大程度上保有一种“同情之理解”。但这并不意味着，各自的认识和理解都没有问题。在西方，权利主体性思路下已经有很多社会问题凸显出来。比如，近些年来，西方社会以权利意识为主导，出现一些伦理困境问题，大家争论不休，但很难达成一致的看法。拿堕胎来说，如果从权利概念出发，孕妇有堕胎的权利；但同时，大多数人也很难否认胎儿也有自己的生存权利①。如果不允许孕妇堕胎，那么就是否定了她追求自身幸福的权利，而从孩子的权利出发，堕胎就扼杀了孩子的生存权利。孰轻孰重？如何取舍？还有诸如持枪、死刑、同性恋等问题也是如此。甚至在一些案例中，如果坚持个人权利必将危害社会，那么该如何解决呢？比如，在网络社交工具 Facebook 中发布恐怖言论，如果要坚持当事人的隐私权利，那么我们只能放任恐怖言论不管，任其动荡社会人心，但这种做法从另一个角度看也危害了其他人的生命安全权。面对不同群体的不同权利，该如何取舍？

如果说这些案例都是特殊群体特殊阶层在特定情况下所面临的问题，其背后的症结何在还未能引起我们足够的思考，但是，疫情却间接把这些问题再次推到公众面前。较之上述案例的特殊性，疫情具有普遍性，它是所有人都需要面对的。这个危机比以往任何危机都要大，它是全方位的，涉及面更广。更为重要的是，疫情作为“人类命运共同体”②的一个表征，假设疫情常态化，西方现有的社会制度和思想观念能否有效应对？如果按照目前西方主流的权利观，每个人考虑问题的出发点在于自身的自由权，而不顾对他人的影响，那么社会生活是无法继续的。西方某些国家采取“群体免疫”的思路，且不论其现实有效性，仅仅就这个想法来说，企图以牺牲老弱病残者来保全社会利益、大众利益，也是违背以人为本的精神，违背对人自身价值的尊重的无奈之举。这一境况，不能不引起我们对于西方启蒙之后高度吹捧的“自由”“权利”的深度反思。

较之西方，中国人素来“贵生”，在这种态度下，中国人当然宝贵自己的生命健康。因此，当政府号召戴口罩时，老百姓和政府的决策能达到高度的一致。即便是为了保证生命

① Daniel Callahan. *Abortion: Law, Choice, and Morality*. New York: Macmillan, 1970, pp.328 – 333.

② 刘同舫：《构建人类命运共同体对历史唯物主义的原创性贡献》，《中国社会科学》，2018 年第 7 期；贺来：《马克思哲学的“类”概念与“人类命运共同体”》，《哲学研究》，2016 年第 8 期。

安全而压缩了自由的边界时,中国人也并无太多的不适感。更为微妙的是,假如一个人在公共场合忘记戴口罩,他会不好意思,而这体现了在中国传统儒家文化"礼"的约束下的一种道德心理活动。这种道德心理活动表现为一种自觉或不自觉的责任意识:一个人的行为及其影响是要辐射到家庭,进而到社会中去的。所以,个人行动的出发点不是自由,而是责任。正是这种个人负责任的态度,使得中国在疫情防控方面收效甚佳。

当然,责任主体不仅包括平民百姓,也包括政治领袖,个人负责意识下的行为所辐射的范围有限,而政府负责意识下所做的决定影响范围更广。因为责任意识涉及对责任的理解,这些理解都是主观的,并且是在发展变化中,因而是不稳定的。并且由于责任是外向性的,指向"他人",而责任主体通过共同价值来体验"他人"的利益,这种体验带有浓重的个人主观理解成分,和"他人"的实际利益往往不相一致,从而出现"好心办坏事"的结果。对于政府来讲更为困难的是,在政府决策中很难顾及所有人的利益。就疫情来讲,中国政府为全体百姓负责的态度下,提出了居家隔离、戴口罩的相关政策,甚至把这种政策提到法律层面上①,使得疫情很快达到拐点,受到控制。不过,我们同时也需要看到,这种负责更强调集体的利益,从而可能使得某些个体的利益和权利没有得到充分的照顾和尊重,如武汉封城的政策,出现外地游客街头流浪的例子②;疫情期间,北京封村,导致上班族无法正常上班,被迫减工资;后疫情时代,野生动物养殖户何去何从的问题③。

透过疫情,我们有机会对传统儒家文化下的责任意识思想作一个反思。责任概念中,其出发点是内在的,但其倾向是外在的,如何处理这其中的理解的不一致问题?在涉及个人和集体的利益冲突时,我们能否强迫或者引导个人主动地负责而放弃自身的权利或利益?在政府决策中,如何处理集体利益和个人自由的边界问题?我们能否为集体的利益而压缩个体的自由?或者说我们能否以为大部分人负责的态度而压缩个体自由权利的边界?中国特有的"差序格局"的社会结构使得个人的价值和意义与集体高度绑定,个人一旦从集体的关系网络中剥落,或者说个人一旦被孤立,那么个人的正常生活就会受到挑战。我们确实看到,责任主体性思路所引导的社会生活中确实存在一系列的问题。

总之,西方的"权利主体性"思想一方面是现代社会自由精神的表征,但另一方面,它也逐渐在社会生活中暴露出弊端来。而疫情使得很多隐藏的问题更为突出,这使得我们不得不重新去思考主体性问题。如何理解个人的主体性?自由是否是主体性最为重要的

---

① 恩施日报:"非常时期,不戴口罩涉嫌违法",http://szb.enshi.cn/esrb/content/202002/27/content_18779.html.

② 腾讯新闻:"封城 41 天,我在街头捡剩饭吃",https://xw.qq.com/cmsid/20200305A0TY1900.

③ 搜狐新闻:"野生动物养殖产业陷入迷茫:1400 万从业者何去何从?"https://www.sohu.com/a/378334612_692720.

内涵？自由该如何考虑边界问题？现代社会的基本特征是个人精神的觉醒，个人有追求自身价值和意义的自由，“责任主体性”思想中所出现的强调对集体、对大多数人的责任而导致部分个体的尊严和自由受损的情况，我们是否需要思考借鉴西方的权利意识、自由意识概念？不仅如此，现代人也面临着社会分工的精细化和生活方式的单子化，传统依赖于血缘、地缘的责任意识还能否服务于现代社会？因此，我们需要正视问题和现状，基于现代社会共同的生活方式和生存模式，尝试从中得出某种共同的认知。“实践出真知”“实践是检验真理的唯一标准”，亦即从马克思主义实践哲学的基本观点出发，重新修正对“主体性”概念的理解，推动对上述问题的进一步回答。

四、实践主体性

马克思主义哲学从“实践”的角度去理解“主体性”，对人的理解不是逻辑式、概念式的，不是传统形而上学静观的、现成的，而是“通过实践创造对象世界，改造无机界，人证明自己是有意识的类存在物，就是说是这样一种存在物，它把类看作自己的本质，或者说把自身看作类存在物”①。通过实践去领会人的存在，坚持用辩证法去诠释实践的内涵，我们把这种对主体性的理解称之为“实践主体性”。

“实践主体性”的主体是“人民群众”。人民群众是一个历史范畴，人民群众从质上说是指一切对社会历史发展起推动作用的人们，从量上说是指社会人口中的绝大多数。人民群众是一个类概念，它不是单个的个体，但它又不脱离个体，它是由个体组成。单个个体属于人民群众这个群体，并且具有相应的群体意识。而群体意识的产生基于他们在生活实践中，处于共同的地域、氛围，面对共同的生活生存条件，所以拥有共同的生活感受和认知。社会存在决定社会意识，所以，基于实践方式及认知的相通性，具有共同的群体意识。同时，这种群体意识从群体实践得来，具有一定的真理性，因此需要尊重和理解。

如此，我们看到，人民群众作为实践主体，处于个体和国家之间的中间位置。它来自个体，包含个体，但不是一个个体。它是一个群体概念，但又不是某个特殊的群体，而是在共同价值观和共同信念下的一种新的“友爱共同体”②。群体意识能够引导我们培养出相应的责任意识，而这种责任意识使得个体的生存出发点发生变化。个人不仅仅关注个人利益，也能考虑到社会需求与社会责任，并且具有能动性，能够从实践中来，到实践

① 《马克思恩格斯全集(卷3)》，北京：人民出版社，2002年，第273页。

② “友爱共同体”的概念来源于亚里士多德。参见亚里士多德：《尼各马可伦理学》，邓安庆译，北京：人民出版社，2010年，第286－288页。

中去。即使是遇到挑战,也能主动求变,从实践得出真知。比如,在社会治安方面发挥重要影响力的“朝阳群众”。“朝阳群众”已经不再局限于朝阳地区,而成为一个泛概念,指称一群发挥人民群众力量,具有群体意识的人。这是典型的人民群众有社会责任感的表现。

同时,人民群众主动求变的意图也需要向上传达,政府也需要尊重这个能动性。国家也因能够听到这部分的声音做出更为合适的决策,从而减少治理成本,更加有助于建立和谐社会。比如,在疫情期间,武汉的私家车主主动载送医护人员①,民间组织自发组织捐款捐物②,这些都是群体的力量。而政府看到这些群众自发的组织,也有相应的政策引导,使得武汉疫情能在最短的时间内得到缓解。

因此,我们看到,“实践主体性”思路下的个人,它不同于西方的个人主义,也不同于自我主义,而是放在社会的大背景下,具有实践性或者说是历史性。西方的“权利主体性”的主体是个人,相对于自身,他者都是“客体”,不可避免会有个人与他人、个人与社会、个人与自然之间的冲突。而传统中国文化重视从血缘关系而来的责任意识,血缘关系的单薄之处就是责任意识的消弭之际。如果遇到与自己生存毫无关联的人或事,从血缘关系而来并向外扩展的责任意识就很快“触礁”。实践主体不局限于血缘,而是生活实践,因此是一种基于共同生活的社会关系。因此,实践主体下的个人更能够和他人、社会形成一种动态的互动关系,而这种互动关系更有助于社会问题高效合理地解决。

就拿野生动物养殖户的例子来说,如果是从“权利主体性”的角度看问题,那么每个养殖户都有养殖任何动物(法律规定内)的自由,国家或集体没有权利干涉;这样的话,国家只能在法律上扩大禁养范围或者只能视而不见。如果是从“责任主体性”的角度看问题,政府做决定很容易从自己的理解出发,想当然地“一刀切”。比如,在疫情或者后疫情期间,政府只能下令禁养。当然,在我国国情下,政府会有相应的补贴或扶贫项目作支持,这种补贴够不够回本尚且不论,这些养殖户如何规划未来的生计方向呢?而从“实践主体性”出发,作为实践主体,养殖户不再是毫无关联的个体,而是从属于“人民群众”,是群体意志的代表。他们的呼求是从实践得来,具有真理性。因此,对上来说是社会群体的合理意见。比如,部分地区确实有吃野味的习惯和文化,而这些养殖户确实有极为丰富的养殖

① 新浪新闻:“暖心!武汉数千名私家车主无偿接送医护人员上下班”,http://k.sina.com.cn/article_213815211_0cbe8fab02000tyqg.html.

② 中国发展简报:“民间组织在新冠疫情下的担当”,http://www.chinadevelopmentbrief.org.cn/news-24178.html.

经验,那么我们是否可以寻求一种安全养殖方法呢?

由此我们看到,合理的社会运作模式需要调动个体的能动性和责任感,且政府部门能够回应且尊重作为群众意志的能动性和责任意识。如此,才是“从群众中来,到群众中去”。当然,这个道路并不容易。比如,在疫情期间,中国红十字会组织所暴露出来的种种问题,也需要我们反思国家机关运作的惯性模式,以及民间组织灵活性的借鉴意义。

五、总结

以疫情为参照系,我们通过“权利主体性”“责任主体性”思路的梳理,能够反观东西方不同的文化—心理结构,进而能够实现“同情之理解”。同时,我们也看到不同的主体性思路下引导出不同的看问题和解决问题的方式,以及引发的一系列社会问题,尤其是疫情这一突发事件,使得原有的社会问题以更集中的方式暴露出来。面对中西疫情的不同应对措施及出现的问题,我们需要再次以疫情为出发点,重新审视人的主体性,重塑“个体”“群体”之间的合理关系,以此矫正疫情应对措施中的不足,更新对人类共同体生活的认知。

而我们也看到,实践主体性才是对接人类命运共同体的一个核心概念。实践主体性强调的是人民群众作为历史的主人、实践的主体。它关涉的不是个体利益和个人想法,而是群体利益和群体意志。因此,它是个人和国家的居间地带,从而能够实现“私我”“公我”利益和意志的调和,真正实现“从群众中来,到群众中去”。而后疫情时代也是人类命运共同体的时代,人类的问题需要全人类面对,不是靠超人,不是靠行政力量,而是需要全人类携手。携手不是空洞的口号,而是各行各业做好自己的事情,各自在自己的群体内充分发挥创造性和能动性,实现“实践主体”的应有之义。

Reflection on“Subjectivity” under the New Epidemic Situation

XIE Yipin

【Abstract】 Under the background of the outbreak of the new epidemic, the differences in the response measures between China and the West directly reflect the differences in their cultural background and thinking mode. Based on the epidemic cases, this paper presents the different tension structures and interaction patterns of the two by distinguishing “right subjectivity” and “responsibility subjectivity”. On the basis of appealing for "understanding based of sympathy", the article further points out that under the influence of the new epidemic situation, both China and the West need to re-examine the subjectivity of human beings and reshape the reasonable relationship between individuals and groups. Only in this way we can correct the deficiencies in the response measures to the epidemic situation and build a harmonious society more in line with the spirit of modern civilization. However, Marx's "practice subjectivity" gives us a new way of understanding.

【**Keywords**】 Subjectivity, Rights, Responsibilities, Practice

【学术现场】

康德《纯然理性界限内的宗教》读书小组总结会纪要[1]

熊馥译　王大封　尚文华[2]（整理）

熊馥译：

各位尊敬的小组成员，大家好。今天是2020年8月18日。4月初，我与秋零老师聊天的时候萌发启动这种双盲招募、开放吸收、封闭讨论、聚集完整学术梯队的读书会形式。

到现在，我们用了4个月的时间，完成了对康德《纯然理性界限内的宗教》（以下简称《宗教》）的阅读。感谢各位领读人的文本整理，感谢各位伴读人的文献支撑，感谢各位老师的智识分享。

现在，我们最后齐聚一堂，参加这个每个人7分钟发言时间的小组总结会。下面，有请各位发言人发言。

根本恶与伦理共同体

李金恒：

康德《宗教》这本书，在关于康德的研究中，其实是相对比较边缘的，他最有影响力的还是批判哲学。但康德的宗教哲学，如果没有得到理解，能否正确地去理解他哲学的其他

---

① 2020年4月，来自全国十余所高校和科研机构的三十余位康德哲学研究者、爱好者组成了一个线上读书小组，分16次完成了对康德《纯然理性界限内的宗教》的研读。此次读书会前后持续4个多月，小组成员每周六下午用3个小时的时间进行研读。其中，前15次是以领读人进行文本分析、伴读人提供二手文献支撑、参与人共同自由讨论的方式进行的。2020年8月18日，小组进行了最后一次研读，也即第16次的小组总结会。在这次总结会上，每位参与人围绕康德的《纯然理性界限内的宗教》进行7分钟发言，分享自己的智识。此次读书活动，老中青数代中国康德哲学研究者之间进行了思想的碰撞和交流，对康德的《纯然理性界限内的宗教》产生了一些新的认识，期望能对中国的康德宗教哲学的深入研究有所推动。

② 文字整理者简介：熊馥译，中国人民大学哲学院博士生，主要研究领域为宗教哲学和康德哲学。王大封，清华大学哲学系博士，主要研究领域为西方哲学、道德哲学和康德哲学。尚文华，山东省社会科学院副研究员，主要研究领域为西方哲学、宗教哲学和康德哲学。

部分,比如道德哲学、伦理学,我觉得是要打个问号的。

《宗教》中有两个概念让我印象深刻,我认为能够体现这本书的特别之处。第一个就是康德一开始提出的"根本恶"概念。它是在人类本性当中的一种恶倾向——一方面这个善恶判断必须以善恶的先验可能性(即自由)为基础,另一方面这个概念又超出了可能性的领域,直接做了一个实然的判断,人是 evil by nature。这说明,《宗教》在起手处强调的东西,与康德的批判哲学著作特别是第二批判的工作为基础,又有明显的不同。第二批判要证明的是,纯粹实践理性是可能的,理性存在者是可以完全从自身出发,不依赖任何外在条件,去做或善或恶的事情,从而他也完全承担起自己所作所为的责任。在理性存在者身上,道德上的"应然"通过纯粹实践理性的可能性的证成而被确立起来:他可以去作恶,也可以去行善。第二批判对理性存在者的讨论中,没有"根本恶"这样的东西,因为理性存在者这个概念当中所设定的道德能力(自由)是平衡的,善与恶都作为可能性存在,我们只能说,他是自由的。而《宗教》所提的"根本恶"这个概念,则进入完全不同的语境,在这里,人类的道德能力不是平衡的,而是倾斜(Hang)的,向恶倾斜。善恶由此就不是同等的可能性,恶实然地具有优先性,它在人类的意志中占据着优势,人不但是自由的,而且还是根本上恶的。通过根本恶概念,康德指出了人类——不仅仅作为理性存在者,而且还作为地球上的一个族类——所面临的一个处境,即他的道德实践无法从直接行善开始,而只能从对自身当中根本恶的反思和忏悔开始。人类整个族类已然堕入根本恶,这是康德对人类在道德意义上的生存状况的"实然"诊断。这个诊断又引出了批判哲学并未涉及的另一个概念:"伦理共同体"。

伦理共同体,在《宗教》的语境中,指的就是教会。如果看批判哲学,特别康德对理性理念的讨论,宗教话题已经占据了一个重要的位置。"为信仰腾出地盘","道德必然导致宗教",这些名言对学过哲学史的人来说都耳熟能详。然而,我们看康德所提的三个道德公设,意志自由、灵魂不朽、上帝存在,就支撑了至善的实现的可能性,这里并没有涉及教会的问题。即便对人这种有限理性存在者来说,宗教是必需的,教会也并不是必需的。但到了《宗教》,情况就不同了,由于"根本恶"无法通过人类个体自己的努力去克服,他必须与其他人组成伦理共同体,也就是教会。人类只能作为一个族类,共同克服根本恶,获得救赎,这又是康德在经验中看到的一个人类实然处境。于是,在人这里,道德不但导致宗教,而且还导致教会。然后,在人类必须组成教会的前提下,康德才来讨论关于宗教的种种具体问题,其范围涵盖了但又不仅仅限于"理性宗教"。

脱魅者康德的三对概念

杨煦生：

在哲学思想的千年大道上，康德是一个谁也不得不绕一圈的大转盘。作为启蒙思想和德国观念论的哲学丰碑，康德在过去的两个世纪中，成为雄踞于一个星形广场中心点的一座现代思想凯旋门。20 世纪初，中国康德学的开山人王国维的《汗德像赞》用“谷可如陵，山可为薮。万岁千秋，公名不朽”的语言礼赞康德，足见康德意义之一斑。

借此机会，我把自己的一点心得，严格地说，更是面对康德的一些困惑，用关键词的方式，拿出来分享并求教。

（一）“ Können”“ Sollen ”“ Dürfen”

有必要先从康德语境中几个基本的情态动词开始。

循着三大批判的足迹，在康德体系中，宗教问题指向“我可以希望什么？”（Was darf ich hoffen?）其就，与第一批判的关系而言，在这里有一点必须厘清：“Dürfen”与“Können”这两个情态动词在汉语中一般都可以简单翻译成“能”或“可”，而其中实质性的差别往往得不到充分强调，特别在有关康德的语境中，这种厘清和强调无论如何都是很必要的：“Können”意味着某种主体性的能力、这种能力的开放性程度（第一批判的关涉主体认识能力，使用的便是“Können” “Was kann ich wissen”），而“Dürfen”则指涉界限，它不聚焦于主体能力而主要指向某种意向、判断和能力是否正当、是否可以得到许可。或者进一步说，在《宗教》一书中，“Dürfen”意味着主体能力的灵性边界——就自我与超越者的关系而言，和社会边界——就个人与共同体的关系而言。

在康德这里，“Was darf ich hoffen?”的问题，就其与第二批判的关系而言，不妨理解为“德福如何一致”在宗教问题上的延伸的问题：“Was soll ich tun? ”（我应如何作为？）在此，“Sollen”这个充满悲剧意志和动态张力的问题，在“Dürfen”的方式转化为一个更为深远的边界问题。

“Was darf ich hoffen”的问题，事实上同时隐含了上面分梳的两个方向。就前者（主体的灵性边界）而言，似乎不需多言，《宗教》一书中关于事奉和伪事奉的论述、对启示宗教和历史信仰的批判性分梳、与“预定论”和“恩典论”所保持的理论距离即为明证。后者（个人与共同体的关系）则似乎有点若隐若现，我把《宗教》一书看作康德启蒙思想体系中的一个关键过渡处所——从 1784 年的《从世界公民观点出发的普遍历史理念》到 1793 年的《宗教》,再到 1795 年的《永久和平论》,此间应该有一条红线在。《宗教》第三篇的伦理共同体问题,尤其与康德的政治哲学和历史哲学有重要的关联。康德把德国启蒙逼向两个最有德国观念论色彩的极致——内在维度是主体能力的批判性审察、主体认识能力和行动能力的边界的确定,外在维度则指向了世界公民、普遍历史、永久和平。这样才终究构成了"人如何可能"的终极问题。人之所是的问题,终究不是在个体的主体层面能得以解答的,而是在与超越者和共同体的动态的、持续的、实践性和建构性的对话中,最终才可能得以建立和展开。

(二) "Transzendenz "" Transzendieren"

上帝(Gott)概念,在康德体系中地位独特。

——对理论理性而言,关于上帝的理论知识超越所有可能的经验世界之彼岸,一旦理论理性开始寻求有关上帝的论证,必陷于超验幻象和教条主义的无尽纠葛之中,因而上帝理念不可能成为扩展知识的建构性原则(konstitutives Prinzip),而更多的是作为范导性原则(regulatives Prinzip)、作为理论理性的一种必要的边界概念(Grenzbegriff)而发挥功用。

——对实践理性而言,当康德宣告,为了给信仰廓清疆域而必须悬置(aufheben)知识的时候,上帝概念被"召回"而成为实践理性的至高预设(Postulat)。上帝作为向万有颁布义务的最高本质(das allverpflichtende Wesen);自由作为人服从其义务,同时将这种义务视为上帝的诫命的能力;灵魂不朽作为一种特定状态,在其中,人的喜乐和哀痛都应该与他的道德价值相关……康德把上帝成功召回,为实践理性提供了超越的保证。

——在审美判断力的领域,上帝隐然地还是合规律性(Gesetzmäßigkeit)和合目的性(Zweckmäßigkeit)的最终依据和保证。

但是上帝的这种边界、范导和中保意义究竟如何实现? 这才是问题的真正关键。在此,用康德的和不一定很康德的概念体系理解《宗教》,我们不妨引进康德并不常用的超越(Transzendenz)概念。在形上学的思辨传统中, Das Unbedingte (绝对者、无限者)和"Transzendenz"都常常是上帝概念的哲学"马甲"。在康德著作中,"das Unbedingte" 时而可见,而 "Transzendenz "则反而不然。但是,对我个人而言,"Transzendenz"和"Transzendieren"这组概念,可能恰是理解康德的道德学和理性宗教、理解康德实践理性和宗教哲学之间的张力的一种方便途径。

"凡是人自认为是为了让上帝喜悦,除了善的生活方式之外还能够做的事情,都是纯然的宗教妄想和对上帝的伪事奉。"(A. 171. / 李秋零译本,Ⅳ. 174.)

超越者正是人类的自我超越的范导。正因为有这个超越者,人类的超越的努力才有了导向和指归。一旦人耽于对恩典和拣选的迷执，任何超越的努力事实上已经止息。在康德意义上，"Lebensführung "事实上变成了动态的"Transzendieren"。在一般意义上，"Lebensführung"译为"生活方式"，在汉语习惯上并无不妥，但是其中"Führung "的动态意义和过程意味的传达确实很不到位。正如"Transzendieren"的动态意义和过程意味在汉语中颇难传达一样。而这恰恰又是体味康德的至为关键之处。从传统形上学的思辨理性到伦理学的实践设定，从以超越者为中心启示神学到以个人个体的实践性的自我超越为中心的道德神学，从"heteronom"（他律）向"autorom"（自律），正是康德《宗教》一书的精义所在。

（三）"Religion""Religiosität"

极其大而化之地说，路德作为神学领域的康德和康德作为哲学领域的路德，都是以其思想功业和望德为近代奠定精神转向的人。——"Was darf ich hoffen"的问题，把基督宗教信仰体系中的望德，几乎完美转入正在脱魅的世界中——当然，这也埋下了现代性中另外的危险契机：当"纯然理性"作为边界被确立之后，康德毋宁是韦伯意义上的最典型、最有成效的脱魅者（der Entzauberer）。

转向（die Wende）是20世纪思想学术界爱用的一种语式：语言学转向、本体论转向、人类学转向、伦理学转向……如是等等，耳熟能详。其中，哲学领域的诸多转向问题，似乎都多多少少与康德思想发生某种关联。从《宗教》一书化生出来的诸多思想成果之中，一个极为重要的成果，可以说是宗教哲学的运思畛域更多从宗教（Religion）朝向宗教性（Religiosität）的人类学—伦理学转向（Anthropologisch-ethische Wende）。

一旦道德律成为真事奉的基石，一旦自由作为遵从主体义务并将此义务视为超越者诫命的建构和实践能力，那么，"宗教"与"宗教性"的分野就变得重要起来。作为在与超越者的对话中为世界和生命立义（Sinngebung）的信仰体系和实践体系，宗教与宗教性在内在层面上似乎并无冲突。然而，相对而言，宗教总首先是一个特定的文化共同体中的一个特定的信仰体系，总是事关"Konfession"（信仰立场的准确认定，与其他信仰体系的明确分疏。佛教把这个问题简明地称为"判教"，很是精彩扼要），总是与特定的教会及团契系统和教义、礼仪传统相关，总需要先面对一个多元复数的宗教世界自我厘定而后才可以论及其他。在这里，绝对的真理诉求（absolute Wahrheitsanspruch）与普遍的有效性（allgemeine Gültigkeit）的内在张力始终存在。宗教性则反之，相对纯粹地保持其主体相关性、专注于面对超越者的纯粹敬畏感（Achtungsgefühl），更多的是与康德式普遍宗教的理想相关。

在当代宗教哲学中,到处都晃动着康德的身影——无形宗教、公民宗教,"梵二"之后普世神学和各种对话理论的滥觞……都变幻着康德式的思想遗产的余韵。总之,作为脱魅者——甚至说,作为头号脱魅者的康德的宗教哲学思想遗产的阐释和展开,可能还正刚刚开始。

根本恶与心灵的颠倒

贺腾:

《宗教》在康德的整个哲学体系中占据怎样的位置?在研究康德的学界,不少学者试图构造出"80 年代的康德"与"90 年代的康德"之间的对立冲突。就政治哲学领域而言,传统的解释认为法权的规范性可由 80 年代所论的"道德律"推导而出,而新近的解释却发现康德在 90 年代所论的法权规范性与"道德律"之间存在着本质的差别,进而挑战传统的解释①。在《道德形而上学奠基》《实践理性批判》等著作之中,康德从"神圣的"自由意志、道德律等概念出发来构建他的道德哲学,给人以一种乐观主义的印象。在 90 年代完成的《宗教》这一著作中,康德则是从"根本恶"等概念出发来谈论人的生存起点。初看起来,《宗教》这一著作与早期的作品呈现出不同的思路,这是否构成某种前后的张力?对于康德在 90 年代的"变化",叔本华甚至曾指出康德因年纪老迈而无力进行有力的论证。在我看来,这样"割裂式的讨论"是对康德哲学体系的误解。但如何融贯地解释康德的哲学发展,这是我需要进一步思考的问题。

康德与基督宗教之间的关系。研究表明,至少在 19 世纪以前就已经有关于康德究竟是属于天主教还是新教的哲学家的讨论②。当然,这并非说康德本人归属于某种宗派,而是说他的哲学具有如何的特性。对自律(Autonomie)、良心(Gewissen)等概念的强调展现了新教的传统,而对普遍性(Universität)、科学概念(Begriff der Wissenschaft)的强调又展现了天主教的特性。就《宗教》这一著作而言,康德的思维方式与奥古斯丁也极其相似。我比较感兴趣的主要是康德对原罪和恩典的态度。康德将"根本恶"定义为"心灵的颠倒",这与奥古斯丁如出一辙。这当然也与二者将意志的二分密切相关,康德有意志(Wille)与任性/意决(Willkür)的区分,而奥古斯丁也有意志(voluntas)和自由决断

---

① 克里斯多夫·霍恩:《作为非理想型规范性理论的康德政治哲学》,贺腾,谭文章译,《德国哲学(2019 年上半年卷)》,第 106 - 126 页。

② Albert Raffelt, "Kant als Philosoph des Protestantismus — oder des Katholizismus?" in *Kant und der Katholizismus: Stationen einer wechselhaften Geschichte*, Freiburg: Herder, 2005, S.139 - 159.

(liberum arbitrium)的区分。但两者对恩典的态度截然不同,奥古斯丁将恩典作为善良意志和善的行为方式的前提。而康德与此相反,他更为强调的是善的行为方式(Lebenswandel)。

康德对人性理解的两条线索与耶稣的榜样意义

刘凤娟:

康德对人的本性的理解有两条线索:一条是本体性的,另一条是现象性的。本体性的线索主要在于以人的本性中善恶共居为出发点,探讨人如何完成心灵的转变或革命,即在其行为准则中将道德法则置于其他一切自我利益至上,使道德法则成为自身充足的动机。这需要借助于一种道德上完善性的理想(耶稣),或者一种纯粹的榜样力量。康德在这条思路上主张,每个人都应当在自己身上将这个善的理想实现出来,而不是仅仅去模仿一个外在的、经验性的榜样。

但是,心灵的转变是人自身无法确切认知的,只有上帝才能认识。人能够认识到的只是自己不断的道德改良,由此就需要一个渐进的、发展的历史观点来看待人的本性及其信仰。在这种视角下,人类历史实际上就是一个道德进步的普遍历史,是人类从恶到善不断发展着的进程。在这个进程中,人的信仰观念也发生着变化,从依赖于启示和奇迹的历史性信仰不断趋近于一种纯粹信仰。

康德指出,在历史进步的过程之中,启示信仰是具有其合理价值的,其价值就在于促进人们的道德改良,引导人们至少在外在行动上向善,由此也不断地趋近纯粹的信仰。所以,启示信仰具有一种手段和载体的价值。在理性界限内的宗教思想体系中,启示信仰属于一种质料,而形式是纯粹信仰。纯粹信仰是宗教思想体系的形式,也是属于纯粹道德哲学的东西。

在康德哲学中,纯粹道德哲学内部关于耶稣和上帝两种理念的界定都不是经验性的,而是具有实践的客观实在性的纯粹实践理念。而被人们认为是通过经验性的奇迹、启示而宣告其神意的上帝、耶稣则是启示信仰的对象,这不属于纯粹道德哲学,但是仍然可以属于理性界限内的宗教思想体系。我个人认为,康德"纯然理性界限内的宗教"这个书名是指包含纯粹信仰和启示信仰在内的系统整体,而不只是纯粹信仰,更不只是启示信仰。《宗教》的四个部分,尤其是前三个部分包含着这样一种历史性的维度。

需要补充的是:上帝和耶稣在《宗教》这本书中具有不同的问题域,发挥着不同的作用。耶稣是一种道德上完善的理想和纯粹榜样,是帮助人们向善甚至发动心灵革命的纯粹理念。上帝是实现善良的人们之间的系统联结,在共同体层面实现道德和幸福的完满的、因果统一性的纯粹理念。换言之,耶稣的作用更内在、更个体化一些,上帝的作用更加公共化一些。由此,对耶稣的信念实际上就是对人们自身纯粹实践理性能力的自信,而对上帝的信念可能就超出了对自身实践理性能力的自信,过渡到对一种公共立法者和正义分配者的信仰。尽管这种信仰并不强求人们在理论上确证上帝的客观实在性。

尚人:

康德通过《宗教》这本书向我们传达的方向性是:宗教是为了让人们理解并接受道德,自身作为一种道德媒介而出现。康德给宗教的描述性定义就是:"宗教(从主观上看)就是把我们的一切义务都认作是上帝的诫命。"①那么,事奉神这件事如何能帮助我们理解道德呢?道德实际上是一种行为上的实践,但如果要将道德上升为抽象的理论并要求人们始终按照内心的道德法则而行事,这对于普通大众来讲是很难理解并接受的。因此,康德将道德形象化为宗教中的内容,以日常生活中人们较为熟知的上帝与魔鬼为例,将其人格化,这就把不可感知的、不可见的事物化为可感知的人之外的两种人格,上帝代表善的要求,而魔鬼则代表恶的要求。以《马太福音》第 25 章第 35—40 小节为例,康德列举了一个义人通往永生的例子来说明真正的事奉并不是当神出现,我们才去事奉神,我们不能只事奉上帝而弃普通大众而不顾。侍奉神实际上是在不知不觉中完成的,真正的事奉是不掺杂任何寻求对自己有利的事物再采取行动的感性动机,而是纯粹为了事奉而事奉。康德如此论述是希望人们明白:为什么一些以感性偏好为动机做出的道德行为不是真正的道德,而只是合乎道德的行为;真正的道德是出于道德,是纯粹为了道德而道德,不掺杂任何私欲及偏好的。总而言之,宗教在康德道德理论中的地位就是使普通大众易于接受道德的工具,他曾贴切地将宗教比作神秘面纱,康德说:"显而易见,如果揭开这一生动的、也许对它那个时代来说还是唯一的大众化的表象方式的神秘面纱,那么,它(它的精神实质和理性内涵)在所有时代对于所有的世界在实践上都是有效的、有约束力的。"②因而,在《宗教》中,康德虽然是在讲宗教,但实际上就是在讲道德上的善与恶,在讨论人的道德义务与私人偏好之间的关系问题。他想让我们明白的是:在任何时候,我们都要向上奋进,将道德义务置于私人偏好之上。除此之外,偶尔的一次道德胜利并不能消灭恶的存

① 康德:《康德著作全集:第 6 卷》,李秋零译,北京:中国人民大学出版社,2007 年,第 115 页。

② 同上书,第 84 页。

在，也不能证明一个人是纯然道德的，因为，我们所面临的是漫长的人生，是一次又一次善与恶之间的考验，这需要通过一生的时间来践行、来判定。

从敬畏感到良知意识

谢文郁：

康德在这里提出了一个根本性的问题，即如何过一种道德生活或善的生活。在他的第二批判那里，他给出了一种道德概念，认为人的道德生活中存在着一种定言的要求，在终极意义上支配着人的各种行为准则，并调节着人的道德生活。作为纯形式的道德要求，在实践理性中是自给自足的，不需要宗教的参与。但是，人在现实生活中未能避免陷入根本恶的生存状态。于是，走出根本恶生存状态的动力问题对于人的道德生活来说就必须加以阐释。康德认为，人是在义务意识中过道德生活的，当我们追踪义务意识的产生机制时，“道德不可避免地要导致宗教”。

关于道德导致宗教的问题，涉及康德关于根本恶的论述。意志在原始禀赋基础上的自由运作构成人的本性，以本性为主观根据，意志（选择者）自由地采纳了一些行为准则对人的实践进行规范。在这个过程中，如果本性结构把道德次序颠倒了，比如，把动物禀赋倾向置于品格禀赋倾向之上，那么，意志（选择者）自由地采纳的行为准则就会违背道德法则。在这种本性结构中，人在实践中越是遵守所设定的行为准则，人就越恶。这种恶是在本性中的恶，所以是根本恶。在这种生存状态中，去恶向善的根本途径就是进行本性重构（或本性革命）。由于人拥有品格禀赋，即道德敬畏感（指向道德法则的禀赋倾向），在根本恶生存状态中，它就会推动意志对本性进行重构，形成一个具有道德次序的本性，即形成一个向往道德法则的本性，并在此基础上自由地采纳行为准则，进入一个不断向善的道德生活。

然而，这个道德敬畏感作为一种禀赋倾向，如果它在本性中的地位不够高（如在道德次序颠倒中），它的力量就是弱小的。也就是说，它在本性中的地位必须提升，并进而上升为一种意识，这样，它才能够发挥在道德生活中的主导性作用。那么，它是如何上升为义务意识的呢？对于道德生活来说，展示从道德敬畏感上升为一种意识（义务意识）的动力乃是关键所在。康德的宗教哲学基本上是在分析道德义务意识的形成机制。

从第二卷开始，康德提出耶稣这个历史人物作为一个理念。道德敬畏感如何能够以纯粹的形式呈现在人的生活中呢？康德认为，耶稣事件是一个表象。作为一个历史人物，在他的生活中,耶稣的义务意识指向了道德法则。也就是说,在耶稣的意识中,道德敬畏感已经上升为义务意识了。

在耶稣这个人身上出现义务意识是一个历史事件,在基督教的语言中称为历史启示。这个历史启示出现在什么人身上、在哪个时间里出现、以什么方式出现等,这些问题是无法回答的。基督教称之为奥秘,康德对此并不反对。但是,只要这个历史事件出现了,义务意识就可以通过这个历史事件而成为人在现实生活中的主导意识,即,人们把耶稣当作道德上的榜样,并分享他的义务意识,从而过一种道德生活。当人们这样做时,这群人就组成了一个伦理共同体。康德把基督教教会视作这样一种伦理共同体,并在其中考察义务意识的形成机制,目的是要历史地呈现义务意识的形成过程。

我们在理解康德关于本性重建的思路时涉及了意志的两层自由运作。在本性重建中提升道德敬畏感的地位这件事是在自由运作中完成的。这件事的完成是不可能像执行计划那样进行的,因而它是一种奇迹。同时,它的出现具有偶然性,因而可以归为历史上的启示。在这种语境中,它只能是一个奥秘。不管怎么样,在康德看来,义务意识在历史上就是这样产生的。康德把这个义务意识也称为良知。在良知的主导下,人就能过一种道德生活,也是善的生活。

康德追踪人的实践生活中从道德敬畏感到义务意识的上升机制,发现完全可以用他的道德生活这个概念来阐释基督教。在后三卷中,康德通过分析基督教教会的各种运作机制,以他的道德生活概念为基本原则,分析这些教会运作的得失。

人性与良知

韩广平:

(一) 对《宗教》中良知问题的一个补充

良知无论在康德道德哲学还是宗教哲学中,都具有十分重要而又独特的地位,国内学术界似乎并未重视,这或许是因为康德并没有专门论述良知的著作,且采用了各种令人费解的术语来指代良知,让有关良知的论述看似缺乏连贯性与一致性。但是在《宗教》中,康德对良知的论述应该是连贯的,并且有独特的论述语境。康德是基于启示宗教与纯粹理性的宗教之间的冲突来论述良知的。首先康德对良知的两个定义都与"盖然论"(Probabilismus)截然对立,盖然论的原则是"仅仅认为一个行动可能是正义的,就足以使人采取该行动",康德认为这与良知的公设相对立。其次,康德在提出了良知的第二个定义即“它是自己对自己作出裁决的道德判断力”之后，为了避免人们对这个定义产生误解，即认为良知的内容就是一种判断行为是否正义的道德判断，进一步阐述了良知并不是把行动当作隶属于法则之下的案例来裁决，而是理性对自己做出裁决，而且它还把人自己推上起诉自己或者辩白自己的证人席，证实这种情况是发生了还是没有发生。这就很清晰地表明了不能简单将良知等同于道德判断能力，良知包含的是对道德判断的判断。

接下来的异端审判官判决异端死刑的例子，是与前文两个定义紧密相关的。异端审判官恰恰是以盖然论为行事原则，他们能为自己的行为找到理由(依照超自然的启示出来的上帝的意志或以历史文件为基础)，但这些理由仅仅是盖然的。因为他们在做道德决定时没有遵循“切勿冒不义的风险做任何事情”的基本原则，没有获得足够的确定性来证明将某人处死是正当的，没有足够严格地审查理性自身。因此，康德认为异端审判官并没有按照良知行事。康德所表述的异端审判官“是没有良知的”，不代表异端审判官缺乏良知，而是指其不把良知的判断放在心上的癖好。

如果在大的论述语境中来看，康德在这里表明的是要用人自身的理性的道德判断力来代替无法证明其正当性的启示教义，依照教义行事是危险的，而良知恰恰在指引我们“切勿冒不义的风险做任何事情”。虽然康德在《宗教》中论述良知有一定的语境与背景，但如果我们基于人性论对良知进行思考，可以发现《宗教》中有关良知的论述与《道德形而上学》中的论述并不是完全割裂的。

（二）基于人性论对良知进行思考

基于人性论来思考良知问题将涉及人的本性、自欺、真诚等概念与良知的关系。康德在《宗教》第一篇就提出，依道德上的善恶而言，人的本性不能被理解为“出自自由的行动的根据的对立面”，而要仅仅理解为“一般地运用人的自由的、先行于一切被察觉到的行为的主观根据”。因此，恶的根据只能存在于人的任性为自己选择的行为准则中。并且第三个层次的恶即人心的恶劣可以被定义为自欺，“这种自我欺骗的，以及阻碍在我们心中建立真正的道德意念的不诚实，还向外扩张成为虚伪和欺骗他人。”既然自欺是根植于人的本性中的根本恶，那么人又如何能够保持内心意念的真诚？康德解决这个问题的途径是，将根本恶归咎于自由的任性，因而根本恶是可以被克服的，同时作为自由可能性的善的原初禀赋也是无法丧失的，而良知就是一种不可丧失的人格性禀赋。良知作为一种向善的原初禀赋就可以对应到《道德形而上学》中有关良知的论述。

康德在不同文本中对良知有不同的论述，单单局限于这些论述来理解其良知概念可能恰恰会造成理解的不到位，而结合道德哲学或宗教哲学中的自欺、真诚、义务等概念，以及它们与良知的关系来进行理解或许能够有利于进一步揭开良知的神秘面纱。

通过《宗教》中的文本,可以归纳出良知的三个特性:(1) 源始性(良知作为一种人格性禀赋、人的本性的可能性而具有源始性);(2) 理智性(良知作为以理性为根据的道德判断力而具有理智性);(3) 主观性(良知作为一种道德的自我意识而具有主观性)。

从“我”到“我们”——康德《宗教》中关于人的本质的迈进

谈伟:

康德在《宗教》一书中,相对于他的批判哲学体系来说,要完成一个很重要的迈进,即从人的主体性维度向作为共同体的人的维度的迈进(即从单个的理性“道德人”向“伦理共同体”中的人迈进),我们也可以更形象地称之为从“我”向“我们”的迈进。

让我们从康德哲学体系的总体框架出发来阐述这一点,康德在《纯粹理性批判》的第一版序言里曾声称:“这个时代不能再被虚假的知识拖后腿了;它是对理性的一种敦请,要求重新接过它的所有工作中最困难的工作,即自我认识的工作。”因此,康德认为关于自我认识的工作是他要解决的最为重要也是最为困难的任务,在他的哲学体系中这个任务被分为四个问题来回答,这就是他在《逻辑学》以及其他一些地方提出的那著名的四个问题:我可以知道什么? 我应当做什么? 我可以希望什么? 以及人是什么? 这四个问题将康德哲学中的不同文本在同一个主题下关联起来,其中康德认为《宗教》这本书是用来回答第三个问题的。熟悉康德哲学的人都很清楚,康德在其批判哲学以及人类学著作中都致力于从主体性的角度、从人的理性能力的角度来探讨自我认识的问题,在这种理解中,人的感性属性并不是不构成人之为人的本质。但是,如果我们重新审视《宗教》的话就会发现,在这本书中康德对人的考察并不局限在独立个体之中,康德说他在这里不是从作为单独个体的人的角度,而是从人作为一个族类的角度来看待人,整个《宗教》也的确将研究的范围从主体自身扩展到作为社会的、共同体的人之中,因此,康德在《宗教》中论题上的变化是不言而喻的。但对于这种变化,一般被理解为从形而上学意义上的、与经验无关的人向人类学意义上的、经验的人的转变,我们在这里要进一步着重强调的恰恰是,康德的转变并不仅仅如此,而是说人就其本质而言,它由作为主体的存在者向作为共同体的成员的转变,这种转变不同于前者仅仅是在研究论题上的变化,而是对人的本质有了一种完全不同的理解,所以我们称它为一种“迈进”,即从“我”向“我们”的迈进。从这个“我们”的维度来理解的人,也就是人作为共同体成员对于人的本质而言是构成性的,它与人作为理性主体相对,构成了理解人的本质的另外一个维度,在这种情况下,"我"在原初意义上就处于与他人的关联之中。

为什么这是一种真正的"迈进",而不是简单的论题上的转变?康德在第一章关于"根本恶"问题的讨论揭示了这一点。在《宗教》第一篇中,康德首先区分了人的三种原初禀赋:动物性的禀赋、人性的禀赋和人格性的禀赋,其中第三个人格性的禀赋不用多说,它指的是人作为一个道德存在者的善的禀赋,它与批判哲学中对人的理解是一贯的。但就前两个禀赋而言,动物性的禀赋"首先是保存自己本身;其次是借助性本能繁衍自己的族类,并保存那些由于和性本能相结合所产生出来的东西;其三是与其他人共同生活,即社会本能",人性的禀赋属于比较而言的自爱的名目下,"由这种自爱产生出这样一种偏好,即在其他人的看法中获得一种价值",从中我们可以看出,在这两种禀赋中,人都总是处在与他人的关联之中。由于人具有这前两种禀赋,就导致了人的本性中有一种趋恶的倾向,并进而引发了人的本性中的根本恶。康德认为,对于这里的根本恶,我们不能仅仅从人所具有的这种自爱偏好的角度,亦即从质料的恶的角度来理解,而是要从形式的恶的角度来理解,这种意义上的根本恶意味着一种人在行动中所遵循准则的次序的颠倒,即道德法则与自爱原则之间的"主从关系"的颠倒。所以,人之所以是恶的,"乃是由于他虽然除了自爱的法则之外,还把道德法则纳入自己的准则,但在把各种动机纳入自己的准则时,却颠倒了它们的道德次序"。因此,仅仅从原则之间的次序颠倒的角度来看,恶并不与质料性的东西相关,因而它是形式的,正是因为这种恶是形式上的恶,它对于人(作为一个类的存在者)来说就是不可消除的,无论人作为一个个体可以多么道德,作为群体成员的人的本性中都不可避免地包含着恶,这样的恶因为这种根植于人的本性中的不可消除而被称为根本恶。现在,如果我们把根本恶与康德在道德哲学中所说的人的意志的神圣性或善良意志相对比的话,就会发现它们对于人而言都是根本性的,道德法则是形式的,不包含丝毫质料性来源的法则,同样地,根本恶的产生也不是由于任何质料性的准则,而是在于形式上的法则之间的颠倒关系,由此便可以知道,(根本)恶也同样是人的本质,但因为产生它的根据在于每个人总是与他人相关的那些原初禀赋中,所以它就是作为类的意义上的人的本质。

以上所述的人的本性的根本恶还是就人作为一个自然人的角度来理解的,因为导致它的那些原初禀赋都是一些自然本性。现在,既然人作为同样的人就具有了两种完全对立的本质,作为个体的人就其理性本性而言是一个道德的存在者,作为群体成员的人在其本质属性中包含着根本恶,因此我们必须要能够克服这种对立,这种克服就在于善的原则与恶的原则之间的斗争。按照康德的论证,如果在这种斗争中善的原则要取得对恶的原则的胜利,那么它只能是走出伦理的自然状态,走向伦理的共同体才行。我们这里不去考察康德是如何论证人从伦理的自然状态走向伦理的共同体的,而是要关注这个结论,这个结论本身就是对人的本质的进一步延伸,作为共同体的成员意义的人当然属于人的本质属性,因为产生它的诸原则都是形式上的,基于人的理性本性和与经验无涉的次序关系,伦理共同体作为一个理念,它是善恶原则斗争之后的结果,这样,人作为共同体的成员具有了善的本质,但却是以与道德哲学中不同的方式,如果说道德哲学中的善是单个的人与自身斗争的结果,那么共同体中的善就是作为群体的人"共同斗争"的结果。

进一步来看,康德在《宗教》中的这种迈进是既"大"又"小"的。之所以说这种迈进是大的,是因为从"我"向"我们"的转变体现了康德对人的本质的复杂性的一项重要发现。他既认识到了人不能够是孤立存在的,又认识到人还是与他人不可分离的,但这一点并非最为要紧的,康德的突破在于发现了人与他人的关联是一种根本性的关联,"我"并不是出于某种需要而与他人连为共同体,而是我与他人在本性上就是关联在一起的,认识自我并不能仅仅通过对作为个体的人的自我审查和反省,而且还要在他人之中,在"我们"之中认识自身。从对人的这一本质属性的揭示来看,康德的迈进不可谓不大。但是,从另一方面来看,康德的迈进却并不足够大,与康德之后的德国哲学家对相同问题的探讨相比较,特别是费希特对于"主体间性"问题以及黑格尔对于伦理(区别于道德)状态的深入考察相比,康德的突破就存在诸多局限。我们可以从康德在《宗教》中的后面三篇中感受出来,康德虽然突出了根本恶对于人而言的本质性,但是当进入伦常生活之中时,康德却又总是将人的理性本性作为共同体建立的唯一根据,这样就导向了康德所称的理性宗教,这种理性宗教因为还是建立在主体的理性能力之上,由此就使得康德所提倡的宗教重新向主体性维度回转,这样产生的结果就是宗教中的人作为伦理共同体的成员其实可以越来越远离这个共同体而单凭自身就达到善的状态。在关于宗教中的事奉和伪事奉中,康德的观点尤为明显,在基督教中四个主要的事奉方式中(祈祷、前往教堂、洗礼、领圣餐),康德尽管承认了它们所具有的积极作用,但对于它们的正确使用而言,它们却不能只以主体的善的生活方式为根据。所以,无怪乎人们要产生疑问,康德所提出的宗教是否真的必要,因为道德哲学中对善的问题的分析就已经足够了,并且康德也会招来基督教信徒的反驳,因为他似乎对于宗教中的团契生活所知甚少。这些批评都并非空穴来风,因此康德在《宗教》中的确还没有能够彻底完成这项重要的迈进的工作,还有待哲学家们继续推进。

经典读书法

胡好：

2012年开始，我办了爱智求真读书会，到现在办了170多期，主要阅读《纯粹理性批判》。大概到2018年左右，我决定进行专题阅读，不再按文本顺序来读了。我们读过本体论证明专题，花了两个学期在读自由专题，这学期继续读这个专题。自由专题会持续很长时间，阅读文本也不限于《纯粹理性批判》，还会延伸到《道德形而上学奠基》《实践理性批判》《判断力批判》《单纯理性界限内的宗教》《道德形而上学》，等等。

以下简单介绍一下我的读书方法，它只是读原著的方法，不包括二手文献。我的方法主要有三点：语境、结构和当代反思。语境分为历史语境和文本语境，当代反思是基于当代问题反思哲学家的思想。如果说语境和结构是入乎其内的话，那么当代反思就是出乎其外。接下来我重点讲讲结构，因为它对我有重大影响。

阅读康德的原著时，抓结构是非常重要的。跟结构相对的是细节，很显然，结构优先于细节。结构和细节能同时把握就最好了，但如果精力不够，只能有所侧重时，就得权衡。我的权衡原则是：优先考虑结构，放弃一些不必要的细节。与其陷在树木之中，不如去把握森林。

要抓住结构，第一个方法是段读而非句读，也就是说，阅读的基本单位不是句子，而是段落。段读的基本要求就是放弃一些不太重要的句子，不平均用力。这是做减法的方法。其实，不仅每段要做减法，而且每个句子也要做减法，优先找出主干成分，把那些修饰性的成分括起来，也就是先把主谓宾找出来，把定状补括起来。搞清楚主谓宾之后，如果有必要，再把定状补恢复出来。如果同时考虑主谓宾和定状补，就容易混乱。

抓结构的第二个方法是，总结提炼每个部分的问题、主张和理由。看完自己总结一遍，问题是什么，康德的主张是什么，理由又有哪些。或许康德没有明说，但我们读的时候，需要自己去总结概括。当然，问题未必都要循着康德的思路走，也可以提出自己关注的问题。我们需要有问题意识。

读书会的收获

郝金花：

对于我而言，这个读书会的最大收获就是见证了老师们的学术精神，哲学不是一个毕业之后很快就会有收益和回报的专业,在我目前很短暂的哲学求学生涯期间,尽管会经常阅读老一辈哲学思想家们的著作,但事实上,我觉得自己和这些学者们之间有着距离感,因为时代的原因,和我一样年龄的很多年轻人大概无法体会到那些令人尊敬和崇拜的前辈们的精神。但在这场读书会活动里,通过秋零老师、文郁老师、西林老师、庆节老师和文华老师、科政老师等各位老师及大封师兄等师兄师姐之间的交流,及李泽厚先生的来信,我衷心地感觉到认真且诚恳地做学术的心情。我相信在 2020 年这个特殊的年份,这种学术精神会激励和鼓舞着我以后的学术道路,如科政老师和大封师兄曾对我说的,搞学术是长久的事,坚持和耐心都是必不可少的,更重要的是,我们可以在前辈们的精神之下继续这条道路,纵使大家的观点和想法有着分异,但我们都可以在一种尊敬的精神的指引下继续自己的学习和研究。

以上是我在这个读书会过程中的最大感受,接下来,我简单地说一说自己所领读的内容和其他讨论的感想。我总共对《宗教》文本有过两遍的阅读,同阅读康德的其他文本一样,总是理解得很浅,一知半解,往往不得其要,我和文本之间始终保持着疏离感。但在大家共同讨论之下,补充了背景及拓展了问题面,我才稍稍地明白,原来康德是在这样一个背景下来写作,而且他所面对的问题是个什么样的问题。康德始终很谨慎地在处理他所面对的问题,他在晚年所写的这本《宗教》中也能够处处看见这种谨慎,这都是我以前无法理解的。记得有一次讨论中,文华老师说,他对康德写的东西感到很感动,我在阅读最后一篇《附释》的时候,也模糊地感知到了某种感动的力量,从康德幽深晦涩的文字里能够读出感动的力量真的是康德哲学的魅力之一。书名是“纯然理性界限内的宗教”,我自己的理解是,康德始终在人的理性界限范围之内来谈论宗教,他在第一篇对人的根本恶的原则作了界定,而后善的原则和恶的原则的斗争以及善的原则的胜利再到事奉和伪侍奉的问题,康德始终在第一篇的框架之下来展开,人自身所具有的根本恶决定了人无法像一个绝对的理性者那样来行事,处于现实世界的人需要奉行善的生活原则并且把它始终当作目的而不是手段,个人纵使可以通过其自身实现这一目标,但人处于活生生的现实世界,他就不得不和周围的其他人联系在一起,这也就涉及了老师们多次讨论的共同体的问题。不得不说,康德的这一思路确实有着抽丝剥茧之妙。关于尤老师所说的理性和道德的现实之间究竟是怎样过渡的,我自己也十分感兴趣,但无特别好的想法,期待待会儿尤老师的发言。

“亲在”与《宗教》的问题意识

王庆节：

首先我要说，感谢我们这个读书会的组织者和服务者，特别是那些在后台默默贡献的年轻朋友。我有两点想和大家先分享一下。刚刚金花同学讲，2020 年是一个不同寻常的年份，我同意。我想再过 10 年、20 年，在座的很多年轻朋友回想起这个年份时，虽然不免会有不少悲伤，但我相信，我们这个读书会将成为一个值得回想和回味的正面事件，这的确不同。首先这个读书会的形式就很特别，前面有过一个讲法，叫“五湖四海，四世同堂”。大家不分地域，不分资历，为一个共同的学习目标走到一起，坚持下来。这也说明大家是真心地喜欢哲学，喜欢思考。最近几个月，我们都见证到，疫情带来了网上读书会和研讨会的火爆，尤其是哲学方面的。我没有看到其他领域有哲学这么火的，当然这其中的一个原因可能是我们自己处在哲学圈子里。但这也说明一个问题，即大家都有发自内心喜欢思考的倾向或嗜好。为什么这么讲呢？可能在座的像秋零、文郁我们这个年龄阶段的，特别是西林老兄，都会联想到 20 世纪 80 年代我们上大学时的经历。当时在北京，年轻人中也自发组织有一个个这样的读书会、讨论会，各个领域都有，那时人们叫“圈子”。这些经历后来都成为我们人生中的“财富”，也是后来真正进行哲学思考和学习的起点。第二个感想是通过参加这个会，我感觉真是学到不少东西。在宗教哲学，尤其是康德的宗教哲学方面，我是外行。我跟着学习，但我的理解角度可能会更多的和我自己的研究兴趣结合，例如海德格尔对康德的批判性解释。如果套用一句老话，就是我们今天读康德，究竟“照着读”还是“接着读”？所以我关注更多的方向或许是“康德之后……”。因此，下面我的发言会具体沿着这个方向谈谈我的心得。

刚刚是贺腾讲到对全书宗旨的理解。读书会的开始几次我没能参加，但我读过大家关于这个问题的讨论与理解。问题在于究竟怎么理解这本书，即什么是康德所讲的“纯然理性界限内的宗教”？它的核心主旨是什么？现在读完了这本书，再来看这个问题，我们得到的回答就会更加清楚。据我从大家的讨论和自己的阅读中所得到的理解是，康德这本书要回答的基本问题在于：在实际的历史和生活世界中，一个真正的基督徒如何能够依照他的自由人和理性人的本性，或者说依照由这一本性而彰显出来的神圣律令的要求去生活，去决断他的个人道德生活，去处理和他人的社会伦理生活以及关涉上帝信仰的宗教生活。一个实际生活中的或者说一个实然的基督徒如何成为一个应然的基督徒，一个实然的基督教的共同体如何成为一个应然的基督教共同体? 这是全书的一个基本问题意识,我同意这一点,而这个问题意识是接着《实践理性批判》和《道德形而上学奠基》而来的。这里和前者不同的地方就在于,在《实践理性批判》和《道德形而上学奠基》那里,康德关于道德伦理生活所论述的基本上是一些纯粹理念或者纯粹形式性的法则。但实践理性之所以为实践理性,其本身必须要求一种实现。所以,《宗教》以现实和历史传承中实际存在的基督教作为例证,探讨一种新型的以现代启蒙思想为背景的关于人的道德生活理念,必然以及如何会具体地在基督教的实际生活(无论作为个体还是作为宗教共同体生活)中得到实现和体现。如果套用康德哲学的一个熟悉的句式就是,基督教作为一种纯然理性界限内的道德宗教是如何可能的? 所以,如果我们这样来理解和把握康德这本书的话,应该说,在 100 多年后的海德格尔《存在与时间》那里,这个基本的问题意识是一脉相承的。因为海德格尔的"基础存在论"要处理的基本问题就是,人作为"在—世界—之中""去存在"的"我在""亲在",作为"Dasein", 如何能够与"存在本身"不离不弃,本真地去生存。沿着这个思路来理解,所有宗教问题的核心实际上还是人的问题,或者说通过神和人之间而产生的人和人之间的关系问题。这里的关键并不在仅仅神或者人,而在于两者"之间"。而这个"之间"的关系,在康德哲学那里,用超越(无论是先验还是超验)这个概念来表达。这在海德格尔的思考里,就转换成了存在物与存在"之间"的关系问题。在《存在与时间》中,"亲在"就出现在这个"之间"的位置上,正如在《宗教》中,一个真正的基督徒(耶稣基督是其原型)处在这个位置上一样。真正的基督徒的道德宗教生活就是我们人在对上帝的崇敬感中,在耶稣基督的模范感召和自我良心召唤下,通过真事奉而不是伪事奉,去实现人之为人的义务,去成就自己。

按照这个基本思路,我在讨论中分别有一些发言或插话。我把它们整理浓缩一下,提出几点,与大家分享。第一个问题我想谈的就是关于奥秘(Geheimnis)问题。这个问题康德在很多地方都提到过,总的来说应该有两个方面的含义。一个是否定性的含义,它包括两点,一是不可以判定,另一个是不可传达,没有公共性,没有普遍性。所以总而言之,这是人类不可认知,不可探明,不可传达的东西。但如果仅仅这样讲,似乎只是说"奥秘"是个理性不可认知的问题,或者甚至不仅仅是个知识论层面的问题。但同时,我们也读到,康德也不仅仅将之归为某种人类学层面上的问题,或者心理学,甚至社会学层面上的问题。所有这些,都是从否定的层面上来讲的。但我们更要注意到,"奥秘"在康德那里应该还有一个肯定性的含义。这个肯定性的含义康德似乎讲的不是那么清楚,而正是海德格尔的解释把这个方向扩大和加强了。在海德格尔看来,这根本就是一个存在论的关系,

“奥秘”“神秘”，这根本都是在知识论和判断层面上说的，离开了这个层面，就无所谓神秘不神秘。例如在《存在与时间》开篇的第一节，海德格尔刚讲存在问题的时候，就提到康德讲的探究“通常理性的隐秘判断”是“哲学家的事业”。而这个“隐秘”的德文词就是“geheime”，这是“奥秘”（Geheimnis）的形容词形式。而在一般世人的眼中，这却是个“自明的东西”。在后来的《形而上学导论》中对索福克勒斯类似关于人是万物之灵长的说法，海德格尔用了“das Unheimliche”和“das Unheimlichste”的解读。前者是诸如日月星辰之类的存在物，后者就是人。两者均从“隐秘的”家园而来，森然可怖，而又有着满满的向外出离突破的能量，莽武有力。这是在讲存在与存在者之间的关系，和康德讲我们人与奥秘的关系是类似的。而海德格尔更多的是在强调奥秘的肯定性含义。这个意义不可能是通过认知来达成，也不是通过某一种特别的神秘认知方式去达到，而是“生成”“影响”“呼应”“响应”“倾听”“隶属”的关系。这也就涉及我要讲的第二个问题，即“道德情感”的存在论理解的问题。

刚刚文郁讲道情感，讲 Stimmung 和 Actung，前者是情感情调，后者是敬重尊重，都是康德讲的最高层级的道德情感。海德格尔也是沿着这个思路，讲我们人的超越以及和存在的关系。不过，海德格尔讲情感情绪，不是在日常心理情感情绪的层面上讲，因为如果这样，海德格尔就会陷到非理性主义的情感主义的陷阱中。似乎既然理性不能帮助我们达到，只能求助另外的渠道，求助心理主义或神秘主义。好似一条路走不通，我们就去寻求另一条路一样。甚至胡塞尔现象学强调的移情共感也是一样，都还是在一个“ontic”（存在者）的层面，并不能真正帮助我们在知识论的意义上达到存在本身。海德格尔让我们注意一些处于极端情境中的“情绪”，例如面临死亡时的畏惧，面临空无时的“无聊”，以及“狂喜”“出窍”等，这些情绪状态超出了经验心理学，甚至胡塞尔意识现象学的分析范围，但正是这些极端情境中的情绪状态，揭示出存在本身的真相。而这个存在的真相，倒却是真真实实早就在那里的，只是我们受传统知识概念和心理经验方式的蒙蔽，“视而不见”而已。海德格尔的这个讲法，和康德讲宗教的情感经验，尤其是“敬重”情感，有明显相通之处。海德格尔本人在分析康德道德情感概念时，也是按照这个思路，当然，这被新康德主义哲学家诸如卡西尔批评，这是后话。

接着也有关联的第三个问题就是康德谈到“致命的跳跃”。本来这个说法应该是康德用来讲基督教信仰超出“理性”的层面，所以“致命”。但海德格尔也在不少地方借用这个说法，但“反其道”而行之。这个“跃”的德文词叫“Sprung”，词源上和另一个词“Urprung”（起源/渊源）有关。海德格尔明显关注到这一点。例如他在《形而上学导论》

开始时就曾借用这个意象,表明发问存在问题的路向势必要经历一个致命的跳跃,这也就是说,需要与传统方式的"断裂"。而且,这个"断裂"的方向不是向上,而是向下,不是向前,而是向后,回到根基"发源处",这就是存在问题的"最源初性"(urspruenglichst)。最后一个问题是"良心"问题的理解。海德格尔在《存在与时间》中讨论"良心问题",在我看来,完全是从康德延续过来的。例如康德在这里讲良心基本上有这样三个层面。第一个层面是"否定",即良心呼唤我不要去行不义,而要去行义务。良心在这里首先是一个警告,是说"不"。"行义务"就是成为你自己,而我们人是一种"总是有所亏欠"或者"欠有债责"的,所以需要"极端的慎重",这是康德关于良心的第二个含义。这种慎重在两个层面上展开,一个是对具体行为判断的"慎重",另一个则是对判断的根据本身的"慎重"。康德良心判断的第三个含义说的是道德行为的落实。所以良知是一种自我裁决的道德判断力。康德关于良知的这三层理解在海德格尔《存在与时间》中的良知分析有着一种呼应的关系。当我们"亲在"在死亡的畏惧向我们展露出人生在世"常人"统治的真相之际,海德格尔大谈良心的"呼声"以及我们人的倾听"召唤"和决断行动的可能。他从良心之呼声(Ruf)这个语词的分析来谈三个核心概念,分别是"Ruf""Anruf"和"Aufruf"。这三个概念实际上多是对康德良心概念的拓展和批评。关键的一点区别在于康德大讲良心法庭的"裁决"功能,而海德格尔关注更多的是良心"决断"的"见证"性质。但如果我们的阅读足够细心的话,我们会发现这种"见证"性质首先也是康德所强调的。所以,良心概念在海德格尔的《存在与时间》中,更多的并不是要强调判断裁决的合乎正义或者不义,对还是不对,而在于对良心呼声的倾听,在于去呼应,去响应这样一种呼唤,去见证呼声。所以,我们的所谓道德决断并不能保证我们的道德行为的"正义"或"正确",而只是作为"愿—有—良知"(Gewissen-haben-wollen)去进行见证。

康德道德宗教观的起源与目标

尤西林:

康德《宗教》这本书的地位被学术界严重低估或者说被忽视了。此书的核心目标是建设一种道德宗教。"道德宗教"词组的主语并非初看上去的"宗教","道德"也并非初看上去的修饰副词。这两个词处于深刻的相互契合与依存关系中。道德宗教的目标是双重的:既指向一种未来的理性文明时代宗教,同时也指向一种理性文明时代最高的道德。后者实质是批判哲学真正的完成形态。与康德先验批判哲学不同的是,道德宗教可以从康德哲学史、思想史、社会史三个层面阐释。

虽然康德在第二版序言说他的这本书不需要以批判哲学为前提，即使一个孩子也适合于这本书，但是就康德哲学史而言，《宗教》实际上直接起步于对实践理性批判限定性的突破。道德形上学的局限被转变为宗教题目下的积极突破。实践理性批判提出来的至善问题，也就是德行和幸福可能的配适，是在自然世界、经验世界无法得到保证的，但是恰恰幸福却是一个经验世界的问题。至善作为一个先天综合判断，如果要作为实践理性，必须要有相应超出它的一些条件，这些条件就是那三个公设。实践理性的公设可以强化信仰的维度，但是还不是信仰。上帝只是一项条件还不是信仰的对象。实践理性批判把至善作为一个未解决的问题遗留下来。康德研究中，影响最大的理念就是至善。但是康德实践理性本体确定的是什么？是“das oberste Gut”，是不依赖于经验界的一个独立自主的、通过道德法则就可以显现出来的人的纯正的自由，这样的一个道德律。但是这个东西一旦进入经验界，就处于困境。对这个困境的解决导致康德整体论述对象和篇章结构内容都在不同于先验哲学的论域中展开。特别提到根本恶，它不是特殊事件，但是，有意地要把道德法则和欲好之恶的顺序，作为人的行动准则的时候颠倒过来，这并不是特别坏的人特殊的行为，而是人的普遍本性。所以康德得出来的一个结论就是，虽然人的理性的纯善是至高无上的，但是事实上在我们的现实的无论是历史还是时代现状，恶的习性都是在先支配的境况。所以康德就提出来，要重建善的道德的世界的大课题。

第二个课题是，越出个体道德的自然伦理共同体和自然伦理状态同样受制于恶的统治。个体在和他人的共同体中，首先是会受到恶的感染，当然这承袭的是卢梭的看法。因此，个体道德实践，也要求以伦理共同体的活动来共同完成。但是，作为历史形成的宗教—伦理共同体恰是那种有缺陷的伦理共同体。顺便说一下，刚才贺腾提到了“历史”观念的超越性，但是，康德在这本书里提到的历史上的宗教的“历史”，是一种狭义的历史，指的就是在过去的时间，现实的世界和传统中形成的宗教，把它叫历史上的宗教，这是一个否定批评性的概念，历史性在此并没有形而上意义。但是在康德晚年，在历史理性批判的名义下结集的那一批论文，其“历史”才是形而上的概念，这是两个历史概念。但是即使历史理性批判概念，实际上已经接受了基督教的弥赛亚主义盼望和现代性。对此系统研究者洛维特在他最后的结论中恰恰批评了康德的历史理性观念。康德的现代性伦理是对古代伦理共同体的重建，他与康德的个体道德建设成为相关的工作。这同样是超出先验批判哲学的任务。

这些课题逼使康德要对之逐个向前推进。那么在推进过程中，有两个方面的问题：第一个，道德对于宗教的意义是什么？当然虽然他谈的是以基督教为主，但实际上他点到了在基督教诞生之前几乎所有轴心时代形成的宗教。第二个，宗教对于道德的意义是什么？这是两个方向。这两个方向都有不同的内容：第二批判所要求的实践理性要落实，就必须开展道德支配下的这种实然性的历史性的行动历史（不是历史上宗教的"历史"）。一个更大的框架是自由和自然统一的问题。两界的统一在第三批判中，虽然是一个非常重要的主题，但是实际上他最后落实的只是作为反思判断力，这是一个主观的根据，他并没有提出来作为客观对象的统一根据。

道德在经验世界中依托的伦理共同体，无论是在过去，在他的时代，还是在今天，实际上唯一接受了现代化文明洗礼的，就是基督教团契及其教会。这本书就是一个以基督教为典型对象的历史形成的传统宗教的改造纲领。它包含了四篇论文的后半部分的细致逐步论述，我不去重复。这样的一种改造纲领，它导致的问题是什么？这样的道德宗教还是宗教吗？一种个体的美德式的道德修养，尽管在最终的极限上把它投射到对上帝的信仰中，但是它实际上仍然是个体的道德的信仰。这并没有进入真正意义的公共伦理，我们不可能将现代共同体伦理归结为教会团契伦理。这要求一个根本性转移：从个体道德转向社会伦理。黑格尔总体理念以法哲学的方式，把伦理区别于康德道德。进一步的开展就是后来包括马克思、涂尔干等人在内的现代社会科学的工作。

但是，康德确实实质性地衔接了宗教。最重要的当然是人性与恶的根本关系的提出。对于恶的问题以负面的方式提出来，实际上就是把理性的限定推到了极致。第二个就是耶稣的榜样意义。耶稣作为区别于上帝的神人二性存在者，同时是道成肉身的代表。耶稣拥有巨大时空的历史影响，这一事实本身就是一个巨大证据。康德不惜篇幅对耶稣做了非常细致真切的宗教现象学描述，表述流露情感。榜样的理性分析在此已经是信仰。

读书会的感受

胡艾忻：

我的本科论文、硕士论文和博士论文做的都是奥古斯丁；所以，这一次参加康德读书会，其实是跨了界。因为我本身对康德没有专门的研究，所以，就很难说对康德的宗教哲学思想或者《宗教》这一整本书有一个全面的把握。但是，我非常愿意谈谈我这几次参加读书会的一些感受。

首先，参加读书会的各位参与人有很明显的多样性。种种的多样性带来了一个非常大的优点，那就是，在我们阅读文本的过程中，它不限于一个个个体与康德面对面地“交谈”，或者说，它不仅是康德的学生或者康德的读者向康德请教问题，它同时还是一个带着一种本土意识，或者说汉语问题意识的学术共同体，一起向康德讨教问题——我们应该如何在我们的母语文化语境中，准确地呈现出那些构成另一种文化语境的核心概念？两种文化的沟通与交融，就体现在我们与翻译和引荐康德的前辈学者一起讨论康德作品的一些翻译问题。在这些探讨和讨论中，特别是对一些德语术语应该怎么译成中文的探讨和讨论中，我们不仅可以更好地理解到康德本身的想法，或者看他本身要讨论的问题和讨论的思路，同时也更加深入和更加丰满地理解了我们自己的语言和我们自己的文化传统。比方说，我领读的那一次，我印象很深的是，文本讨论的大部分时间都集中在对“Gesinnung”这个概念的翻译上。比方说，李明辉老师把“Gesinnung”翻译成“存心”，李秋零老师翻译成“意念”，韩水法老师翻译成“意向”，老师们详细地解说每一个翻译背后的道理。我意识到，每一个翻译背后，它不仅涉及康德本身的意思是什么，更涉及我们作为带着我们自己的文化传统的研读者，应该如何让康德说中文，然后真正地被中文读者所理解。

另外，我觉得伴读人的机制非常好。很多伴读人都是专门研究康德的年轻学者。就我自己的阅读来说，因为我没有系统而全面地读过康德，所以，在阅读《宗教》文本的过程中，我就会特别容易纠结于一些细节问题，深陷其中。比方说，看似语意相似的概念，为什么康德的用词会不一样？然后这种用词的差别，究竟是康德自己有意识地作语义区分还是仅仅是一个修辞的用意？这个时候，我就觉得我特别需要一个专门研究康德的学者的帮助，把我从这样的一些细枝末节中揪出来，给我提供一个全面的蓝图，给我介绍一些非常必要的背景知识，在整体的框架中再去重新打量我所纠结的细节，才有可能准确地把握到这些细节中所真正要体现的思想或者问题。还有就是在伴读人的带领中，我也可以知道现在的康德学界，就是国内外的康德学界研究的前沿问题究竟是什么，最新的讨论究竟又是什么，这些都是非常有意义的。

最后，我觉得真的非常棒的一个机制，就是我们终于形成了一个会议记录的习惯。因为，一来，大家在讨论的情境中使用的一些语词或者表述，可能都不会特别的准确，二来，有时候大家讨论完之后就容易忘了自己具体说过什么了。但是，有这么一个会议记录，整理出来后还让各位发言人审阅订正，这样一个机制就让大家真正受惠了。因为我们的想法有时候像水一样，水过就无痕了。但是文字写下来就非常方便查阅，帮助我们重新去回忆，重新去反思，然后再进步。因此，非常感谢组织者的费心，也非常感谢各位参与的老师和同学们。

实践理性层面的道德—伦理解读

傅永军:

说到康德宗教哲学,我现在更强调在宗教诠释学视域内揭示其向着当下彰显出来的意义。从宗教诠释学立场出发,可以在释经学意义上,将康德《宗教》一书看作通过"寓意解经",对《圣经·创世纪》之"罪与恶"在实践理性层面进行的道德—伦理解读。以此解释,《宗教》一书,必然偏重宗教的道德化解读,而非宗教哲学的形而上学建构。也就是说,康德在《宗教》一书中对上帝与人的关系的解读,从宗教伦理角度看,重点并不在于理性的信仰及其必然性,而在于意志及其相应的伦理决断。纯粹理性的宗教信仰意在提出这样一种要求:在上帝诫命的指示下,过道德上善的生活。所以,康德区分了历史的信仰和纯粹理性的宗教,所以他并不认为历史的基督教对他的善的历史目的论王国是必要的。康德对启示的重新阐释阻止了宗教上蒙昧状态持续下去的可能性,同时又借助神圣的意志要求将道德上的目的论要求贯彻在信仰的伦理共同体之中。神意支配下的成熟的道德动机包括寻求美德和幸福和谐的意志与行动,而这种行动需要一个有神论的框架,一个可能的以德配福的正义体系,由此可见,在康德那里,纯然理性界限内的宗教只能属于自由的伦理共同体。自由的伦理共同体中的每个个体,他们作为有理性信仰的人,单凭自身理性就能将上帝的诫命与人的道德义务圆融无碍地统合在一起,人因之能够成为自由地选择道德生活的新人,善的原则因之能够实现对世界的绝对统治,从而夯实人类走向永久和平和在地上能够自由地并存之"上帝之国"的人性根基。可以说,康德的宗教哲学明显地将宗教的关怀从形而上学的绝对真理转到了理性的人类道德伦理,他对罪和拯救等神学概念的伦理解释,以及他对人类去恶迁善的历史描述,严肃地提出了在人类走向自由的历史进程中,"宗教何为"这样一个历史哲学问题。在这种意义上说,康德的宗教哲学甚至可以看作他的历史哲学中的一个部分。

康德宗教哲学的思想史定位

瞿旭彤:

对我而言,康德和尼采是现代思想史最不可绕过的两座分水岭,是进行哲学与神学学习和研究最必须阅读的两位思想家。如同对待尼采一样,我既谈不上喜欢康德,也谈不上讨厌康德。我自己的研究专长是德语神学家巴特(Karl Barth)。在我看来,康德是对巴特神学思想影响最为重大的哲学家(另两位可能是费尔巴哈和黑格尔)。我甚至认为,巴特神学思想既不是一位“康德式的”(kantisch),也不是“新康德主义的”(neukantisch),而是“后康德的”(nachkantisch)。进而言之,康德以后的德国思想和哲学,甚至康德以后的所有相关思想和哲学,都可在思想史意义上被称为是“后康德的”,包括刚才王庆节老师讲的海德格尔(黑格尔和谢林),也包括我最近开始关注的尼采、卢曼和哈贝马斯。

刚刚老师和同学们的发言都非常好,我记了很多笔记,但无法一一回应。我在此尽可能结合上述发言,谈谈我对一些问题的初步想法,期待各位批判指正。

其一,康德宗教哲学在康德整个哲学体系中的定位问题。回到《纯粹理性批判》第二版序言,其中康德有句大家耳熟能详,但解释多样的名言:“也就是说,我不得不扬弃知识,为的是向信仰得到空间。”康德宗教哲学是其实践哲学的重要组成部分。如果我们考虑到思想史上的实践哲学转向,康德无疑是其中最为重要的人物之一,那么,我们在此意义上或许可以理解,为什么傅永军老师可以说康德的宗教哲学不是与形而上学直接相关的;而且,实践哲学作为康德哲学的重要组成部分,不应仅停留于先验层面的道德哲学上讨论,必须落实到对实践问题的讨论之中,在德国思想的语境中,也必须落实到对宗教问题的讨论。宗教问题,不仅对于康德来说,而且对于每一位严肃的德国古典哲学家而言,都是不可逃避,总要面对的根本性问题。就此而言,康德的宗教哲学不是他整个哲学体系的边缘或者落实,而是在其中占据特殊的位置。类似于尤西林老师的理解,也类似于一些亚里士多德学者的看法(《形而上学》第十二卷是亚里士多德整个形而上学体系的穹顶和高峰,无论是就实体学说还是就本原学说而言),我倾向于认为,康德宗教哲学是他整个哲学体系与思想所力图朝向的方向,即“向信仰得到空间”,在传统基督教信仰和神学遭到质疑的启蒙时代提倡一种道德宗教或理性信仰,(为欧洲和人类)提供一种新的真宗教和新的精神基础。由此,在我看来,康德宗教哲学对康德整个哲学体系来说是一根本性的试金石。若是康德的宗教哲学经不起批判和考验,康德的整个哲学体系也就会受到根本的动摇。这也就是为什么他不可能不谈论宗教哲学的根本原因之一。

其二,我主要是想在思想史意义上来看待“康德以前”和“康德以后”。就“康德以前”而言,我曾提到,康德人类学是一种典型的启蒙人类学,强调人自身的能力,特别是人的道德理性能力。与此相关,我想要追问的是,康德对人的能力或者可能性的强调,从思想史角度来理解,究竟是如何可能的?其中涉及的究竟是康德对中世纪晚期以来强调个体及其意志的唯名论传统的继承,还是康德对路德宗敬虔派信仰传统的启蒙式理性改造?其中可能不仅涉及思想史和宗教史,可能还涉及科学发展史和社会史。如同物理学家牛顿在亚里士多德—托勒密世界观崩溃后试图为人对世界的认识重新奠定基础一样,哲学家康德究竟在多大程度上继承自然神论传统,通过强调人的自然能力,特别是自然的道德理性能力,来提倡一种新的真宗教,从而为多年宗教战争后精神基础崩溃之后的欧洲提供一种新的精神基础或者新的共同体构建可能?

与此相关的是,我曾与贺腾讨论过考察基督教思想史的一对关键概念:自然与恩典。显然,康德明确站在了自然一边,即使他可能强调恩典,也是在讲恩典成全自然。在我看来,这是一个非常具有天主教底蕴和色彩的进路。而且,也的确有康德宗教哲学研究专家(比如,耶鲁大学 John Hare 教授)会认为,康德宗教哲学强调人需要上帝恩典的帮助,只有这样,人的自然才可能得到真正的实现。而且,这也呼应于康德在讨论德福相配时对希望的强调,不仅是对人类进步的希望,更是对上帝末世审判将德福相配的希望。

这样对人类进步的希望涉及康德哲学的启蒙特色,特别是启蒙人类学的特色,即作为类的人可以在历史不断朝向其自然目的或正义的方向中不断进步,实现理想人性。在我看来,这样的启蒙理想人类学,是康德宗教哲学的一个根本性前提。

就“康德以后”而言,至少就基督教新教对康德的接受而言,至少有三条可能进路。第一,“康德式”进路,即继承与应用康德,对基督教神学作康德式的理解和阐释,比如阿尔布雷赫特·立敕尔(Albrecht Ritschl)。第二,弗里德里希·施莱尔马赫(Friedrich Schleiermacher)反对康德将宗教归结于道德的理解,认为宗教应归结于人的情感。在我看来,这其实还是在按照康德的讨论方式或游戏规则在对宗教做另一种敬虔派式的还原处理。而所谓“新康德主义”进路,比如,威尔汉·赫尔曼(Wilhelm Herrmann)则认为,应当结合康德和施莱尔马赫,既强调人的道德能力,又强调人的宗教情感与经验。三,即我之前提到的巴特的“后康德”进路,即以康德的形而上学与认识论批判为前提,认为康德的批判还不够批判,因为康德持有相信人有先验宗教能力[这更多的是恩斯特·特洛尔奇(Ernst Troeltsch)对康德的宗教神学挪用]或可能(无论是道德能力,还是意志能力、人的自由)的理想人类学,或者如刚刚有位老师特别强调的需要人才能完成的超越。

除了这样“后康德”的神学进路之外,还有比如尼采这样的“后康德”哲学进路(且不说费希特、谢林和黑格尔这些认为康德还不够强调人的自有能力或可能性的哲学进路)。尼采强烈批判康德对人的主体性道德能力的强调,反而特别强调人的生命意志。更为重要的是,尼采反对康德哲学和后康德哲学传统对绝对者或无条件者的强调,拒绝无条件者和有条件者、彼岸与此岸、天空与大地之间的和解,强调对大地的忠诚,强调对大地主权的争夺。而海德格尔哲学一开始可能不够彻底,或许因为受到康德先验哲学的影响,强调人先验的时间性结构,而在我看来,这可能还是对康德主体性先验哲学的继承和转化。只是到了后期,或许是受到尼采的影响?海德格尔慢慢转而强调空间,并且强调存在者整体自身的运作。

其三,由此,我们可能涉及上述提及的康德宗教哲学的根本性问题,或许也是最为麻烦的问题,即康德宗教哲学对人的宗教能力的人类学理想设定。后来的哈贝马斯在一定程度上还坚持类似的人类学理想设定,只是将其转化为对主体之间沟通与交往的设定与信任。

但是,按照德国社会理论大家卢曼的系统理论,无论是康德的还是哈贝马斯的人类学,还是诸如此类的人类学,无论是强调道德还是强调自由、强调沟通与交往,或者强调别的什么人类能力,任何的启蒙人类学的理想设定,都是系统操作导致的符号性运作,其本身并不具有本体论的地位,换个系统的话就会有不同的设定与运作。对这样的说法,我现在还很困惑,不知道如何在形而上学和本体论层面上加以应对。我希望自己以后能够更多地关注康德以来的德国宗教哲学传统,并试图回应尼采和卢曼这样颠覆性的批判。

其四,刚刚胡好老师谈到如何阅读康德,我非常赞同胡好老师的看法与做法。在我看来,在阅读康德这样的思想大家时,我们往往容易自觉或不自觉地带着自己的解释学立场,甚至信仰立场(不仅是宗教信仰立场,也可能是政治信仰立场)。比如,就我的有限观察而言,我们国内就有不少学者带着自由主义立场或儒家立场阅读和建构康德思想。就此而言,我的问题是,我们应该如何回到康德自身的历史语境和文本语境,并重历史、文本、思想这三个维度,把康德自己想讲的东西讲出来。

其五,在我看来,若从基督教神学立场而言,康德宗教哲学的启蒙人类学设定可以说是非常幼稚的人类学设定,或者说至少是非常理想的设定。这样的人类学设定怎么能够真正帮助我们面对现在的复杂时代处境?康德所处的时代在很大程度上是一个现代性或普遍性的启蒙时代,而我们的时代已经发生很大变化,比康德所处的时代更为复杂丰富。也就是说,论到胡好老师刚刚提到的当代反思,在尽可能理解和讲清楚康德自己想法的基础上,我们在复杂的现时代应该如何继承、批判和阐发康德哲学,并面对我们自己时代的问题?

最后,我想讲的这一点可能与王庆节老师讲的直接相关。正如尼采所言,康德以降的德国哲学与基督教新教(特别是路德宗)传统血脉相连。在解读康德这样的思想大家时,我们应该如何借助不同的神学与宗教传统(不仅是路德宗传统,也包括之前提到的英国自然神论传统),把这位思想家的复杂和多元呈现出来?而且,康德的很多思想可能并非原创(比如良心概念),而是在具体的历史语境和思想语境中逐渐生成的。就此而言,对康德的阅读和研究在汉语学界已经开始了很多很久,但或许还有许多值得细致和深入的地方,特别是考虑到我们自身的时代处境有着太多不一样和复杂的地方。

道德宗教与心灵革命

陈计吉:

对康德宗教问题的探讨,我在我们的第一次读书会中就提出,需追溯到"道德绝对不需要宗教,但又不可避免地导致宗教",而引出这个导向密切相关的就是恶的问题。因此,康德在本书中有很大篇幅讨论了善与恶的问题。康德把恶的起源进行三种区分:遗传的恶、趋恶的倾向和现实的恶。尤其在趋恶的倾向中,若将趋恶的倾向认为生而具有的,按时间的开端来讲,就往前追溯到了理性的使用尚未发展之前的恶的第一个人那里。以《圣经》中恶为例,它不是作为基础的趋恶的倾向开始的,而是从对作为上帝诫命的道德法则的逾越开始的。人们从一种天真无邪的状态,到打破上帝禁令的这种越轨就是堕入罪恶。但康德认为,无论善或恶都是自由任性所导致的结果,恶的行动是人自由任性的一种原初的运用。若不然,人类就不会为善恶而负责。在前提为人被造就成为向善的情况下,原初禀赋上是善的,那么一个自然情况下的恶人,如何才能走向善,这里就涉及了从恶到善的转变。康德对这种转变的两种形式改革或改良进行了考量和比较。传统古希腊选择的是改良的道路,认为美德可以通过习俗的改良形成。而基督教注重于心灵的革命,彻底的革命从而成为义人。康德认为不仅需要从习俗上转变,还需要从心灵上转变。在"我们应当成为更善的人"的命令下,重建向善的原初禀赋,并不是一种已经丧失了的向善的动机,因为我们永远不会丧失这种存在于对道德法则敬重的动机。是以这种动机建立一种道德法则,人们不仅需要成为律法上的善人,而且需要成为道德上的善人,这就必须通过人的意念中的革命和不断的改良才行。虽然前面还提到了一种更高的援助,但只有每个人自己必须做些什么,这样才能配得上这种我们无法探究的更高的援助。在这个重建的基础之上,才有了后面康德谈到的人类伦理或政治共同体的一些斗争与建立,从而细究出在教会这样一个共同体之中的侍奉和伪侍奉等问题。

康德宗教哲学中的出发点之争及其根本困局

尚文华:

面对绝对(者),并在其中确立自己是人之存在的"命运"——这是基督教的体察。启蒙之谓启蒙则在于,人要在自身中确立自己,并以自身为基础确立一切。但是,启蒙所要确立起来的自己是怎样的自己呢?他是与绝对(者)彻底脱离了呢,还是说,他要以别样的方式确立在绝对(者)之中?——这是启蒙时代以来,直至现在都要面对的核心问题。

康德宗教哲学要面对的正是这个问题。在批判哲学中,康德已经在原理上给出了启蒙意义上的道德个体,但是,这样的道德个体与其经验性的生存却有着根本性的差距:道德个体以善为开端和目的,经验个体则由根本恶规定。实现从恶到善的反转是宗教哲学要面对的问题之一;其次,相关于共同生活,道德善的终极目的乃是至善,实现至善的统治是宗教哲学要面对的更加艰难的问题。在基督教语境下,对第一个问题的回答是因信称义,即:尽管从人自己出发的一切行为都是出于罪的,但因着信仰,上帝称之为义;对第二个问题的回答则是在信仰中求诸上帝的主权和旨意。但是,对于康德的启蒙哲学来说,如果因信称义的话,人在道德上的善就不能归诸自身,而只是来自上帝的恩典;如果一切诉诸上帝的主权和旨意的话,至善这一出于道德的终极目的就彻底与道德的自主性无关了。

于是,对于康德来说,道德(善)取代信仰作为出发点是唯一的道路,只有在这条道路上,人才可能是自我确立的。但无论如何,在经验性的生存中,人根本性地陷于恶之中,哪怕作为理性事实的道德法则证明生存拥有一种禀赋性的善,但这种道德禀赋只是一种纯粹的可能性,在现实中,生存还是缺乏动力实现由恶到善的革新。在这种困境中,康德重新解释了对耶稣的信仰,即:耶稣是完满的人性原型,人能够理知到这一点,本身证明这一原型在我们的生命中是有力量的。这种力量或动力在于我们能够以耶稣的纯粹道德意念为参照不断地、永远地看到自己意念的不足,从而能够不断地提升和更新自己——这便是善的不断进步的过程。尽管如此,至善的实现却根本性地不属于人的权能范围。首先,道德的善不能保障其与自然的幸福的匹配;其次,更不能保障道德个体间行为的更深度的协调一致,因而哪怕它们可能在共同的目的之下作为,也无法保障终极目的的实现,甚至连终极目的具体是什么都是无法知晓的。在这种更深度的困境下,康德求诸上帝的帮助。如果对耶稣的信仰尚且可以解释道德的进步过程,上帝在至善问题上的帮助则根本无法被理性所理解。

尽管上帝的帮助无法被理解,至善的实现却是道德的终极目的,因而上帝的帮助只能沿着道德的善的方向发生。换言之,即使上帝的帮助是必需的,我们也不能按照传统的恩典思路处理上帝问题,而是只能以道德的善为出发点领会上帝的帮助。也是在这个意义上,康德把宗教界定为把义务领会为诫命。在这里,康德获得了一种批判传统基督教神学的立足点,但同时,因为上帝的帮助是必需的,恩典、奇迹、启示等尽管不再是认识的对象,但在实践上却是无法被完全拿掉的,甚至更是必需的。谢林在写给黑格尔的信中谈到,在图宾根的教会中,很多人正是借着康德的名义把那些神秘的东西重新引入实践中。这些情况产生的根源在于康德的这个体系表面看是理性批判,但实则把理性之外的对象引入;这些对象不能得到理性的理解,但却是理性的实践所必需的,因而不管什么样的神秘只要以实践的名义引入就是无法反驳的(因为它本不是认识或理解的对象)——康德的宗教哲学批判体系分享了他所批评的传统基督教的命运。

如何诊断康德宗教哲学体系所面临的这种困境呢?——这是从起点上就决定了的。相关于经验生存,康德把道德法则界定为绝对命令,因而一开始,道德及其善就是外在于经验生活的(黑格尔很早就看到这一点)。因此,以道德的善为出发点,就是以外在于经验生活的法则为起点,如是,则从恶到善成为艰难的问题,至善于人而言就更加遥不可及。尽管如此,实现从恶到善的反转、实现至善的统治却是理性必然的要求,引进理性之外的对象就是必然的。表面上看,这是沿着理性思维或规定理性之外的对象的存在方式——这也是所谓理性信仰的意义,但只要在实践领域引进(也必须引进)这种不可认识的对象,理性就会陷入盲目的混乱之中——这就是图宾根教会发生的事情。因此,究其根源,道德法则是外在于经验生活的,因而生存一开始就陷入分裂之中;进一步,保障善之终极目的的上帝只能是异在于理性和现实生活的对象。如果仍然沿着法则的外在命令而把生命内在地分裂,理性与生活世界(至善的意义)、理性与上帝的分裂就是必然的;而其更深的根据则在于"应该"与事物本身(存在)之间的分裂。

康德分裂的哲学体系是对启蒙的表达,也不断地加深着后续的启蒙进程——雅克比、黑格尔等人准确地将之界定为思想和历史的虚无主义进程。如何走出康德的分裂,成为突破康德哲学,重新为启蒙奠基的思想事业。

自由与根本恶

罗喜:

大家好,我今天想从自由的角度来谈谈康德在《宗教》中讨论的"根本恶"问题。我们知道,康德在《道德形而上学奠基》和《实践理性批判》中的核心主题之一是积极的自由或自由意志。他提出,人能够并且应当按照最高的道德法则(定言命令)来行动,理性存在者的最高道德使命就是意志自律。在此,康德很少触及恶的问题,更没有想到要为恶寻找一种形而上学的根据。就此而言,康德在《宗教》中关于根本恶的学说可以看作对他的伦理学体系的一个补充和完善。在《宗教》的第一篇中,康德认为,人根本上是恶的,这种恶植根于人的本性中,是普遍存在,虽然可以克服,但却不能根除的。现在,我试图来澄清康德的这种观点。

首先,当康德提出“人天生是恶的”时,这里的“人”需要做一个限定,即他指的不是个体的人,而是作为族类的人。康德用“根本”(radikal)来形容这种恶,这并不是说有些人特别恶,比如希特勒,而有些人则不太恶,因为他只是干了一件小坏事。康德意义上的“根本”毋宁说是指一种植根于人类之中的一种可能性的根据,是必然要归之于作为族类的人身上的。

其次,康德主张道德上的“严峻主义”。他认为人的道德品质不能既善又恶,也不能非善非恶,而只能或善或恶。当一个人做出一个善行或恶行时,在他自身之中存在一个深层的根据,即采纳准则的原初主观根据。这个根据深深地根植于每一个人内部,从属于本体界,它是一个逻辑的和最高的根据。一切善和恶,最后都必须追溯到这个根据。康德把这个根据称为“意念”(Gesinnung)。一个人之所以采纳恶的准则而不采纳善的准则,其最终理由就在于他的道德意念。特别值得注意的是,康德认为这个意念虽然是植根于人的本性中的,但却是人自己造成的,是自由的产物。康德把这种意念的创造叫作“一种自由的行为”(Aktus der Freiheit),它是一种非时间的行为,是一种理智的行为。

再次,康德主张人根本上有趋恶的倾向。这种倾向是普遍存在的,是作为族类的人固有的,但却不是与生俱来的,而是人自己造成的。创造这种倾向的行为,康德也称之为理智的行为。因为这种行为位于本体界,所以是不可知的。但由于它是一个自由的行为,所以我们人要为之负责。于是从康德的视角看,人之所以会作恶,根据不在感性中,也不在理性的败坏当中,而在一种不可探究的主观根据中,这是一切恶的根源。

最后,康德认为,作为族类的人虽然根本上是恶的,但每一个人都有义务让自己成为一个好人。康德提出的克服根本恶的方法是“灵魂深处闹革命”,即必须从最初的根据下手,从意念上进行根本的转变,这也可以叫作“思维方式的变革”。既然根本恶是自由的行为所招致的,从逻辑上看,这种转变也必定是可能的。总之,康德在《宗教》中提出了一种“恶的形而上学”,他为作为族类的人的恶行找到了最高的形而上学的根据。这就是我今天的发言,请大家批评指正。

李科政:

大家刚才已经说了很多严肃的问题,我也学习到了很多,所以我力争说一些相对轻松的话题。

咱们这次读书会令我想到了很多东西,特别是关于康德的宗教哲学研究,包括前段时间我翻译的那本书。艾伦·伍德在20世纪70年代的时候就曾经说过,康德的宗教哲学在极大程度上遭到了忽视。实际上,不只70年代的英美学界如此,我们现在的研究似乎也是如此,康德的宗教哲学思想没有得到足够的重视。伍德写作《康德的道德宗教》的一个重要意图,就是希望表明,康德的宗教哲学思想即便不是完全正确的,但是也跟批判哲学的其他部分一样的卓越、一样的优秀,这也是我想要表达的。康德的宗教哲学思想,不管是他对传统理性神学的批判,还是他的道德宗教思想,我们不敢说它代表了绝对真理,一定是完全正确的,但是我认为,它是卓越的、是优秀的,而且我认为,康德绝不缺乏一贯性。他的思想或许有发展、有变化,对一些关键问题有很多细化,但我不认为有任何颠覆,或者前后矛盾之处。

这次读书会给我的感受,首先就是康德的书不好读。一方面,就咱们读的这本书而言,它在结构上是高度严密的,逻辑上可以说是一环扣一环,任何一个环节如果忽略了,没有注意或者忘记了,后面的环节可能就跟不上。尤其是全书中有很多前后呼应之处,往往要读很多遍才能够注意到,刚才金花同学也谈到了这个问题。另一方面,虽然它的逻辑结构非常紧密,但在叙述上它又是比较散漫的,至少看起来比较散漫,或者我们说它在叙述上表现出一定的松散性,在表达上比较绕,这也是康德后期著作的一个特点。当然,康德的前期著作也不好读,但是读康德的后期著作,读者能够感觉到一些文采飞扬的感觉。其中的许多句子虽然理解起来不容易,但是即便读中文我们也能够感觉到,很多句子他是一气呵成写出来的,不是字斟句酌反复修改出来的。有时候,这种文采飞扬就增加了理解的难度。而且,《宗教》这本书还有一个特点,就是它对背景知识的要求比较高。康德对《圣经》和各种典故信手拈来,有时候他是直接引用,有时候是化用,如果没有一定的宗教知识背景,就不太容易理解。比如郝金华同学领读那一次,我们在前期梳理文本的时候就遇到一个《圣经》中的"管家"的例子,这个例子很容易查到,但是康德用那个例子表达了至少两层意思,需要仔细地结合上下文的语境,把前后的逻辑连贯起来,我们才能体会到它的一个承上启下的意义转变。所以,我自己的感觉是这种结构上的严密性和叙述上的松散性在阅读理解上构成了一个张力,这个张力是我们必须要十分小心谨慎地处理的。

刚才贺腾兄谈到一个问题,他说叔本华认为,康德后期著作表现出了一种疲态。但是,我个人倒是没有与叔本华类似的感觉。我猜想,因为康德成名其实比较晚,他主要的著作都是在50岁以后出版的,所以在后期著作中,我反而能够反复地感觉到一种使命感,就是康德要抓住生命时光的那种紧迫感。而且,我猜想,这很可能就是他后来逐渐在写作上、在叙述上开始放飞自我、文采飞扬的主要原因。我觉得这是个优点。如果康德的著作得到正确的解读的话——我刚才其实已经说过这个问题——我不认为他缺乏一贯性。而且,我觉得,康德后期著作饱含着对生命的热情。刚才金华同学也提到,文华兄在读康德著作时能够读出感动,这其实一点也不奇怪。因为,康德的学生在回忆中也说过,他在讲课的时候能够让他们感动落泪。我个人研究范围比较狭窄,在我不太长的哲学生涯中,我基本都在研究康德,虽然到现在也差得很远。我感觉,读康德的著作,最开始的时候肯定会觉得比较晦涩。但是,这些年下来,我慢慢体会到,他始终都饱含着一种人性的情感在写作,否则他也写不出"头上的星空"这样的句子。而且,我发现康德绝不是一个冷面迎宾的人,他是一个懂得向年轻女士献花表示感激的人,他是一个喜欢跟青年人交流的人,他是一个对生活和世界充满热情的人。

康德宗教著作中的"谨慎意识"

舒远招:

首先,这种"谨慎意识"在其他著作中都有体现。例如,《纯粹理性批判》中:一切超验的东西都被说成是不可认识的(因为缺乏感性直观基础)。这里也谈到,自由的根据是不可知的。在《道德形而上学奠基》中,康德也认为,如果理性胆敢去说明纯粹实践理性是如何可能的,它就逾越了理性的界限,"这与说明自由如何可能的任务完全是一回事"。这种谨慎意识在康德关于神义论不可能性的论文中,被明确地等同于"形式上的Gewissenheit(有良知)",而且被等同于"真诚"。康德在此把约伯的真诚称为"形式上的有良知",而且把形式上的有良知与质料上的有良知进行对比:质料上的有良知在于不冒任何不义风险的谨慎;相反,形式上的有良知在于需要的话就运用这种谨慎意识。

其次,在宗教学著作中,这种"谨慎意识"最明显地体现在第四篇第四部分"良知在信仰事务中的引导"这一部分。在这里,康德把"切勿冒不义的风险做任何事情"当作不证自明的道德基本原则,而且对于我要采取的行动,我不仅必须做出判断,表明态度,而且还必须确知它不是不义的,当作“良知公设”。所以,在解释关于良知的第二个定义“良知是一种自我审判的道德判断力”中所包含的概念时,康德提出良知不是对作为法则之下的行动做出审判(这是主观实践的理性所为)和良知是主观实践的理性的一种自我审判,这就是要看看它是否以完全的谨慎“接受”了自己对行动是否正义的判断。这里就一个细节做出补充:sondern 后面 ob 句最后的动词是 übernehmen,康德的写法是 übergenommen habe。接下来第四段康德以异端裁判官以及亚伯拉罕为例,表明他们都是在冒巨大的不义风险对行动是否正义做出判断,因为他们并没有按照自己的良知在做判断。当然,他们可能自以为在按照良知进行判断,这就涉及了康德在伦理学讲义中所谓“错误的良知”问题。在理解这里给出的良知定义时,需要注意他的批判立场。这里把良知定义为本身就是义务的意识,或者把“我要采取的行动是正当的”这种意识,说成是无条件的义务。这个说法如何与“良知(作为一种禀赋)本身或获得良知不是义务”的说法如何一致,是需要再探讨的问题。

把良知与谨慎联系起来理解,不仅可以从康德关于神义论的论文中得到支持,而且也可以从《道德形而上学》关于良知的论述中找到支持。康德的良知定义,依据三个文本:《宗教学》著作第四篇第二章第四部分;《道德形而上学》德性论导论第 12 节;《道德形而上学》德性论第 13 节“人对天生是自己的审判者的自己的义务”。第三个文本与康德在《伦理学讲义》中关于良知的论述大致对应,都是把良知与人对自己的义务联系起来。

宗教学著作中的两个定义:(1)良知是一种本身就是义务的意识;(2)良知是自我审判的道德判断力。德性论导论中的定义:良知就是在一个法则的任何事例中都告诫人有作出赦免或者宣判的义务的实践理性。德性论第 13 节中的四个定义:(1)在人心中一个内在法庭(在它面前人的思想彼此起诉或辩护)的意识就是良知;(2)这种原始的禀赋、理智的禀赋和(因为它是义务的表象)道德的禀赋,就是良知;(3)良知对于一切自由行为来说就是内在的审判者;(4)良知必须被设想为在上帝面前应当为其行为承担责任(Verantwortung)的主观原则。这里总共出现了七个说法,良知的呼声这个说法也是在第 13 节提出的。

在第 13 节第 6 至 8 段中,康德提出了告诫性的良知、争执的良知和判决的良知。实际上谈的是行动决定之前、作出了行动决定和争执之后做最后判决的良知。大致对应于伦理学讲义中所说的行动之前、之中和之后的良知,但这里侧重于从行动决定或决断而非行动本身的角度来说的。其中,告诫性的良知与谨慎概念有关。康德说:“此时,如果涉及一个义务概念,在良知是唯一的审判者的那些案例中,最极端的疑心不能被评判为小题大做(事无巨细)……因此,把一个宽泛的良知归于某人,就等于称他为无良知的。”这里的“疑心”或“疑虑”概念,也是很重要的。

最后,从宏观上看,在整个宗教学著作中,康德都充分表达了一种理性的谨慎态度。对于超自然的东西,超验的事物,例如恩典这种超自然的协助,以及神秘的启示或神圣的奥秘,康德的态度都是很谨慎的。一方面,他并不像他所说的“自然主义者”那样,否认任何超自然的上帝启示的现实性。另一方面,康德又坚决反对把超自然的启示恩典纳入实践准则,认为这会导致自相矛盾。在第一篇后面的总的附释中,康德提出了进行反思的信仰,并将之与独断的信仰相对立。反思的信仰即便从实践上承认恩典对于弥补人的道德上的无能是必要的,但反对把这种恩典作为准则加以采纳。康德在此也把独断的信仰称为不真诚的或僭妄的,这也表明反思的信仰是真诚的和谨慎的。康德对宗教妄想尤其是狂热的妄想的批判,也表明了他的谨慎态度。例如,狂热的妄想试图以超自然的方式造成一种善的生活方式。

大致看来,这种“谨慎意识”可以做如下描述:它依据的是理性,这种理性对于自己并不确切知道的东西不轻易表态,而是带着怀疑或疑虑,但也不断然否定。所以,这种谨慎的态度从根本上有别于独断。这种谨慎意识还与真诚有内在的一致性,甚至被康德等同起来。这一点,在约伯的例子中有最为充分的体现。

何谓“纯然理性范围内的宗教”?

王大封:

客套话就不多说了,但感谢的话不得不说。首先感谢第一代、第二代、第三代学术挖井人带着我们后辈挖井,手把手教我们挖学术之井。这就是榜样的作用,它的作用有二:其一是示范作用,教我们如何去挖学术之井;其二是证成作用,证明人有挖井的能力。其次也感谢“宗教研讨会”让我回忆起麓山脚下集体阅读的美好时光。今日报告的题目,好几位老师都已涉及:如何理解“纯然理性范围内的宗教”?它是康德所要确立的宗教还是康德所要反对的宗教?对于标题的理解决定我们从何种视角去解读这本著作。

（一）从“宗教”的含义和宗教的划分谈起

1. 宗教是一致概念

根据康德在《实践理性批判》①、《宗教》②、《道德形而上学》③中的相关论述，可以初步判断康德的宗教概念是一致的概念，它的核心义是把我们的一切义务认作上帝的诫命。

2. 宗教的划分

第一，自然宗教和启示宗教。

随后，康德根据主观和客观两个标准对宗教进行了划分。根据主观标准：“按照宗教最初起源和它的内在可能性（在此，宗教被划分为自然宗教和启示宗教）”，自然宗教的特点是先知道某种东西是我的义务，随后承认某种东西是上帝的诫命。而启示宗教的特点是先知道上帝的诫命（规章性法则），随后将上帝的诫命视为我的义务，如《旧约》中摩西十诫便是如此。

第二，自然宗教和博学宗教。

根据客观标准：仅仅按照使它能够对外传达的属性，它可以分为自然宗教和博学宗教。自然宗教特指每一个人都可以凭借自己的理性使自己相信它（只要它存在）；它的特点是人凭借自己的理性就可以使自己相信它，它是一种普遍的人类宗教。与此相反，博学宗教是人们借助于博学（宗教在这种博学中并通过它被引出来）使别人相信它。它的特点是借助于博学使别人相信它。

---

① 康德：《实践理性批判》，邓晓芒译，杨祖陶校，北京：人民出版社，2003 年。“纯粹理性的辩证论”“上帝的存有以这样的方式，道德法则就通过至善作为纯粹实践理性的客体和终极目的的概念导致了宗教，也就是说，导致了一切义务是神的诫命的知识，这些诫命不是强迫命令，亦即不是一个外来意志的任意的、自身偶然的指令，而是每一个自由意志自身的根本法则，但尽管如此却必须被视为最高存在者的诫命，因为我们惟有从一个道德上完善的（神圣的和仁慈的）同时也是全能的意志那里才能希望至善……”

② 康德：《纯然理性界限内的宗教》，李秋零译注，北京：人民大学出版社，2015 年。第一版前言：“因此，道德不可避免地要导致宗教。这样一来，道德也就延伸到了人之外的一个有权威的道德立法者的理念。在这个立法者的意志中，（创世的）终极目的也就是那种同时能够并且应该是人的终极目的的东西。”第四篇：“宗教（从主观上来看）就是把我们的一切义务都认作上帝的诫命？”

③ 康德：《道德形而上学》，李秋零，张荣译，北京：人民大学出版社，2012 年。（1）《德性论》第 13 节：一般宗教的概念在此对人来说，纯然是“把人的所有义务评判为神的诫命的一个原则”；（2）第 18 节：就完全处于我们的经验界限之外，但根据其可能性却在我们的理念中，例如在关于上帝的理念中发现的东西而言，我们同样也有一种义务，它被称为宗教义务，亦即“认识我们所有的义务都是（instar［类似于］）神的诫命”的义务；（3）“结束语”：宗教学说作为对上帝的义务的学说，处于纯粹道德哲学的界限之外，“因此宗教，作为对神的义务的学说，处在纯粹哲学的伦理学的一切界限之外，而且这权充是本书作者的辩护，即他没有像通常习惯的那样，为了伦理学的完整性而把在那种意义上设想的宗教拉入到伦理学中”。

（二）宗教的四层次说与唯一宗教说

1. 宗教四层次说

舒远招老师曾多次提及他的宗教四层次说，概括如下：（1）作为伦理学一部分的宗教，主要涉及康德《道德形而上学》"结束语"部分所谈及的"作为宗教形式的东西属于哲学道德"，作为归属于伦理学的宗教不同于由道德导致的宗教；（2）道德宗教或道德神学，这涉及康德《实践理性批判》辩证论"上帝的存有"的预设，设定了上帝的目的是为了保证德福一致，它不是单纯理性界限内的宗教，因为它不属于启示宗教的范畴；（3）处于理性界限内的启示宗教，它不属于康德自己的纯粹道德哲学，但可以与康德的理性宗教一致；（4）超出单纯理性界限的启示宗教，康德在祈求神恩的宗教范畴中加以批评，它包含奴役性信仰而不属于道德信仰。舒老师认为，层次 1 和 2 都是康德自己的宗教，层次 3 和层次 4 不是康德自己的宗教。

2. 唯一的宗教说

不同于舒远招老师所持的"宗教四层次说"，我持唯一宗教说。尽管就宗教的划分而言，依据主观标准，宗教可以划分为自然宗教和启示宗教；依据客观标准，宗教分为博学宗教和启示宗教。但就宗教本质而言，只有唯一的宗教。

康德认为，真宗教只有一种并且它是唯一的宗教，它便是"道德宗教"。它的核心义是将人的义务认作上帝的诫命，其目的是为了让人过一种善的生活方式。而现存的以及历史上的启示宗教误解了"善的生活方式"的内涵，它只强调外在的侍奉，即对律法、规章的服从，而不关注内心善的意念，在康德看来这便是一种伪事奉。康德批评了启示宗教中的伪事奉并揭示出了启示宗教的内核——道德宗教，而作为内核（内圆）的道德宗教需要以启示宗教作为载体。而今具有道德内核的启示宗教，它既可以是启示的同时也可以是自然的宗教，它既有启示的外壳，同时有道德宗教的内核。但在康德看来，外壳和内核之间的关系是手段与目的的关系，启示宗教作为外壳、作为手段最终目的是要逼近道德宗教，待未来的某个时刻实现了道德宗教后，作为手段和脚手架的启示宗教终将被扬弃。

（三）回答：何谓"纯然理性界限内的宗教"？

在理清楚了康德的宗教概念以及确立了他的"唯一宗教说"后，便可回到"何谓纯然理性限度内的宗教"这个问题。

1. 任务

纯然理性界限内的宗教任务是神学哲学家或纯粹理性的导师在理性界限内为宗教奠基或以理性方式为启示宗教确立了内核，即纯粹的理性宗教，它也可以称作道德的宗教、真宗教、唯一宗教。

2. 方法:纯粹或经验性的方式?

“纯然理性”特指以纯然理性地(先天的方式)方式去确立宗教,而有别于启示宗教所凭借“历史”(经验性)的方式。为何康德要以先天地方式去确立宗教?康德旨在确立一种普遍的宗教,而以经验的方式所确立的宗教不具普遍必然性(普遍可传达),而唯有以先天地方式去确立宗教方能保证它的普遍可传达性,才能使它成为一种普遍宗教。以此方式确立的宗教正是纯粹的理性宗教(道德宗教),这便是启示宗教的内核。

3. 结论

纯然理性范围内的宗教不是独立于启示宗教和自然宗教(道德宗教)之外的一种宗教。它只是以理性的方式去确立一种普遍的、真正的道德宗教。而所确立的这种道德宗教又能与启示宗教结合起来。

韦政希:

我想把《宗教》置于康德的批判哲学之中来考察。在这个考察中主要涉及的文本有三大批判、《宗教》和《道德形而上学》。

第一批判致力于寻找人类认识的先验条件,从而强调时空和知性概念的先天被给予性在认识中的根本地位。第二批判则致力于寻找人类道德活动的先天原则,也就是道德法则;但是道德法则仅仅是认识理由,它还需要相应的存在理由,也就是自由意志。自由意志作为自在之物,是被康德推论出来的,而不是经验到的对象。于是,时空和知性概念所构建起来的现象和包括自由意志的自在之物之间就横亘着巨大的鸿沟。前两大批判在对人类理性进行批判的时候,仅仅得到先天的、无法经验到的被给予性。相应地,前两大批判所构建的理性神学(或应然宗教)中的道德法则和上帝理念等仅仅是先天的理性概念,难以对我们个体活生生的生存带来实质的影响。

到了第三批判,康德借助感性学转向或美学转向,挖掘到纯粹的感性论情感或审美情感在我们的活动中的根本地位,这同时也间接地预示了康德在《宗教》中对启示宗教(实然宗教)的态度。

在解决根本恶问题的时候,我认为康德不仅采用了理性宗教的思路,还引进了他修正的启示宗教的视角。在理性宗教自下而上的视角中,我们要发挥自己的自由意志进行道德自律,才具有获得上帝恩典的接受能力,道德自律是我们获得恩典的实践论前提;在康德修正了的启示宗教自上而下的视角中,上帝的恩典以基督的形象作用来降临,我们通过反思基督可以直观到作为感性论理念(或审美理念)的上帝,上帝以绝对的被给予性奠定了人类进行道德努力的非意向性的现象学存在论基础。在康德的宗教哲学中,理性宗教和启示宗教之间以某种张力并存。

但是,如果仅仅强调纯粹实践理性的绝对自发性,就无法理解我们对恩典的接受(因为接受显然要求一种被动的能力),为此,《宗教》引进了良知理论,并在《道德形而上学》中进一步完善良知理论。在《道德形而上学》中,就能力而言,良知属于感性;就其作用而言,良知被康德既视为内在审判者,又被认为是一个理想的人格,即上帝;从现象学角度来看,良知是显现一端,启示宗教中作为感性论理念的上帝则是显现者,两者是内在地、独立于知性和理性的意向活动而统一在一起的。理性尽管设想了理想的人格,但后者在现实生活中被直观化为具有过多直观的感性论理念,成为理性所无法规定的对象。于是,感性论理念上帝以其绝对被给予性给予理性自我,也具有了审判者的主动性;理性在感性论上帝面前变成被动的了。但是,理性宗教中作为绝对主动性的理性又是必不可少的,否则我们就无法进行道德自律,产生康德所批判的伪事奉等。

总体而言,康德的批判哲学先后纯化掉了经验认识中的客观感觉和道德实践中的感觉质料,挖掘到人类广义认识能力的先天条件,在感性学转向之后,康德对感觉进一步纯化,得到纯粹的直接性的意识,比如感性论情感(或审美情感)和良知。在良知中,我们对感性论理念上帝的经验是一种没有概念规定的直接经验。与理性宗教中理性理念上帝的先天被给予性相比,感性论理念上帝的被给予性是后天的,却又是绝对的,它真正完成了康德宗教哲学的奠基。同时,正是由于良知的引进,康德最终才能说明启示宗教和理性宗教何以并存于其宗教哲学中,并解决根本恶问题。

我对康德宗教哲学的整体考察基本上遵循着现象学还原的路径,这和谢文郁老师和文华兄的生存分析法有一致之处。同时,我也注意到黄裕生老师也运用现象学方法对康德的批判哲学进行解读,但还没见到黄老师对《宗教》的现象学解读,希望得到黄老师的指教。

真正体现第一哲学所达到的高度的著作

黄裕生:

很高兴见到大家,这里有很多老师和朋友。很抱歉,你们的读书班我没有能够参加,不是我没有兴趣,我是非常有兴趣的。只是因为我现在在做别的事情。不过,你们整理出来的一些材料,我大都还是看的,我觉得大家讨论得非常好。这种基于文本的讨论是深入研究康德的宗教哲学,讨论哲学根本问题的基础。

康德这部《宗教》的作品,可以说对于我们理解宗教及其所隐含的终极性问题是不可或缺的一部经典。而就康德哲学本身来说,如果不理解康德这部作品,我甚至认为就难以完全理解康德的哲学。虽然我们以前基本上都非常忽略这本书,包括刚才有人提到像叔本华这些人都认为这是康德晚年智力衰退的一个产物。这完全是叔本华的角度。从他跟尼采的角度看的话,康德这部书的确不是他们的兴趣所在,不符合他们的关注点。但是,这是他们的偏见,也是他们思想的问题。康德这部书可以说真正体现第一哲学所达到的高度。

我们知道亚里士多德第一哲学其实就是神学。所以,我一直主张哲学如果不讨论宗教问题,不讨论最高的存在问题,不讨论整体问题,哲学就不能叫哲学,而是半吊子的哲学。所以,我觉得并不像有些学者认为的那样,这本书表明康德晚期变了,偏离了实践理性批判。我完全不赞同此说,也不认为康德在《实践理性批判》里是一个对人生很乐观的学者,到《宗教》这边,他对人性没那么乐观了。我认为这些理解都是比较片面的,被"专业研究者"的"分期癖"所误导了。

那么,康德在《实践理性批判》里为什么不去讨论《宗教》里所讨论的那些具体的人性问题呢?因为那里的核心问题是要论证自由意志与确立道德法则的纯粹性基础。在这个工作基础上,再进一步讨论宗教及其相关的具体人性问题,才获得了可靠的前提。包括政治哲学,也是如此。

其实我们都知道,康德哲学的几个大问题,其中一个问题是:"我能够希望什么?"回答了这个问题,才能真正回答"人是什么?"这个问题。有很多学者认为康德是在《实践理性批判》里面在讨论希望问题,其实不只是这样。《实践理性批判》的确跟我们所讨论的希望相关,但它实际上是为讨论希望问题奠定一个基础。就像他为道德奠定基础一样,同时也为希望问题奠定基础。因为对于每个人来说有,他有两个身份,因此他有两种绝对的希望。其中一个身份是类的存在者。

作为类的存在者,我们能希望什么?或者说,我们作为类存在者能有什么希望?能有一个永久和平的希望。也就是说,这是我们在此岸的一个希望。永久和平,是我们作为类存在者在此岸能够打开的一个唯一希望。这个希望,就在这个世界我们能打开的。但是,我们还有一个身份,那就是个体或个人。那么,作为个人,能够有什么希望呢?这才是更关键的。对我们每个人来说,永久和平跟我们是没有直接关系的。因为在它到来之前,我们个体早已灰飞烟灭，在这个意义上，它跟我们个体是没有关系的。我不管今天多理性，过着多好的道德生活，永久和平跟我并没有什么关系，它属于他人，属于未来人。永久和平只是引导着每个人在此岸的未来人做准备。所以，我们不可能仅仅用永久和平这样一种此岸的未来的希望，来解决、安顿我们个人的生命。我们还需要专属于我们每个人自己的希望。

那么，这种专属于个体本身的希望在哪里？这是《宗教》这本书里面要深入讨论的问题。所以，《宗教》这部书在康德整个哲学体系里面，它是不可或缺的。这是我对这本书的一个定位。所以，它非常重要。

从我个人的研究兴趣来说，我是从海德格尔到康德，从康德到奥斯丁。当我从康德到奥古斯丁的时候，发现了奥古斯丁的重要性。如果没有经历过康德，也许不能够真正认识到奥古斯丁的重要性。但是，倒过来也可以说，了解奥古斯丁再看康德，也才知道康德的伟大和他哲学真正深刻的地方是什么。可以说，康德的《实践理性批判》与《宗教》属于试图把来自希伯来文化的东西容纳到哲学里面的努力。所以，我们说康德哲学很综合。它的高度来自它的广度：它是两希文化融合的一个产物。所以，我觉得这本书很重要，尤其对于我们中国人，对于中国文化下生活的中国学者更是如此。我们今天的所有处境都跟我们传统文化是相关的。康德这部书，对于我们重估传统文化，审视我们的传统文化的问题以及它的优长，提供了一种坐标。我看到群里面讨论了个人的禀赋和善恶问题。我们知道，传统儒家的实践学说是建立在性本善这样的观念基础上的，这是非常古老的，同时也是幼稚的。这幼稚在什么地方？如果深入理解康德这本书，我们就能够知道。在没有自由意志这个前提下，讨论性善、性恶，是没有什么意义的，因为都只是独断论的一种解释或者一种理解。所以，它对我们反思传统思想，提升我们整个的思想高度也是至关重要的。所以，我觉得大家选这本书非常好，甚至比选《纯粹理性批判》还重要。我不是说读《纯粹理性批判》不重要，而是从对我们文化处境而言，读这本书和读《实践理性批判》具有优先的迫切性。

就这本书而言，在理解上，我觉得有很重要的一个可能性危险，就是说，如果不理解“纯然理性界限内的宗教”，就可能导致对宗教的否定，好像最高的东西，与宗教信仰所关联的东西，都只是单纯理性内的东西。因此，我们只要理性就可以了。似乎我们的宗教生活就只是在理性范围内的生活，没有在我们理性之外的东西。也就是说，如果这么去理解的话，说理性是可以替换宗教的，宗教的内容只是我们理性范围内的内容，或者说，我们的宗教与我们人的理性是完全的重叠的，那么这就是危险的。所以，这里我想强调的一个就是说,康德在这本书第一版序言里的一些论述是非常重要的,在讲到"道德不可避免导致宗教"的时候,康德紧接着说:"因此道德也延伸到了人之外的道德权威处"。康德这里用的是"ausser den Menschen",这个修饰是特别重要的。"人之外的",也就是作为有限理性的道德立法者;"人之外的",也就是有限理性存在者的人之外。我们的道德不可避免地要延伸到有限理性存在者之外的一个道德权威。也就是说,我们的宗教,我们所信靠的最高存在者是"在我们之外"的。宗教的基础在理性,因此宗教生活、宗教行动不能违背理性,否则它就否定了自己的基础。但是,宗教生活、宗教行动并不限于理性。

因为关于理性界限内的宗教这个说法在学界引起了很大的误解,这与中国学界盛行的"内在超越"说相关,至少相互呼应,以为可以用理性来取代宗教。这使他们忽略了外在超越。其实,超越不存在内在和外在,超越就是超越。

还有一个问题,我也想特别提出来,就是关于"设定"这个概念。我们常常说,我不得不"假设"一个更高的道德的神圣的存在者。这是我们通常的翻译,包括李老师的翻译。这个翻译没有问题,很好。但是,我越来越觉得,这里似乎遗漏了点什么。"Annehmmen",这个概念还包含着接受、承认的意识。如果我们突出这一层意思,那么康德的意思其实就是说,我们不得不接受,都不得不承认、接纳这个东西;而不只是一个"假定"。因为这个"假定"非常容易引起一个误解,以为那只是一个想象出来的、纯主观的"假设"。但是,实际上,康德是要说:最高的全能的道德存在者是我们不得不接受与承认的,而不是我不得不"假设"的。说"假设",我觉得至少在汉语里面是非常容易引起误解的,就是说上帝是我们人造出来的,是我们人设定出来的。我觉得这并不是康德的意思,这种误解至少偏离了康德的意思。

熊馥译:

非常有幸能够跟着阵容如此豪华的老师们学习了这一段时间。现在,就我个人的学习经历,向各位老师汇报一下学习感触。

从我个人学习宗教学的经历来说,特别容易接受蒂利希、汉斯·昆的宗教多元论和对话论。但是,在实际的生活中,不要说一个大宗教与大宗教之间有着很深的裂痕,伴随着看似不可弥合的千年的斗争历史;同一个宗教内部的斗争也是极其残忍的。就因为一个字母争上千年;就因为一个名号、名字、名称,牵扯进许多人。真的是因为一个字母吗,真的是因为一个名号、名字、名称吗? 恐怕不尽然。

有一个看似违背"一神论"信仰的说法:如果上帝、佛陀、孔子见面了,他们会打起来吗？可能有再大的嫌隙，他们也会摒弃一切成见；因为他们有一个共同的敌人，那就是：恶。

康德要讲的东西，在《宗教》中要讲的道德，其实极其简单：在人类历史上曾经出现过这么一个人，他完全是人，就曾经能够为善，能够成为一个道德的人。不管你有没有见过，只要你相信，那么，就算是人性99.99%都是恶的，但还有0.01%的可能性你能够为善。而这个"为善"，只要你愿意就能够，只要你"一动念"，想要去为善。真正动过这样一个念头，其实就够了。那个念头会一直在那里，它就会促发你去实现。

康德的《宗教》不同于他的三大批判，而是进入了一种对"实然整全生命观"的思考。而这种生命观的开端是根本恶，就是根本恶与至善之间的绝然断裂，就是有限与全能之间的绝然断裂，就是我与你之间的绝然断裂。在这个断裂面前，康德不但从实然走向了应然，更从绝望走向了希望。这个希望就是对人性的信心，对伦理共同体的信心，对信仰信念的信心。这个信心，使得康德从宗教信仰走向了伦理生活，走向了单个人的生存性确证。最终，康德为人的生命的丰富性做出了阐释，从而为在此岸艰难谋取生存的人们指明了一个实然的整全性生命观的方向。

这个方向，是道德也是信仰，是可能性也是希望。

就《宗教》而言，康德对他所知道的几乎所有历史性宗教进行了反思。也是基于一个特定宗教——(广义)基督教，尤其是路德宗虔信派为原点，吸纳了加尔文宗、天主教传统思想等多种基督教宗派思想，所构建出来的道德宗教、理性宗教。

如果康德没有对一切(历史上真实发生过的)真正宗教信仰进行系统反思，那么，康德的宗教思想也就不可能为一切"可能的"(未来的、更理想的)真正宗教信仰提供范导性基础神学。没有前者，后者将是无源之水、无本之木，也将难当"范导性基础神学"之大任。

但是，康德的宗教思想不仅仅是一种宗教哲学，提供了关于宗教的形而上学思考；还要完成从"批判哲学"走向"批判后哲学"的任务。所以，他不光要在实践理性领域(第二批判)上从"应然"走向"实然"，他还要在"一个理性"的意义上从"应然"走向"实然"。所以，康德的宗教思想，是哲学，是神学，更可能(有希望)是宗教。

康德的宗教思想，综合了哲学与宗教的超越，更有可能替代宗教信仰的超越。也就是，在康德这里，哲学有希望，更有可能替代宗教。但这种"替代"不是一种你死我活的斗争，非此即彼的选择，而是如同奶化于水。

只有这种哲学，这种神学，这种宗教，才有可能达成启蒙运动想要摒除迷信和偏执的目标,而达成理性和宽容;只有这种哲学,这种神学,这种宗教,才能培养出世界公民,从而使得人类社会走向永久和平。

读书会成功的秘诀

李秋零:

谢谢大家。我们办了一个非常成功的读书会。说成功,这不仅仅是我们自己的感觉,我相信大家都有这样的感觉;而且,我们也已经了解到了外界对我们所做出的一些反应。在这个问题上,熊馥译同学总是谦虚,说她是在我的批准和支持下来举办读书会;但实际上举办的创意和组织工作全部是由她自己一人在承担。所以,在这个意义上来说,这也可以说是她个人的一个成功。

之所以我说这是一次成功的读书会,从我个人出发,有这样几个感受:

首先,读书会聚拢了相当好的一个群体。这个群体里边有资深的老教授,也有年富力强的中青年才俊,更有在读的博士生、硕士生。大家不分班辈,不分老幼,聚拢在一起共同读书。而且,它与一般的学术会议相比来说,一个最大的特点是在读书会中,我们每一个人都投入地、尽情地畅所欲言,在平等地进行交流讨论,所以这才使得我们真正地有所收获。所以在这个意义上来说,参加这样一个读书会,我感到心情很舒畅,同时我自己也是真正认真地参加的。当然,这里边我还要说一点小小的缺陷,我觉得我们在读的博士生、硕士生的发言还是有点少,这个可以在以后的机会中去补充。

第二点,我们读全读透了一部经典之作。之所以说读全读透,据我了解这本书在不少的学校里边都作为主题举办过读书班,我自己也在中国人民大学给硕士生、博士生开讲过这本书。但坦率地说,我过去一直是把第一篇、第二篇作为重点来讲,还真没有读全过。这一次是真正把它全读透了。关于这本书的重要地位,从我个人的读书经验来说,我在大学时代就开始读康德了。当然,那个时候德语还不行,读的是康德的三大批判,都有中文译本了。第一批判,我觉得虽然难读,但是康德讲得很实在,我们怎么有一些先天认识形式,我们如何去进行先天综合,怎样获得我们的知识,哪些东西是我们能认识的,哪些东西我们认识不了的。但是,读第二批判就不行了,觉得这里讲得非常空洞。一个最根本的问题是:我凭什么要按照你康德的定言命令去做?我凭什么或者说我为什么要仅从义务出发去行动?在我脑子里始终有这样一种困惑。一直到20世纪90年代,我才开始读到康德的这本《宗教》。读完这本书,我明白这个问题了。我之所以在读康德的第二批判时有上述问题,正因为我是康德所说的具有根本恶的人。所以,在这种意义上来说,这本书从人类的根本恶出发,探讨人改恶向善的可能性,从个人到类的改恶向善,以及伦理共同体之所以可能产生,产生的过程中可能出现的这些误差或者说叫伪事奉等这些东西,他做了一个非常系统的解说。这样我就想到之前我们讨论过的建构术的问题了,虽然康德的这本书里边没有明确的说有一个建构术,是像我们前边有朋友已经提到了,实际上这是一本逻辑非常严格的一部著作。刚才庆节兄提到,康德是从实然的基督徒向应然的基督徒的一种进步,我想庆节兄未免把他说得狭窄了,他实际上是从实然的人、那些个人、每一个人如何向应然的人去进步的这样一个过程。当然前边无论是贺腾还是黄裕生都提到康德与奥古斯丁之间的关系,我是非常赞成这样一个观点的。我曾经专门就这个问题写过一篇文章,可以说康德又在奥古斯丁和现代之间架起了这样一个桥梁。

所以,有这一点,就引出了我要说的第三个成功之处,那就是我们加深了对一些理论问题的理解。这里边有情感问题,有良知问题,有奥秘问题等,我们在前边反复讨论争论了一些问题。当然了,我毫不讳言我们并没有在所有问题上都能够达到一致,都不见得能得出让我们自己满意的结论,但没关系,这都是好事。可以说今天读书会的结束,同时也是我们新的思考的一个起点。我相信我们大家都会在这个问题上继续进行思考的。

那么最后第四点,尤其是对我个人而言了,那就是我们在读的过程中,结合英文本、德文本、中文本,互相参照,互相对照着读,这样也对一些翻译问题提出了质疑,提出了修订的建议。坦率地说,这本书是我翻译的第一部康德著作。当然在此之前有《康德书信百封》,但是这部著作的翻译远早于《康德著作全集》。在后来的每一次收录的过程中,我都对这本书做过一些修订,甚至在收入《康德著作全集》的时候,我在后记里边除了描述自己修订的过程之外,还发出了这样的感慨:"于是深感翻译之不易,遂有译业无止境之叹。"但是现在看来,译文中还是有一些不尽如人意的地方。实际我在这儿还想说句题外话,就是最初是我主动向香港道风山提出要翻译这本书的,我翻译的其他著作基本上都是他们派给我的,但只有这一本是我要求翻译的。而且这本书还是我翻译了之后由邓晓芒来审校。所以后来《康德著作全集》翻译出来,人们现在老说李译和邓译怎么怎么的问题,实际上这本书的翻译远远在邓晓芒翻译三大批判和我翻译《康德著作全集》之前,它是李邓合作的一个产物,所以李邓之间远远没有那么多的差异,反而是合作和交流占着优先地位。但是不管怎么说,现在我在读书的过程中,把我们提出的这些问题都加以记录了,以后有机会我还是打算要把它重新再翻译一遍,再奉献给学界,不管我到时候是否在后记里边提到诸位,现在我已经是非常感激了。

熊馥译：

秋零老师刚刚提到了向道风山主动提出首译《宗教》的时候，与邓晓芒老师的一个互动和交往。我们现在的读书会，其实也是秉承了同样的学术共同体的理想，也是不断往这个理想去走。

到最后的时刻了，要感谢各位领读人、伴读人、发言人、参与人的辛苦付出，感谢各位。大家都是抱着对康德《宗教》文本的研究兴趣入组的。在这个意义上，不管我们来自哪个学校、哪个研究领域，我们每个人也都必然带着自己特有的师承和学养，但是我们都是康德门下的弟子，我们都是来向我们共同的老师康德学习的。我们在这个读书会只做了一件小事，就是抛开一切杂念，好好读书，争取把康德的《宗教》读完。

我们在这里不仅读了康德的哲学文本，也践行了康德的学术理想，那就是：纯粹学术是开放的、平等的、自由的。学术因其自身而具有绝对价值。我们因为对学术的共同期待、共同守护而凝结成了一个真正的学术共同体。

最后，把席勒的《友谊》送给大家。

> 伟大的世界主宰，
> 没有朋友，深感欠缺。
> 为此他就创造出诸多精神，
> 反映自己的幸福，以求心赏意悦。
> 这最高的本质，不曾找到
> 任何东西和他品级相若。
> “从这个精神王国的圣餐杯里，
> 他的无限性给他翻涌起泡沫。”

理想的实现绝非一蹴而就，亦不在一时一地。让我们怀抱着对康德宗教哲学的纯粹热爱，再见。

【描述伦理学研究】

不朽还是死亡？

——由《魔戒》中的爱情所引发的思考[①]

叶晓璐[②]

【摘要】《魔戒》中的精灵公主阿尔玟为了和凡人阿拉贡在一起，舍弃精灵所拥有的不朽生命，选择了有死的凡人生活。这一激进的爱情故事，体现了爱情的力量和人性的光辉。在此基础上，本文探讨了凡人通达不朽的道路——通过自己的行动建立业绩；最后，借鉴阿伦特和纳斯鲍姆的相关思想，阐明了作为有朽的凡人要在某种意义上实现不朽，就是为了追求一种"好生活"。在阿伦特那里，这种"好生活"就是亚里士多德所谓的公民生活，通过行动在人类事务领域展示人的独特性和卓越性；在纳斯鲍姆这里，通过美德的实现以及"关系性的善"的实现展示人的卓越和高贵，过上一种欣欣向荣的好生活。

【关键词】 不朽的生命，凡人的生活，功业，好生活

《魔戒》(*The Lord of the Rings*)是英国作家、诗人、语言学家，被公认为"近代奇幻文学鼻祖"的约翰·罗纳德·瑞尔·托尔金(John Ronald Reuel Tolkien)创作的长篇奇幻小说，该书经过12年的创作和4年的修改，于1954年和1955年出版，由《魔戒：魔戒同盟》(*The Lord of the Rings*:*The Fellowship of the Ring*)、《魔戒：双塔殊途》(*The Lord of the Rings*:*The Two Towers*)和《魔戒：王者归来》(*The Lord of the Rings*:*The Return of the King*)三部组成，讲述了中土世界第三纪元末年魔戒圣战时期，各种族人民为追求自由而联合起来，反抗黑暗魔君索伦的故事。由于故事情节恢宏曲折，引人入胜，后来衍生出了插画、音乐、动画片、电视剧、广播剧和电脑游戏等诸多产品，但都影响不大。而由

---

① 本文系2017年度教育部人文社会科学研究青年基金项目"情感政治视域下的纳斯鲍姆正义理论研究"(项目批准号:17YJC720034)的阶段性研究成果。

② 作者简介:叶晓璐，复旦大学哲学学院副研究馆员，主要研究领域为国外马克思主义和西方道德哲学。

彼得·杰克逊(Peter Jackson)执导的电影《魔戒》(又译《指环王》)三部曲却大获成功，该系列电影共获国际奖项351项，提名284项，包括17项奥斯卡金像奖。其中《魔戒：王者归来》以获11项金像奖的成绩与《宾虚》和《泰坦尼克号》并列成为奥斯卡影史上获奖最多的影片。

电影《魔戒》将小说《魔戒》的宏大叙事图像化，取景精彩，表演精湛，情节跌宕起伏，思想内容丰富，可以阐发的主题相当多。笔者今天想阐发的是其中一个也许并不起眼的线索，那就是阿拉贡和阿尔玟的爱情。说它不起眼，是因为在原著中，这部分内容主要体现在附录中短短的十页纸当中①，在电影中也是散落在每一部当中，但又稍微进行了一点改编。鉴于电影版本的影响力之大，笔者首先要做的是把《魔戒》电影版三部当中的阿拉贡和阿尔玟的这条爱情线索清理出来。

在《魔戒》第一部中，引出阿拉贡心上人的是阿拉贡在带领佛罗多等人逃离半兽人的某个晚上，他一个人在月光下深情忧伤地轻吟一首歌，惊醒了睡梦中的佛罗多，敏感的佛罗多问阿拉贡歌中所唱的女子是谁？阿拉贡答道：是一位叫露西安的女士，她是一位爱上凡人的女精灵。佛罗多又问：她后来怎么样了？阿拉贡答道：她死了。阿拉贡满腹心事又深情款款的样子，明眼人都能猜出来阿拉贡这个凡人也有着这样一位精灵女友，但是他忧心如果他们在一起以后的命运。果然，随着剧情的推进，佛罗多中了安格玛巫王的古剑，伤势严重濒临死亡，这时阿拉贡的精灵女友阿尔玟第一次出现了，她把佛罗多救到了他父亲埃尔德隆的领地——幽谷，其他人包括阿拉贡随后也到了幽谷与其会合。在那个幽深的裂谷里，阿拉贡和阿尔玟回忆了多年前他们相遇并私订终身的场景，以下是他们的对话：

> 阿尔玟：还记得我们初次相遇的场景吗？
>
> 阿拉贡：我还以为自己误入梦中。
>
> 阿尔玟：多年过去了，当年的你，不像如今顾虑甚多。还记得我跟你说的话吗？
>
> 阿拉贡：你说愿意放弃精灵的不朽生命，把心交给我。
>
> 阿尔玟：我心依旧！我宁愿和你共度一生，也不愿独自一人长此久生，我选择凡人的生活。②

① J. R. R. 托尔金：《魔戒：王者归来》，邓嘉宛，石中歌，杜蕴慈译，上海：上海人民出版社，2013年，第402-411页。

② 参见电影《魔戒》第一部。

在这里，阿尔玟首次提到为了跟阿拉贡在一起，也就是为了她和阿拉贡的爱情，她宁愿放弃作为精灵拥有的不朽生命(immortal life)，而选择有死的凡人生活(mortal life)。为了表明自己的心意，阿尔玟在说完这段话之后，送上了自己的精灵珠宝“暮星”(Evenstar)作为定情信物。“暮星”是阿尔玟的别名，代表着阿尔玟不朽的生命，把如此性命攸关的东西送给阿拉贡，可见阿尔玟的心意之坚决。

然而，就像所有的爱情都会碰到阻挠一样，在《魔戒》的第二部，阿尔玟的父亲埃尔隆德首先是做阿拉贡的工作，他以一位父亲对女儿的爱为理由劝说阿拉贡让阿尔玟坐船离开中土世界，前往海外仙境(undying land)，而不是为了跟阿拉贡在一起而留下来等死。从小被埃尔隆德当儿子养大的阿拉贡当然理解埃尔隆德对阿尔玟的爱，也不忍心违逆埃尔隆德的心意，所以在苍白地反驳了一下之后，还是忍着巨大的心痛违心劝说阿尔玟跟着他的父亲离开中土世界，去过那种“远离战争、伤痛和绝望”的生活，并且想把定情之物“暮星”还给阿尔玟。阿尔玟并没有收回她的“暮星”，这再次表明了她的选择和坚定。然而，具有预言能力的父亲给阿尔玟展示了她未来的结局，那就是即使阿拉贡打败索伦成为人皇，但他作为凡人，终究逃脱不了死亡的命运，阿拉贡死了之后，阿尔玟将一个人满怀悲伤地活在恒久不变的黑暗当中。这一凄惨的结局，加上之前阿拉贡出于无奈的“劝说”以及父亲出于爱意的“逼迫”，使得阿尔玟最终心灰意冷地决定跟着她的族人前往瓦林诺——那个不死之地。

但是，到了《魔戒》的第三部，阿尔玟随着精灵族人准备登船离开的途中，路过一片森林，突然眼前出现了一幅场景，一个俊美活泼的男孩子跑跳着扑向阿拉贡的怀抱，并且回头深深地看着阿尔玟，他的胸前戴着阿尔玟送给阿拉贡的定情之物——“暮星”。阿尔玟恍然大悟，调转马头离开众人，又回到幽谷，于是与父亲有了如下对话：

> 阿尔玟：你有预知的能力，你看见什么？
>
> 埃尔隆德：我看见你的未来，我看见了死亡。
>
> 阿尔玟：但是也有新生，你看见有一个小孩，那是我的儿子。
>
> 埃尔隆德：那个未来几乎无法成真。
>
> 阿尔玟：但是仍有希望。
>
> 埃尔隆德：没有事情是可以确定的。
>
> 阿尔玟：有一件事情是确定的，如果我现在离开他，一定会悔恨终生。①

① 参见电影《魔戒》第三部。

阿尔玟这一毅然决然的最后决定,让她失去了精灵的不朽生命,变成了一个凡人。但也是由于她的决绝,使得爱女心切的父亲用精灵之火重铸圣剑,以助阿拉贡一臂之力抵抗索伦的邪恶力量。

电影中的结局很美好,阿拉贡带领众人打败了索伦,重登王位,阿尔玟在父亲的陪伴下,带着亲手缝制的王旗,与阿拉贡相拥于王城,成了阿拉贡的王后。

以上是电影中的阿拉贡与阿尔玟的爱情故事,结束于"从此以后,王子与公主幸福地生活在一起"这样美满的结局之中,想来是为了迎合人类对爱情美好期望的心理。但是,在托尔金的原著当中,舍弃精灵不朽的生命选择做凡人的阿尔玟确实如他父亲所言,晚景凄凉。与阿拉贡一起生活了一百二十年后,无论阿尔玟多么不舍,阿拉贡还是结束了生命,长眠于王陵;阿尔玟离开她与阿拉贡的孩子们和他们的人民,一个人来到罗瑞恩已经凋敝的林中,最终长眠于她与阿拉贡约定终身的山坡凯林阿姆洛斯上①。原著中的这一结局虽然残酷但更具有冲击力,也更加真实,真正的爱情并不会止于童话般的完美结局,它还需要生活在一起、共同承担责任甚至苦难,美好与痛苦共存,这才是鲜活的爱情。对于阿尔玟而言,她在选择之初就对自己的结局了然于胸,但她仍然选择了,也更可见阿尔玟的勇气。真正伟大的爱情都需要这份勇气,愿意为了所爱的人放弃自己的身份、地位乃至生命,"愿意把自己切入世界和开始一个属于自己的故事当中"②,愿意彼此成就创造共同的历史。在这个过程当中,人性的光辉得到极致的体现。

以上是笔者所整理的《魔戒》中阿拉贡与阿尔玟的爱情故事,与大部分的爱情故事相比,它的激进之处在于:故事的主人公之一阿尔玟为了爱情舍弃了精灵族所拥有的不朽生命,这是一个跨界。虽然这只是一个奇幻故事,因为现实生活中并没有不朽生命的精灵存在,但是却在象征的意义上体现了爱情巨大的力量。渴望不朽,期待拥有长生不老的生命,这大概是人未经反思就存在的本能,多少人为了拥有长生不老的生命而做出种种徒劳的努力,但是在爱情面前,它变得无关紧要了。由此,我们或许可以试着思考一下,爱情中的什么因素,使得本来拥有不朽生命的精灵公主阿尔玟选择了有死的凡人的生活,并且愿意承担最后凄凉的结局?这个因素对于人类而言有没有普遍的指导意义?

让我们还是从电影情节本身出发来试着探索这个问题。在电影中,让阿尔玟最终违抗父命选择做凡人妻子的决定性因素是孩子,当然这并不是说她爱孩子甚于爱阿拉贡,爱情是先行发生的,因为她爱阿拉贡所以希望跟阿拉贡有爱情的结晶,他们共同的孩子让她

---

① J. R. R. 托尔金:《魔戒:王者归来》,邓嘉宛,石中歌,杜蕴慈译,上海:上海人民出版社,2013 年,第 410 - 411 页。

② [美]汉娜·阿伦特:《人的境况》,王寅丽译,上海:上海人民出版社,2009 年,第 147 页。

看到了自己有死的生命得到了延续,父亲曾经预言的黑暗未来也有了希望,她对爱情的信念最终得到了确信。所以,她在去往海外仙境的森林中看到了她和阿拉贡未来的孩子时,就再也没有一丝犹疑地跟父亲摊了牌——不管怎样,就是要跟阿拉贡在一起。"对世界的信念和希望也许在福音书宣布的'福音'中可以找到它最荣耀、最简洁的表达:'一个孩子降生在我们中间'。"①新人的出生意味着新的开始,意味着生生不息,意味着另一种意义上的不朽。

当然,孩子只是一种很直观的意向,它表明了有死的凡人还是希望通过某种东西来通达不朽。对于阿尔玟而言,孩子的出生就是一种方式,但那只是一个自然的事件,她还需要更深层次的延续不朽的方式;而这种心愿,不仅仅是阿尔玟的,也是阿拉贡的,不仅仅是阿拉贡的,也是希望在某种意义上延续不朽的生命的所有有死者的心愿,那就是通过行动建立自己的功业。阿拉贡,作为阿尔玟所选择的托付终身的对象,被阿尔玟赋予了作为人皇的使命。而阿拉贡,最终不负所望地建立了丰功伟绩,这个过程,亦是他渐渐地赋予自己"神性"的过程。

阿拉贡是第二纪元中土世界反抗索伦的战役中斩断索伦手指夺得魔戒的埃西铎的第三十九代嫡孙,而埃西铎是中土世界第二纪元亚尔诺和刚铎王国开国国王伊兰迪尔的长子,历经三千多年,阿尔贡是硕果仅存的亚尔诺和刚铎王国的唯一血脉,也是黑暗势力索伦最忌惮的人,所以在索伦重新复活的当口,理应站出来重新领导人民打败索伦,建立新的亚尔诺和刚铎王国。但是,阿尔贡是一位头脑清醒、性情谨慎之人,他通过故事深知魔戒的威力以及人性的懦弱和贪婪等弱点,他的祖先埃西铎,那个英勇无比斩断戴着魔戒的索伦手臂之人,却斩不断对魔戒的贪欲,从而失去了销毁魔戒的机会,也为索伦的复活埋下了祸患。当然,自己最终亦死于魔戒之手。作为埃西铎的后人,阿拉贡很害怕自己会重蹈祖先的覆辙,所以选择放逐自己,在荒山野岭中做了三十多年的游侠(Ranger),也做了很多好事,但始终隐姓埋名,悄然而低调地活着。直到他再次见到阿尔玟,阿尔玟看到顾虑重重的阿拉贡,明白他的担忧,告诉他只是埃西铎的后人,不是埃西铎,所以并非注定重复埃西铎的命运,阿尔玟说:"你的时代就将来临,你将面对同样的邪恶,并战胜它!魔影还未笼罩一切,没有掌控你,也没有掌控我。"②在原著中,阿尔玟对阿拉贡说:"魔影固然

① [美]汉娜·阿伦特:《人的境况》,王寅丽译,上海:上海人民出版社,2009年,第192页。
② 参见电影《魔戒》第一部。

黑暗,我心却欢欣鼓舞。因为将有伟人凭借英勇消灭魔影,而你,埃斯泰尔①,将位列他们当中。"②换言之,阿尔玟希望阿拉贡作为一个有死者可以通过建立自己的功业成为一位伟人,获得不朽的名声,从而实现另一种意义上的不朽。爱情的力量是伟大的,受到阿尔玟督促和鼓励的阿拉贡逐渐打开心结,接受自己的命运——带领他的人民战胜索伦,重建亚尔诺和刚铎王国。关于建功立业的重要性,亦在不同的场合得到强化,阿尔玟的外婆——Galadriel 女王、第三纪元中土最强大的精灵之一,嘱咐阿拉贡要做出自己的抉择,"是超越你父辈自伊兰迪尔时代起建立的荣耀,还是与你仅存的子民一起坠入无边的黑暗"③。言下之意很明显。而阿尔玟的父亲埃尔隆德,在发现自己的爱女已经决意要跟阿拉贡在一起之后,退而求其次,希望阿拉贡功成名就,成为命中注定的人皇,才能在某种程度上与阿尔玟的精灵身份相匹配。生性淡泊、深知人性贪婪的阿拉贡就是这么一点点地受到启蒙,去接受自己该承担的命运。这一点在当埃尔隆德告知阿拉贡由于索伦的力量日益强大,导致阿尔玟逐渐失去生命力;换言之,如果阿拉贡不打败索伦,阿尔玟就会死亡时,直接刺激了阿拉贡的义无反顾,他下定决心要与索伦决一死战,不顾死活地到恐怖的亡灵之山借兵。临出发前,他对埃尔隆德讲:"我不是为了自己。"隐含之意很明显:深爱着阿尔玟的阿拉贡,为了挽救爱人的生命,豁出去要与索伦决一死战了。爱情的力量在此得到了闪闪发光的证明!爱情的力量也最终成就了阿拉贡!

阿伦特(Hannah Arendt)曾经说过:"人,虽然作为个体是有死的,但他们以做出不朽功业的能力,以他们在身后留下的不可磨灭印迹的能力,获得了属于自己的不朽,证明了他们自身有一种'神'性。"④带领人民打败索伦建立了新的亚尔诺和刚铎王国的阿拉贡,建立了自己的功业,留下了属于自己的历史,在另一种意义上具有了"神"性,也证明了他与阿尔玟之间的"旗鼓相当"(虽然爱情本身并不会要求旗鼓相当,但爱情中有一种"效法和模仿"机制,让人产生一种希望与对方更为相像的欲望⑤)。

至此,我们可以说,凡人的不朽依靠建功立业来得以延续,《魔戒》中的爱情故事作为一种隐喻的形式说明了这一点,阿拉贡如果最终没有打败索伦做上人皇,阿尔玟就会死亡,他们的爱情也就无法延续。换句话说,只有阿拉贡通过自己的行为证明了自己的某种

---

① 阿拉贡两岁起就寄居在埃尔德隆处,埃尔德隆给他取的精灵名字"埃斯泰尔",意为"希望"。所以,这里的埃斯泰尔就是指阿拉贡。

② J. R. R. 托尔金:《魔戒:王者归来》,邓嘉宛,石中歌,杜蕴慈译,上海:上海人民出版社,2013 年,第 407 页。

③ 参见电影《魔戒》第一部。

④ [美]汉娜·阿伦特:《人的境况》,王寅丽译,上海:上海人民出版社,2009 年,第 10 页。

⑤ [美]玛莎·纳斯鲍姆:《善的脆弱性》,徐向东,陆萌译,南京:译林出版社,2007 年,第 503 页。

"神性",才能弥补阿尔玟为了他们的爱情而舍弃的不朽的生命,他们的爱情也最终能开花结果。

这并不是孤立事件,不少文学作品告诉我们,当我们真的可以选择不朽时,真正伟大的人还是会选择做一个有死的凡人。《荷马史诗》中《奥德赛》的主人公奥德修斯(Odysseus),有机会留在奥杰吉厄岛上与女神卡吕普索(Calypso)过那种永世不灭、永生不老,没有疲劳、没有哀悼,拥有平静快乐的似神的生活,但是奥德修斯拒绝了女神的好意,选择了回家,回到妻子珀涅罗珀(Penelope)和儿子忒勒玛科斯(Telemachus)身边,哪怕他将因此而承受有死的人生、危险的航行以及同样有死的逐渐衰老的妻子。也正因为这样的选择,奥德修斯成为他自己,这些选择包括:"他自己的历史,人类生活的形式以及存在于该形式中的卓越的可能性,爱和内在于该形式中的成就。"[①]而不是像女神卡吕普索的生活一样,是"隐藏着的""无形的"[②]。诚如纳斯鲍姆(Martha C. Nussbaum)所言,《奥德赛》表明了"文学作品本身否定了对神的生活的选择,而选择去探索人类生活形式所特有的价值、实践智慧、爱和美德等,这些是我们可以期望在人类生活中找到和实现的"[③]。

这一点同样适用于阿尔玟,还没认识阿拉贡之前的阿尔玟是精灵,有着无穷无尽的生命,虽然已经活了 2710 年[④],但凡世岁月的流逝于她如风过无痕,她的容颜一直是少女模样。于她而言,那两千多年的生活是没有历史的,也没有属于自己的故事。只有在她选择了跟阿拉贡在一起,与阿拉贡一起创造他们的生活,她的生活才凸显出来,拥有了自己的历史和故事。事实上,凡人拥有不死的生命并不是一件好事,波伏娃(Simone de Beauvoir)有一部长篇小说《人都是要死的》,里面的主人公福斯卡是一个跟但丁同时代的人,经过自己的努力当上了城邦的君主,为了能建立更大的功业,他喝了长生不老药,经历了很多的事情,活了六百多岁,最终却只想一死,他把永生看成是厄运,因为当一个人被取消了死亡的可能,他最终感到的只能是无穷无尽的单调乏味、空虚无聊以及那种深深的孤独感了。

行文至此,我们可以看到,虽然是从《魔戒》的爱情中引出了对于"不朽和死亡"的探

---

① Martha C. Nussbaum, *Love's Knowledge: Essays on Philosophy and Literature*, USA: Oxford University Press, 1990, pp.365 – 366。

② 卡吕普索(Calypso)古希腊语词义为"我将隐藏";而奥德修斯的名字暗示着"遭受苦难和挣扎"。参见 Martha C. Nussbaum, *Love's Knowledge: Essays on Philosophy and Literature*, USA: Oxford University Press, 1990, p.390。

③ Martha C. Nussbaum, *Love's Knowledge: Essays on Philosophy and Literature*, USA: Oxford University Press, 1990, p.390.

④ J. R. R. 托尔金:《魔戒:王者归来》,邓嘉宛,石中歌,杜蕴慈译,上海:上海人民出版社,2013 年,附录二《编年史略》。

索,但是这个话题却还有继续讨论的空间,我们可以继续追问,为什么凡人要追求不朽?这是一个很大的问题,笔者在此想介绍阿伦特和纳斯鲍姆两位思想家的相关思想抛砖引玉,以期得到更深入的思考和更广泛的讨论。

在阿伦特那里,她区分了"不朽"(immortality)和"永恒"(eternity),与不朽相关的是公民的生活或者说政治生活,亦可称"积极生活";与永恒相关的是哲学家的生活,亦可称"沉思生活"。两者最主要的区别在于人类通过创造作品、业绩和言辞来达到不朽,这些活动都需要复数性的人之境况;而永恒的体验则需要远离人群,在纯粹的思想运动中达到完满和终结①。阿伦特貌似是在冷静地分析"积极生活"和"沉思生活",但实际上她的理论关切还是在"积极生活",在阿伦特的视野中,好生活(good life)就是通过行动和言说展示自己的独特性和卓越性的生活,这种"'优良生活'(good life)(亚里士多德所谓的公民生活)不仅比日常生活更好、更愉快或更高贵,而且具有完全不同的性质"②。

纳斯鲍姆则区分了"内在超越"(internal transcendence)和"超越人性"(transcending humanity)。前者是在承认人的有限性和脆弱性的前提下,通过行动(个体把自己内在的美德实现出来)和交流("那些与公民身份和政治依附相联系的活动,以及那些涉及个人的爱和友谊的活动"③,总称"关系性的善"的实现)来克服人类的极限,实现卓越;后者纳斯鲍姆则以柏拉图(Plato)为例,把人看成是自足的和纯粹理智的存在,祛除任何感性的羁绊,只进行纯思的活动,从而自己变成"另类的存在者——那种卓越超群但却对外界充耳不闻的存在者"④。这是一种视角的转移,纳斯鲍姆把它称为"外在的神目观",是一种"摆脱常人的需求和局限性的哲学家的立场"⑤;也是一种超越人性的做法,它试图把人变成一种似神的存在。毫无疑问,在纳斯鲍姆那里,好生活(good life)属于内在的超越,通过行动把潜在的美德实现出来;通过在城邦中过政治生活和与另一个人进入友爱关系来繁荣自己的人性。

从以上简单的论述可以看出,对于两位思想家而言,作为有朽的凡人要在某种意义上实现不朽,就是为了追求一种"好生活",在阿伦特那里,这种"好生活"就是亚里士多德的公民生活,通过对行动在人类事务领域展示人的独特性和卓越性;在纳斯鲍姆这里,她亦汲取了亚里士多德的思想资源,通过美德的实现以及"关系性的善"的实现过上一种欣欣

① [美]汉娜·阿伦特:《人的境况》,王寅丽译,上海:上海人民出版社,2009 年,第 9-12 页。
② 同上书,第 22 页。
③ [美]玛莎·纳斯鲍姆:《善的脆弱性》,徐向东,陆萌译,南京:译林出版社,2007 年,第 475 页。
④ 同上书,第 247 页。
⑤ 同上书,第 214,205 页。

向荣的好生活。有死的凡人要追求不朽,就是在人之有限性这一本体论的亏欠情况之下,追求卓越。阿伦特言:"尽管人终有一死,却不是为死而生,而是为着开端启新而生……行动就是人的一种创造奇迹的能力。"①纳斯鲍姆言:"人类的有限性铸造了人类的卓越,并给予出色的行动以意义。"②诚哉斯言!

Immortality or Death? Thoughts on Love in *The Lord of the Rings*

YE Xiaolu

【Abstract】 In the story of *The Lord of the Rings*, the Lady Arwen abandons the immortal life of the elves and chooses a mortal life in order to be with the mortal Aragorn. This radical love story embodies the power of love and the glory of human nature. This article explores the path of mortals to immortality, which is to build performance through their own actions. Learning from the related ideas of Hannah Arendt and Martha Nussbaum, it clarified that a mortal pursues a "good life" to achieve immortality in a certain sense. For Hannah Arendt, the "good life", as Aristotle called the life of the citizen, shows the uniqueness and excellence in the field of human affairs through actions. For Martha Nussbaum, a flourishing good life can be lived through the realization of virtue and "relational goods", showing the excellence and nobility of human being.

【Keywords】 Immortal Life, Mortal Life, Deed, Good Life

---

① [美]汉娜·阿伦特:《人的境况》,王寅丽译,上海:上海人民出版社,2009 年,第 192 页。

② Martha C. Nussbaum, *Love's Knowledge*, USA: Oxford University Press, 1990, p.378.

【书评】

体系哲学与悲剧式谱系学的互补①

——《黑格尔、尼采与哲学:论自由》评介

李仙飞②

【摘要】《黑格尔、尼采与哲学:论自由》一书的主要目标是探索自由与哲学之间的深刻关联,并系统阐明黑格尔的体系本体论和尼采的悲剧式谱系学可以一致行动,它们必须如此一致行动的原因在于如果我们要实现最全面的自由,两者都是必不可少的。黑格尔和尼采最终向我们表明,自由不仅是哲学之中需要探讨的核心论题,而且最全面的自由是通过哲学实践来实现的。哲学是直接的和间接的解放。其一,哲学通过阐明实现自由的社会和政治条件,间接地为自由的实现作出贡献;哲学产生的理论结果必须实际地应用于哲学以外的领域,社会以及我们生活和行动的政治领域。其二,哲学也对自由作出直接的贡献,因为自由不仅是哲学家思想探索的源泉,而且因哲学家的思想探索才得以泉涌。

【关键词】 黑格尔,尼采,哲学,自由,体系哲学,悲剧式谱系学, 威尔·达德利

《黑格尔、尼采与哲学:论自由》(剑桥大学出版社,2002年版)一书③以富有挑战性的研究探索了黑格尔、尼采与哲学中的自由主题。作者威尔·达德利(Will Dudley)认为黑格尔和尼采因对思考自由的传统方式的不满而团结在一起。对于黑格尔和尼采来说,第一种传统是自由主义的自由选择。但它是不够的,因为它未能解释这样一个事实,即自由不仅要求个体被允许按照自己的欲望行事,而且要求他的欲望是由自身的意愿内在地决定的。因此,他们对自由的分析,都是从对自由选择的批判出发,试图说明一个自由意志

① 本文为作者主持的教育部2020年度哲学社会科学研究后期资助项目“黑格尔、尼采与哲学:论自由”(项目编号:20JHQ028)的阶段性成果。

② 作者简介:李仙飞,厦门大学马克思主义学院副教授,澳大利亚新南威尔士大学哲学系访问学者。主要研究领域为马克思、黑格尔与尼采的政治哲学比较。

③ Will Dudley, *Hegel, Nietzsche, and Philosophy: Thinking Freedom*, Cambridge: Cambridge University Press, 2002.

主体必须具备的条件。在这一点上,他们再次遵循康德,康德的理解代表了阐释自由的第二种传统。他们循此探索并最终发现这第二种传统依然缺乏真正的自由。他们认为康德式的意志没有实质性的意义因而加以拒绝,因为这种意志的来源容易屈从于外部的权威。虽然,黑格尔和尼采认为一个自由意志的主体必须能够与外部的世界和解(黑格尔将这种自由意志主体称为伦理主体,认为它是理性国家公民的缩影;而尼采则将自由意志的主体称为高贵者),但是,黑格尔和尼采一致认为,即使是伦理主体和高贵者也不能完全被他们的自由意志所解放。他们对自由意志及其局限性的分析,使黑格尔和尼采都把最全面的自由定位在哲学实践中。因而真正的自由既不存在于单纯的个体自由选择之中,也不存在于单纯的自由意志的合目的性行为之中,而是内在于哲学实践之中,因为只有哲学实践才能使我们发展实现自由所必需的自我理解。然而,对于什么是哲学实践,以及它实现解放的具体方式,他们意见不一。尽管如此,在具有挑衅性的结论中,作者提出了一套原创的解释,将黑格尔的哲学体系与尼采的悲剧式谱系学描绘成是互补的。这些解释对哲学家、政治理论家和思想史家,都将具有相当重要的意义。

威尔·达德利富有挑战性的研究主要包括三个部分。第一部分简要概述了他们对自由意志及其局限性的共识。我们已经看到,这些分析导致黑格尔和尼采得出结论,哲学必须在我们的解放中发挥关键作用,但我们也看到,他们对哲学实践的理解非常不同。第二部分全面思考黑格尔和尼采如何理解和实践哲学,以及他们如何将自己的哲学视为通往自由的事业。第三部分阐明黑格尔和尼采对哲学实践的不同创见是相辅相成的。它们的相互辉映共同产生一种比他们各自所能提供的更为全面的自由。在结束语中,作者对这种最全面的哲学解放的政治意义作了一些初步的说明。

一、意志自由及其局限性

黑格尔和尼采将对自由的第一个传统理解界定为现代自由主义的理解,在现代自由主义中,自由被理解为个人在最小限度的外部约束下选择——行动、言语、宗教、交往——的能力。在政治上,这种对自由的理解导致了一种理想,即政府应尽可能小,但又应足够强大,以保护其公民免受彼此和外来威胁的伤害。

尽管自由主义将自由理解为对个体选择免于外部约束,但黑格尔和尼采都认为,这未能解释选择本身所特有的外部性。他们的批评指向了康德在他们之前提出的同样的基本观点:如果个体的选择是自由的,那么他不仅必须不受他人的约束,而且选择本身必须真实的是自身的。从某种程度上说,如果他的选择是由他自身以外的来源决定的,那么他不能被认为应对这些选择负责。在这种情况下,个体并没有实现自我决定,而是被驱使他做出选择的欲望和本能所决定,就像被一种外力所决定一样,因而不是自由的。黑格尔在《法哲学导论》中提出了这一观点,他认为,要获得自由,意志主体不仅要有选择的能力而且要致力于决意实现自己的自由。尼采在他对现代自由主义的抨击中提出了同样的论点,他认为现代自由主义是意志涣散者的一种当代表现。

因此,对于黑格尔和尼采来说,自由主义都是不够的,因为它未能解释这样一个事实,即自由不仅要求个体被允许按照自己的欲望行事,而且要求他的欲望是由自身的意愿内在地决定的。因此,他们对自由的分析,都是从对自由选择的批判出发,试图说明一个自由意志主体必须具备的条件。在这一点上,他们再次遵循康德,康德因此提供了自由的第二种传统的理解,他们循此探索,但最终发现这第二种传统依然缺乏真正的自由。

黑格尔和尼采都没有直接详尽地论述康德关于自由意志的理论。黑格尔对康德自由的理解最有力的批判隐含在他的"法哲学"第二部分对"道德意志"的研究中。尼采也将康德作为攻击目标之一,攻击由"无己的道德"所创造的意志类型。黑格尔和尼采都得出结论,道德意志是空洞的,不能完全出于自身的目的而产生,因而最终要依靠外部权威为其提供其良心所采纳的内容。黑格尔和尼采再次确证,康德对自由的传统理解未能解释自由所屈从的外部性的重要来源。他们认为康德式的意志没有实质性的意义因而加以拒绝。康德式的意志的来源容易屈从于外部的权威,导致黑格尔和尼采认为一个自由意志的主体必须能够与世界和解,或者在这个世界上找到自己的家,这个世界的内容是它帮助产生的并被理解为它自身。他们的风俗习惯来自自己的本能。他们快乐地生活在一个由像他们一样的人组成的团体之中。然而,黑格尔和尼采一致认为,自由意志能提供的解放是双重不完整的。

首先,伦理主体和高贵者的意愿或合目的性的活动,负责以一种主体能够在其中感到自在的方式改造世界。但意愿主体有意建构的具体内容取决于其对自身和自由概念的理解,因为主体只能在一个允许其以与这种理解相一致的方式存在的世界中自在存在。主体对自身作为自由存在的理解不是通过意志产生的,而是通过思维产生的。因此,意志的自由是形式化的,因为思维最终要对意志主体努力转化为客观存在的内容负责。此外,无论这一主体在一个它的意愿帮助下产生的世界里觉得多么彻底的安适,这种和解仍然是不完美的。黑格尔和尼采在这一问题上大致达成共识,但他们强调由意愿提供的和解必然要服从的不完美属于不同的种类。

其次,黑格尔强调,即使是伦理主体,其自身与客观存在的世界之间也存在着不可逾越的鸿沟。有时这种差距是明显和不可否认的。例如,当一个主体在按照其意愿有意地改造世界的努力中受挫时,就无法觉得自在。然而,更重要的是,即使在不明显的情况下,甚至在预期的转换成功、主体真正感到自在的情况下,这种差距仍然存在。这是因为在这种情况下,与客观世界取得和解完全是由于意愿主体的努力。世界对这些主体的策划漠不关心,对他们想要在其中自在地存在的愿望也漠不关心,只有通过他们有意为之的斗争,这个冷漠的世界才能暂时变成一个合意的家。因此,意志主体仍然异化于这个世界并与之保持着距离,即使它偶尔成功地对自己隐藏了这一事实。尼采强调由意愿提供的和解的个别性。高贵者之所以觉得自在,是因为它能够根据自己的价值观和支撑这一价值观的思想构建一个世界。这一努力的成功,恰恰取决于高贵者对那些无法被同化的价值观和思想的回避。这就意味着,高贵者虽然在其设定好的世界中自在地生活,但被他所不能参与的东西所限制,被他所纳入的范畴本身的不合宜所限制。因此,尼采坚持认为,高贵者并非在世界里觉得自在,而是在他那碎片化的世界里偏安一隅。高贵者作为主体的意愿使它能够与这个世界的局部和解,对在此之外可能遇到的世界它设置了门槛或加以防范。在确定这一限度的过程中,高贵主体消极地允许自己由所不能接受的尺度之外的事物所决定。它必须拒绝与自己相异的意愿以及完整的世界本身这两种异化于自身的形式。因为世界正在不断地生成,因此也在抵制高贵者作为主体可能信奉的任何特殊形式的存在。因此,与完整世界的和解不仅需要接纳一种特定形式的存在,而且还需要拥抱生成,即所有形式的存在都受其支配的无常。然而,这种接纳存在的所有形式的行为必然是悲剧性的。

故而,尼采和黑格尔一致认为,由伦理主体或高贵者所形成的和解是不完美的。即使成功了,自由意志也只能达到一种与世界特定的或假定的和解,这种和解使主体与它所面对的客观性疏远。

自由要求主体克服与客观世界和解的形式性、假定性和特殊性。黑格尔认为,精神的存在必须达到无限的目的。在这一目的中,为了使有限的目的得以成功实现,主体和客观世界必须始终是协调一致的。通过此认识,意愿难于制胜的局限性和挫败感被克服。用尼采的话说,精神的存在必须接受喜报,他们的解放不是等待外在救赎者的到来,而是在这个世界上每时每刻都可能获得。在这些不同的词汇中,黑格尔和尼采表达了他们的一致意见,即自由的实现或现实化依赖于精神存在知晓或意识到他们是自由的。为了获得自由,精神存在必须获得一种自我理解,通过这种自我理解,他们发现并由此产生一种有别于形式化、主观性和个别性的解放。

二、哲学的自由:体系哲学与悲剧式谱系学

对意志自由及其局限性的分析,使黑格尔和尼采都把最全面的自由定位在哲学实践之中,而不仅仅在个体的自由选择中,也不单纯在自由意志的合目的性行为之中。因为哲学最能使我们发展实现自由所必需的自我理解。然而,对于什么是哲学实践,以及它实现解放的具体方式,他们意见不一。

黑格尔认为,哲学实践既能克服主体的主观性,即主体将世界视为本质上与它相疏离的理解,又能克服它的形式性,即它无法自行决定自身所要努力实现的自由的内容。

在黑格尔看来,主体的理解在通达恰当的哲学立场的过程中实现了第一次转变,这一过程在现象学中发生。现象学构成了理解知识的扩展尝试:首先,知识是认识的主体和客体之间的联系;其次,在这种联系中,主体必须以某种方式如其所是地获知客体的本来面目,而不以任何方式曲解客体。有了这种认识,主体就准备开始哲学本身。随着现象学的完成和逻辑的展开,哲学家不再遭受康德式的异化,在这种异化中,思想被理解为不能把握事物本身。

哲学家通过发展知识而与自然和解。通过哲学(以及艺术、宗教,以及黑格尔以绝对精神统摄的其他活动)的实现与自然和解优于通过认知(经由主观精神)或通过意志(经由客观精神)实现的和解,因为它不是片面的。认知的主体应该是善于接纳的,要使自己符合给定对象的内容,而不强加任何歪曲的中介。相反,意志主体的目的是使客体符合其自身的目的。因此,在认知和意志两方面,既假定精神主体和自然客体是相互异化的,也假定和解涉及单方面将自身的内容转移给另一方。然而,即使这种转移成功,它们所产生的"和解"也是不完美的。但在哲学中,主体既不从对象那里接受给定的内容,也不把自己的内容强加于对象。因此,用中道的声音来描述哲学是最好的,因为哲学家让他的实践所涉及的对象的内容——思维的范畴——自主发展。这样做,他允许思想决定什么是自然的,什么是精神的,从而意识到作为一个精神或思维,他能够理解何谓自然;意识到在自然的决定和他对自然的概念化的决定之间,再也不能保持一种站得住脚的区别了。因此,哲学比认知或意志更能实现主体与客体的真正和解,因为哲学家是思想自决的媒介,而思想自决同时又是决定它如其所是。

哲学思维的自主性也是它克服意志过于形式化的重要因素。意志还只是形式的,因为它不能决定它在世界上努力实现的自由概念的内容。然而,哲学思维发展自己的范畴,而不依赖于它以外的任何事物,自由是它发展的范畴之一。因此,哲学的实践使哲学家不

仅能够认识到自己是自由的这一普遍事实,而且能够认识到自由自身的具体内容。黑格尔在他的精神哲学中发展了这些内容:成为一个自由的存在就是成为一个认知的、意愿的、审美的、宗教的和哲学的存在。此外,正如《法哲学原理》所示,成为一个自由意志的存在就是成为一个法律的、道德的、家庭的、经济的和政治的存在。因此,自由需要意志,但决定我们的自由需要意志的是哲学思维,而不是意志本身。

尼采认为哲学实践能够克服意志的主观性和特殊性。意志实现的和解对尼采来说仍然是主观的,因为它不能肯定世界的无常。高贵者,不像颓废者,能够肯定自己的思想和价值,能够创造出一个自在的世界。但是,任何这样一个被创造出来的世界,最终都必须遭受"生成"的毁灭。而"生成"是高贵者所不能肯定的,正如颓废者所不能肯定的。因此,这位高贵者致力于建立一个以他自己的思想和价值观念为基础的世界,这不是对任何和所有世俗造物之无常的必要性的一种和解,而是一种逃避。确认无常,从而实现与世界的真正和解,要求这一问题取得悲剧式的立场,而不是高贵者的立场。悲剧式主体可以肯定他所爱之物的毁灭,因为他不仅爱它们,而且更爱未来创造的可能性,只有它们的消亡才能打开这种可能性。但是,正如我们也看到的那样,要达到悲剧式的立场,就必须克服建立在普通语言中的形而上学和道德假设。反过来,这又取决于通过对流行的概念结构的系谱阐述和对普通语言的非凡运用,表明语言所承载的思想和价值是被创造出来的。当成功时,这种非凡的语言运用是诗意的——因为他们确实用旧词创造了新的思想和价值——而尼采认为哲学实践是其主要来源之一。因此,尼采将哲学家,或悲剧式谱系学家视为能够揭露、破坏和改变由使用普通语言所建立和固化的思想和价值的人,并通过这样做来与无常的世界达成和解。

与无常的世界达成和解,使悲剧式谱系学家不仅克服了意志的主观性,而且克服了其个别性。意志的个别性在于主体对单一思想和价值的执着追求,循此,它寻求在世界上立足。这种个别性限制了自由,因为它规定了参与的范围,使主体无法思考,更不用说肯定超出既定范围的任何东西。但悲剧式谱系学家对突发暗示的可能性持开放态度,并由此改变了他的思想和价值的视野。他培养了一种对强加在自身所遇到的一切事物上的思想和价值的倾向的抵抗力,这种倾向通过排除体验任何新事物的可能性从而拒绝了转变的可能性。悲剧式谱系学家因此偏爱无常。对无常的爱使他能够得出这样一个结论:哲学和自由是不断瓦解和重建的思想和价值的媒介,因此是自己和完整的世界"解放式和解"的媒介。

黑格尔和尼采都在实践他们所宣扬的,因为他们所宣扬的是自由需要哲学实践。黑格尔自己的体系代表了他的最佳尝试,即让思维的范畴通过他来决定它们自己,并将这些范畴用德语表达出来。他有句名言:他努力教哲学说德语。黑格尔在他的体系中为自己设定的任务就是用德语为哲学提供这样一种训练。

尽管黑格尔为自己设定了这一任务,但他仍然坚持认为,这一任务的完成——思维范畴的哲学决定——并不真正是他的,而是思维本身的完成。黑格尔给自己设定了用德语思考的任务,他声称他自己的成就就是允许这一过程通过他发生,并且对这一过程进行了足够仔细的观察并将其记录下来。因此,黑格尔将思维作为中介,并将他人作为向导,引导他们自己尝试让思维通过自己来思考。如果有人追随黑格尔,他们为了自己的自由而被迫经历的是思维范畴的辩证和体系的自决,这种自决是德语所允许的最全面和统一的,同时也是内部尽可能分化的。

尼采的语料库例证了他的主张,即哲学解放涉及对嵌入在普通思想中的思想和价值的谱系的破坏和随后的重建。哲学的工作从未得以全部完成,哲学家必须不断地让他的思想和价值观被新出现的暗示所推翻。当它们与其所渗透的现存思想体系相联系时,本身就成为思想并从而改变现存思想体系。

不仅在明确的谱系学著作中,而且在不断的哲学实验中,尼采都阐明了这些观点。在这样的实验过程中,他为从自身浮现出来的暗示创造了一个新的词汇,并展示了这些暗示是如何促使那些被它渗透的老旧和普通的思想得到改变从而得以重新估价。他完成这项工作的技术现在已经为我们所熟悉。一方面,尼采引入了在普通德语中没有关联的术语:永恒回归、爱命运、查拉图斯特拉、超人。在这种情况下,他支持黑格尔的主张,即自己只不过是用语言表达出来这一切的媒介。作为一种媒介,尼采充当了主体和客体、内部和外部、思维和存在统一的场所,这些统一在他要传达的暗示之中并由之产生。另一方面,他又发展了这些暗示,使之成为思想或概念,这是由于这些暗示与普通的德语术语之间的相互关系,这些术语的意义后来发生了革命性的变化。在尼采的作品中,诸如救赎、灵魂、喜报,这些概念——它们的使用很普通,它们的谱系是《圣经》的——继续被使用,甚至被强调,但它们被颠倒,被纳入一个全新的评价中。

尼采和黑格尔一样对读者有很高的要求,为了自由,要求读者付出特定的劳动,但具体要求不尽一致并以不同的方式发挥作用。尽管黑格尔的读者在致力于跟踪思维的发展时洞察到思维的自主性,但尼采的思想却必须面对任何发展着的思想体系的特殊性。这不可避免地发生,因为尽管尼采的文本为读者提供了丰富的概念储备,但他们是以故意不系统的方式这么做的。尼采的作品并没有像黑格尔的作品那样引导读者从一个概念到下一个概念,从最早和最不发达到最后和最全面的概念。相反,读者的体验是被熟悉或完全陌生的概念所包围,必须理解这些概念,无论是新的还是旧的,都必须为之赋予新的意义,必须尽可能地构建它们的相互关系。其结果是强烈地感觉到概念系统是被制造的、暂时的、脆弱的和特殊的。尼采的读者被迫得出结论,虽然概念系统可以很好地统一,但始终必须产生新的统一,统一永远不可能封闭。

三、体系哲学与悲剧式谱系学的互补性

虽然黑格尔和尼采都认为哲学实践对于自由是必不可少的,但是他们对哲学实践及其带来的解放的理解显然大相径庭。此外,他们似乎对哲学和自由的理解不仅不同,而且实际上是不相容的。黑格尔把哲学理解为思维的完整与自决:思维的范畴必须是确定的,或者说详细的,以便指明我们究竟意愿何种自由以克服意志的形式性;而思维的范畴必须是自主的,以免思维主体的自由因对外在的事物的依赖而受到损害。与之不同,尼采把哲学理解为思想的不完整与敞开:概念系统必须抗拒封闭,因为特定的思想和价值体系的建立限制了主体,使她不得不受制于体系之外的东西;尼采认为,彻底的自由要求永远的未完成性。这些哲学和自由的标准——自决和敞开——似乎不可能同时满足:一个完全自我决定的范畴系统不能接受尼采不完整性所要求的间歇性的外部冲击;也不可能向一个永远不完整的思想和价值系统开放,这个永远不完整的思想和价值系统要求断断续续地吸收外部冲击来防止自身的停滞,因而不可能是完全自我决定的。

然而,如果我们将概念区分为范畴和非范畴两种,思维的完整性和不完整性则是可以调和的。范畴是思考自身所必需的概念,因此使得所有的概念活动成为可能,包括使用非范畴概念。非范畴概念对于思维本身不是必需的,而是随着思维主体与世界的接触而偶然发展的。

区分范畴和非范畴概念使我们能够看到黑格尔和尼采对哲学实践的理解是互补的,而不是矛盾的。因为黑格尔坚持认为思维是自决的,这可以理解为适用于范畴,但不适用于非范畴概念;尼采坚持认为思想系统永远为超越和变化敞开,可以理解为尼采本人的步调,适用于非范畴概念,但不适用于范畴。以这种方式理解黑格尔哲学和尼采哲学之间的明显矛盾得以消解。

黑格尔正确地强调,为了自由,思维必须是自我决定的,而自我决定就是得出一个特别的结论:哲学和自由。尼采正确地强调,为了自由,思想不能保持在一个特定的结构中,因为这种停滞的特殊性威胁着思想自身:让它消极地受制于它力所不逮的事物。这些显

然相互矛盾的见解可以互补，但只有当我们在两个不同的意义上理解"思想"这个术语——在黑格尔允许思维决定自身的筹划中标示范畴概念，在尼采的筹划中标示非范畴概念，以揭露和改变已经根深蒂固的思想结构。

当然，尼采会反对我们把他的事业缩减为非范畴的概念。因为他完全意欲调查和改造的范围是所有概念，包括那些被黑格尔认为是范畴的概念。有时，尼采甚至断言那些被声称是范畴的概念已经被揭示为非范畴的概念。在他神智更为清醒的时刻，他只是推测他们可能如此被揭示。但无论如何，很明显尼采认为自己从事的是将所有概念都揭示为非范畴的事业，并期望任何后来的"尼采主义者"继续努力。

这意味着，如果尼采的计划，正如他所理解的，是成功的，那么与黑格尔的和解是不可能的，因为他将会使黑格尔的体系留不下任何东西。但是，尼采本人甚至没有论及黑格尔关于范畴发展的论述，更没有成功地将其破坏。因此，一些概念实际上是否是范畴，以及黑格尔范畴概念在面对尼采的攻击时是否仍然有效，还有待观察。但是，为了确定范畴概念的可行性，我们既需要尝试去实现它（即践行黑格尔哲学），也需要对声称已经成功的所有此类尝试进行彻底的怀疑和批判（即践行尼采哲学）。

因此，作者的建议是，我们应当继续努力，完善和完成黑格尔的范畴概念，同时注意尼采的呼吁，即无论何时一个概念被赋予范畴地位，都应持怀疑态度。此外，我们应该以尼采自己的谱系学和实验实践为例来研究并潜在地改变那些受到怀疑的概念。谱系学研究既能确保被赋予范畴地位的概念事实上是普遍的思想结构，而不是受特定语言或文化偏见影响的决定，又能破坏那些被证明是非范畴的，但在特定文化或语言中根深蒂固的概念。用这些不稳定的概念进行实验，然后可以通过打开以前看不见的思维途径的方式来改变它们，以及与之相关的其他概念。这个建议的一个重要推论是，我们要更认真地对待黑格尔和尼采之间的关系。黑格尔主义者太快地拒绝尼采的筹划，认为它与体系哲学无关，因此也与哲学本身无关，因为思维的体系自决往往是他们认为唯一恰当的哲学筹划。相反地，尼采主义者在没有详细讨论辩证法发展的情况下，不假思索地否弃黑格尔的体系哲学。尼采主义者可能怀疑，在仔细地审查之下，所有所谓的"范畴"将被证明是非范畴的，但是他必须检查黑格尔提出的特定的自决，以便确切地显示非范畴的概念在哪里被错误地应用，而不是将这种总体怀疑断言为已被证明的事实。相应地，黑格尔主义者要么必须准确地表明尼采的批判失效的每一具体事例，要么依此修改范畴发展的相关表述。

在呼吁黑格尔和尼采进行和谐的合作以创造性地利用他们之间的紧张关系时，值得再次强调的是，在最一般的层面上，导致黑格尔和尼采对哲学实践的不同理解的筹划却是相同的:两者都旨在确定自由的本体及其具体内容。黑格尔的本体论结论是,完全自由就是成为一个体系的本体论者;自由需要规范思维和存在所必需的普遍范畴,而“哲学”就是他给这种规范起的名字。尼采的本体论结论是,完全自由就是做一个悲剧式谱系学家;自由需要阐明我们概念的起源,以便突出它们的偶然性,从而使我们得以敞开去尝试它们的转变,而“哲学”就是他给予这种启示和实验的名称。此外,黑格尔和尼采本身也证明,体系本体论和悲剧式谱系学并不排斥彼此,因为它们各自至少在某种程度上实践着对方所宣扬的。黑格尔集中精力系统地发展思考所必需的范畴,但同时在他的评论和注释中,他始终不断使用这些范畴来理解和批判偶然现象,包括非范畴概念。例如,在整个法哲学(以及更普遍的精神哲学)中,他越来越详细地发展了自由范畴。但是当他这样做时,他也使用这个范畴,即自由是什么,作为对其他哲学家的自由概念和未能提供最充分的社会和政治解放的历史发展进行尖锐批评的基础。与此相关,尼采在阐述构成我们文化的许多牢固确立的概念的偶然性时,含蓄地依赖于范畴。例如,尼采不厌其烦地证明,诸如“罪孽”这样一种腐朽的概念根本没有出现的必要,也无须予以保留,并试图表明,如果我们抛弃这样的概念,我们如何重新概念化我们的行为。但是,他这样做的理由是因为这些概念阻碍了我们的自由,在这个意义上,他从未动摇地把自由理解为自决。

鉴于黑格尔的体系本体论和尼采的悲剧式谱系学可以一致行动,因为如果我们要实现最全面的自由,两者都是必不可少的,作者认为继续实践黑格尔的体系本体论对于以下两个方面的理解都是必要的:其一,维持人类自身与自然和解的认识;其二,尽最大努力改善自由所要求的社会和政治条件。与此同时,继续实践尼采悲剧式谱系学是必要的,这既是为了维持人类对自身与自然和谐一致的理解,因为我们有能力肯定其破坏性的无常性,也是为了动摇如下信念:我们所肯定的任何社会和政治建设都可能完全实现自由。也就是说,我们必须允许在特定历史过程中出现的非范畴概念保持流动性,以防止将那些与我们想法和行为不同的人的理论和实践排除在外,而这样做也威胁到我们自己的自由。换言之,如果我们想要自由,我们需要知道我们是自由的,确定什么是自由,并努力在世界上实现它;但是我们也需要不断地警惕和积极地寻求突破我们一劳永逸的自负。

因为构成一个主体的意愿的思想和价值观不是私密的,而是由那些与她形成语言共同体的人所共有的,并且因为建造家园也是一个公共事务,所以个人的解放不能独立于她所属的更大整体的解放。相反,自由主体和自由社区——那些最不受外部决定的群体——必须共生发展。

如果这种共生发展是成功的,结果将是符合尼采强调的自由条件以及黑格尔强调的自由条件的主体和共同体。也就是说，这些主体和社区不仅将实现自由所要求的法律、道德、社会、经济和政治结构，而且将意识到它们所实现的特定结构取决于所创造的非范畴的思想和价值，在历史上已经产生，并且必须保持开放以进一步推动历史的发展。因此，他们将成为在自由范畴所确定的一般限度内对入侵和重组开放的主体和社区，他们将意识到，破坏是他们丰富自身的唯一手段，自我解体是防止他们自身损失的唯一手段，永远的未完成性是通往完全自由的唯一手段。自由主体和共同体，也就是说，将由于在自身之外和自己在内，使自己与没有最终和解的事实和解，通过拥抱有限实现他们唯一可以得到的无限。将由于不断与外部接触并使其内在化而自由，通过承认其有限性并超越其有限性而成就自身的完整性。

The Complementarity of Systematic Philosophy and Tragic Genealogy: Review of *Hegel, Nietzsche, and Philosophy: Thinking Freedom*

LI Xianfei

【**Abstract**】 The main goal of *Hegel, Nietzsche, and Philosophy: Thinking Freedom* is to explore the profound relationship between freedom and philosophy and systematically elucidates that Hegelian systematic philosophy and Nietzschean tragic genealogy can be practiced in concert. The reason that they should be practiced in concert is that both are essential if we are to achieve the most comprehensive freedom. Thus Hegel and Nietzsche ultimately show us not only that freedom is a central topic of consideration in philosophy, but also that the most comprehensive freedom is achieved through philosophical practice. Philosophy is directly as well as indirectly liberating. First, philosophy contributes indirectly to freedom by articulating the social and political conditions of its realization. Second, philosophy also contributes directly to freedom because freedom is not only something about which philosophers think, but also something that is produced through philosophical thinking.

【**Keywords**】 Hegel, Nietzsche, Philosophy, Freedom, Systematic Philosophy, Tragic Genealogy, Will Dudley

图书在版编目（CIP）数据

存在就是力量：急剧变化世界中的政治与伦理 / 邓安庆主编. — 上海：上海教育出版社，2021.7
（伦理学术）
ISBN 978-7-5720-0888-7

Ⅰ. ①存… Ⅱ. ①邓… Ⅲ. ①政治哲学 - 研究②政治伦理学 - 研究 Ⅳ. ①D0-02②B82-051

中国版本图书馆CIP数据核字(2021)第097110号

策　　划　王泓赓
封面题词　陈社旻
责任编辑　戴燕玲
助理编辑　张　娅
封面设计　周　亚

伦理学术
存在就是力量：急剧变化世界中的政治与伦理
邓安庆　主编

出版发行　上海教育出版社有限公司
官　　网　www.seph.com.cn
地　　址　上海市永福路123号
邮　　编　200031
印　　刷　上海叶大印务发展有限公司
开　　本　787 × 1092　1/16　印张 17.75　插页 1
字　　数　324 千字
版　　次　2021年8月第1版
印　　次　2021年8月第1次印刷
书　　号　ISBN 978-7-5720-0888-7/B · 0024
定　　价　68.00 元

如发现质量问题，读者可向本社调换　电话：021-64377165